법과 소통의 정치

지은이 최진홍은 충청남도 청양에서 태어나, 중동고를 거쳐 고려대학교에서 경제학과 정치학을 공부하고, 서울대학교대학원 정치학과에서 율곡 연구로 석사와 박사 학위를 받았다. 현재는 서울대학교 한국정치연구소 선임연구원으로 있으면서, 이 시대가 당면한 수많은 문제를 풀어낼 지혜를 지나간 역사로부터 찾아내고자 노력하고 있다. 주요 논문으로는 「율곡의 위정론: 퇴계의 치본론과 비교하여」(2009), 「법과 소통 그리고 정치: 율곡의 폐정개혁론을 중심으로」(2009) 등이 있다.

나루를 묻다 07

법과 소통의 정치

율곡의 정치적 사고

지은이 / 최진홍
펴낸이 / 강동권
펴낸곳 / (주)이학사

1판 1쇄 발행 / 2009년 12월 28일
1판 2쇄 발행 / 2010년 9월 10일

등록 / 1996년 2월 2일 (등록번호 제 03-948호)
주소 / 서울시 종로구 안국동 17-1 우110-240
전화 / 02-720-4572 · 팩스 / 02-720-4573
이메일 / ehaksa@korea.com

ⓒ 최진홍, 2009, Printed in Seoul, Korea.

ISBN 978-89-6147-128-2 93340
     978-89-87350-51-7(세트)

이 책의 저작권은 저자가 가지고 있습니다.
저작권법에 의해 보호를 받는 저작물이므로 이 책 내용의 일부 또는 전부를 재사용하려면 저작권자와 (주)이학사 양측의 동의를 얻어야 합니다.

* 책값은 뒤표지에 표시되어 있습니다.

이 도서의 국립중앙도서관 출판시도서목록(CIP)은 e-CIP 홈페이지 (http://www.nl.go.kr/cip.php)에서 이용하실 수 있습니다. (CIP제어번호: CIP2009003845)

나루를 묻다
07

율곡의 정치적 사고

법과 소통의 정치

최진홍 지음

이학사

일러두기

1. 『栗谷全書』를 인용할 때는 『栗谷全書』는 생략하고 편명만 밝힌다. 예를 들어 『栗谷全書』「陳時弊疏」7-32ㄱ에서 인용했을 경우 해당하는 인용문(혹은 인용 원문) 뒤에 「陳時弊疏」7-32ㄱ만 괄호 안에 표기한다. 한편 여기서 '7-32ㄱ'은 『栗谷全書』권7, 32면의 오른쪽을 가리킨다.
2. 인용한 번역문은 기존에 출간된 번역서를 저본으로 하되, 문맥상 매끄럽지 않은 일부 문장이나 단어, 표현은 지은이가 고쳤다. 저본으로 사용한 번역본은 해당하는 곳의 주석에 밝혔다.
3. 부호의 쓰임은 다음과 같다.
    『 』: 서명
    「 」: 편명, 논문명
    ( ): 지은이의 부연 설명, 출전, 연대
    〔 〕: 같은 뜻의 한자 및 한문 원문 병기, 인용문에서의 이 책 지은이의 부연 설명

머리말

　대한민국 수립 이후 우리는 평화적인 정권 교체를 이루었으며, 경제적으로 괄목할만한 발전을 이루기도 하였다. 한편 이러한 과정에서 또한 여러 가지 형태의 위기를 겪기도 하였다. 하지만 성공도 발전도 위기도 결정된 궤도가 있어서 그대로 따라가는 것은 결코 아니다. 예상하지 못했던 다양한 사건을 만나 이를 해결하기 위한 공동체 구성원들의 노력의 결과가 드러난 것이 우리가 만난 현실이다. 그런데 우리는 이러한 현실을 있는 그대로 보지 않고 자꾸 개념화, 이념화, 논리화하려고 한다. 따라서 문제는 이를 자꾸만 사건의 현장에서 찾지를 않고 세련된 이론에서 찾으려는 인간의 얄팍한 계산에 있다.

　정치학을 전공하는 내가 가장 어렵게 생각하는 단어는 바로 '정치' 그 자체였다. '정치란 과연 무엇일까?'라는 질문을 율곡을 통해 정리하면서 내가 얻은 것은 정치란 일찍이 없었던 미증유未曾有의 사건들을 해결하기 위한 인간들의 일련의 행위란 점이었다. 정치의 세계에는 그 어떤 공식도 있을 수 없다는 사실을 나는 새삼스럽게 깨닫게 되었다. 흔히 정치를 항해에 비유하기도 하지만, 항해는 도달할 목적지가 정해져 있는 반면에 정치란 정해진 목적지가 없다는 점에서 근본적으로 차이가 있다.

이 책은 나의 학위논문을 바탕으로 쓴 것이다. 나는 이 책을 쓰는 데 있어서 일체의 세련됨을 거부하고 출발하고자 하였다. 모든 것을 놓아둔 채, 벌거벗은 상태에서 가장 솔직하고, 가장 친절한 자세로 서술하고자 시도하였다. 하지만 솔직함과 친절함은 나의 욕심 속으로 숨어버리고, 벌거벗은 모습만 남아 부끄럽기 그지없다. 그럼에도 불구하고 이 책을 출판하는 만용을 부린 이유는 율곡을 통해서 우리의 현실을 한번 진솔하게 반성해볼 필요가 있다는 절박함이 있기 때문이다.

여기서 한번 오늘의 현실을 율곡에 비추어 살펴보도록 하자. 2009년의 봄부터 여름까지, 대한민국의 국회는 소위 '언론법'이라는 주제에 모든 것을 걸고 있는듯한 태도를 보였다. 율곡이었다면 대한민국의 국회가 그토록 중대하게 인식하여 매달렸던 소위 '언론법'이라는 것이 도대체 민생民生과 국사國事에 무슨 상관이 있을까 의심하였을 것이다. 그리하여 마침내 민생과 국사에 그다지 관련도 없는 일에 매달려 모든 것을 팽개 쳤던 의원들의 행태에 분노하고 끝내는 허탈해하였을 것이 틀림없다. 아! 참으로 안타까운 현실이다.

우리 학계에서 율곡이 살았던 16세기는 흔히 성리학의 전성기로 평가된다. 그런데 율곡을 통해 본 당시의 상황은 절망적이었다. 학문적으로는 성리학이 꽃을 피웠지만 정치적으로는 쇠락의 길로 치닫고 있었다. 따라서 성리학 중심의 연구는 나름대로의 의미가 있음에도 불구하고 당시의 정치를 분석하기에는 한계가 있다.

율곡을 다룬 기존 연구들은 주로 철학적 이론을 중심으로 율곡을 설명하는 방식을 취해왔다. 이와 달리 이 책은 율곡이 현실 정치에서 실제로 보고 듣고 느낀 다양한 정치적 경험들을 재구성하는 방식을 택한다. 기존의 연구가 주로 율곡의 철학을 다룬 '경학론' 중심이었다면, 이 책은 율곡의 정치적 경험에 근거한 '정치적 사고'에 주목하여 그의 '경세론'을 복원하려는 의도를 갖고 있다.

내가 율곡에게서 가장 주목한 용어는 폐弊였다. 율곡의 관직 생활은 전前 시대의 권간들이 남긴 유폐遺弊를 어떻게 극복할 것인가 하는 문제의식으로 시작되었다. 여기서 율곡은 '백성(民)'이라는 추상적인 개념이 아니라, '민생民生'이라는 구체적인 문제에 관심을 가지게 된다. 율곡은 당시 처참한 민생의 원인이 바로 '폐법弊法'에 있음을 인식하고, 폐법을 개혁하기 위한 다양한 시도를 벌인다. 율곡은 '엄벌성'과 '규율성'을 갖는 실정법만이 아니라, '본받을만한 훌륭한 관습과 관례'까지를 법으로 인식하였다. 그리고 율곡은 백성을 사랑하는 애민愛民의 차원이 아닌, 백성이 편안한 안민安民에 초점을 두게 된다.

이후 율곡의 관심은 '폐정弊政'이라는 문제로 옮겨가게 된다. 율곡은 폐법이 개혁되지 못하는 이유를 폐정에서 찾고 있었다. 율곡이 지목한 폐정은 첫째는 잘못된 인사 문제였고, 둘째는 왜곡된 공론 문제였다. 율곡은 인사 문제와 공론 문제는 모두 '소통의 부재'라는 요소에 그 기원을 두고 있음을 인식한다. 율곡은 여기서 논論보다 의의議의 중요성을 인식하고, 의의議를 살려냄으로써 정치의 장에서 소통의 기반을 마련하려는 시도를 한다.

율곡에게는 두 개의 근본이 있었다. 나라의 근본은 백성이지만 정치의 근본은 임금이라는 인식이 그것이다. 그가 선조에게 올린 『성학집요聖學輯要』는 정치의 근본인 임금에게 필요한 정치학 교과서였다. 『성학집요』를 분석해보면 율곡의 이기론理氣論, 심성론心性論 등은 모두 율곡이 자신의 위정관爲政觀을 설명하기 위한 하나의 방편으로 내세운 것일 뿐이지 결코 관념적인 철학이 아니었다는 것을 알 수 있다.

나는 그동안 주위의 과분한 사랑을 받으며 살아왔다. 이제 그분들의 은혜에 감사를 드려야 할 시간이다. 하지만 나는 감사의 말 자체가 오히려 참으로 소중한 본뜻을 훼손할 것만 같은 두려움이 앞선다. 그래서 아무리 표현해도 미진한 감사의 마음을 나의 가슴속에 뜨겁게 간직하는 것으로 대신하고자 한다.

2009년 광복의 달에
최진홍

차례

머리말   5

서론   11

제1장 유폐 개혁   25
제1절 과거 청산   30
제2절 권간과 유폐   57
제3절 율곡의 정치관   63
제4절 있어야 할 정치와 현재 있는 정치   91

제2장 민생과 폐법   93
제1절 폐법론   97
제2절 폐법 개혁론   127
제3절 안민론: 애민과 안민   152
제4절 법과 정치   156

제3장 소통과 폐정   159
제1절 율곡의 조정 복귀   162
제2절 인사 문제 비판   191
제3절 공론 문제 비판과 붕당론   212
제4절 소통과 정치   239

제4장 민생과 소통의 관점에서 본 군도론   245
제1절 「동호문답」을 중심으로 한 율곡의 군도론   247
제2절 『성학집요』를 중심으로 한 율곡의 군도론   267
제3절 율곡 군도론의 정치적 의미   308
제4절 사람과 정치   318

결론: 율곡과 정·치   323

참고 문헌   331
찾아보기   337

서론

1. 정치가 율곡

 이 책은 율곡栗谷 이이李珥(1536~1584)의 경세론을 법과 소통의 관점에서 살펴보는 데에 목적을 두고 출발하였다. 이런 점에서 이 책은 율곡을 '유학' 중심으로 해석했던 기존 연구들[1]과 구별된다. 이를 위해 나는

---

[1] 유승국은 율곡에 대한 연구가 갖는 문제점을 다음과 같이 지적한다. "율곡의 철학사상을 말할 것 같으면 불가불不可不 성리학설性理學說에 대하여 음미하지 않을 수 없다. 그러나 율곡의 성리설을 논함에 있어서 '사칠설四七說'이나 '인심도심설人心道心說' 등 추상적이고 관념적인 설명을 하게 된다. …… (그러나) '이승일도설理乘一途說'의 주장에 대하여 (기존 연구들이) 왈가왈부曰可曰否하지만, 율곡의 성리학설이 성립되는 근본정신과 추상적 성리론이 구체적 인간과 사회적 제 문제를 타개함에 여하히 관계·매개되는가 하는 논리적 설명을 (기존 연구들이) 등한시하고 있다. 따라서 현실적 제 문제와 추상적 이념이 율곡에 있어서 어떻게 조화되는가 하는 점을 고찰해야 한다. …… 단순하게 관념적·사변적으로 이발理發이니 기발氣發이니 논란한다 할지라도 결국에는 무의미한 공론空論에 떨어짐을 면할 수 없게 된다."(유승국,

율곡의 정치사상political thought이 아닌 정치적 사고political thinking에 초점을 맞추었다. 정치적 사고는 정치사상에 비해 원자료의 성격을 갖고 있기 때문에 정치에 대한 살아 있는 생각들이 정치사상보다 풍부하다는 장점을 갖고 있다. 이 책은 이러한 관점에서 율곡의 정치적 사고를 그가 관직 생활을 비롯한 정치적 경험을 통해 실제로 보고 느끼고 고민하였던 내용에서 찾아 재구성하고자 한다.

율곡을 정치학적 관점에서 분석한 최초의 단행본으로는 전세영의 『율곡의 군주론』이 있다(전세영, 2005). 이 책은 저자가 『율곡전서栗谷全書』를 1권부터 꼼꼼하게 읽은 뒤에 "군주의 국가 통치 방법에 관한 율곡의 다양한 주장과 언명"을 분석한 역작이다. 율곡에 대한 기존 연구들은 연구자 자신들이 관심을 갖고 있는 영역과 관련된 몇 개의 개념으로 이루어져 있다. 반면에 전세영은 율곡의 저서에서 발견할 수 있는 거의 모든 개념을 추출하여 소개하였고, 이것들을 정치적 시각에서 배열하고자 노력을 기울였다.

그런데 율곡을 정치학적으로 이해할 때 개념의 설명이 우선시되면, 이는 정치를 이론적으로 이해하게 되는 것을 시작으로, 다음에는 정치를 이론에 종속시키며, 종국에는 정치는 사라지고 이론만 남게 되는 문제를 초래할 수 있다. 나는 이러한 경향을 '경학의 주도에 의한 경세의 실종'이라고 부르고자 한다.[2]

1983: 242) 그러나 이러한 비판을 제기한 유승국조차 율곡이 제시한 정치적 현실 문제를 구체적으로 다루지 않고, 단지 율곡 철학의 근본정신만을 언급하고 있을 따름이다.
2) 이와 같은 경학 위주의 입장 또는 경학론적 경향은 한편으로는 조선 초기의 세종과 윤회와의 대화에서, 다른 한편으로는 조선 후기의 김홍근이 철종에게 올린 진언에서 집약적으로 표현된다. 그 내용은 다음과 같다. "세종 7년(1425) 11월 29일에는 임금

여기서 나는 '율곡의 정치적 이상향'은 '요순堯舜'과 '삼대지치三代之治'라는 전세영의 주장(전세영, 2005: 37)은 첫째, 논리 구조가 지나치게 결과론적이고, 둘째, 당시 현실 정치에 대한 생동감 또한 잘 드러나지 않는다는 점을 지적하고 싶다.

그런데 나는 이 두 가지가 서로 맞물려 있다고 본다. 당시 정치에 대한 생동감의 결여는 바로 저자가 율곡의 정치적 이상향은 삼대지치의 회복에 있다고 미리 전제한 뒤에 시작하였기에 초래된 결과이다. 다시 말하

이 윤회에게 묻기를, '내가 집현전의 선비들에게 모든 사기史記를 나누어주어 읽게 하고자 한다.' 하니, 윤회가 대답하기를, '옳지 않습니다. 대체로 경학經學이 우선이고, 사학史學은 그다음이 되는 것이니〔經學優先 史學次之〕, 오로지 사학만을 닦아서는 안 됩니다.' 하매, 임금이 말하기를, '내가 경연에서 『좌전左傳』, 『사기史記』, 『한서漢書』, 『강목綱目』, 『송감宋鑑』에 기록된 옛일을 물으니 다 모른다고 말하였다. …… 지금의 선비들은 말로는 경학을 한다고 하나, 이치를 궁극히 밝히고 마음을 바르게 한 인사가 있다는 것을 아직 듣지 못하였다.'고 말하고, '대제학 변계량卞季良에게 명하여 사학을 읽을만한 자를 뽑아 계문啓聞하라.'고 하였다." 김홍우는 이 내용을 소개하면서 "놀라운 것은 이와 같은 세종과 윤회 간의 견해차가 같은 해(1425년 12월 8일) 세종이 '의정부와 육조의 여러 신하에게' 밝혔던 그의 '경서관經書觀'에서도 되풀이되고 있다는 점"이라고 지적한다. 김홍우는 "경서를 깊이 연구하는 것은 실용하기 위한 것이다〔窮經所以 致用也〕. 바야흐로 경서와 사기를 깊이 연구하여 다스리는 도를 차례로 살펴보면, 그것이 보여주는 나라 다스리는 일은 손을 뒤집는 것과 같이 쉽다."는 세종의 말과 "10년(1428) 11월 1일에도 변계량이 '문사를 취하는 것은 오로지 학문하기 위함이'라고 말하자 '선비를 취하는 목적은 세무에 쓰고자 하는 데 있는 것이다〔取士欲爲世用〕. 어찌 학문만 위함이라 하겠는가.'라고 반박한" 세종의 말에서 세종의 경세관을 재확인하고 있다. 한편 김홍우는 윤회의 '경학우선〔經學優先 史學次之〕'론이 400년이 지난 철종조에 이르러 김홍근의 '주경익사主經翼史'론으로 재천명되고 있음을 지적한다. 그 내용은 다음과 같다. 철종 2년(1851) 3월에 새로이 등극한 왕(철종)에게 좌의정 김홍근은 다음과 같이 진언한다. "경학을 주로 삼고 사서를 보좌로 삼아〔主經翼史〕 도술道術을 밝히고 사리事理를 살필 것이며, 날마다 단정한 선비를 가까이하여 강마講磨하고 토론하며 과정課程을 엄히 세워 혹시라도 중단함이 없어야 합니다." 하니, 왕은 "내가 비록 불민하지만 마땅히 가슴에 새기겠다."고 답한다(김홍우, 2007: 50~51).

면 '당시의 필요한 현실 문제'보다는 '있어야 할 정치'라는 이상론에서 논의를 시작하는 문제가 있다는 점을 지적하고자 한다. 그런데 이러한 문제점들은 율곡의 경세론을 다룬 기존의 연구들에서도 공통적으로 나타나고 있다. 율곡 연구는 크게 철학적 연구물과 경세론적 연구물로 나눌 수 있는데, 이 책에서는 경세론 연구에 한정해서 율곡학회에서 편집한 「경세」편을 살펴보기로 한다(율곡학회, 2007).

첫째, 율곡의 경세론을 율곡 자신의 철학 체계 내부로부터 파생된 결과로 접근하는 연구 경향으로, 여기에는 황준연(2007: 69~90)과 황의동(2007: 91~120) 등의 연구가 있다. 이들은 성리학적 관점에서 율곡의 인식론적 토대를 탐색하고, 율곡이 사용한 개념, 정의, 그리고 개념 간 관계성에 주목하면서, 율곡의 경세론을 성리학이라는 철학 체계 속에서 다룬다.

철학 체계 속에서 율곡을 연구한 연구자들의 연구 중에는 '제도'의 문제에 관점을 두는 경향도 발견된다. 정원재(2001: 170)는 "기질지성에서 출발한" 율곡의 철학은 "필연적으로", "제도 개선에 대해서도 일정한 관심을 표명한다."고 지적한다. 그런데 이 주장은 결과적으로 율곡의 제도 개선 노력을 율곡 철학의 부산물로 이해하게 만든다. 율곡의 경세론을 성리학적 이념으로부터 접근하는 이러한 연구들은 나름대로의 장점에도 불구하고, 율곡의 정치적 사고와 행위를 철학의 보조물로 전락시킬 위험성이 있다. 그 결과 율곡의 경세론은 독립성을 상실하게 되고, 이기론理氣論 등 철학 중심적인 기존의 율곡 연구[3]와 차이점을 보이지 않는다. 내

---

[3] 이러한 연구 경향에 대해 정원재는 다음과 같이 정리한다. 첫째, 퇴계가 주리론主理論이라면 율곡은 주기론主氣論이라는 것으로, 다카하지 도루高橋亨, 배종호裵宗鎬, 윤사순尹絲淳, 장숙필張淑必, 김성범金聲凡 등의 시각이다. 둘째, 율곡을 절충론자로, 주기파를 대표하는 인물을 화담으로 보는 견해로, 이병도李丙燾, 김경탁金敬琢, 유승

가 보기에 이들의 공통점은 경세가로서의 율곡보다는 성리학자로서의 율곡의 모습에 집중되어 있다.

하지만 율곡의 정치적 사고는 '현실 정치의 제 문제를 과연 어떻게 해결해나갈 수 있을까' 하는 당연하고도 구체적인 고민에서 출발한 것이었다. 당시의 제 문제에 대한 율곡의 고민은 바로 그의 정치적 성찰로부터 전개되었으며, 이러한 성찰과 논의가 바로 율곡의 경세론인 것이다.

둘째, 율곡의 경세론을 정치학적 시각에서 연구한 것으로 여기에는 김한식(2007: 221~238), 배병삼(2007: 239~269), 강광식(2007: 271~297) 등의 연구가 있다. 김한식은 우리나라 역사상 나타난 민본사상을 현대적 관점에서 조명하는데, 특히 위계位階가 아닌 평등平等 관계로서의 개체 개념을 율곡에게서 발견한다. 배병삼은 '율곡의 정치철학적 구도'와 국가관, 군주론 및 율곡의 정책 개혁안 등을 정리하고 있다. 강광식은 율곡이 같은 성리학적 인식론의 패러다임 안에 있으면서도 정암(조광조), 퇴계(이황), 남명(조식) 등과 구분되는 점에 주목하고 있다.

그런데 이들 논문들 역시 당시의 정치 현실보다는 '이기론', '태극도설太極圖說' 등 관념적인 철학적 용어와 개념에 치중함으로써 철학 중심의 연구물과 별다른 차이를 보이지 않는다. 예를 들면 김한식은 자신의 논리적 근거를 '이통기국理通氣局' 사상과 '사단칠정일도설四端七情一途說'

국柳承國 등의 견해이다. 셋째, 위의 두 견해에서 더 나아가, 퇴계와 율곡 철학의 차이를 아예 이理 자체의 의미 또는 성격의 차이로 보려는 견해로, 박종홍朴鍾鴻, 임원빈任元彬 등의 입장이다. 넷째, 이와 기의 관계에 초점을 맞춰 퇴계는 이기의 불상잡不相雜을 강조했고 율곡은 이기의 불상리不相離를 강조했다고 보는 견해로, 유종명劉明鍾 등의 주장이다. 다섯째, 퇴계가 이기이원론이라면, 율곡은 이기일원론이라는 주장으로, 황의경黃義敦, 이상익李相益 등의 견해이다. 여섯째, 퇴계의 이론이 도덕성 확보를 우선시했다면 율곡은 논리적 분석에 치중했다는 설명으로, 전호근田好根 등의 견해이다(정원재, 2001: 1~3).

등에서 찾고 있으며, 배병삼 역시 '이통기국'의 이론으로 자신의 주장을 설명하고 있고, 강광식은 '이기론'과 '심성론心性論'을 토대로 하여 글을 전개하고 있다.

셋째, 언론 사상과 법학적 측면에서 율곡의 경세론을 접근한 연구들로 여기에는 정연구(2007: 599~630), 이상익(2007: 631~651), 박덕배(2007: 459~473) 등의 논문이 있으며, 넷째, 신분, 정치, 경제, 교육, 병제 등의 영역에서 제안된 율곡의 개혁안을 사회학적 방법론과 의미로 접근한 논문이 있다(이동인, 2007: 121~174).[4] 그런데 언론과 법학의 측면에서 분석한 논문에는 정치의 문제가 제외되어 있으며, 사회학적으로 접근한 논문에는 소통의 문제가 보이지 않는다.

이상의 율곡을 다룬 기존 연구들을 살펴본 결과, 기존 논의들이 율곡의 이기론 등과 같은 성리학의 이론적인 부분을 강조한 '경학' 중심적인 해석과 연구에 치중하고 있음을 발견할 수 있다. 이러한 연구 경향은 율곡 당시의 정치 현실을 도외시한 '언어의 지적 유희'에 빠질 위험성이 있다. 아울러 율곡이 갖고 있던 정치적 문제의식을 간과하고 율곡의 정치적 성찰의 동인이 된 조선의 당대 정치 현실을 반영하지 못하게 된다. 이 책이 취하는 경세론적 입장은 율곡이 갖고 있던 당시 제 문제에 대한 고뇌가 바로 율곡 자신의 정치적 성찰로 전개되었다는 전제 위에 서 있다. 이러한 전제는 율곡의 정치적 문제의식이 바로 당시 조선의 정치 현실에서 출발하고 있음을 의미한다.

이러한 이유에서 율곡의 경세론 연구는 반드시 정치 현실에서 출발해

---

4) 여기서 이동인은 율곡의 정치 개혁론을 기강의 확립과 법치의 실현, 인사 제도와 정부 조직의 효율적 운영, 지방행정 혁신, 언로의 활성화 등의 다섯 가지 내용으로 정리하고, 당시의 피폐한 민생 문제가 잘못된 법, 즉 폐법弊法에 기인하였다는 것이 율곡의 인식이었음을 밝혀준다.

야만 의미가 있으며, 당연히 정치학의 영역에서 다루어야 할 주제로서의 가치를 지닌다. 따라서 '유교儒教' '유학儒學', '성리학性理學' 등의 거대하고 세련된 관점에서 전개되는 율곡에 대한 연구는 더욱 신중할 필요가 있다. 여기서 신중함이란 성리학 자체에 대한 거부가 아니라, 성리학 등의 세련된 이론 중심에서 출발하는 것을 유보해야 한다는 의미이다.

2. 율곡의 정치적 사고, 그리고 법과 소통

앞에서 이미 밝힌 바와 같이 나는 이 책을 율곡의 '정치적 사고'에 초점을 맞추어 전개하고자 한다.[5] 이때 율곡의 정치적 사고는 전前 철학적-전前 성리학적인 투박하고 진솔한 율곡 자신의 '말' 속에 숨겨져 있고, 이를 당시의 정치 현실과 결부시켜야만 그것이 가지는 올바른 정치적 의미를 재조망할 수 있으며, 이때 비로소 '경세가'로서 율곡의 참모습을 확인할 수 있다.

김홍우는 사상thought과 사고thinking, 더 나아가 정치사상political thought과 정치적 사고political thinking 간의 차이에 대하여, "'사상'이 특정한 개념의 옷으로 덧입혀진 특정 형태의 세계를 전제로 한 문자와 기호의 체계라 한다면, '사고'는 열린 토론의 과정, 즉 면대면의 직접적이고 현재적인 구술적 의사소통의 과정을 통해서 계몽, 수정, 보완되거나 부정되는 여러 가지 형태로 생산되고 재생산되는 의식 행위 그 자체라 할 수 있

---

[5] 여기서 말하는 '정치적 사고'란 문자화된 manual이 아니라 살아 있는 thinking을 가리키는 것으로서, 이것은 질문을 논쟁적으로 소화해낼 때 비로소 나타날 수 있다(김홍우, 2007: 1168). 김홍우는 이런 관점에서, 현재까지 주류 한국 정치사상은 "정치적 사고"가 없는 "정치사상"만을 재생산해왔을 뿐만 아니라 이를 정당화해왔다고 지적하고 있다.

다. 따라서 사상은 '사고가 깃드는 집'이며, '정치사상의 진정한 목적'은 반복적-고정적 '문자언어' 속에 숨어 있는 비반복적-비고정적 '구술언어'로서의 '정치적 사고의 살아 있는 모습을 보여주는 데' 있는 것"이라고 설명한다.[6]

나는 율곡의 '정치적 사고'에 초점을 맞추어 다음과 같은 두 가지 해석 방법을 적용하고자 한다. 첫째, 율곡이 지속적으로 사용하고 있는 용어를 율곡 자신의 정치적 아이디어와 언어로 재해석하는 방법이다. 그것은 당시의 실제 문제에 초점을 맞추고, 이 문제에 대해 율곡 자신이 스스로 묻고 답하도록 하는 자문자답의 방식을 취하는 것으로, 결국은 율곡 안에서 율곡을 찾는 직접적인 방법이다.

이 방법에서 볼 때, 율곡이 말하는 정치란 '政을 행함으로써 治를 이룩하는 것'으로, '政'은 현실 세계의 제 문제를 해결하기 위한 인간의 행위를 가리키는 반면, '治'는 그 행위가 바람직한 상태로 나타난 결과를 가리킨다. 율곡은 이 점에 대해 다음과 같이 말한다.

> 임금이 신하에게 맡기는 것은 천지의 도입니다만, 맡기는 것에 사邪와 정正이 있어서 치란안위治亂安危가 여기에 달려 있습니다. 이러므로 군자에게 맡기면 정사가 다스려져서 태평하고, 소인에게 맡기면 정사가 천단되어 위태하며, 군자든 소인이든 맡기지 않으면 정사가

---

[6] 김홍우는 "정치적 사고"의 대표적인 예로서 플라톤의 『국가』 제1권에 나오는 트라시마코스와 소크라테스 간의 격렬한 논쟁을 들고 있다. 그러나 그 이후 『국가』의 전개 과정은 소크라테스가 전체의 논의를 일방적으로 이끌고 가는 "정치사상"의 성격을 강하게 나타낸다고 지적하면서, 정치적 논쟁은 "정치사상" 내에서 작용하는 "정치적 사고"를 활성화시키고 복원시키기 위한 필수 조건이라고 평가하고 있다(김홍우, 2007: 1170).

흩어져 어지럽게 되는 것은 당연합니다.[7]

이는 '정政'이 그 실행[行政] 여부에 따라 '정치政治', '정천政擅', '정산政散'의 세 가지 결과로 나눠지는 것을 보여준다. 그리고 이 세 가지 결과는 현실에서는 다시 '안安, 위危, 난亂'의 모습으로 나타난다. 결국 율곡에게 정치란 '위험과 혼란이 아닌 편안한 세계를 만들기 위한 것으로서, 인간의 행위가 천단[政擅]되거나, 사라지지[政散] 않고 제대로 다스려진 [政治] 상태'를 가리킨다.

이 책은 율곡의 정치적 언어와 사고에서 발견되는 주요 용어들, 예컨대 '논론論論·의의議議', '권도權道·상도常道', '공公·사私', '종본從本·종사從事', '본말本末·선후先後', '시비是非·우열優劣', '도도道道·술술術術', '애민지도愛民之道·애민지심愛民之心·안민지술安民之術', '시시時時·사사事事', '정정政政·사사事事', '심심心心·성성性性·정정情情·의의意意', '인심人心·도심道心', '민정民情·중정衆情·여정輿情', '관관官官·작작爵爵', '위국爲國', '공국共國' 등의 의미를 율곡이 정의한 '정정政政·치치治治' 하에서 찾아내고자 한다.

둘째, 상소문, 『경연일기經筵日記』, 편지 등 1차 자료를 우선적으로 해석하는 방법이다. 일차적으로 조선의 정치 현실에 대한 율곡 자신의 문제의식을 담고 있는 것은 상소문으로, 『율곡전서』[8]에 총 130편이 실려

---

7) "人君任臣, 天地之道也. 顧所任有邪正, 而治亂安危係焉. 是故, 任君子則政治而安, 任小人則政擅而危, 君子小人, 都無所任, 則政散而亂, 此必然之勢也."(「陳時弊疏」 7-32ㄱ)
8) 율곡 문집의 편찬은 그가 돌아간 후 얼마 지나지 않아 문인들에 의해 착수되었는데, 문인 박여룡朴汝龍 등은 성우계成牛溪(=成渾)에게 문의하고 그의 지도를 받아 문집을 편찬하였으며, 문인 박지화朴枝華는 시집을 선정하였고, 광해군 3년(1611)에 해주에서 목판으로 발간하였다. 이것이 처음 발간된 『율곡집』이며, 시집 1권, 문집 9권이었다. 그후 박세채朴世采가 율곡 속집 4권, 별집 4권, 외집 2권을 편찬하여 숙종

있다. 율곡의 실제적 삶과 관직 생활이 여타 사람들보다 짧다는 것(49세에 작고)을 고려할 때 적지 않은 편수이다. 이러한 사실은 그가 매우 적극적으로 조선 현실에 대해 언급했고, 따라서 율곡의 관점에서 볼 때 조선 정치의 현실이 매우 위급하였음을 반증한다. 또한 율곡의 정치적 사고와 관련하여 주목할만한 자료로는 명종 20년(1565)부터 선조 14년(1581)까지 17년 동안의 정치사를 일기 형식으로 정리한 『경연일기』가 있다.

이 일기에서 율곡은 당시의 중요한 정치적 사건들을 상세하게 서술하고 있으며, 이러한 사건들에 대처하는 국왕 및 신료들의 태도와 논쟁들을 자신의 생각과 평가, 그리고 비판과 함께 시기별로 기록하고 있다. 이 자료는 율곡에 대해 연구할 때, 마치 『조선왕조실록』이 조선 연구에 반드시 필요한 것과 같은 의미를 지닌다. 실제로 『선조수정실록』 내용 중 상당 부분은 율곡의 『경연일기』와 일치한다. 아울러 『선조실록』은 임란으로 인해 그 내용과 정치적 사건들 간의 시간적 배열에 있어 적지 않은 문제가 있지만[9] 현재로서는 당시의 역사적 사실을 확인할 수 있는 가장 신뢰

8년(1682)경에 개간하였다. 또 그후 전서의 필요성을 느껴, 영조 20년(1744)에 위의 시문집, 속집, 별집, 외집 등을 합하고 이에 더해 『성학집요』, 『격몽요결』 등의 여러 책을 수록하여 『율곡전서』 38권을 편찬하고, 영조 25년(1749)에 활자로 간행하였는데, 또 그후 습유拾遺 6권을 더하였고, 순조 14년(1814)에 목판으로 재간하였다. 한편 율곡의 「사서언해」와 같은 것은 원래 전서 속에 들어 있지 않고 따로 간행되었다. 해방 이후 1958년 성균관대학교 대동문화연구원에서 순조 때의 목판본 전서를 영인 출판하였다(이병도, 1966: 5~6).
한편 국역본은 민족문화추진회에서 1966년에 발췌하여 번역 출판하였고, 그후 한국정신문화연구원에서 1980년대에 전7권으로 완역하였다. 이 책에서는 이 두 종류의 국역본을 주로 참고하였다.
9) 『선조실록』은 무엇보다도 그 내용이 너무나 빈약하다. 선조 3년의 1, 2, 3, 9, 10, 11월, 그리고 5년의 1, 3, 4, 6, 8월, 8년의 4, 8월, 9년의 12월, 10년의 9, 10월, 11년의 8, 9, 10, 11, 12월, 12년의 1, 2, 8, 9, 10, 11월, 13년의 1, 2월 15년의 2, 3, 5월

할만한 자료이기 때문에 이 책에서는 이를 적극적으로 활용할 것이다.

그 외에 실록에 기록된 율곡의 주장과 말, 그리고 율곡이 지인들에게 보낸 편지들에서 조선 정치의 현실에 대해 토로한 부분들을 분석 자료로 삼는다. 이 자료들은 율곡이 자신의 정치적 아이디어와 정치적 삶을 어떻게 연계시키고 있는지 보여주고 있으며, 이 책은 이 자료들을 바탕으로 율곡이 그의 관직 생활을 통해 표출한 정치적 사고를 검토할 것이다.

율곡의 정치 행위와 대안 탐색은 그 자신의 정치적 행보와 경력, 그리고 상소문과 같은 1차 자료의 분석을 요구한다. 이 책이 1차적으로 주목하는 자료들은 당시 사람들의 1차적이고 직접적인 말, 즉 '구술언어'들이 주된 내용을 이루고 있다. 반면 『성학집요』는 이들에 비해 이론적 성격이 강하기 때문에 이 책에서는 이를 2차 자료로 분류한다.[10] 나는 이 책을 씀에 있어, 2차적인 '글(문자언어)'보다는 1차적인 '말(구술언어)'(물론 이것도 기록을 통해서 확인되는 것이기는 하지만)에 우선성을 두고자 한다.

이 책의 중심 내용은 크게 두 가지이다. 첫째는 당시 조선의 정치적 제 문제를 해결하는 실천적 방안으로서 경장更張(변법變法)의 문제이다. 둘째는 잘못된 공론公論과 그 공론의 과잉으로 인한 국정 운영의 마비, 다

의 기록은 아예 빠져 있다. 또한 즉위년 11월 4일자와 16, 17일자 등에는 퇴계가 경연장에서 선조에게 진강을 한 기사가 나오는데, 당시 퇴계는 고향에 있었다. 이 기사는 고봉의 것을 퇴계의 것으로 잘못 기록한 것이다. 또한 퇴계의 졸기도 그가 죽은 선조 3년 12월이 아니라 선조 2년 12월에 잘못 실려 있다. 한편 『선조수정실록』은 기사를 날짜별로 기록하지 않고 1개월 단위로 기록하고 있다.

10) 『성학집요』로부터 출발하게 되면 성리학 이론에 경도되어 당시의 실제 문제를 간과하는 실수를 범하기가 쉽다. 이는 먼 훗날 우리의 후손들이 오늘날의 정치를 평가할 때, 잘 서술된 민주주의 교과서를 분석한 후, 마치 이 시기를 민주주의가 꽃핀 시기로 설명하는 것과 같다.

시 말하면 정치의 파행과, 이로 인하여 민생 부문에 '폐단'이 발생하여 민생이 실종되었다는 율곡의 인식이다. 율곡은 이러한 정치 현실을 '비소통'으로 이해하고 있다. 율곡이 제기한 비소통은 '불인不仁'의 상태와 같고, 소통은 이른바 막힌 곳을 뚫어줌으로써 자연스럽게 마비를 풀려는 의도를 갖는데, 이것이 율곡의 정치적 사고에서는 경장이라는 용어로 표현된다. 그리고 이러한 마비의 결과가 곧 민생에서 폐법으로 등장한다는 것이 율곡의 생각이다.

경세론적 입장에서 율곡을 분석할 때 내가 가장 주목하는 용어는 '폐弊'라는 글자이다. 율곡은 당시 조선의 정치 현실이 지닌 수많은 문제점을 바로 '폐'라는 말에 집약하고 이에 대해 자신의 대책을 세우는 것으로 그의 정치적 삶을 살다가 갔다. 이러한 '폐'는 민생에서는 '폐법弊法'으로, 정치에서는 '폐정弊政'으로 나타났다. 폐법은 민생에서 군정 폐단, 조세 폐단, 향약 폐단 등의 문제로 나타났으며, 폐정은 당시 조정의 인사정책의 실패, 과잉된 공론, 그리고 붕당의 형성 등으로 표출되었다.

군정과 조세 그리고 향약과 관련된 폐법을 제기하면서 율곡은 그 원인을 시의時宜와 실공實功의 결여에서 찾고 있었다. 율곡의 정치적 사고에서 '요순시대'와 '세종시대'의 발견과 그에 대한 율곡의 언급은 이러한 측면에서 법을 이해한 결과로 볼 수 있다. 율곡은 특히 세종시대를 '잘 본받아 실천'하는 것이 마비된 정치를 풀 수 있는 방법이라고 보았다. 그러므로 율곡이 제기한 정치는 그러한 의미를 갖는 법을 다시 회복하려는 노력으로 이해해야 한다.

예컨대 율곡은 전前 시대의 문제점을 윤원형 등 권간權奸들의 행태에서 찾아내는 과정에서, 권간들의 행태가 법을 남용하고 무시하는 '자의적 법 집행자'의 모습으로 나타나고 있음에 주목한다. 한편 권간의 몰락과 함께 등장한 세력들은 이전의 권간들의 행태와는 다르게 행동할 수밖에 없었지만, '자의적'이었던 권간들의 다른 극단인 '기계적인 법 준수자'의 모습으로 나타남을 율곡은 보여준다. 율곡은 이들을 '유속流俗'이라 부른다. 즉 이전의 권간들의 반정치적인 문제가 율곡 당시에는 유속들의 비정치적인 문제로 바뀌어버린 것이다. 여기서 중요한 것은 법이 불완전하다고 법 자체를 무시하는 자세는 '반反정치적 태도'이고, 법이 소중하다고 그 법 자체에 매몰되는 자세는 '비非정치적 태도'라는 점이다.

한편 율곡이 주목한 잘못된 정치, 즉 '폐정'의 핵심은 '소통'의 문제에 있었다. 인사 문제의 폐, 공론정치의 폐, 붕당정치의 폐 등은 모두 '소통의 단절'과 직접적인 관련이 있었다. 따라서 율곡의 폐정 개혁 노력을 한마디로 논한다면 바로 정치에 있어서의 소통을 어떻게 할 것인가에 모아진다. 하지만 율곡이 강조한 소통의 문제는 단순히 삼사三司를 중심으로 하는 간관 제도상의 차원에 한정된 것은 아니었다. 율곡은 그 제도를 운용하는 관행 또는 관습의 차원을 중요시하였다.

이러한 이유에서 나는 기존의 법에 대한 실정법적 연구의 한계에 주목하고, 율곡이 조선 정치의 제 문제를 해결하기 위해 시도했던 정치와 법 그리고 이들 간의 소통 또는 상호작용의 문제에 초점을 두고 연구를 진행하고자 한다. 율곡은 '역할과 기능 간의 원활한 소통'이 정치가 잘 돌아갈 수 있는 소통이며, 이는 요순시대, 가까이로는 세종시대와 같은 '가치 있는 관례의 준수, 그리고 이를 준수하려는 의지'를 배경으로 할 때 가능하다고 보았다. 그것이 바로 '법'이 '소통'과 만나는 계기가 된다. 그리고 그 중심에는 조선의 군주가 서 있다는 점을 율곡의 주장에서 발견할 수 있다.

이제 나는 율곡의 선행 연구들을 보완하여 정치에서 '법과 소통'이라는 문제를 본격적으로 다루고자 한다. 그럴 경우 율곡의 '법과 소통의 정치'가 갖는 의미가 자연스럽게 드러나게 되고, 그의 난해한 성리학적 개념들이 비로소 살아 있는 의미로 이해될 수 있으며, 결국 경세가로서의 율곡의 모습이 드러날 것으로 기대한다.

제1장 유폐 개혁

　율곡의 '정치적 사고'는 20년 동안 율곡이 수행한 관직 생활과 밀접한 관련을 맺고 있다. 율곡은 명종 19년(1564)부터 그가 49세로 서거한 선조 17년(1584)까지 관직 활동을 하였는데, 이를 중앙 관직에로의 진퇴 여부를 기준으로 삼으면 3기로 구분할 수 있다.

　초기는 명종 19년(1564)부터 선조 2년(1569)까지이다. 이 시기는 율곡이 관직 생활을 처음 시작해, 중앙 정치에 대한 자신의 시험적 노력을 시도했다는 특징을 갖는다. 따라서 율곡이 예조좌랑직을 수행하던 명종 20년(1565)에 제기한 보우普雨와 윤원형尹元衡 탄핵 상소, 명종 21년(1566)의 「간원진시사소諫院陳時事疏」, 그리고 홍문관 교리직을 수행하던 선조 2년(1569)에 저술한 「동호문답東湖問答」과 「옥당진시폐소玉堂陳時弊疏」를 각각 주목할 필요가 있다.

　중기는 선조 3년(1570)부터 선조 8년(1575)까지이다. 이 기간에 특기할 만한 사실로는 율곡의 지방관 경험을 들 수 있다. 율곡은 선조 4년(1571)에 외직인 청주 목사로, 선조 7년(1574)에 황해도 관찰사로 봉직하였다.

이러한 지방 관직의 수행을 통해 율곡은 정치의 현장성이 살아 있는 '민생'을 생생하게 경험하게 되었고, 이는 자신의 정치적 목소리를 일상의 삶에서 실험함으로써 정치적 사고를 심화하는 단초를 마련하는 데 크게 기여했다. 이러한 모습은 선조에게 올린 「진해서민폐소陳海西民弊疏」와 「성혼成渾에게 보낸 편지〔答成浩原〕」에서 찾아볼 수 있다.

그런데 이 두 번의 지방 관직 수행에 있어 다소 흥미로운 점이 『율곡전서』를 자세히 읽다 보면 발견된다. 자신의 정치적 경험을 거의 모두 기록하였던 율곡이 유독 10개월간 수행했던 청주 목사 직무에 대해서만은 기록을 남기지 않았다는 점이다.[1] 다만 「서원향약」이라는 향약 규약집만을 남겼다. 이는 그후 황해도 관찰사 시절 황해도의 민폐에 대해 자세한 기록을 남긴 것과 대비된다. 아마도 이 시기에 율곡은 자신의 생각과 지방 정치 현실 사이에 차이가 있었음을 반성했을 것으로 추측할 수 있다. 왜냐하면 그는 약 1년 뒤 조정에서 향약을 실시하기로 결정하였을 때 앞장서서 반대하여 중지시켰기 때문이다. 이 점에 대해서는 후술하기로 한다.

말기는 선조 9년(1576)부터 선조 17년(1584)까지에 해당한다. 이 시기에 율곡은 다시 중앙 관계로 진출하는데, 이때 율곡은 초기와 중기, 특히 중기의 자신의 관직 경험을 현실로 드러내기 위한 정치적 노력을 기울인다. 이 시기에 율곡은 자신의 정치적 의사를 매우 강력하게 표현한 일이 있었다. 선조 11년(1578)에 자신을 대사간으로 부른 선조에게 사직하면서, '만약 자신을 쓰려면 마땅히 시사時事에 대해 물어보고 난 후, 자신

---

1) 이러한 점 외에 또 다른 한 가지 특이한 사항이 발견된다. 그것은 중국 방문의 경험에 대한 율곡의 기록이 없다는 점이다. 당시의 조선과 명나라와의 관계를 생각해보면 이는 분명히 의미가 있다고 생각한다. 그의 제자 조헌은 명나라에 다녀온 후 장문의 상소를 올려서 빨리 중국의 제도를 배울 것을 건의하였다. 율곡에게 중요한 것은 명이 아니라 조선이었고, 특히 조선 백성들의 삶이었다고 생각한다.

의 말을 쓰지 않으려면 부르지 말라.'고 선조를 압박했던 일이다.

선조는 율곡에게 의견을 봉서하여 올리도록 하여 율곡의 주장을 받아들였다. 그 결과가 「응지논사소應旨論事疏」였다. 하지만 선조는 이 시기에 율곡의 건의를 외면하였다. 이후 율곡은 해주로 낙향하였다가 선조 13년(1580) 12월에 대사간에 부임[2]하여 서거하는 선조 17년(1584)까지 중앙 정계에서 대사헌(1581년 6월), 대사간(동년 9월), 호조판서(동년 10월), 겸 양관 대제학(동년 11월), 이조판서(1582년 1월), 형조판서(동년 8월), 우찬성(동년 9월), 병조판서(동년 12월), 이조판서(1583년 10월) 등을 역임하면서 자신의 정치적 아이디어를 현실화하고자 하였다.

율곡의 관직 생활을 3기로 구분하는 것은 율곡의 정치적 사고의 발달과 심화 과정을 율곡 자신의 정치적 삶과 연결하여 이해할 수 있는 길을 제시한다. 그러나 이를 위해서는 율곡의 관직 생활이 이루어진 20년 동안 실제로 전개되었던 조선의 정치 현실을 함께 주목할 필요가 있다. 그 이유는 이 시기에 율곡의 폐론弊論이 등장하고, 또 폐론이 율곡의 정치적 사고의 완성에 기여하는 의미를 현실에서 확인할 수 있기 때문이다.

율곡의 20년에 걸친 관직 생활 동안 조선의 정치적 상황은 두 국면으로 정리할 수 있다. 율곡이 관직 생활을 시작한 다음 해인 명종 20년(1565)에 문정왕후가 사망함으로써 조선 정치는 새로운 국면기에 접어들

---

[2] 당시 선조는 29세의 한창 나이임에도 불구하고 유언을 남길 정도로 큰 병을 앓고 난 뒤였다. 율곡은 병을 회복한 선조의 마음이 "불이 타오르듯 샘물이 용솟음치듯 크게 깨달아 …… 세도世道를 변혁하여 대치大治에 오를 수 있는 일대 기회[近日聖心暘悟, 火然泉達, 號令之下, 悅服興情, 臣民拭目, 佇見治化, 此正轉移世道, 俾升大猷之一大幾會也]"(『經筵日記』 선조 13년 12월, 30-48ㄴ~49ㄱ)라고 생각하고 그의 일생에서 가장 오랜 정치적 공백기를 정리하게 된다. 이후 죽는 날(1584년 1월 16일)까지 만 3년 1개월 동안, 아주 잠깐(1583년 6월과 8월)을 제외하고는 서울을 떠나지 않고 바쁜 말년을 중앙 정계에서 보낸다.

었다. 문정왕후는 명종이 성인이 될 때까지(12세~20세) 수렴청정했던 인물이다. 조선에서 수렴청정을 한 왕후는 총 6명으로 정희왕후(세조비), 문정왕후(중종비), 인순왕후(명종비), 정순왕후(영조비), 순원왕후(순조비), 신정왕후(익종비)이다. 수렴청정은 왕실의 가장 높은 어른인 여성이 왕과 함께 정치에 참여하는 것을 의미하는데, 특기할만한 점은 문정왕후의 수렴청정에 이르러 비로소 왕후와 왕의 위차 문제, 청정할 장소와 규모에 관한 제도의 정비가 이루어졌다는 사실이다.[3] 더욱이 문정왕후의 경우, 수렴만 했던 정희왕후와는 달리 정치과정에 직접 참여했기 때문에 제도적으로도 영향을 미칠 수 있었다. 그러한 이유로 문정왕후의 사망은 단순히 왕실 어른 중 한 사람의 죽음에 불과한 것이 아니라, 당시의 정치 상황에 비추어 중요한 의미를 갖게 된다.

문정왕후의 사망은 명종이 왕위에 오르자 을사사화乙巳士禍를 일으켜 명종 시대 내내 최고 권력자로서 독점적 지위를 향유한 윤원형 등을 중심으로 한 권간權姦 세력의 정치적 몰락과, 을사사화로 중앙 정치와 제도권으로부터 축출된 정치 세력들의 정치적 복권을 의미하기 때문이다. 또한 이것은 문정왕후가 자신의 정치 세력을 강화하기 위한 목적으로 추진했던 숭불崇佛 정책의 해체를 의미하였다. 결국 문정왕후의 죽음은 새로운 정치를 시작할 수 있는 계기가 되었고, 여기서 과거 청산이라는 정치적 이슈가 제기될 수밖에 없었다. 이 시기에 조선 정치는 국가의 정체성과 정통성의 재확립에 초점이 맞추어졌고, 따라서 당시 관직 생활에 첫발을 들인 율곡의 관심 또한 「논요승보우소論妖僧普雨疏」와 「논윤원형소論尹元衡疏」에서 볼 수 있듯이, 좀 더 근원적인 문제에 집중되었다.

명종 때 제기된 과거 청산이라는 정치적 문제는 윤원형의 탄핵으로 종

---

3) 수렴청정에 관해서는 임혜련(2003)을 참조하라.

결되는듯싶었으나, 선조 원년(1568)에 을사사화 문제가 다시 제기되었다. 이어 한 해 뒤인 선조 2년(1569)에 위훈 삭제 문제가 율곡에 의해 본격적으로 제기되면서 과거 청산의 문제가 재차 부각되었다. 율곡은 당시의 문제점들을 해결할 수 있는 시작은 바로 잘못된 과거 청산에서부터 이루어져야 한다고 생각하고 있었다. 그러나 율곡의 정치적 노력에도 불구하고 과거 청산은 곧바로 이루어지지 못했다.

그 결과 조선은 정치 영역에서 '마비 증상'이 나타났고 이 '마비 증상'은 조선의 모든 영역으로 확대되기 시작했다. 이러한 전체적인 '마비 증상'을 율곡은 중기와 후기의 관직 생활, 특히 중기 관직 생활을 통해서 직접 목도하였다. 정치적 위기가 곧 조선 전체의 위기로 확대되는 국면이 바로 두 번째 국면이 된다. 이러한 두 번째 국면에서 율곡이 경험했던 다양한 사건이 그의 정치적 사고의 전개와 완성에도 그대로 반영되고 있다.

율곡의 정치적 사고에서는 이러한 전체적 위기의 반영으로서 '민생의 붕괴와 상실'의 원인을 ('정치의 결과로서'의) 법이 민생을 돕기보다는 오히려 폐단이 되고 있는 사실에서 찾았다. 율곡은 자신의 중기 관직 생활에서 지방관으로 부임하면서 목도하고 경험한 민생의 문제를 그의 정치적 사고의 출발점으로 삼았다. 그리고 율곡이 던진 질문은 민생의 폐단으로서 법이 어떻게 출현할 수 있었는가 하는 점이었고, 그 질문에 대한 답을 찾는 과정에서 율곡은 민생을 가로막고 있는 폐弊가 정치에서도 동일하게 나타남을 인식하게 되었다. 이것이 율곡의 폐정弊政론이 제기된 계기다. 율곡은 폐정론을 바탕으로 조선의 정치에서 조선 전체의 위기를 극복할 수 있는 방안을 강구하고 이를 현실화하고자 했는데, 이러한 노력을 그의 말기 관직 활동에서 확인할 수 있다.

3기로 구분되는 율곡의 관직 생활과 두 국면으로 전개된 당시 조선 정치 현실을 함께 고려해볼 때 율곡의 정치적 사고를 이해하기 위해서는 먼저 첫 번째 국면을 특징짓는 과거 청산이라는 정치적 이슈와, 이를 둘러싼 당시 정국에 대한 율곡의 정치적 진단과 주장에 대한 고찰이 필요하다.

제1절 과거 청산

조선의 정치는 명종 20년(1565) 4월에 있었던 문정왕후의 사망을 계기로 일대 전환을 맞는다. 앞에서도 말했지만 문정왕후의 사망은 왕실 어른 중 한 사람의 죽음에 불과할 수 있었지만, 당시 정치 상황에서는 특별한 의미를 지니게 된다. 왜냐하면 문정왕후는 명종의 생모이고, 명종이 왕위에 오르자 을사사화를 일으켜 명종 시대 내내 최고 권력자로서 독점적 지위를 향유한 윤원형이 그의 동생이었기 때문이다.[4]

---

[4] 을사사화는 명종 즉위년(1545)에 왕실의 외척인 대윤大尹·소윤小尹의 반목으로 사림이 화를 입은 사건이다. 중종은 제1계비 장경왕후 윤씨에게서 인종仁宗을 낳고, 제2계비인 문정왕후 윤씨에게서 명종明宗을 낳았는데, 장경왕후의 아우는 윤임이고 문정왕후의 아우는 윤원형이었다. 윤임과 윤원형은 서로 세력을 잡으려고 반목 대립하여 일찍부터 대윤(윤임), 소윤(윤원형)이라 지목받았다. 중종이 승하하고 인종이 즉위하자 윤임이 득세하였는데, 그는 중종 말기에 김안로金安老의 몰락으로 다시 중앙에 진출하기 시작한 사림의 명사들을 가까이하고 이언적李彦迪, 유관柳灌, 성세창成世昌 등을 정부의 대관으로 임명하였다. 이로써 여러 차례 거듭된 사화로 말미암아 크게 꺾였던 사기士氣가 다시 회복되는듯하였다. 그러나 인종이 8개월 만에 승하하고 명종이 12세의 나이로 등극하자 문정왕후가 수렴청정을 하게 되었으며, 윤원형이 득세하게 된다. 윤원형은 자파의 세력을 만회하고 또 자기들이 소외되었던 전날에 대한 보복으로 윤임 일파를 제거한다. 윤원형은 평소 대윤파에 대해 사감이 깊던 정순붕鄭順朋, 이기李芑 등과 더불어 계책을 꾸미고, 한편으로 자신의 첩 난정으로 하여금 문정대비와 명종을 충동케 하여 윤임, 유관, 유인숙柳仁淑 등을 반역죄로 몰아 귀양 보냈다가 모두 죽인다. 화는 여기서 그치지 않고 이후에도 5~6년간 계속되어 윤임 등을 찬양했다는 등의 갖가지 죄명으로 유배되고 죽음을 당한 자가 무려 100여 명에 달했다(서울大學校 東亞文化硏究所 編, 1976: 526).

문정왕후의 사망은 크게 두 가지 의미를 지닌다. 하나는 그동안 조선 정치의 발목을 잡아왔던 장애물을 제거할 수 있다는 정치적 의미였고, 동시에 '새로운 시대'가 도래했다는 사실을 의미하는 것이었다. 당시 역사를 기록하였던 사관은,

〔을사사화는〕 대개 윤왕후가 지난날 쌓인 감정을 뒷날에 화禍로 만들었는데, 이기李芑의 무리가 또 따라서 이를 도와 이룩하였다. 그래서 그 화가 길게 뻗치어 10여 년이 되도록 그치지 않았고 마침내 사림을 짓밟고 으깨어 거의 다 쳐 죽이기에 이르렀으니, 이를 말하자니 슬퍼할만한 일이다. 그 뒤에 불사를 숭봉함이 한도가 없어서 내외의 창고가 남김없이 다 고갈되고 뇌물을 공공연히 주고받고 백성의 전지를 마구 빼앗으며 내수사의 노비가 여러 도에서 방자히 굴고 주인을 배반한 노비들이 못에 고기가 모이듯 숲에 짐승이 우글거리듯 절에 모여들었다. 그의 아우 윤원형과 중외中外에서 권력을 전천專擅하매 20년 사이에 조정의 정사가 탁란濁亂하고 염치가 땅을 쓸어낸 듯 없어지며 생민이 곤궁하고 국맥이 끊어졌으니, 종사가 망하지 않은 것이 다행일 뿐이다.[5]

라고 문정왕후의 사후를 평가하고 있다. 또 사관은 윤원형이 조정에서 축출된 뒤 백성들의 동향을 전하면서

---

5) "蓋后積憾於前, 搆禍於後, 李芑 輩又從而贊成之. 其禍連延, 迄十餘年, 而未已. 終至血肉士林, 斬伐殆盡. 言之, 可爲於悒. 厥後崇奉佛事, 靡有紀極, 內外帑廩, 空竭無餘. 公行賄賂, 橫奪民田, 內需奴婢; 橫肆諸道, 叛主臧獲; 如萃淵藪. 與其弟 元衡, 專擅於中外. 二十年間, 朝政濁亂, 廉恥掃地, 生民困悴, 國脈斯喪, 宗社之不亡幸爾."(『명종실록』 명종 20년 4월 6일)

> 윤원형이 쫓겨난 뒤에 지방의 한 백성이 한쪽 팔만 들고서 노래하고 춤추는 자가 있었는데 사람들이 그 까닭을 물으니, 답하기를, "윤원형은 국가에 해를 끼친 놈인데 지금 쫓아내어 백성의 해를 제거했으니 그래서 기뻐서 춤추는 것이다." 하였다.6)

라고 윤원형의 정천政擅을 평가하고 있다. 사관의 이러한 평가는 그동안 문정왕후와 윤원형 중심의 정치 세력이 정치권력을 자의적으로 전횡함으로써 조선의 정치가 정체되었음을 반증하는 동시에, 이제 한 시대를 마감하고 새로운 정치의 장이 시작되고 있음을 잘 보여준다.

그런데 이 시기는 율곡이 관직 생활을 시작한 때와 일치한다. 문정왕후 사망 전년(명종 19년, 1564) 8월에, 29세의 율곡은 호조좌랑으로 첫 관직 생활을 시작하고, 문정왕후 사망 즈음에는 예조좌랑의 관직을 수행하고 있었다. 율곡 역시 이 시기야말로 새로운 정치를 시작할 수 있는 시의성時宜性과 적의성適宜性을 모두 갖춘 때라고 판단하였다. 율곡은 보우와 윤원형의 탄핵 상소, 그리고 선조 2년에 제기한 을사 위훈 삭제 상소문에서 '보우', '윤원형', 그리고 '위훈' 등의 문제가 조선의 정치를 가로막고 있는 장애물임을 보여주고, 이러한 문제들을 해결하는 것이 조선의 정치를 회복하는 출발점임을 주장한다.

율곡은 개혁을 과거나 미래가 아닌 '현재'의 문제의식에서 출발하는 것으로 보고 이를 '시의時宜'로 표현한다. 한편 율곡이 '적의適宜'라고 표현한 내적 가능성이란 아무리 '지금 여기'에서 시급한 과제라도 실현 불가능하다면 무의미한 것임을 가리킨다. 여기서 율곡은 문정왕후의 죽음

---

6) "元衡 旣黜後, 外方之民, 有擧一臂而歌舞者. 人問其故, 答曰: '元衡 一國之賊也. 今旣黜之, 以除民害. 是以喜而起舞也.'"(『명종실록』 명종 20년 8월 27일)

을 개혁의 시점으로 삼고, 보우와 윤원형의 탄핵 그리고 을사 위훈 문제를 정치 쟁점으로 부각시켜 과거 청산 문제를 집중적으로 논의한다. 이는 율곡이 문정왕후의 죽음을, 유폐 문제를 해결할 수 있는 적의로 판단한 것으로 파악된다.

그러나 율곡은 새로운 시대에 대해 희망적인 전망보다 비관적인 전망을 조심스럽게 나타냈다. 그것은 권간에 의해 전횡된 정치의 '유폐遺弊'가 정치 영역에만 국한되지 않고 전조 국가의 모든 영역에까지 깊이 침투되어 있었기 때문이다. 따라서 율곡의 정치적 사고와 제안은 '유폐'의 극복과 청산에 집중되며, 이를 어떻게 해결할 것인지로 귀결된다. 율곡이 주목하였던 그 유폐의 구체적 내용은 보우와 윤원형의 탄핵 그리고 을사위훈 삭제라는 정치적 쟁점에서 확인할 수 있다.

1. 보우 · 윤원형 탄핵: 권도와 소통

문정왕후 사망 후[7] 율곡은 자신의 첫 상소인 「논요승보우소」를 올려 보우를 탄핵하고,[8] 이어서 그해 8월 「논윤원형소」를 올려 윤원형을 탄핵

---

[7] 율곡의 저술 가운데 가장 중요한 것 중의 하나인 『경연일기』가 탄생하는 중요한 계기는 바로 문정왕후의 죽음과 관계가 깊다. 율곡이 이 일기를 쓰기 시작한 정확한 시기는 알 수 없다. 선조의 등극(1567년 7월) 이후로 추측되는데, 중요한 것은 명종의 승하(1567년 6월)부터 정리했다가, 나중에 문정왕후의 죽음까지 기록을 소급해 간 것으로 보인다는 점이다. 즉 율곡은 이 사건이 갖는 의미를 중요시한 것이다. 『경연일기』는 "명종대왕 20년 7월 13일, 문정왕후의 상喪이 발인하려 할 때 큰 비가 내렸다〔明宗大王二十年七月十三日, 大雨. 文定王后之喪, 將發引〕."(『經筵日記』 28-2ㄱ)로 시작된다.

[8] 율곡 연보에는 8월에 이 상소문을 올린 것으로 되어 있으나, 5월에 올린 것이 맞다. 왜냐하면 당시 실록에 의하면, 팔도의 유생들이 한양에 운집하여 보우를 주살할 것을 상소하였으며, 보우는 5월에 직을 삭탈당하고, 6월에 제주도에 유배 가서 그곳 목사 변협에게 주살을 당하여 8월에는 이미 이 세상 사람이 아니었기 때문이다.

하였다.

당시 율곡은 언관의 직책도 아니었고, 명종은 친상 중에 있었다. 시기적으로나 당시 직위로 보더라도 율곡이 보우를 탄핵하는 상소를 올리기에는 적절치 않았다. 그럼에도 "정성으로 마음이 격해지면 직책에 구애될 수 없으며, 나라에 절박한 경우에는 그 때를 기다릴 수만은 없기에 만 번 죽을 것을 무릅쓰고" 상소를 올렸다는 사실은 그럴 수밖에 없었던 정치적 상황의 절박함을 보여주고 있다. 율곡은 보우와 윤원형의 정치적 처리 문제를 둘러싸고 전개된 신하들과 명종 간의 극단적인 정치적 대립이 결국 군주와 신하 간의 소통의 단절을 가져올지도 모른다는 깊은 우려를 갖고 있었다.

당시 성균관 유생을 비롯한 삼사의 관원들은 여러 날을 두고 계속하여 보우를 탄핵하는 상소를 올렸다. 그런데 이들의 상소 내용은 보우가 "임금을 시해하려는 죄〔弑逆之罪〕"를 지었으며, 임금은 "원수 같은 보우를 풀어준 잘못〔釋怨之失〕"을 범했다는 것이었다.

명종 5년(1550) 1월 5일에 이미 성균관 생원 안사준이 상소를 올린 것을 시작으로 보우를 죽일 것을 요구하는 탄핵이 이어졌고, 다음 해 4월 13일부터 5월 28일까지 사헌부, 사간원, 홍문관, 좌의정, 우의정 등에서 보우를 추국하여 죄를 물으라는 상소가 연일 명종에게 올라왔다. 명종 6년 4월 14일에 함경 어사 왕희걸이 올린 서계를 보면,

> 신이 북쪽 지방 사람에게서 들으니, 중 보우가 처음에 역적 이유李瑠의 노승奴僧과 함께 안변安邊의 황룡사黃龍寺 초암草菴에 살고 있었는데, 을사년 8월에 역적 유가 도망해 오자 바위 사이에 숨어 있게 하였고 얼마 안 되어 국가에서 크게 수색하고 있다는 소문을 듣고 수색을 당할까 두려워서 급히 석왕사釋王寺로 옮겨갔다 합니다. 어

느 날 유의 종이 작은 편지를 갖고 와서 보우에게 주니 보우가 보고 나서 말하기를 "근일에는 길일吉日이 없다. 너는 물러가거라." 하였다 하며 며칠 뒤에 보우의 전대에 쌀이 없게 되자 다른 중에게서 쌀을 빌려다가 설재設齋하였는데 이와 같이 한 것이 한 번이 아니었으며 7~8일 지나서 유가 체포되자 보우는 함흥咸興 백운산白雲山으로 피해 들어갔다고 합니다. 보우가 이미 그 정실을 알고도 숨겨주었으며 또 역적을 위해서 설재하며 기도하였다 하니 그 흉역 부도兇逆不道한 일을 보면 반드시 못할 바가 없었을 것입니다. 신이 우연히 들은 무근한 말이기는 하나 그가 흉악함을 감추고 요망함을 마음껏 부린 작태는 차마 들을 수 없는 것이었기 때문에 감히 서계합니다. 그때 보우에게 쌀을 빌려준 중이 지금도 석왕사에 있으며 그 절의 주지도 그 일을 자세히 안다고 합니다.[9]

라며 보우의 죄를 지목했고, 같은 날 사헌부에서도 보우의 추국 치죄를 요구했다(『명종실록』 명종 6년 4월 15일). 조정의 신하들과 유생들은 연일 계속된 상소 과정에서 을사사화 때 연루되었던 윤임尹任의 사촌 이유와 관련시켜 역모로 몰아붙이기도 했다. 4월 16일 홍문관에서 올린 상소는 이러한 상황을 잘 보여주고 있다.

---

9) "臣因北方人聞, 僧人 普雨 初與逆 瑠 之奴僧, 同居于 安邊黃龍寺 草菴, 及乙巳八月, 逆 瑠 逃來, 使之穴處巖間, 尋聞國家大索, 懼其及也, 忽移 釋王寺. 一日 瑠 奴持小簡來授 普雨, 雨 覽訖曰: '近無吉日. 汝則退去.' 居數日, 普雨 囊索無儲米, 遂貸于他僧, 而設齋. 如是者非一. 越七八日間, 瑠 見獲, 乃避入 咸興白雲山 云. 普雨 旣知情藏匿, 又爲逆賊設齋祈祝, 則兇逆不道之事, 必無所不至. 臣雖道聽, 其包凶逞妖之狀, 所不忍聞, 故敢啓. 其時貸米之僧, 今尙在 釋王寺, 而其寺住持, 亦詳知其事云."(『명종실록』 명종 6년 4월 14일)

제1장 유폐 개혁 35

난역亂逆에 관계된 일은 듣지 못하였으면 그만이지만 들었다면 반드시 그 정상을 끝까지 구명究明하여 실증을 얻으면 범인을 죄주고 실증이 없으면 말한 자를 죄주었으니 예로부터 지금까지 그렇게 하지 않은 적이 없었습니다. 보우가 역적 이유와 서로 내통한 사실을 왕희걸이 처음 북방 사람들에게서 들었는데 모두 말하기를 "난亂을 피하여 백운산白雲山에 와서 우거寓居하였다." 하였고 두 번 세 번 들어도 처음 들은 바와 다름이 없었습니다. 서로 내통한 자취가 있으면 법으로 추문해야 하므로 경악을 금할 수 없었습니다. 그러므로 와서 아뢰었는데 상께서는 도리어 죄에 얽어 넣었다고 하고 추문해야 할 조항은 모두 다 어렵게 여기시니 신들은 매우 민망합니다. 신들은 들으니, 세조대왕世祖大王 때에 이시애李施愛가 북방에서 반란을 일으키고 한명회韓明澮·신숙주申叔舟가 내응內應한다 하여 이것을 구실로 삼았습니다. 저 두 신하는 다 원훈 대신元勳大臣으로서 종사宗社와 휴척休戚을 같이할 사람들이므로 세조께서는 그것이 날조한 것임을 분명히 아시면서도 오히려 그들을 내부內府에 수금하고 그 일이 판결되기를 기다린 뒤에 석방하셨습니다. 그것은 진실로 종사에 관한 일에는 사정私情을 베풀 수가 없으며 명석한 법은 임금이 마음대로 신축伸縮할 수 없었기 때문입니다. 하물며 저 하찮은 중이 무슨 관계되는 바가 있기에 상께서 국론을 굳게 거부하심이 한결같이 이에 이르는 것입니까. 먼저 보우를 수금하고 발설한 사람도 잡아다가 빙문憑問하여 실정을 알아내서 백성들의 심정을 쾌하게 하소서.[10]

---

10) "凡干亂逆之事, 不聞則已, 苟或有聞, 必當究極情狀, 得實則罪犯者, 無實則罪言者, 自古及今, 莫不皆然. 普雨 交通逆 瑠 之事, 希傑 初聞諸北人, 皆曰: '避亂來寓 白雲山.' 至於再三聞之, 無異初聞. 跡涉交通, 法所推問, 不勝駭愕. 是以來啓, 而自上反指以羅織,

반면 명종의 대응은 시종일관 보우의 무죄를 변호하는 것이었다. 예컨대 처음으로 보우의 탄핵을 제기하였던 성균관 유생 안사준의 상소에 대해,

> 인수궁仁壽宮의 일에 대해서는 조정이 다 나의 뜻을 알고 있는데, 어찌 너희들의 말이 필요 있겠는가. 자전慈殿께서 조종祖宗을 봉공奉供하는 일에 있어서 옛 관례를 따라 하였지 무엇을 더 보탠 것이 있는가? 그리고 보우도 역시 하늘이 낸 백성인데, 어찌 큰 죄를 줄 수 있겠는가?[11]

라고 답하면서 결국 윤허하지 않았다. 보우 문제는 유생 안사준이 탄핵을 제기한 이래 명종 20년(1565) 보우가 제주도에 유배되어 제주 목사 변협邊協에 의해 죽음을 당할 때까지 무려 190회 이상 거론될 정도로 커다란 정치적 쟁점이었다.

이에 대해 율곡은 간원들과 명종의 주장 모두가 잘못임을 지적한다. 율곡은 신료들의 잘못된 죄명 부과로 인한 '믿을 수 없는 과격한 이론'과 명종의 무죄라는 주장에 모두 반대하면서, 만약 보우를 처벌해야 한다면, 보우의 죄를 구체적으로 입증해야 한다고 지적했다.

이를 위해 율곡은 첫째, 조선조의 근본이념과 관련시켜 "보우가 제 뜻

凡在推問之條, 悉皆留難, 臣等不勝悶鬱. 臣等聞在 世祖大王 朝, 李施愛 叛於北方, 以韓明澮, 申叔舟 爲內應, 以此藉口. 彼二臣, 皆元勳大臣, 與宗社同休戚之人. 世祖 明知其誣罔, 而猶囚之內府, 待其事決, 然後放之. 誠以宗社之事, 非私情所施, 而畫一之法, 非人君可得以伸縮之也. 況幺麼一僧, 有何所關, 而自上卒拒國論, 一至於此也? 請先囚普雨, 分捕發說之人, 憑閱得實, 以快輿情."(『명종실록』 명종 6년 4월 16일)

11) "仁壽宮 事, 朝廷盡知予意, 奚待爾等之言乎? 慈殿爲祖宗, 奉供之事, 因循古例而爲之, 有何加焉? 且 普雨, 是亦天民, 豈可大罪乎?"(『명종실록』 명종 5년 1월 5일)

을 마음대로 행한 지 지금 여러 해째로서, 죄와 복을 멋대로 베풀어 임금을 속였으며, 궁 안의 재정을 고갈시켜 백성들에게 환란을 끼쳤으며, 교만하고 뽐내 스스로를 성인인체하고, 자신을 높여 사치스럽고 참람되게 하고 있습니다."[12]라고 지적한다.

율곡의 이러한 지적은 보우의 죄가 유교를 부정하고 불교의 화복설로 국가 이념을 부정한 것임을 가리킨다. 또한 율곡은 보우가 경제에 미친 영향, 즉 민생 파탄의 죄를 지적하면서 분수에 맞지 않는 보우의 사치를 지적한다. 따라서 보우는 죄를 지은 죄인이기에 처벌받을 수밖에 없다는 것이다.

둘째, 왕과 신료의 태도를 비판하면서 동시에 보우 자신이 처벌받아야 할 죄를 지었다는 논거를 제시한 율곡은 사실상 '시역'의 죄를 주장하는 신료들과 무죄를 주장하는 명종 간에는 서로를 용납할 여지가 없다고 지적했다. 왜냐하면 신료들은 명종이 직접 보우를 처벌하도록 요구했는데, 이는 당시 상중에 있던 명종에게 자신의 생모를 저버리도록 강요하는 것과 다름없었기 때문이다.[13] 동시에 명종이, 자신이 임명한 신료의 요구

---

12) "普雨之得行其志, 今幾年矣, 廣張罪福, 欺罔君上, 罄竭內帑, 貽患生民, 驕矜自聖, 奉己奢僭."(「論妖僧普雨疏」 3-3)

13) 문정왕후는 죽기 직전 다음과 같은 언서 유교諺書遺敎를 내린 바 있다. "이 일은 조정에 말하기가 마음에 매우 미안하나 평일에 품고 있던 바이므로 아울러 말하는 것이오. 석도釋道는 이단이기는 하지만 조종조 이래로 항상 존재해왔으며, 양종兩宗 역시 국가가 승도僧徒들을 통령統領하기 위하여 설립한 것이오. 승도들이 비록 쓸데없다고는 하나 조정에서는 모름지기 내 뜻을 체득하여 끝까지 옛날 그대로 보존하도록 하는 것이 좋겠소. 옛사람 말에 '평상시에는 불도佛道를 섬길 수 없지만 부모에게 간하여도 만일 고치지 않으면 그대로 따랐다.' 하였으니, 주상이 이단을 금지 억제하더라도 조정에서는 모름지기 내 뜻을 따르오.〔且此事, 發言於朝廷, 心甚未安, 平日所懷, 故竝及之. 釋道雖是異端, 自祖宗朝以來, 皆有之兩宗, 則亦是爲國家統領僧徒, 而設之, 緇流雖日無用, 朝廷須體予意, 終使完舊仍存可也. 古人云: '常時不可事佛道, 然諫父母, 如不改, 則從之云.' 主上雖禁抑異端, 朝廷須從予意耳.〕"(『명종실록』 명종 20년 4월 6일)

를 거부하는 것 또한 스스로를 부정하는 모순일 수밖에 없었다. 율곡의 의도는 명종이 보우의 극형을 면해주어 생모에 대한 도리를 유지하면서, 동시에 신료의 요구를 수용하는 방법으로 귀양을 보내라는 데 있었다. 임금은 신료의 의견에 따라 보우를 버렸다는 뜻을 표현해야 한다는 것이다.

그런데 율곡의 절충안은 '위로는 무죄를 주장하는 명종의 뜻을 거스르고, 아래로는 시역의 죄를 주장하는 사람들의 기대를 저버리는 주장으로, 위와 아래로〔부터〕 죄를 얻을 수 있다.'는 위험성을 안고 있었다. 더욱이 당시 율곡은 이 문제를 논할 위치에 있지도 않았고, 논할 시기도 아니었다. 율곡 역시 이 점을 잘 알고 있었다. 그럼에도 불구하고 율곡이 자신의 의견을 개진한 이유는 임금과 신료가 서로 타협점을 찾지 못할 경우, '사기가 꺾이고 언로가 막혀 나라의 명맥이 손상될 것'이라고 판단했기 때문이었다.

율곡의 상소문에 제시된 타협과 절충은 권도權道의 중요성과 함께 이를 실현하기 위해서는 임금과 신료 간 소통이 중요함을 지적한 것이다. 율곡은 소통이 가능하기 위해서 개별 사안들에 대한 정확한 실체 파악이 선행되어야 한다고 강조한다. 만약 근거 없는 과격한 의논으로 신료들이 임금을 압박한다면, 그것은 '만남' 그 자체를 원천적으로 막아버리는 결과를 초래할 수 있다.[14] 그 결과 소통은 기대할 수 없는 일이 된다. 더 나아가 율곡은 만남이 이루어진다 할지라도, 다른 의견이 없는 만장일치를 지향하는 간관들의 관행 역시 소통을 방해하는 요인이라고 지적한다.[15]

한편 「논요승보우소」에서 제기된 권도의 내용은 「논윤원형소」에서 구

---

14) 율곡은 '을사 위훈'의 처리 문제, 즉 잘못된 과거를 청산하는 논의를 주동하는데, 이때 그의 주된 논점은 바로 을사사화 시 권간들이 희생자들에게 부여한 죄목과 재판이 불합리하다는 것이었다.
15) 율곡은 관행처럼 여겨지던 만장일치에 대해 그의 생애 내내 반대하는 뜻을 펼친다.

체적으로 전개된다. 윤원형에 대한 율곡의 견해는 율곡의 일기에 다음과 같이 보인다.

> 8월 윤원형의 관작을 삭탈하고 전리로 추방하였다. 원형은 문정왕후의 동생으로 성질이 음독陰毒하고 재리를 탐하는 자였다. …… 문정왕후에게 고하고 밀지를 내리게 하여 큰 옥사를 일으키니, 당시의 선비들로 그 화를 면한 사람이 드물었다. 이리하여 그들은 위사공신衛社功臣에 녹명錄名되었다. …… 원형은 서울에 큰 집 10여 채를 두었고, 그 안에는 재물이 그득했으며, 의복과 거마 따위의 외람됨을 대궐 안과 같이하고, 또 그 본처를 내쫓고 첩 난정을 아내로 삼아 그녀를 매우 사랑하여, 그녀의 말이면 다 따랐다. 뇌물을 받아들이고 수탈하는 짓 또한 그 첩의 충동질이 많았던 것이다. 그가 생살의 권리를 잡은 지 20년에 사림이 분함을 품고서도 감히 처단하지 못하다가 지금에서야 대사간 박순朴淳이 양사兩司와 의논해 합계合啓하여 그를 원방遠方으로 추방하기를 청하고 합문 밖에서 엎드려 윤허를 기다린 지 여러 날, 위로 삼공三公[정승]으로부터 아래 수문守門에 이르기까지 모두 입을 모아 죄주기를 청하자, 이에 관작을 삭탈하고 전리로 추방할 것을 명했다.[16]

---

16) "八月削尹元衡官爵, 放歸田里. 元衡, 文定王后之弟也, 爲人陰毒嗜利. …… 遂告于文定, 下密旨起大獄, 一時士類, 鮮有脫其禍者. 遂錄衛社功. …… 京師有大家十餘, 貨財充溢其中, 服御之僭, 擬於大內, 又黜其妻, 以妾蘭貞爲妻, 甚嬖之, 所言皆從. 納賂攘奪, 亦多其妾所贊也. 秉生殺之柄者二十年, 士林含慎莫敢發, 至是, 大司諫 朴淳議于兩司, 合啓請遠貶, 伏閤累日, 上自三公, 下至抱關, 莫不一口請罪, 乃命削奪官爵, 放歸田里."
(『經筵日記』명종 20년 8월 28-3ㄱ~4ㄱ)

문정왕후의 장례가 거행된 지 한 달이 지난 후, 율곡은 윤원형을 탄핵하는 상소를 올린다. 그 상소에서 율곡은 먼저 명종의 자세에 대해 다음과 같이 언급한다.

임금은 종묘사직과 한몸이 되고 만백성과 한마음이 되오니, 종묘사직의 안정과 위태로움을 자신의 안정과 위태로움으로 여기며, 만백성의 근심과 즐거움을 자기의 근심과 즐거움으로 여겨야만 합니다.[17]

그런데 율곡은 당시의 상황을 국가의 외면적인 상징이라 할 수 있는 "종묘와 사직은 위태로와지고 있으며", 국가의 내면적이고 근본적인 상징이라 할 수 있는 "만백성은 모두가 원망을 하고" 있다고 묘사하면서, 그 이유가 바로 윤원형이라는 "권간이 멋대로 날뛰면서 나라의 명맥을 깎아 없애버렸기 때문"[18]이라고 언급한다. 여기에서 주목할 사항은 '권간權姦'과 '국맥國脈'이라는 용어의 사용이다. 이 상소에서 율곡은 처음으로 권간이라는 용어를 사용한다. 그것은 율곡이 당시의 온갖 폐弊를 정치적 문제로 파악하고, 폐정의 출발이 권간에 의한 정치의 전횡에서 비롯된 것으로 인식하고 있음을 시사한다. 나아가 율곡은 권간의 전횡이 초래한 가장 큰 문제로 나라의 명맥이 손상되었음을 지적한다.

그렇다면 '나라의 명맥[國脈]'이란 무엇을 의미하는 것일까? 율곡은 이를 임금과 신료 간 소통의 관점에서 접근한다. 율곡은 "[윤]원형의 죄는 머리털을 뽑아도 셀 수가 없을 정도인데, 전하께서는 시종 그를 두둔하

---

17) "人君以宗社爲一身, 與萬姓爲一心, 以宗社之安危, 爲己之安危, 以萬姓之憂樂, 爲己之憂樂."(「論尹元衡疏」3-5ㄴ)
18) "宗社危而萬姓怨 …… 權姦跋扈, 斲喪國脈."(「論尹元衡疏」3-6ㄱ)

여 그를 보전케 하시면서 언제나 옥체의 불편하심을 간언을 막는 구실로 삼고 계십니다. …… 오늘날 만조백관들이 진언하는 것이 옳은 것〔是〕입니까, 그른 것〔非〕입니까. 공론을 펴고자 하는 것입니까, 개인의 원한을 갚으려 하는 것입니까. …… 만약 그들의 말이 매우 옳고 공론을 펴려는 것이며 나라를 살리고 백성을 구하려는 것이라면 …… 마땅히 충언을 받아들여 종묘와 사직은 편안케 하고 만백성은 순탄하게 하셔야만 할 것입니다."[19]라고 주장한다.

율곡의 이러한 주장은 자신을 비롯한 백관들의 주장이 나라를 살리고 백성을 구하려는 것이며, 개인의 원한을 갚으려는 것이 아니라 공론을 신장시키려 하는 것임을 강조한 것이다. 그렇기 때문에 윤원형의 처벌은 바로 사직과 종묘에 '그릇된 것〔非〕'이 아니라 '옳은 것〔是〕'이다. '옳은 것'을 군주에게 간언하는 신료의 행위와 신료의 '옳은' 간언을 수용하는 군주의 행위로부터 공론이 형성되며, 그것 자체가 '소통'인 셈이다. 이로부터 율곡은 정치의 장에서 소통을 위한 공론 형성을 시비의 문제와 연결시킨다. 율곡에게 공론이란 옳고 그름을 구별하여 공적으로 결론짓는 영역일 뿐, 정치적 이해관계의 득실을 따지는 영역이 아닌 것이다. 율곡의 주장은 군주로서 명종이야말로 종묘와 사직을 주관하는 자이며, 만백성을 하늘처럼 받들어야 할 책무를 인지해야 할 주체임을 지적한다. 그럼에도 불구하고 명종은 신료의 '옳은' 간언을 수용하지 못하고, 사적 이해에서 벗어나지 못하고 있다는 것이다. 왜냐하면 "종묘와 사직의 위태로움을 보고 있을지언정 한 공훈 있는 신하를 제거하지 못하고 차라리 백성

---

19) "元衡之罪, 擢髮難數, 而殿下終始曲護, 必欲保全, 每以玉體之怠和, 爲拒諫之資. …… 滿朝具僚之所陳者, 是耶非耶. 欲伸公論耶. 欲報私怨耶. …… 若其言不是, 而欲報私怨, …… 當容受忠言, 以安宗社, 以順萬姓."(「論尹元衡疏」3-6ㄱ~ㄴ)

의 마음을 잃을지언정 한 외척을 귀양 보내지는 못하시겠다면 이는 곧 공훈 있는 신하가 전하께서 주관하시는 종묘사직보다도 소중하고 외척이 전하께서 하늘처럼 받드는 만백성보다도 소중한 셈"이 되기 때문이다.[20]

결국 율곡은 명종이 윤원형의 문제를 외척이라는 이해의 문제로만 인식하고, 권간의 폐해라는 시비의 문제로 인식하지 못했다고 비판하였다. 보우와 윤원형의 탄핵을 중심으로 움직이던 당시 조선 정국에서 율곡은 신하들이 타협을 배제한 채 자신들만의 정치적 주장을 군주에게 강요하여 왔고, 군주는 신하들의 주장에 대해 수동적 대응으로 일관함으로써 결국 군주와 신하 간의 소통의 부재를 불러왔으며, 이 과정에서 군주와 신하 모두가 권도를 발휘하지 못하고 있음을 인식했다.

율곡에게 있어 권도는 군주와 신하 모두에게 제기되는 문제로서, 이를 소통과 관련시킨 점은 그간 군주에 의한 권도에만 집중하던 정치적 사유와 대별되는 것이라고 평가된다. 다만 조선 정치의 중심에 군주가 위치하는 현실에서, 율곡은 "나라의 원기인 공론은 끝내 막을 수 없으며, 물불과 같은 대중의 노여움은 끝내 멈추게 할 수 없는 것"으로 인식하고, 명종에게 "공평한 마음으로 살피고 생각하시어 빨리 공론을 따름으로써 종묘와 사직을 안정시키고 대중의 노여움을 풀어줄 것"을 촉구한다.[21]

2. 을사 위훈 삭제: 공론과 국시

보우의 탄핵 문제는 율곡의 주장을 명종이 수용하여 보우를 제주도로

---

[20] "寧見宗社之危, 而不能去一勳臣; 寧失萬姓之心, 而不能竄一外戚, 則是勳臣重於殿下之所主, 而外戚重於殿下之所天也."(「論尹元衡疏」 3-7ㄴ)
[21] "元氣之公論, 不可終遏, 水火之衆怒, 不可終止, …… 平心省念, 亟從公論, 以安宗社, 以洩衆怒."(「論尹元衡疏」 3-8ㄱ)

귀양을 보내고 양종 선과兩宗禪科를 혁파함으로써 일단락되었다. 이어서 명종은 권간들과 연결되어 있던 내수사內需司의 인신印信을 없애는 등(『經筵日記』 명종 21년 3월, 4월)22) 일련의 개혁을 단행했다. 내수사는 본디 제조의 벼슬과 인장을 주지 않았는데, 인장을 쓰게 된 뒤로 환관들이 공사를 핑계로 사리私利를 취하면서 자못 위세를 부리는 폐단이 컸으므로 이때에 와서 양사가 합계하여 인신을 폐지한 것이다. 이 일에 대해 사관은 다음과 같이 평가하고 있다.

> 처음에 중 보우가 문정왕후를 속여 양종의 선과를 설치하게 하였다. 문정왕후가 세상을 떠난 뒤 조정과 유생이 잇달아 상소하여 보우를 처벌할 것을 주청하자 제주도에 유배하였는데, 그곳에서 목사 변협에게 주살당하였다. 양종 선과는 지금까지 혁파되지 않고 있다가 이때에 이르러 양사에서 계청啓請하여 혁파되었다. 내수사는 본래 제조提調가 없어 인신을 사용하지 않았는데, 인신을 사용한 뒤에는 환관이 공사公事를 빙자하여 사사로움을 이루며 마음대로 위엄과 권세

---

22) 내수사는 조선왕조의 정5품 아문으로 궁중에서 쓰는 미곡, 포목, 잡화, 노비 등에 관한 사무를 맡아보던 관청이다. 조선 초기에는 고려 왕실로부터 물려받은 왕실재산과 함경도를 중심한 이성계 일족의 사유재산을 아울러 본궁이라 하던 것을 세종 5년(1423)을 전후하여 내수소內需所라 하였다가 세조 12년(1466)에 내수사로 고쳤다. 여기에 소속된 전지와 노비는 상당한 수준에 달했는데 순조 1년(1801) 한때 내수사의 노비 원부를 불태운 일도 있었으나 폐지되지 않다가 고종 때에 이르러서야 없어졌다. 이 관청은 왕실에 직속되어 여러 가지 특권을 남용함으로써 그 폐가 컸다. 특히 내수사 장리長利는 연 5할인 고율의 고리채로 감사나 수령의 권한 밖에서 자행되었다. 또한 내수사전은 왕실 직할의 사유지로서 면세·면역의 특권이 부여됨으로써 농민들은 다투어 토지를 투탁投託하여 거대한 장원을 이루었다. 성종 3년(1472)에는 내수사의 농장이 325개소나 되어 확대를 방지하려는 노력이 있었으나 별로 효과가 없었다(서울大學校 東亞文化硏究所 編, 1976: 196).

를 부렸다. 이때에 이르러 양사에서 아뢰었기 때문에 그 인신을 없앴다. 대체로 두 가지의 폐단이 혁파되자 중앙과 지방에서 크게 기뻐하였다.

당시 권간이 이미 제거되고 폐단이 되던 정령이 점점 고쳐지자, 조야에서 태평하게 다스려지기를 생각하며 바랐는데 공론이 행해지고 나라를 좀먹고 정치를 해치는 것 중에 큰 것이 하루아침에 모두 제거되었으니, 상의 말년에 뜻을 단단히 하여 경화更化하려는 마음도 볼 수 있다.

이보다 앞서 옥당에서 차자를 올려 수십 년을 내려오면서 새로 과조科條를 세운 것이 수레에 실으면 소가 땀을 흘릴 정도이며 방 안에 쌓으면 천정에 닿을 정도로 많아 중앙과 지방에서 따를 바를 모르고 있다고 하면서 대신으로 하여금 삭제하거나 개정하게 하도록 주청하고 양사에서 서명하여 내보냈다고 하였는데, 폐단이 되는 법 중에 양종 선과를 회복한 것과 내수사가 인신을 사용하는 것이 정사를 해치는 것 중에 큰 비중을 차지하는 것이라고 여겼다. 그러다가 문정왕후가 세상을 떠나자 차례로 혁파하여 제거하였으므로 중앙과 지방에서 뛰면서 기뻐하였다.[23]

사관의 이러한 평가에서 주목할 것은 "중앙과 지방에서 크게 기뻐하였

---

23) "初僧 普雨 欺罔 文定, 設兩宗禪科. 文定 賓天之後, 朝廷及儒生, 連疏請罪, 流于 濟州, 爲牧使 邊協 所誅. 兩宗禪科, 尙未革罷, 至是兩司啓請罷之. 內需司, 本不設提調而用印. 及用印之後, 宦者憑公濟私, 擅作威福, 至是以兩司之啓, 去其印. 凡革二弊, 中外大悅. 時權奸旣除, 弊政漸釐, 朝野想望治平而公論得行, 蠹國害政之大者, 一朝立去. 上之末年, 銳意更化之心, 亦可見矣. 先是玉堂上箚, 以數十年來新立科條, 汗牛充棟, 中外莫知所從, 請令大臣, 刪定兩司署出云. 弊法之中, 復兩宗禪科及內需司用印信, 爲害治之大者, 而文定 賓天之後, 次第革去, 中外聳悅."(『명종실록』 명종 21년 4월 20일)

다."는 점이며 "공론이 행해지고 나라를 좀먹고 정치를 해치는 것 중에 큰 것이 하루아침에 모두 제거"됨으로써 명종이 "경화하려는 마음"을 보였다는 사실이다.

또한 윤원형의 탄핵은 명종 20년(1565)에 윤원형이 중앙 정치로부터 축출된 뒤에 강음江陰 지역에서 죽음으로써 일단락되었다. 그를 중심으로 하였던 정치 세력들, 즉 권간 세력들도 제거되었다. 이 일에 대해 사관은 다음과 같이 논하고 있다.

전대의 권간으로 그 죄악이 하늘까지 닿기로는 윤원형 같은 자가 드물 것이다. 중종 말년, 인종이 동궁에 있을 때 사자嗣子가 없음을 보고, 그의 형 윤원로尹元老와 더불어 서로 어울려 헛소문을 만들어 동궁의 마음을 동요시켰으며 문정왕후가 안에서 그 의논을 주장하였다. 이리하여 대윤大尹이니 소윤小尹이니 하는 말이 있게 되어 중종이 이 걱정으로 승하하였다. 혹자는 동궁이 실화失火한 것이 모두가 윤원형 등의 행위라고 하였다. 그 뜻이 또한 흉참하다 하겠다. 인종이 승하함에 미쳐, 윤임을 핍박해 내쫓고는 스스로 편안하게 여기지 못하다가 끝내는 윤임이 다른 마음을 가졌다 하였으니, 실은 윤원형 등이 빚어낸 말이었다. 이 이후로 사림들 가운데 당시 명망이 있던 사람들을 일체 배척해 모두 역적의 무리로 몰아, 죽는 자가 계속되었다. 명종이 친정을 하게 되었지만 문정왕후의 제재를 받아 자유롭지 못했는데, 윤원형은 무슨 일이고 할 일이 있으면 반드시 문정왕후와 내통하여 명종을 위협하고 제재하여 임금의 우분憂憤이 언사와 안색에까지 나타나게 하였다. 내수內竪 중 혹 이를 아는 자가 있으면 윤원형은 궁인들에게 후히 베풀어 모두에게 환심을 얻었다. 이 때문에 임금의 일동일정을 모르는 것이 없었다. 하루는 상이 내수에게

"외친이 대죄가 있으면 어떻게 처리해야 하는가?"라고 하였는데, 이는 대개 윤원형을 지칭한 것이었다. 이 말이 마침내 누설되어 문정왕후에게 알려졌는데 문정왕후가 이를 크게 꾸짖어 "나와 윤원형이 아니었다면 상에게 어떻게 오늘이 있었겠소." 하니, 상이 감히 할 말이 없었다. 모든 군국軍國의 정사가 대부분 윤원형에게서 나왔다. 상이 내심 그가 싫어서 이양李樑을 신임하여 그 권한을 분산시켰다. 정사를 잡은 지 20년, 그의 권세는 임금을 기울게 하였고 중외中外가 몰려가니 뇌물이 문에 가득해 국고보다 더 많았다. 윤원로의 권세가 자기와 비슷해짐을 두려워하여, 윤춘년尹春年을 사주하여 그의 죄목을 열거하는 글을 올리게 해서 죽게 하였고, 천첩을 몹시 사랑해 정처를 버리더니 필경에는 그[정처]를 독살하는 변을 빚었으며 이어 첩으로 부인을 삼았다. 첩에게서 낳은 자식들을 모두 사대부가에 혼인시켰으며 자신이 죽은 뒤에라도 이에 이의를 제기하는 자가 있을까 두려워 첩의 자식도 벼슬을 허락해야 한다는 주장을 힘써 내세워, 이를 미봉하였다. 당시의 재집宰執들이 휩쓸려 그를 따랐지만 오직 임권任權만은 처음부터 끝까지 따르지 않았다. 기타 흉악한 죄들은 머리털을 뽑아 헤아려도 다 셀 수가 없다. 비록 견출譴黜이 가해졌으나 체형體刑을 면했으니, 세상인심의 분함을 이길 수 있겠는가.[24]

---

[24] "前代權奸, 罪惡通天, 如 元衡 者鮮矣. 中宗 末年, 見 仁宗 在東宮無嗣, 與兄 元老, 胥動浮言, 動搖儲副, 而 文定 內主其議, 於是有大小 尹 之說. 中宗 以憂薨, 或云東宮失火, 皆 元衡 等所爲, 其志兇且慘矣. 及 仁宗 薨, 逼迫 尹任, 出不自安. 卒以 尹任 爲有異心, 實 元衡 等醞釀, 而成之也. 自是以後, 士林之有時望者, 一切貶斥, 皆以逆黨爲名, 死者相繼. 明宗 旣親政, 猶爲 文定 所制, 不得自由, 而 元衡 凡有所爲, 必潛通 文定, 脅制 明宗, 上憂慎, 至形於辭色, 內竪或有知之者. 元衡 厚施宮人, 皆得其歡, 故凡上之一動一靜, 無不知之. 一日上謂內竪曰: '外親有大罪, 何以處之?' 蓋指 元衡 也. 語遂洩聞於 文定, 大責之曰: '非我與 元衡, 上安得有今日乎?' 上不敢有所言. 凡軍國之政, 多出於 元

윤원형의 사망 2년 뒤인 1567년에 명종이 서거하고 선조가 즉위한 후 3개월이 지난 10월부터 을사사화의 문제가 새롭게 논의되기 시작했다. 이때는 겨울철인데도 천둥이 치는 기상이변을 이유로 대신들이 사직을 청했다. 이에 당시 수렴청정을 하던 인순왕후(명종비 심씨)는 천재지변을 "대신의 죄가 아니라, 임금의 과실"에 따른 것이라 공언하고, "무고하게 죄를 입은 자는 모두 풀어주고 등용하라."는 명을 내렸다.[25] 이로 인해 영의정 이준경李浚慶 등은 을사년 이후 무고하게 죄에 얽매인 자들의 방면을 요청하여, 송인수宋麟壽 등 사망한 자에게는 직첩을 돌려주고 노수신盧守愼·유희춘柳希春·김난상金鸞祥 등은 20년 만에 관작을 회복했다. 그런데 을사사화의 피해자에 대한 신원伸冤보다 근본적인 문제는 잘못된 공훈[僞勳][26]의 삭제 여부였다. 위훈 삭제 문제는 선조 2년에 이르러 율곡에 의해 본격적으로 제기되었다.

율곡은 비록 권간이 사라졌지만 권간의 영향 아래서 기생한 관료들인 '유속流俗'으로 인해 유폐가 아직도 잔존하고 있으며, 이를 개혁하려면 을사 위훈의 청산 없이는 불가능하다고 판단하였다. 더욱이 율곡은 이러한 가능성을 일찍이 명종이 시도했던 것으로 해석한다. 명종이 '어려서 즉위'하여 간흉들에게 '속임'을 당하기는 했으나, 말년에 윤원형을 처벌

衡. 上心實惡之, 信任 李樑, 以分其權. 秉政二十年, 權傾人主, 中外輻輳, 賄賂盈門, 富於國儲. 恐 元老 權倖於己, 嗾 尹春年, 上書數罪, 致之於死. 酷愛賤妾, 棄別正妻, 竟致鴆殺之變. 仍以妾爲夫人, 孽産, 皆婚嫁於士大夫家. 恐身死之後, 猶有議之者, 力主妾子許通之議, 以彌縫之. 一時宰執, 靡然從之, 唯 任權 終始不從. 其他凶惡之罪, 擢髮難盡. 雖加譴黜, 得免金木, 輿情之憤, 可勝之哉."(『명종실록』명종 20년 11월 18일)
25) "大臣以冬雷辭職, 大妃下敎曰: '大臣何辜. 過在君上. 若有賢士沈滯者, 無辜被罪者, 則悉皆疏解敍用.'"(『經筵日記』선조 즉위년 10월, 28-17ㄱ)
26) 을사사화 때, 윤원형 등은 사직을 보위했다는 의미에서 위사공신衛社功臣과 보익공신保翼功臣이라는 엉터리 공훈을 받았다.

해 노수신 등 을사사화 희생자들의 억울함을 어느 정도 해소했고, 만약 명종이 생존했다면 을사 위훈의 잘못을 깨달아 고쳤으리라는 것이다.

이는 결국 선왕 때의 일이라고 고치지 못할 이유가 없다는 뜻이었다. 선대의 잘못된 공훈 책정을 바로잡는 일이 국가의 기강과 명분의 회복을 가져온다면, 선대부터 참여했던 신료들 역시 과거 청산의 대상일 수밖에 없다는 지적은 율곡 자신에게조차 정치적 부담으로 작용할 수 있는 인화성 높은 주장이기도 했다.

율곡은 "을사의 화는 원한이 천지에 차고 분개가 신인神人에게 맺혔으므로 위훈을 삭제하지 않으면 명분을 바로잡을 수 없다."[27]고 생각하여, 앞장서서 위훈 삭제를 주장했고, 이 주장으로 인하여 삼사와 온 조정이 모두 위훈을 삭제하자는 요구에 동참하게 되었다. 이 시기에 율곡은 선조에게 위훈 청산의 상소를 무려 41번에 걸쳐 올린다.[28]

특히 율곡은 「옥당진시폐소」에서 상소 이유를 다음과 같이 밝힌다.

〔을사사화는 윤원형 등의 무리가〕세를 이용하여 사화를 꾸밈으로써 한 때의 훌륭한 사람들을 모두 잡아 …… 지금은 여러 간신이 이미 사라지고 공정한 이론〔公論〕이 어느 정도 행해지고 있으나 선비들의 기세가 아직도 꺾이어 스스로 떨치지 못하는 것은 지난 발자취가 눈앞에 있어 여독이 두렵기 때문입니다.[29]

---

27) "乙巳之禍, 冤通天地, 憤結神人, 僞勳不削, 無以正名."(『經筵日記』 선조 3년 5월, 28-49ㄴ)
28) 41개의 상소문 가운데 『율곡전서』에는 1차, 7차, 16차, 41차 등 4개가, 『선조수정실록』에는 1차, 7차, 16차 등 3개가 실려 있다.
29) "乘勢構禍, 悉擧一時之良善, …… 今玆羣姦已盡, 公論稍行, 而士氣尙挫, 不能自振者, 良由覆轍在前, 餘毒可畏故也."(「玉堂陳時弊疏」 3-29ㄱ)

즉 권간의 전횡과 을사사화의 폐해로 선비의 기상이 꺾인 상태에서는, 이들 선비들을 국가 기강의 확립과 개혁의 동력으로 전환할 수 없다는 것이다. 아울러 율곡은 "기강은 바로 국가의 명맥"으로, "기강이 정돈되어 있으면 곧 모든 일이 스스로 정리되고 기강이 문란하면 곧 백 가지 법도가 모두 무너집니다."라고 역설한다. 하지만 율곡은 이렇게 중요한 "기강의 정돈"은, "위세로써 위협을 하고 법으로 몰아세우는 데 달려 있는 것이 아니라 관리의 등용과 좌천을 합당하게 하고 상과 벌을 진실하게 하는 데 달려 있을 따름입니다."라고 말한다.[30]

그렇다면 이와 같은 문제에 대해서 율곡은 당대의 신료들과는 어느 정도로 그 해법을 공유했던 것일까? 선조 2년 9월에 이르러 을사사화의 문제가 우연히 경연장에서 다시 한 번 화제가 되었다. 을사사화 희생자들의 복권을 주도했던 영의정 이준경은 사화 주도자들을 처리하는 문제에는 미온적이었다.

이준경은 선조에게 "위사衛社 당시에 선한 선비로서 죽음을 당한 자도 간혹 있습니다."라면서, 희생자들의 신원 회복만을 거론했을 뿐, 가해자들의 처벌을 통한 과거 청산에 대해서는 언급하지 않았다. 반면 율곡은 이준경의 말과 태도가 모호하고 분명하지 않다고 비판한다. 율곡은 "위사는 위훈"일 뿐이며, "신정新政을 시작하는 지금이야말로 마땅히 훈호를 삭제하고 명분을 바로잡아 국시를 안정시켜야 하므로 이 일은 늦출 수 없습니다."라고 반박한다. 왜 이런 상이한 이해와 태도를 보이는 것일까? 이준경은 율곡의 "말이 옳기는 하나, 선왕 때의 일이라 졸지에 고칠 수 없습니다."[31]라는 말로 대응하며 현재의 안정을 강조하지만, 율곡의 생

---

30) "紀綱者, 國家之命脈也. 紀綱整則衆事自理, 紀綱紊則百度皆廢. 紀綱之整, 不在恃〔劫〕之以威, 驅之以法也, 在於擧錯得宜, 賞罰必信而已."(「玉堂陳時弊疏」 3-31ㄱ~ㄴ)
31) "李浚慶 侍上, 語及乙巳之事曰: '衛社之時, 善士或有坐死者.' 李珥 曰: '大臣之言, 何

각에 그것은 당시 조선의 상황을 태평성대로 잘못 판단하고 있는 여러 대신의 생각을 그대로 드러낸 것일 뿐이었다. 그러나 당시 상황을 "큰 병을 앓고 나서 원기가 채 회복되지 않아 온 마디가 쑤시고 아픈"[32] 상태로 인식하는 율곡의 심정은 이준경에 비해 훨씬 절박한 것이었다.

을사 위훈의 청산을 둘러싼 율곡과 신료 간의 간극은 좁혀지지 않았다. 율곡은 이준경 등과의 의견 차이로 이 문제가 더 이상 진전이 없자 이듬해 우회적인 방법으로 과거 청산을 재시도한다. 그것은 아직 정치적 경력이 일천했던 율곡의 처지에서 조정에 인망이 있던 백인걸白仁傑의 이름을 빌려 상소를 올린 사건이다.[33] 백인걸의 상소 내용은 폐정을 개혁할 것, 을사년과 기유년의 신원을 풀어줄 것, 정암을 문묘에 종사할 것, 퇴계를 초치할 것, 본인은 치사致仕하고 시골로 돌아가게 해줄 것이었다. 율곡의 예상은 적중했다. 선조는 이 상소를 대신들에게 내려 의논하여 아뢰도록 조처했다.

영의정 이준경 등은 백인걸의 소를 의논하고 선조에게 "폐정에 대하여는 모두 방금 상의하고 강구 중에 있는 일로 이는 유사有司들의 할 일이며 임금에게 번거로이 여쭐 것이 없고, 그 대의를 살펴보면 을사 기유의 억울함을 씻고 선현을 문묘에 종사시키려는 것인데, 을사년의 사건은 사실 의심스러운 점이 너무 많아 지금으로서는 감히 다시 의논할 수 없습

可含糊不明乎? 衛社, 是偽勳也. …… 當此新政, 削勳正名, 以定國是, 不可緩也.' 浚慶曰: '此言則然矣. 但先朝之事, 不可猝改.'"(『선조수정실록』 선조 2년 9월 1일)
32) "況今國事譬如大病之餘, 元氣未復, 百節疼痛."(「辭正言疏」 3-9ㄱ)
33) 백인걸의 상소를 대필한 사건은 다른 각도에서 접근할 경우 의미가 달라진다. 휴암休庵 백인걸의 학문적 배경은 기묘사화가 발생한 해에 정암 조광조의 문인으로 들어가 도학의 계통을 이은 북부 근기학파의 일원으로 분류할 수 있다. 백인걸은 성혼의 아버지인 청송 성수침과 친밀했기에 성혼을 제자로 받아들였고 율곡과도 교분이 있었다. 율곡의 경우 휴암과 시국관에서 일치된 견해를 가졌기 때문에 율곡이 상소문을 대필해준 것으로 이해할 수도 있다(윤사순, 1996: 92~93).

니다."³⁴⁾라면서 간접적인 반대 입장을 개진한다.

그런데 선조는 율곡의 기대와 달리 이준경 등의 입장을 수용하는 것으로 대응했고, 이로 인해 율곡은 다음과 같은 깊은 회의에 빠졌다.

> 대신이 임금을 보좌할 때는 아무리 일이 없는 시기라도 정성을 다하여 국사를 바르게 해야 한다. 이준경 등은 선왕 때의 구신으로 주상이 존중하고 연치와 작위가 모두 높으니, 더 바랄 것이 없는 터이다. 마침 성상이 직언을 구하고 노신이 상소한 때이니, 숨김없이 다 말씀하여 무너져가는 기강을 진작시킨다면 사람들의 기대가 흡족할 터인데, 어름어름한 태도로 감히 말을 참견할 수 없다고까지 하였으니, 이 무슨 말인가. 대신이 감히 입을 열지 못한다면 누가 감히 말할 수 있단 말인가. 을사년의 일은 삼척동자도 모두 무고와 억울함을 알며, 귀신과 사람이 모두 분하게 여긴 지가 이미 오래므로 지금 말하여도 될 때이다. 그럼에도 말을 못하고 경솔히 논할 일이 아니라고 내세우니, 그 엉성함이 너무 심하다. 대신이 아뢰는 말에 한계가 분명하지 못하므로 상도 알았다고만 하고 가부를 말씀하지 않았으니, 아! 국시가 바로잡힐 날을 마침내 기대할 수 없게 되었다.³⁵⁾

---

34) "李浚慶 等議啓曰: '疏中聖學做功, 招賢委任之事, 惟在聖上省察而篤行之, 其餘陳弊則皆方今商確講究之事, 有司之任也. 觀其大意, 則欲昭雪乙巳, 己酉之寃枉, 從祀先賢於 文廟, 而乙巳之事, 實多可疑之端, 在今日似不敢更議也.'"(『선조수정실록』 선조 3년 4월 1일)

35) "大臣輔佐人主, 雖平居無事, 猶當竭誠匡救, 必使國事歸正而後已可也. 況變異非常, 上下遑遑之際乎. 浚慶等以前朝遺老, 爲主上所倚重, 齒爵俱尊, 更無所希. 因此聖上求言老臣陳疏之時, 盡言不諱, 振起頹綱, 則人望洽矣, 顧乃含糊未白, 至以不敢容喙爲辭, 是何言哉. 大臣不敢容喙, 則孰敢有發言者乎. 乙巳之事, 三尺童子, 皆知其誣枉, 神人之憤久矣, 今乃言及之而不言, 諉以不敢輕議, 其荒甚矣. 大臣之啓, 模稜未辨, 故自上亦答之以知道, 無所可否, 嗚呼! 國是之歸正, 終不可望已也."(『經筵日記』 선조 3년 5월, 28-48ㄱ~ㄴ)

을사 위훈 삭제 문제를 처리하는 과정에서 율곡은 두 가지 맥락으로 위훈 청산의 타당성을 제기한다. 첫째 처음부터 역모가 없었음을 해명하는 것이고, 둘째 당시 법 절차가 잘못되었음을 규명하는 것이다. 우선 율곡은 '역모'가 없었음을 해명하는 증거로 몇 가지 사실을 거론한다.

율곡은 16번째 상소에서 당초에 이기[36]는 "윤임은 다분히 스스로 안정하지 못하는 마음을 지녔고, 유관柳灌[37]과 유인숙柳仁淑[38]도 그런 형적"이 있다고 하였고, 홍언필洪彦弼은 "윤임은 귀양"을 보내고 "유관은 좌천"을 "유인숙은 파직"시켜야 한다고만 진언했을 뿐이었으며, 그 자리에 있었던 신광한申光漢과 이언적李彦迪은 이들의 처리를 신중하게 할 것을 주장했음을 밝힌다.

율곡은 이에 의거해 "저들 3인이 참으로 모반을 했다면 윤원형의 사람인 이기 등이 왜 그 자리에서 바로 역모라고 말하지 않았으며 신광한과 이언적은 왜 그 3인을 위해 신구伸救했겠습니까."라고 반문한다. 또한 "이기가 진언한 지 이틀 후에 정순붕은 윤임은 화심禍心을 품었으므로 용

---

[36] 1476~1552. 1501년 문과에 급제한 뒤 예조참판 등을 거쳐 우의정까지 지냈다. 윤원형 일파와 손을 잡고 을사사화를 일으켜 보익공신 1등으로 봉해졌으며, 좌의정을 거쳐 영의정, 영중추부사 등을 지냈으나, 죽은 뒤 선조 때에 관직을 삭탈당했다 (『國譯 栗谷全書』 II: 46 주 106). 이하 을사사화에 관련된 인물 소개는 별도의 출전 소개가 없는 한 『國譯 栗谷全書』 II에 있는 내용을 옮겨 사용한 것임을 밝힌다.
[37] 1484~1545. 1507년 급제, 정언, 지평을 거쳐 병조와 형조판서를 지냈다. 1539년(중종 34년)에 이조판서로 있을 때, 이기를 병조판서로 임명하는 것을 반대하여 사이가 나빠졌다. 을사사화 시 서천에 유배되었다가 사사賜死되었고, 선조 때에 복관되었다.
[38] 1485~1545. 1510년 급제, 이조좌랑으로 시작하여 1519년(중종 14년) 부제학, 도승지를 역임하고 기묘사화 때는 정암 조광조의 일파로 투옥되었다. 1537년(중종 32년)에 다시 호조참판에 기용되어 뒤에는 형조, 공조, 호조판서를 역임하였다. 을사사화로 무장茂長에 유배되었다가 사사되었다. 선조 때에 신원伸冤된 뒤 복관되었다.

서할 수 없는 죄이지만 법(律)대로 한다면 너무 중한 것 같고 유관과 유인숙은 윤임에게 붙어 종사를 위태롭게 할 모의를 하였으니 죄는 매우 중하지만 협종脅從인데 같은 법을 적용하는 것은 불가한듯합니다."라고 말한다. 또 이로부터 "만약 그들의 죄가 역모였다면 정순붕이 왜 그들을 감싸주었겠습니까."라는 의문을 제기한다.[39]

그렇다면 율곡은 을사사화를 어떤 관점에서 이해한 것일까? 율곡은 "윤임은 거칠고 비루하기 이를 데 없는 못난" 사람으로, "궁전 안에서 시종侍從한 죄"는 "처형"해도 "아까울 것은 없으나", "반역한 사실은 실로 형적이 없으므로 반역죄로 다스리는 것은 잘못입니다."라고 말한다.[40]

율곡은 또한 윤임, 유관, 유인숙 등 3인이 죽고 나서 더 이상 추궁하고 심문할 수가 없게 되자, "임백령林百齡[41]은 윤임의 사위인 이덕응李德應[42]이 경박하고 겁이 많은 것을 알고 "협박하여 죽음을 면하게 해주겠다고 약속했으며", 이에 이덕응은 "살아보고자 함부로 말"을 하였으며, "여러 간신은 그중에서 부도不道함에 관계되는 것들을 주워 모아 반역의 율법으로 다스리기로 결정"한 것으로, 이는 "한 사람이 함부로 한 말을 가지

---

39) "李芑進曰: '尹任多有不自安之心, 柳灌, 柳仁淑, 亦有形迹'. 洪彦弼曰: '任可竄, 仁淑可龍, 灌可遞, 衆議皆如此'. 申光漢曰: '危疑之際, 不可不鎭定人心, 任等之罪, 皆可斟酌'. 李彦迪曰: '事必光明正大, 不然, 恐有士林之禍.' 彼三人者, 誠是謀叛, 則李芑, 順朋等, 何不直言, 而光漢, 彦迪, 伸救若此乎? …… 順朋曰: '任包藏禍心, 罪固不赦, 若至依律, 恐其太重, 灌與仁淑, 陰附尹任, 謀危宗社, 其罪極重, 而事涉脅從, 恐不可以一律斷之.' …… 則順朋於彼三人, 有何愛惜而救護如此乎?"(「十六箚」4-10ㄴ~11ㄱ)
40) "夫以尹任麤鄙無狀, 濫侍宮禁之罪, 誅之固不足惜, 而叛逆之事, 實無形迹, 罪非其罪矣."(「玉堂論乙巳僞勳箚」4-3ㄱ)
41) ?~1546. 1519년 급제, 명종 즉위 시 호조판서로 윤원형과 을사사화를 일으켜 위사공신 1등이 되고 숭선부원군崇善府院君에 봉해졌으며 우찬성으로 승진, 사은사로 명나라에 갔다가 돌아오는 도중에 죽었다. 선조 3년에 관작이 추탈되었다.
42) ?~1545. 윤임의 사위로서 을사사화 때 소윤의 꾐에 빠져 윤임이 봉성군을 추대하려 했다고 고변하여 사화를 확대시켰으나, 자신도 결국 사형되었다.

고 대옥大獄으로 다스린"43) 잘못된 법 집행이었음을 주장한다.

율곡은 윤임과 윤원형 사이의 갈등으로 인해 발생한 원한이 을사사화의 동기이며, 이는 결국 윤원형 등이 원한을 갚은 사적 복수에 불과하다고 보았다. 비록 역모라는 공적 문제로 합리화했을지라도, 을사사화는 사적인 동기에서 국가의 형벌권을 행사함으로써 결과적으로 정치 권위 그 자체를 붕괴시킨 결과를 가져왔다는 것이다. 이뿐만 아니라 윤원형의 사적 동기 자체가 정치 권위에 대한 도전이었다는 점에서 그가 규정한 역모는 더 이상 역모일 수가 없다는 것이다.

이처럼 을사사화의 피화자들을 역도로 규정할 수 없다면, 그들을 역도로 다스린 법적 절차 역시 주목해보아야 한다. 율곡은 7차 상소에서 "당시의 일들을 하나하나 들어서 그 거짓되고 허망한 실상을 밝힙니다."라고 전제하면서, "모든 죄를 판정할 때는 비록 잡범이라도 죽을죄라면 반드시 추궁하고 심문하여 실정을 파악하고 결안結案으로 취조하여 죄상을 진술 받은 뒤에야 형법을 올바로 적용하는 것입니다. …… 윤임과 두 유 씨〔유관과 유인숙〕를 죽임에 있어서는 그 실정을 따지지도 않고 그들의 자백도 받지 않았으니, 이는 다만 빨리 죽여 입을 막음으로써 자신들의 사악한 술책을 숨기고자 한 짓에 불과한 것입니다."44)라고 단정한다. 따라서 을사사화는 윤원형에 의한 사적 복수이며, 공훈은 오히려 정치 권위에 대한 도전이기에 법의 이름으로 처벌되어야 한다는 것이다.45)

---

43) "三人旣死, 無可推問, 林百齡知尹任之壻李德應輕躁怯弱, 可恁以威, 遂誘脅百端, 約以免死. 彼德應之愚妄, 冀其苟活, 胡言亂語, 莫見端緖, 羣姦捃摭, 其稍涉不道者, 定爲叛逆之律. 此以一人之亂言, 斷其大獄也."(「玉堂論乙巳僞勳箚」 4-3ㄱ~ㄴ)
44) "凡定罪之時, 雖雜犯死罪, 必窮推得情, 結案取招, 然後乃正典刑. …… 任與二柳之死也, 不問其情, 不取其服, 此不過速殺掩口, 以祕其邪術而已."(「七箚」 4-7ㄱ)
45) 사적 복수와 응보적 정의에 관한 내용은 이승환(2001: 13)을 참조하라.

율곡이 제기한 을사 위훈 삭제 문제가 갖는 정치적 의미는 그의 「동호문답」에서도 찾을 수 있다. 율곡은 민생 해결이라는 시무를 해결하는 방법으로 폐법 개혁을 제시하면서, 폐법 개혁의 첫 단계야말로 시비의 정립에서 비롯된다고 주장한다. 이는 을사사화에 대한 역사적 청산이 개혁의 관건이며, 그 핵심적인 사항이 위훈이라는 사실을 의미한다.

율곡은 선조에게 "국시가 아직까지 정해지지 못하고 명분을 바로잡는 일이 미진하여 백성을 편하게 하고 사람들을 진작시키려 해도 방법이 없습니다."46)라고 진언한다. 이로부터 율곡은 국시의 확립과 인심의 안정, 명분의 확정과 선정의 실현을 상호 연계시킨다. 즉

> 명분이 바르지 못하면 말이 순하지 못하고 말이 순하지 못하면 일이 이루어지지 못하고 일이 이루어지지 못하면 예악이 일어나지 못하고 예악이 일어나지 못하면 형벌이 맞지 못하고 형벌이 맞지 못하면 백성들이 손발을 둘 곳이 없어진다. 그러므로 군자가 이름을 붙이면 반드시 말할 수 있으며 말할 수 있으면 반드시 행할 수 있는 것이니 군자는 그 말에 대하여 구차히 함이 없을 뿐이다.47)

라는 공자孔子의 언명에서도 보이듯이,48) 군주의 수신에 의해 채택된 시비의 기준이 정립될 경우, 질서의 확립과 안정을 확보할 수 있게 된다.

---

46) "國是未定, 正名未盡, 則雖欲安民作人, 其道無由."(「東湖問答」15-31ㄴ)
47) "名不正, 則言不順, 言不順, 則事不成, 事不成, 則禮樂不興, 禮樂不興, 則刑罰不中, 刑罰不中, 則民無所錯手足. 故君子名之必可言也, 言之必可行也. 君子於其言, 無所苟而已矣."(『論語』「子路」)
48) 소공권은 공자의 정치사상의 출발점은 종주從周(주나라를 따른다)였지만 그것을 실행하기 위한 구체적인 주장은 정명正名이라고, 즉 정명은 모든 정치의 필수 조건이라고 말한다(蕭公權, 1998: 97).

따라서 군주의 수신과 시비의 기준이 정립되지 않은 상태에서는, 군자들은 믿을 바가 없어 충성을 다하지 못하고, 소인들은 엿보는 바가 있어 그 악을 계속하게 된다. 결국 율곡은 안민安民과 교화敎化라는 정치의 이상을 실현하는 선행조건으로 선조가 국시와 명분을 정립할 필요가 있다고 느꼈기에 위훈 삭제라는 힘겨운 싸움을 전개했던 것이다.

제2절 권간과 유폐

보우와 윤원형 탄핵 문제를 시작으로 을사 위훈 삭제 문제에 이르기까지 율곡은 조선의 정치를 회복하기 위해서는 이 문제들이 양산한 잘못된 정치적 유산을 청산해야 한다고 주장한다. 율곡은 잘못된 정치적 유산을 유폐遺弊라고 명명하고 이를 개혁하는 것이 바로 조선 정치의 건강성을 회복할 수 있는 길이라고 믿었다. 율곡은 이러한 유폐의 발생과 잔존의 중심에 윤원형 등의 권간 세력들이 있었고, 그 세력은 문정왕후와 윤원형의 죽음으로 몰락했지만, 여전히 권간 세력들에 기생했던 유속들이 선조의 시기에도 존재하면서 유폐 또한 지속적으로 남아 있다고 보았다.

그런데 율곡이 사용한 용어는 시기별로 그 어감이 약간씩 다르다. 초기 율곡의 글에는 주로 '폐弊' 자체에 주목하는 경향이 나타나는데, 이후 '폐법弊法'과 '폐정弊政'이라는 용어를 사용함으로써 자신의 정치적 사고를 더 구체화한다. 율곡은 모든 폐단의 시발점을 권간에 두고, 을사 위훈을 일으킨 윤원형 일파뿐만 아니라 이전의 임사홍 등까지 포괄하여 권간으로 본다. 율곡은 권간들에 의한 폐단을 크게 네 가지 범주로 나누었다.

첫째로 권간들은 공론을 막았다[塞公論]. 공론公論이란 용어는 언관의 기능과 관련된다. 이는 명종 20년 11월과 21년 5월에 각각 올린 상소인

「사정언소辭正言疏」와 「간원진시사소」에서 확인할 수 있다. 우선 「사정언소」는 윤원형을 탄핵한 후 명종 20년 9월에 황장목黃腸木을 채벌하는 경차관[49)]으로 관서 지방을 시찰하고 복귀한 11월에 올린 상소이다.

명종은 율곡에게 사간원 정언正言직을 수여하였는데, 율곡은 자신이 간관의 임무를 담당할 적임자가 아니라며 사직 상소를 올린다. 이 상소에서 율곡은 간관의 직무에 대하여 다음과 같이 밝힌다.

> 위로는 전하의 마음을 바르게 하고 아래로는 백성의 감정을 파악하여 그릇된 폐해를 바로잡는 데 있어서는 그 책임이 간관에게 달려 있으니, 마땅히 충직하고 사리에 밝은 인사를 가리어 그 직책을 다하도록 해야만 할 것입니다.[50)]

한편 율곡의 사직소의 내용은 일견 모순되어 보인다. 율곡은 이미 자신이 간관의 위치에 있지 않았음에도 보우와 윤원형을 탄핵하는 상소를 제출할 정도로 폐정 개혁을 위한 정치적 열정을 나타냈었다. 그러나 이제 간관의 기회가 주어지자 이를 거부하는데 이러한 행동은 그의 정치적 사고 및 실천과 불일치하는 것으로 비쳐질 수 있다.

그러면 왜 그랬던 것일까? 만약 율곡의 태도에서 일관성을 찾으려고 한다면, 율곡이 기대한 소통의 정치를 위한 기반이 무엇인지를 고려해야 할 것이다. 율곡의 판단으로는 명종의 제안 그 자체는 군신 간 신뢰의 단

---

49) 경차관이란 국왕으로부터 특정한 임무를 부여받고서 지방에 파견되었던 봉명사신奉命使臣을 말하고, 황장목이란 일명 금강송이라고도 불리는 질 좋은 소나무를 이른다. 조선시대 경차관 제도에 대해서는 이장우(李章雨, 1998: 제3편 제2장)를 참조하라.
50) "上格宸衷, 下達輿情, 釐補穿弊, 責在諫官, 當擇忠直達理之士, 俾盡其職."(「辭正言疏」 3-9ㄱ)

서에 불과하다고 판단했을 수도 있다. 왜냐하면 명종의 제안을 그대로 수용할 경우, 군신 간의 소통을 위한 신뢰 구축의 과제가 명종 자신에게 절박하지 않은 것으로 인식될 수 있기 때문이다.

이런 점에서 율곡의 사직소는 윤원형 등 권간의 전횡으로 남겨진 폐단이 정치적 장애물로 작동하고 있는 국정을 개혁해야 한다는 문제의식을 명종에게 던져주리라는 기대와 함께, 권간에 의한 자의적이고 사적인 국정 운영으로 인해 왜곡된 국가의 원기元氣, 즉 공론의 회복이 현재의 급선무임을 각성시키리라는 기대를 담은 것이다. 이를 통해 율곡은 군신 간 공론 형성을 위해서는 소통이 선행되어야 하며, 소통의 역할이 간관의 직분임을 환기시켰던 것이다.

둘째로 권간들은 공도를 막았다〔塞公道〕. 공도公道라는 용어 사용은 인사 문제와 관련된다. 율곡은 정언에 취임하자마자 시급한 안건 세 가지에 대한 계啓를 올린다.[51] 이중에서 두 번째 장계는 전조銓曹(이조)의 청탁을 없애야 한다는 것이다. 율곡은 「논전조청탁지실계論銓曹請託之失啓」를 상주하고, 전조의 청탁이야말로 윤원형 등 권간이 남긴 인사 문제의 폐습이라고 지적한다. 율곡은 "지난 번 권간이 국정에 임하여 정사가 사문私門에서 나오자 초입사자初入仕者를 어진지 어리석은지 묻지도 않고 오직 뇌물의 많고 적음만을 가지고 뽑았기 때문에 벼슬에는 올바른 사람을 얻지 못하고, 관리는 관직에 적합하지 못하였습니다. 민생이 도탄에

---

[51] 상소上疏란 소를 올린다는 말인데, 그 형식과 내용에 따라 소疏·차箚·계啓·의議 등으로 나뉜다. 논간論諫을 중심으로 하는 소疏가 그 중심을 이루고, 차箚는 소보다 조금 간단한 형식으로 어떤 구체적인 사실을 올리는 글이며, 계啓는 대체로 지방의 방백이나 또는 관원이 국왕이나 중앙 관서에 상달하는 내용으로 공식적이고 사무적인 형식을 띠며, 의議는 정책에 대한 입안을 돕기 위하여 올리는 건의에 가까운 형식이었다(『國譯 栗谷全書』 II 「刊行辭」).

빠진 것은 오직 이 때문입니다."52)라고 지적한다.

따라서 인사 문제의 유폐는 "마땅히 그 구습을 혁파하고 한결같이 공도를 따라 백성의 소망에 보답해야 할 것"으로 집약된다. 만약 전조의 청탁이라는 "이 폐를 뜯어고치지 않는다면, 정사가 반드시 날로 문란해져서 나라꼴이 아니 될 것이니 …… 엄중히 다스려서, 사를 따르고 공을 폐지하는 풍습을 제거해야"53) 한다는 것이다.

셋째로 권간들은 정치보다는 법에서 정치적 해법을 찾고자 함으로써 결국 자의적 권력 행사와 법 권력의 남용을 유발했고, 이것이 결국 폐법으로 민생의 걸림돌이 되고 있었다. 여기서 말하는 법은 실정법으로 '엄벌성panal'을 가지고 있는 율령을 의미한다. 율곡은 권간들이 법을 농단하고 사적으로 남용한 자의적 법 집행자임을 지목한다. 율곡은 보우와 윤원형 탄핵 문제에 있어 명종이 권도를 발휘해야 함을 주문하였다.

그런데 이 권도는 단순한 상황론과는 다르다. 율곡이 명종에게 권도를 발휘하기를 주문하기 전에 군신 간 소통 문제를 제기하였고, 군주와 신하 모두가 사적인 이해를 버리고 공적인 자세와 마음을 갖기를 주문하였다는 점에 주목해야 한다. 율곡은 정치적인 논의가 시비의 차원뿐만이 아니라 이해의 차원에서도 이루어졌을 때 비로소 진정한 공론이 형성될 수 있다고 보았다. 이러한 공론에 바탕을 둔 권도의 발휘야말로 진정한 권도가 된다는 것이 율곡의 생각이다.

그리고 이러한 권도의 발휘는 오직 군주에게만 해당하는 사항이 아니라 신하에게도 요구된다. 그렇게 보았을 때 그동안 권간의 정치가 공론

---

52) "權姦當國, 政出私門, 初入仕者, 不問賢愚, 惟視賄賂, 故官不得人, 吏不稱職, 生民塗炭, 職此之由."(「論銓曹請託之失啓」8-3ㄱ~ㄴ)
53) "所當革其舊習, 一徇公道, 以答顒望. …… 若不痛革此弊, 則政必日紊, 無以爲國, …… 重治, 以祛徇私廢公之習."(「論銓曹請託之失啓」8-3ㄴ)

을 변질시키고 군신 간의 소통을 막았기 때문에, 권도의 발휘 또한 자의적 권력 행사로 나타날 수밖에 없었다. 그러한 자의적 권력 행사의 구체적 예는 실정법의 자의적 해석에서 찾아볼 수 있다.

그런데 율곡은 권간들이 없어진 정국에서도 여전히 권력의 자의성, 법 해석과 적용의 자의성이 남아 있어 정치가 회복되지 못하는 상황에 주목하였다. 율곡은 권간이 없어짐으로써 권력의 자의성은 사라졌지만 실정법을 기계적으로 해석, 적용, 집행하는 정치를 하려는 위정자들이 나타났다고 보았다. 율곡은 당시의 법 집행자를 포함한 위정자들을 '유속流俗'이라고 명명한다. 율곡에게 현재의 문제가 여전히 해결되지 못한 이유는 '자의적인 법 집행자'인 '권간'과 대비할 때, '기계적인 법 집행자'인 '유속'의 존재 때문이었던 것이다.

마지막으로 율곡은 권간들이 사라지고 유폐를 극복하려는 가시적인 노력이 진행되었음에도 불구하고 유폐가 여전히 중요한 문제점으로 남아 있다는 사실에 주목했다. 우선 율곡은 명종 21년 5월에 '당시의 문제〔時事〕' 전반을 다룬 「간원진시사소」에서 윤원형 등 권간의 몰락과 양종선과의 폐지와 같은 "교화를 좀먹고 정치를 해치던 요인"들이 개혁되어, "태평"의 소망이 곧 이루어질 수 있을 것 같았으나, 여전히 "시정은 아직도 민심을 크게 위무하지 못했고", "기강이 아직도 바로 서지 못했고", "공도公道가 아직도 널리 행해지지 못했으며", "탐욕의 풍조가 아직도 그치지 않아서", "착하고 악한 것이 구분되지 않아 벼슬길이 혼잡하기는 그 전과 같고, 옥송獄訟이 공평하지 못하여 권력 있고 교활한 자가 여전히 뜻을 얻으며, 천심이 기뻐하지 않아서 재이災異가 거듭 나타나고, 백성의 힘이 지쳤는데도 혜택이 내리지 않고 있는데", 이러한 것은 "오랫동안 쌓여온 고질痼疾이라 한 가지 약만으로는 고치기가 어렵게 되었습니다."라고 진단한다.[54]

그러면 왜 율곡은 유폐 극복 노력이 가시화되었음에도 불구하고 여전히 유폐 문제가 극복되지 못했다고 진단한 것일까? 그것은 "고위 관직에 있는 자는 어물어물하는 것이 습관이 되었고, 하위 관직에 있는 자는 익살로써 적당하게 비위 맞추는 것이 습관이 되었으며, 안으로는 모든 관사가 안일하고 게으른 것이 습관이 되었고, 밖으로는 모든 고을의 수령들이 가혹하게 거둬들이는 것이 습관이 되어, 낡은 버릇에 얽매여 스스로 헤어나지 못하기"[55] 때문이라는 것이다.

　이로 인해 "용인하고 묵과하는 것으로 권도를 안다고 하고 건의하여 아뢰는 것으로 일을 만든다고 여기기 때문에, 시속을 따르는 자를 중도中道에 맞는다 하고 특별히 뜻을 세워 행하는 자를 오활하고 괴이하다 이르니, 이와 같은 현상은 권간이 나라를 좀먹던 때보다 별로 나아지지 않았"[56]다고 본다.

　이는 율곡이 권간들의 유폐가 결국 잘못된 습관으로 관행화되었음을 지적한 것으로 볼 수 있다. 권간들의 유폐가 하나의 관행이 되고, 관례가 된 불문법적 성격을 가진 법이 조선의 정치뿐만 아니라 모든 영역, 심지어는 관리와 백성의 인식 영역에까지 깊숙이 뿌리내렸음을 의미한다. 그리고 이것이 공론의 공公으로 널리 자리 잡으면서, 공론은 이전보다 발전된 듯 보였다. 하지만 '잘못된' 공론의 생산과 공론의 과잉 현상이 오

---

54) "蠹教害政之具, 以次革去, 綸音每下, 瞻聽聳動, 太平之望, 非朝伊夕, 可謂至治之幾. 而至今時政, 尙未有以大慰民心, 紀綱尙未整肅, 公道尙未恢張, 貪風尙未戢斂. 臧否不分, 而仕路之混雜如昨, 獄訟不平, 而豪猾之得志依舊. 天心未豫, 而災異疊出, 民力已殫, 而惠澤未下. 良由積年痼疾, 一藥難救."(「諫院陳時事疏」3-9ㄴ~10ㄱ)

55) "大官習於糊塗, 小官習於滑稽, 內而百司習於偸惰; 外而列邑習於誅求. 舊習纏繞, 不能自捨."(「諫院陳時事疏」3-10ㄱ)

56) "以容默爲達權, 以建白爲生事, 隨俗者謂之得中, 待立者謂之迂怪. 似此氣象, 與權奸蠹國之時, 未甚相遠."(「諫院陳時事疏」3-10ㄱ)

히려 조선의 정치를 병들게 하였고, 이는 결국 법이 민생을 저해하는 폐법으로 변질하는 상황을 초래했다.

제3절 율곡의 정치관

율곡의 문제의식과 대안은 과연 타당한 것이었을까? 더욱이 율곡과 동시대를 살았던 당시 지식인들도 동일한 문제의식과 해법을 공유했을까? 만약 율곡의 문제의식과 해법이 타당하다면, 동시대 누구의 무엇과 비교해야 하는 것일까? 이러한 문제 제기는 율곡의 개혁론이 가진 역사적 당위성과 현실적 효율성을 확인하는 한편 율곡의 신화화를 견제하는 안전장치라 할 수 있다.

여기서 율곡과 비교할만한 주요 지식인으로 퇴계退溪 이황李滉(1501~1570)과 남명南冥 조식曺植(1501~1572)을 살펴보고자 한다. 그 이유는 율곡의 정치관政治觀이 실질적이고 구체적인 내용으로 구성되어 있는 반면, 동시대의 지식인을 대표하는 퇴계는 "임금의 학문〔聖學〕으로 정치의 근본〔治本〕"을 세울 것을 강조하고, 남명 또한 통치의 도〔爲治之道〕를 임금의 수양에서 구한다는 점에서 원칙적인 명분론을 고수하고 있기 때문이다.

1. 남명과 퇴계

1) 남명의 위치론

남명 조식[57]의 정치적 사고를 율곡의 '위정론爲政論'과 비교하면, 위치론爲治論이라는 용어로 설명할 수 있다. 이 점은 선조 원년 5월에 올린 상소문[58])에서 드러난다. 남명은 당시 정치의 문제를 '아전의 문제'에서 파악한다. 이는 임금의 수양이란 측면만을 강조한 퇴계 등 유학자들의 상소문과 비교할 때 매우 현실적이다. 남명은 일생을 향리에서 살면서 피폐한 민생을 보고 그 원인을 탐구했다. 그 결과 아전들의 횡포에 주목하게 된 것이다.

남명은 아전들의 전횡에 대해,

> 예로부터 권신이 나라를 마음대로 했던 일이 있기도 하였고, 외척이 나라를 마음대로 했던 일이 있기도 하였으며, 부녀자와 환관이 나라를 마음대로 했던 일이 있기도 하였습니다. 그러나 지금처럼 서리胥吏가 나라를 마음대로 했던 것은 듣지 못했습니다. …… 군민軍民에 대한 모든 정사와 국가의 기밀이 모두 서리의 손에서 나오므로, 포목과 곡식을 관청에 바치는 데에도 뒷길로 웃돈을 바치지 않으면 안 됩니다. …… 심지어는 각자 맡고 있는 고을을 자기 물건처럼 생각하여, 문서를 만들어서 교활하게 자기의 자손 대대로 전합니다. 지방의 토산물을 바치는 것을 일체 가로막고 물리쳐서 한 가지 물건도

---

57) 연산군 7년(1501) 6월 경상도 삼가현三嘉縣(현재 경남 합천군)에 있는 외가에서 출생한 남명은, 부친 언형彦亨이 급제한 네 살 이후, 부친의 벼슬길을 따라 의흥현義興縣, 단천군端川郡에서, 그리고 대개는 서울에서 수학修學하였다. 기묘사화가 일어난 다음 해인 20세부터 과거에 응시하여 초시에 합격했지만 전년의 기묘사화로 인하여 당시의 시관試官이 모두 파직당하고 그 시험도 무효로 처리된듯하며, 이후 37세 때 어머니의 허락을 얻어 완전히 포기하기에 이르기까지 이따금 과거에 응시하였지만 본시本試에는 끝내 합격하지 못했다. 30세부터 45세까지는 김해의 처가에서 생활하였고, 45세에 모친상을 당한 후에는 고향으로 돌아갔다가 48세에 삼가현의 옛집에서 생활을 하였다. 그후 환갑을 넘긴 61세에 지리산 천왕봉 아래로 들어가 그곳에서 만년을 보냈다(吳二煥, 2000: 19~25).
58) 이 상소는 『선조실록』 선조 원년 5월 26일자에 수록되어 있다.

상납할 수 없게 되었습니다. 그렇게 되자 공물을 바치던 자가 온 가족의 가산을 다 팔아서 바쳐도 그것이 관청으로 들어가지 않고 아전 개인에게로 돌아갑니다. 백 곱절이 아니면 받지를 않습니다.[59]

라고 말한다. 그런데 이처럼 "서리가 도둑이 되고 온갖 관리가 한무리가 되어 심장부를 차지하고 앉아 국맥國脈을 모두 결단"을 내고 있는데도, "법관이 감히 묻지도 못하고 사구司寇[형조판서]도 감히 따지지 못하며", 혹시 "한낱 사원司員이 조금 규찰하려 하면 견책과 파면이 아전들의 손에 있기" 때문에 그렇게 할 수가 없음을 남명은 지적하고 있다.[60]

남명이 일컫는 '아전들의 횡포'란 결국 중앙의 정치 권위가 이들을 통제하지 못함을 뜻한다. 그렇다면 중앙의 통제력을 향리까지 미치도록 회복하는 것이 문제 해결의 최우선 과제였을 것이다. 그런데 아전의 문제를 해결하기 위한 남명의 해답은 임금의 '위엄'이었다. 남명은 다음과 같이 말한다.

지금의 시대로 말하자면, 왕의 신령스러움이 시행되지 않고, 정사는 사사로운 은혜를 베푸는 일이 많습니다. 명령이 나오면 오직 거꾸로 행하여 기강이 서지 않은 지가 여러 대가 되었습니다. 헤아릴 수 없

---

59) "自古權臣專國者, 或有之; 戚里專國者, 或有之; 婦寺專國者, 或有之, 未聞有胥吏專國, 如今之時者也. …… 軍民庶政, 邦國機務, 皆由刀筆之手, 絲粟以上, 非回俸不行. …… 至於各分州縣, 作爲己物, 以成文券, 許傳其子孫. 方土所獻, 一切沮却, 無一物上納. 齎持土貢者, 合其九族, 轉賣家業, 不於官司, 而納諸私室. 非百倍則不受."(『선조실록』 선조 원년 5월 26일)
60) "小吏爲盜, 百司爲群, 入據心胸, 賊盡國脈, 則不啻攘竊神祇之牷牲, 法官莫敢問, 司寇莫之詰. 或有一介司員, 稍欲糾察, 則譴罷在其掌握."(『선조실록』 선조 원년 5월 26일)

는 전하의 위엄을 떨치지 않으면 죽처럼 흐물흐물해져서 형세를 모을 수 없습니다.[61]

여기서 남명은 선조가 "크게 성을 내시어 하늘의 기강을 한번 떨치시면", "백성들은 마음속으로 크게 두려워할 것"이며, 그렇게 되면, "여러 신하가 두려워 다리를 떨면서 달려와 왕명을 받들기에 겨를이 없을 것입니다."라는 주장을 한다.

이상과 같은 남명의 상소문은 율곡조차도 "지나치기는 하지만 일리가 있습니다."[62]라고 평가할 만큼 문제의 본질을 꿰뚫는 것이었다. 그러나 이와 같은 문제의식의 공유에도 불구하고 해결책의 모색이라는 실제 과정에서는 입장을 달리한다. 율곡은 「만언봉사萬言封事」에서 아전들의 방치와 전횡은 임금의 위엄의 문제가 아니라 "신하들이 일에 책임을 지지 않는 잘못"에 기인하는 것으로 진단한다.

그렇기 때문에 임금의 위엄으로 기강을 세우자는 남명의 제안에 대해 율곡은 "형벌과 법이 엄하지 않다고 여겨서 형벌과 법을 무겁게 하고자 한다면, 법을 무겁게 적용할수록 간사함은 더욱 심해지고 또한 엄한 법이 폐단을 구제할 수 있는 방책도 아닙니다."라고 주장한다.[63] 한 걸음 더 나아가 율곡은 "전하께서 엄해질수록 시국의 일을 더욱 그르치게 될 것입니다."[64]라면서 남명과 의견을 달리한다. 결국 율곡은 남명이 주장한 '임금의 엄함'은 당시의 문제를 해결할 방책이 되지 못함을 다음과 같

---

61) "今, 王靈不擧, 政多恩貸. 令出惟反, 紀綱不立者, 數世矣. 非振之以不測之威, 無以聚百散糜粥之勢."(『선조실록』 선조 원년 5월 26일)
62) "此言雖過, 亦有理焉."(「萬言封事」 5-19ㄴ)
63) "以爲刑法不嚴而欲重之, 則法重而姦益滋, 且嚴法, 非救弊之策也."(「萬言封事」 5-20ㄱ)
64) "臣恐殿下愈嚴而時事愈誤也."(「萬言封事」 5-28ㄱ)

이 결론짓는다.

> 임금이란 엄하지 못함을 걱정하지 아니하고 공정하지 못함을 걱정해야 합니다. 공정하면 밝아지고, 밝아지면 엄함이 그 속에 있게 되는 것입니다.[65]

두 사람 사이의 이 같은 차이는 남명에게는 나타나지 않지만 율곡에게는 나타나는 '위정爲政'의 개념에서 그 단서를 찾을 수 있다. 남명의 상소문에는 '위정'이라는 단어가 단 한 번도 사용되지 않는다. 남명은 위정이 아닌 '위치爲治'라는 단어를 다음과 같이 사용한다.

> 다스리는 도는 다른 곳에 있는 것이 아닙니다. 임금이 선을 밝히고 몸을 정성되게 하는 데에 있을 뿐입니다.[66]

결국 남명의 위치론爲治論은 군주 한 사람에게만 집중되며, 그렇기 때문에 그의 정치 인식은 군주를 정점으로 하는 하향적 통치 체제의 구축으로 기울게 되고, 군주-신료의 소통에 기반을 둔 '위정'의 요소가 개입될 여지가 좁아진다.

2) 퇴계의 치본론

퇴계 이황의 치본론治本論은 남명이 앞의 상소를 올린 지 3개월 뒤인 8

---

[65] "人君不患不嚴而患不公. 公則明, 明則嚴在其中矣."(「萬言封事」5-29ㄱ)
[66] "爲治之道, 不在他求. 要在人主明善誠身而已."(『선조실록』선조 원년 5월 26일)

월에 선조에게 올린「무진육조소戊辰六條疏」를 통해 드러난다.[67] 퇴계는 친정을 시작한 지 얼마 되지 않은 선조[68]에게 첫째 왕통을 중하게 여겨 인효仁孝를 온전히 할 것, 둘째 참소하거나 이간하는 것을 막아서 양궁兩宮을 친하게 할 것, 셋째 성학을 독실히 하여 정치의 근본을 세울 것, 넷째 도덕과 학술[道術]을 밝혀 인심을 바르게 할 것, 다섯째 복심腹心을 믿어 이목耳目을 통할 것, 여섯째 성심으로 몸을 닦고 살펴서 하늘의 사랑을 받을 것 등 여섯 가지 조목을 권고한다.

여기서 주목할 점은 퇴계의 상소가 완전히 군주의 수양에 초점을 맞추고 있다는 사실이다. 그것은 군신·부자·상하의 관계로부터 차별적 질서의 확립을 강조한 유학적 당위일 뿐이며, 유리걸식하는 백성들의 생활안정책이나 빈번한 외침에 대한 국방책 등 현실적 요청에 대한 것은 아니었다(김만규, 1982: 189). 결국 퇴계가 선조에게 요구한 것은 위정爲政이기보다 수신修身에 집중되었던 셈이다. 이런 면에서 본다면 퇴계의 상소는 '폴리테이아니스트politeianist'로서 퇴계의 정치적 사고를 반영한다.[69]

---

67) 명종 20년(1565)부터 명종은 계속해서 퇴계를 불렀으나 퇴계는 모두 응하지 않다가, 명종 22년 6월에 이르러서야 서울로 올라온다. 이때 명나라 가정嘉靖 황제가 죽고 신황제가 즉위하여 조사朝使가 오게 되었고, 이준경 등이 퇴계로 하여금 명나라 사신을 응대하기를 청하여, 명종이 퇴계를 불렀기에 이에 응한 것이다. 그런데 퇴계가 서울로 올라온 직후 바로 명종이 승하했으므로 퇴계는 명종에게 숙배를 하지 못한다. 한편 퇴계는 명종의 장례(9월 18일)도 치르지 않은 상태에서 귀향해버린다. 다음 해인 선조 원년 7월에 퇴계는 선조의 부름으로 조정에 올라와 8월에 이 상소를 올린다(『국역 퇴계집』「연보」참조). 한편 이 상소문은 『퇴계집』과 더불어 『선조수정실록』 선조 원년 8월 1일자에 실려 있다.
68) 명종이 승하한 후 수렴청정하던 인순왕후(명종비 심씨)는 선조 원년 2월에 선조에게 정사를 돌려준다.
69) "폴리테이아니스트"란 "정치체제"에 "정치 공동체"를 맞추려는 사람들이다. 다시 말하면 자신이 미리 상정한 이상적인 정치체제에 현실 정치를 맞추려는 입장이다. 하지만 이러한 입장에서는 대부분 정치 현실은 제외되고 정치의 이상만 남게 되는

왜 그런 것일까? 그 단서는 두 가지 측면에서 드러난다. 하나는 법과 폐, 소통 등의 문제에 대한 퇴계의 소극성이다. 퇴계는 선조에게 "조종이 이룩한 옛 헌장憲章 가운데 오래되어 폐단이 생긴 것은 비록 불가불 조금 변통한다 하더라도, 그러나 만일 그 양법과 아름다운 뜻까지도 아울러 일체 뒤섞어 고쳐버리면 큰 환란이 일어날 것입니다."라고 말한다.[70] 결국 퇴계는 "몸과 마음을 반성하여 오직 경敬으로 일관하여 거짓 꾸밈이 없도록 할 것"을 선조에게 주문하는데, 이러한 퇴계의 권고는 법과 소통보다는 군주의 거경居敬이라는 측면에 우선성을 두고 정치를 바라보는 것이다.[71]

다른 하나는 퇴계가 법과 폐의 문제보다 예禮의 구축에 더 큰 관심을 보인다는 사실이다. 선조 2년(1569) 3월에 퇴계는 병으로 사직하고 낙향한다. 그런데 퇴계의 낙향 이유는 사실상 선조 2년 정월에 있었던 문소전文昭殿 논의 때문이었다.[72] 선조 2년에 이르러 인종과 명종을 문소전에 모시려는 시도가 있었다. 당초 인종이 서거했을 때, 을사사화의 주동자들은 인종의 재위 기간이 1년도 안 된다는 이유로 연은전延恩殿(성종의

경향이 농후하다. 이것은 결국 듣기에는 아름다운 것 같지만 실제로는 아무런 도움이 안 되는 결과를 낳기 마련이다. 이와 대립되는 것은 "폴리티아니스트politianist"이다. "폴리티아니스트"란 아리스토텔레스의 『정치학』에 나오는 "polity", 즉 "최선의 정치형태"에서 따온 말로서, 정치체제를 정치 공동체polis의 본성physis에 맞추려고 애쓰고 노력하는 일단의 사람들과 그러한 사람들의 입장을 나타낸다(김홍우, 2007: 25~26).

70) "祖宗之成憲舊章, 積久而生弊者, 雖不可不稍變通. 然或並與其良法美意, 而一切紛更之, 必致大患."(『국역 퇴계집』 I: 122)
71) 퇴계는 자신의 대표적인 글인 『성학십도聖學十圖』의 서문에서 다음과 같이 말한다. "경敬을 지킨다는 것은, 생각하고 배우는 것을 겸하고 동動과 정靜을 일관一貫하며, 마음과 행동을 합일合一하고 드러난 곳과 은미한 곳을 한결같이 하는 도道입니다."(『국역 퇴계집』 I: 134)
72) 문소전이란 조선시대 왕실의 가묘 이름이다. 조선조의 묘제廟制는 왕가의 가묘는 원묘原廟(문소전)로, 국가의 경우에는 종묘宗廟로 이원화되어 있었다(이한수, 2005: 75).

친부를 추존하여 덕종이라 하였고, 덕종은 즉위하지 못하였기에 연은전에 모셨다)에 모셨다.

선조 2년에 퇴계를 중심으로 이를 바로잡고자 했던 것이다. 그 내용은 인종과 명종의 양묘兩廟를 문소전에 부祔하려 했으나, 문소전의 위차位次가 태조는 북쪽에 위치하여 남향하였고, 소목昭穆은 동서로 향하였는데, 전殿의 구조가 남북은 짧고 동서가 길어서 인종·명종의 양묘를 모셔 협향祫享(합하여 제향함)하려면 전이 좁아 모실 수가 없었던 상황이었다.

이런 상황에서 퇴계는 "예전의 협향 위차는 태조는 동향하고 소목은 남북으로 향하였는데, 우리 왕조는 종묘에는 협향하는 의례가 없고 다만 원묘 협향의 위치가 있을 뿐이나 옛 제도와는 다릅니다. 이런 기회에 태조의 위를 동향으로 바로잡고, 소목을 남북으로 서로 향하게 하면 전우殿宇를 늘릴 폐단도 없을뿐더러 관습대로 따르면서 고례를 회복시키는 좋은 점이 있습니다."라고 그림을 그리고 설명을 붙여 선조에게 올렸던 것이다.[73]

선조는 퇴계의 제의를 대신들에게 논의하도록 했고, 대신들은 고례를 실행한 경우가 없었기 때문에 "원묘에 고례를 시행할 수 없고, 또 이 위차를 설시設施한 지가 이미 140년이 지났으니, 지금 만일 옮겨놓는다면 조종의 혼령이 놀랄 것입니다."라고 반대함으로써 결국 퇴계의 제안은 실행되지 못했던 것이다.[74]

율곡은 "임금이 조상을 받드는 데는 마땅히 종묘를 존중해야 할 것이

---

[73] "仁, 明兩廟, 將祔文昭殿, 殿之祫享位次, 太祖居北南向, 昭穆東西向, 而殿宇南北短, 東西長, 仁, 明祔而祫享, 則殿窄不容. 故大臣欲拆開殿宇, 補其南, 以容加設之位. 滉以爲 '古者祫享之位, 太祖東向, 昭穆南北向, 我朝宗廟, 無祫享之儀, 只於原廟有祫享, 而位次非古. 若因此會, 正太祖東向之位, 昭穆南北相對, 則無拆開殿宇之弊, 有因俗反古之美.' 遂作圖爲說而進之."(『經筵日記』 선조 2년 2월, 28-29ㄴ~30ㄱ)

[74] "上下其議于大臣, 大臣不好古, 固執以爲 '原廟不可施古禮, 且此位之設, 已過百四十年, 今若遷變, 則祖宗之靈, 亦必駭異', 議遂不行."(『經筵日記』 선조 2년 2월, 28-30ㄱ)

요, 원묘를 설치할 바가 아니다. 우리나라의 문소전은 설치된 지 오래므로 학문이 고명하여 예로써 죽은 이를 섬기려는 임금이 아니면 혁파할 수 없다. 이문순李文純[퇴계]이 원묘의 폐지는 불가능할 것을 헤아렸기 때문에, 원묘를 그대로 두고 고례를 행하려 하였으니 이 역시 변통을 취하면서도 정도를 얻은 것인데, 대신 중에 정견이 있는 이가 없고 단지 유속에 따라 유자의 의논을 저지하려고만 했을 뿐이다. 주상이 이미 고도古道를 좋아하지 않으시고 대신 역시 식견과 도량이 없으니, 현자가 조정에 있지 못하는 것은 당연하다."75)면서 퇴계의 낙향 책임을 당시 대신과 선조에게 두고 있다.

하지만 율곡은 문소전 논의가 가지는 '예'의 측면보다는 그것이 가지는 '정치적' 의미에 초점을 두고 다음과 같이 말한다.

> 지금 사람들의 일하는 방식은 틀렸다. 무슨 일을 하려면 응당 변혁이 있어야 한다. 지금 140년 설시해온 위패조차도 옮길 수 없는데, 항차 140년을 행해온 법이랴. 궁하면 변하고 변하면 통하는 법인데 지금은 궁해도 변하지 아니하니, 무슨 까닭인지 나는 알 수 없다.76)

그렇다면 율곡의 위정관은 남명과 퇴계의 위정관과는 어떤 차별성이 있을까? 남명의 위치爲治와 퇴계의 거경居敬은 모두 군주의 수신으로부

---

75) "人君之奉先, 當崇重於宗廟, 而原廟非所當設也. 我國文昭殿之設已久, 非聖學高明以禮事亡, 則不能革罷矣. 李文純自度不能廢原廟, 故欲就原廟中行古禮, 是亦處變而得正也, 大臣非有定見, 只欲苟循流俗, 以沮儒者之議而已. 主上旣不好古, 而大臣又無識量, 宜乎賢者之不能立朝也."(『經筵日記』 선조 2년 2월, 28-29ㄴ~30ㄱ)
76) "今之望有爲者, 其計左矣. 如欲有爲, 當有變革. 今者百四十年已設之位, 尙不可遷, 則況百四十年已行之法乎. 窮則變, 變則通, 今者窮而不變, 吾不知之矣."(『經筵日記』 선조 2년 2월, 28-30ㄱ)

터 추은推恩의 과정을 통해 자연스러운 치세의 도래를 기대한 것이었다. 그러나 율곡은 이들의 정치적 사고와 인식의 범위가 군주에 한정될 뿐, 현실 정치의 대상인 민의 삶에 주목하지 않는다는 점을 지적한다. 군주 수신론은 외형상으로 민생의 현실적 요청이 부재한 것으로 나타나지만, 내면의 의미는 군신 간 신뢰에 기초한 소통 부재라는 문제가 지닌 본질을 간과하고 있다고 말할 수 있다.

2. 율곡의 위정론

1) 율곡 위정론의 세 가지 전제

율곡의 위정론은 현실 정치에 내재한 폐를 찾아내는 것으로부터 출발한다. 이미 「간원진시사소」에서 언급했듯이, 율곡은 당시의 폐를 군주와 조정, 그리고 백성의 측면에서 각각 분석한 바 있고, 군주의 측면을 근본적인 것으로, 조정의 측면을 구체적인 것으로, 그리고 백성의 측면을 실질적인 것으로 구별했음을 엿볼 수 있다.

더욱이 남명의 위치론과 퇴계의 치본론에 비하자면, 실질적이고 구체적인 폐에 대한 정치적 반성으로부터 시작한 율곡의 위정관은 율곡과 당대 지식인들을 구분 짓는 지점이기도 하다. 율곡의 위정론은 세 가지 전제를 바탕으로 구성된다.

첫째는 정정政과 치治의 경우, 전자, 즉 정정政은 과정의 의미로, 후자, 즉 치治는 결과의 의미로 사용한다. 정정政이란 과정의 운영이 잘되면 치가 되고, 잘못되면 난亂이 된다는 것이다. 더 중요한 점은 정정政이라는 과정의 운영은 운영의 주체가 잘해나갈 경우에는 선정善政이, 잘못해나갈 경우에는 자정疵政, 또는 폐정弊政이 된다는 사실이다.[77]

만약 군주가 선정을 할 경우 그 결과는 '다스려져서 고르게 되는〔治平〕' 상태에 이르고, 자정 또는 폐정이 될 경우 그 결과는 '어지러워져서 망하게 되는〔亂亡〕' 상태에 이르는 것이다. 결국 율곡에게는, 군주의 선정으로 치평을 이룰 때 비로소 '나라가 되는〔爲國〕' 것이다.

둘째는 양종의 선과를 폐지할 것 등을 다루고 있던 「청혁양종선과계請革兩宗禪科啓」에서 이 문제가 백성들의 감정과 관련되어 있음을 밝힌다. 율곡은 불교의 선과 문제로 인해 "민중의 분노가 물불과 같으므로 강력히 제압할 수 없으며, 또 공론은 곧 원기이므로 최상催喪할 수 없습니다."라고 하면서, "만일 공론을 거역하고 인심을 거슬려서 국가를 위란의 지경에 빠뜨리고 사교만 보호한다면 이것은 필시 문정왕후의 본의가 아닐 것입니다."[78]라고 지적한다.

이로부터 율곡은 "신들의 논의는 옳고 그름을 간쟁하는 데 불과할 뿐"이며 결정은 임금이 잘 살펴서 해야 한다고 명종을 설득하고, "양종 선과는 치평에 있어서는 정사에 결점이 되고, 성명聖明에 있어서는 덕에 누가 되기 때문에"[79] 혁파해야 한다고 강조한다.

여기서 주목할 용어는 '논論'이란 표현이다. 율곡의 장계를 살펴보면, 논論이란 시비是非의 문제를 다루는 것이고, 본말本末의 차원이며 이미

---

77) 한편 상소문 「간원진시사소」에서 율곡은 치治를 결과가 아닌 행위의 의미로도 사용한다. 특히 '엄히 다스릴 것〔重治〕'이란 표현에서 치는 임금의 통치행위를 가리킨다. 이로부터 율곡은 군주의 통치행위란 정政과 치治의 양면을 모두 내포한다고 시사하면서, 정政이란 신료들과 함께 의논하면서 하는 행위, 치治는 임금 홀로 결단을 내리는 행위로 구별 짓는다.
78) "衆怒如水火, 不可力制, 公論是元氣, 不可摧喪, 若拒公論拂人心, 陷國家於危亂之域而只保邪敎, 則必非文定王后本意也."(「請革兩宗禪科啓」 8-4ㄱ)
79) "臣等之論執, 不過爭是非而已."(「請革兩宗禪科啓」 8-4ㄱ); "兩宗禪科, 爲治平疵政, 聖明累德."(8-3ㄴ)

결론지어진 것을 가리킨다. 그런데 논과 상대가 되는 것이 바로 의議라는 글자이다. 율곡의 글을 읽다 보면 의議와 논論이 구별된다. 율곡에게 있어서 의議는 논論과 달리 이해 문제를 다루는 것으로, 그것은 선후의 차원이며 결론이 나기 이전의 과정 중에 있는 것이다. 따라서 논論은 쟁爭을 하는 것인 반면, 의議는 상량商量하는 것이다. 왜냐하면 논論은 가치의 차원이며, 의議는 득실의 차원이기 때문이다.[80]

이러한 맥락에서 볼 때 윤원형 등 권간의 처리는 시비를 '논'해야 하는 문제이지만, 시대에 맞지 않는 폐법과 폐정을 다루는 것은 이해를 계산하여 그 득실을 따져야 하는 문제에 속하며, 이런 이유에서 폐정 개혁에서 필요한 것은 논이 아닌 의인 것이다. 하지만 현실 정치의 문제는 대부분 시비와 이해의 경계가 뚜렷이 구별되기 어렵다. 따라서 시비와 이해를 함께 다루어야 하고, 이로 인해 의를 통한 논이 필요하다. 만약 '의'가 사라져 '정政'의 공간이 변형되거나 없어지고 '논'만 비대해진다면, 그것은 붕당의 갈등과 같은 모순으로 귀결된다.[81]

셋째로 율곡의 위정관을 보여주는 실질적인 내용은 선조 3년 5월에 올린「의진시폐소擬陳時弊疏」이다. 이 상소는 억울한 희생자들의 신원에 초점을 맞추어 을사사화의 문제를 다루던 이전의 접근 방식과 달리 아예 을사 위훈을 삭제해야 한다는 내용을 담고 있다. 율곡은 "먹을 것이 없으면 백성도 없고 백성이 없으면 나라도 없게 되는데, …… 지금 나라는 백성이 없는 것과 거의 같습니다."라고 지적한다.[82] 왜 이런 상황에까지 이

---

80) 예를 들어 조선의 최고 의결 기구는 그 명칭이 '논정부論政府'가 아니라 '의정부議政府'였음을 주목할 필요가 있다.
81) 붕당 문제에 대해서는 이 책의 제3장 제3절에서 다룬다.
82) "無食則無民; 無民則無國, 此必然之理也 …… 殿下之國, 近於無民矣."(「擬陳時弊疏」4-17ㄱ~ㄴ)

르게 된 것일까? 율곡은 그 이유를 소통의 부재에서 찾는다. 소통이란 상호 간 감응感應을 필요로 한다. 이러한 감응의 부재로 임금의 간곡한 구언이 신민들에게 전달되지 않는다는 것이다.

그렇다면 무엇을 해야 하는 것일까? 남명은 서리 때문에 나라가 망한다고 분석하고 임금의 위엄으로 서리들을 다스리는 것이 나라를 구하는 방책임을 주장했다. 율곡 역시 서리 문제를 시무로 인식했기 때문에 남명의 주장에 일정 부분 동의한다. 남명과 율곡은 당시의 정치가 나라를 망하게 할 수 있음을 경고했다.

그런데 율곡의 정치 인식은 이곳에서 남명과 구분된다. 만약 나라가 망하는 것이 원론적으로 임금의 음탕함과 재상과 신하들의 탐욕과 사악이 맞물리면서 일어난다면, 당시의 상황은 총명한 선조가 실덕을 하지도 않았고, 더구나 이전의 권간들이 모두 사라진 상태이기 때문에 '나라가 망해가는 것'으로 규정할 수 없다. 따라서 율곡은 국가의 패망이라는 단서를 '오래된 가옥'이라는 정치 현실에서 찾고, 그것의 극복을 '수리하는 행위'로서의 경장에서 찾는다.

여기에서 주목할 점은 율곡이, 정치는 근본적이고 원칙적인 측면만 고려해서는 결코 이루어질 수 없으며 반드시 '실질적'이고 구체적인 측면을 함께 고려해야 함을 인식했다는 사실이다. 퇴계, 남명, 고봉高峰 기대승奇大升 등 당시의 대표적인 지식인들은 예외 없이 정치의 '근본적인 측면'을 강조하는 경향이 있었다. 그래서 이들은 모두 백성의 안민보다 군주의 수신에 초점을 맞춘다. 결국 비슷한 시기에 비슷한 경험을 한 이들이 율곡과 입장을 달리한 것은 그들이 읽은 책이 달라서가 아니라, 정치에 대한 입장이 달라서인 셈이다.

이로부터 율곡은 "다스림의 도는 근본을 따라 말할〔從本而言〕수도 있고, 일을 따라 말할〔從事而言〕수도 있습니다. 근본을 따라 말한다면, 오직 임금의 마음의 그릇됨을 바로잡는 것에서 시작하여, 마음의 그릇됨을 바로잡음으로써 조정을 바로잡고, 조정을 바로잡음으로써 모든 관리를 바로잡게 되는 것입니다. 만일 일을 따라 말한다면, 구제하지 않을 적에는 그만이지만 만약 구제하여야 한다면 반드시 변혁이 있어야 하는데, 크게 변혁을 시키면 큰 이익이 되고 작게 변혁을 시키면 작은 이익이 되는 것입니다."[83)]라는 정자程子의 위정관을 적극적으로 수용한다.

도대체 율곡 위정관의 구성 요소로서 '종본이언'과 '종사이언'이란 무슨 의미일까? 또한 양자는 율곡의 위정관을 뒷받침하기 위해 어떤 연관성을 가지고 조합되는 것일까? 우선 '종본이언'은 일반적이고 이론적인 측면에서 사용하는 용어이다. 반면 '종사이언'은 실천적이고 구체적인 차원에서 사용하는 용어이다.

율곡의 인식론을 살펴보면, 그는 '도道'와 '술術'을 구분한다. '도'란 시간이 흘러도 변할 수 없는 '삼강三綱', '인정仁政', '오상五常' 등과 같은 것으로, 정치에 있어서 가치價値의 영역이다. 한편 '술'이란 때에 따라서 달라질 수 있는 것으로 도구적 영역에 속한 법이다. 그러므로 '종본이언'은 '도' 또는 '가치'를 말하고, '종사이언'은 '술', 즉 구체적인 정치 행위(수단), 다시 말하면 '가격'의 측면을 말한다. 율곡은 정치의 영역에서 종본이언과 종사이언을 수평적이고 보완적인 관계로 인식한다. 즉 임금과 조정은 종본이언적 측면이며, 이 종본이언적 측면이 해결되지 않고서는 백성의 삶[民生]이라는 종사이언적 측면을 보장할 수 없다는 것이다.

반대로 '종사이언'에서 '종본이언'으로 가는 것은 이론적으로 세련화

---

83) "治道亦有從本而言, 亦有從事而言. 從本而言, 惟從格君心之非, 正心以正朝廷, 正朝廷以正百官. 若從事而言, 不救則已, 若須救之則須變. 大變則大益, 小變則小益."(「擬陳時弊疏」4-18ㄱ)

를 지향하는 인간의 노력이라고 볼 수 있다. 반면 종본이언을 지나치게 추구하다 보면 현실을 등한시하는 결과를 초래할 수 있다. 그 결과 자신과 현실의 불일치로 인해 소외가 발생하게 된다. 그럼에도 불구하고 종본이언이 없으면 방향성을 상실하게 되어 길을 잃을 수 있다. 결국 양자는 새의 두 날개와 같이 조화를 필요로 한다. 율곡은 양자 간의 조화를 어떻게 이룰 것인지에 주목했던 것이다. 조화의 관건은 '소통'이었다.

율곡의 위정론이 갖는 세 가지 전제는 그가 극복하고자 했던 유폐를 개혁하는 논의로 발전된다. 그리고 유폐 개혁론의 방향은 우선적으로 공론이 형성된 마당에서 권도의 발휘를 통한 소통을 모색하고, 이 소통은 종국에는 법의 마련을 준비해야 한다는 것으로 제시된다. 이때의 법은 실정법으로서의 '엄벌성'과 '규율성'을 갖는 법을 의미하지 않는다. 이때의 법은 '본받을 수 있는 좋은 관례 혹은 관습'을 의미한다. 여기서 율곡은 권간이 사라진 후 유폐를 극복하려는 노력에도 불구하고 여전히 유폐가 극복되지 않는 것은 '유폐가 오래된 결과 생긴 잘못된 관례와 관습'이 마치 '따라야 할 관례와 관습'인 것으로 인식되어 결국 폐법화되었기 때문이라고 본다.

이러한 율곡의 법에 대한 태도는 법가적 태도와는 완전하게 차별화되는 부분이다. 그렇다고 하여 율곡이 실정법의 의미를 부인한 것은 결코 아니다. 율곡에게 있어 실정법은 정치적 사고의 결과물로서의 법인 셈이다. 율곡이 을사 위훈 삭제 논의에서 제기하였던 국시의 정립과 기강의 확립, 그리고 보우와 윤원형 탄핵에서 제기하였던 국맥의 회복은 결국 이러한 법의 마련을 통해서 자연스럽게 이루어질 수 있는 것이다. 그리고 이는 유폐 개혁론의 구체적 결과물이 된다. 그렇다면 유폐 개혁론의 방향으로서 공론, 권도, 그리고 소통이란 무엇인가? 율곡이 생각한 공론은 윤원형의 탄핵에 대해 이 문제가 '정치적 이해'의 문제가 아니라 '시비'의 문제임을 지적한 것에서 분명하게 확인할 수 있다. 율곡은 '옳은 것'을 군주에게 간언하는 신료의 행위와, 신료의 '옳은 간언'을 수용하는 군주의 행위로부터 바른 공론이 형성된다고 보았다. 여기서 율곡은 정치의 장에서의 공론 형성을 시비의 문제와 연결시킨다. 율곡에게 공론이란 옳고 그름을 구별하여 공적으로 결론짓는 영역일 뿐 정치적 이해관계의 득실을 따지는 영역이 아닌 것이다.

 이 말은 율곡의 위정관을 그대로 반영한다. 정치의 영역은 시비의 차원과 이해의 차원으로 구분된다. 시비의 문제는 이미 결론에 도달한 사항, 즉 모든 사람이 동의하는 문제이다. 당연히 여기서는 타협과 거래가 필요 없게 된다. 반면 이해의 문제는 시비를 명확하게 내릴 수 없는 영역으로 타협과 조정, 그리고 중재 등이 필요하다. 시비의 문제는 근본적인 가치인 반면, 이해의 문제는 선후가 필요하며 득실을 계산해야 하는 가격인 셈이다. 이로부터 율곡은 국가의 존망을 시비의 차원으로 규정하고, 을사 위훈의 문제는 시비의 영역에 해당한다고 본다.[84]

 그렇기 때문에 율곡은 선조에게,

> 바라건대 전하께서는 깊이 생각하시고 결단을 내리시어 먼저 여러 신하를 다 말하지 못한 죄로 책하시고, 그런 다음에 동의한다는 교지를 쫙 내리시어 을사사화 이래로 무고한 사람들은 모두 관작을 복직해주시고 적몰한 것들은 되돌려주시며, 간사하고 흉악한 무리들

---

[84] 시비 문제를 해결하지 못하고 시비를 이해로 대체하였을 때 발생한 사건들이 바로 율곡 이전에 있었던 사화이다. 그리고 율곡 이후의 붕당은 바로 이 문제를 해결하지 못한 결과로 발생한 똑같은 원인의 또 다른 모습이라고 할 수 있다. 뒤에서 살펴보겠지만 율곡은 당시 붕당 문제를 시비是非와 우열優劣을 분간하지 못한 데서 발생한 것으로 파악한다.

은 모두 관작을 빼앗고, 또 가짜 공훈을 박탈하여 종묘와 사직에 고하시고 온 나라를 혁신시키십시오. 위로는 선왕께서 펴지 못하신 뜻을 계승하시고 아래로는 여러 현명한 이들의 저승에서의 원한을 씻어주시어 온 나라의 신하와 백성으로 하여금 모두가 반역의 오명汚名을 얻지 않게 하시면, 종묘와 사직을 위해서도 매우 다행스럽고 백성들을 위해서도 매우 다행한 일일 것입니다.[85]

라고 권고하면서, 위훈 삭제의 처리야말로 시비의 차원에서 바로 국가의 기강과 명분을 회복할 수 있는 관건임을 강조하였다. 그래서 율곡은 "정치를 함에 있어 명분을 바로잡는 일을 다하지 못한다면 비록 훌륭한 법이 날마다 시행되고 아름다운 명령을 날마다 내린다 하더라도 모두 다스림의 지극함"은 될 수가 없으니, 선조가 "사물의 원리를 추구하여 이치를 밝히시고, 이치를 밝히심으로써 결단을 잘 내리시어, 옳고 그름과 좋아하고 싫어함이 모두 그 올바른 절도를 얻게 하신다면 더없는 다행일 것입니다."라고 시비를 분명히 할 것을 거듭 강조하였다.[86]

그런데 여기서 주목할 점은 율곡이 정명正名을 지치至治의 차원에서 다루고 있다는 점이다. '다스림의 지극함'이란 정치의 최종 단계이며 또한 가치의 영역이다. 율곡은 정명이라는 가치의 영역을 고려하지 않을 경우 법령을 아무리 잘 실시하더라도 지극한 정치는 이루어질 수 없다고 판단

---

85) "伏願殿下, 深思夬斷, 先責羣臣以不能盡言之罪, 然後渙發兪音, 乙巳以來, 無辜之人, 悉復官爵, 還其籍沒, 姦兇之輩, 悉奪官爵, 因削僞勳, 告于宗廟社稷, 與一國更始. 上以繼先王未伸之志; 下以雪羣賢九泉之冤, 毋使一國臣民, 盡汚黨逆之名, 宗社幸甚; 生民幸甚."(「玉堂論乙巳僞勳箚」 4-5ㄴ)
86) "爲政而正名未盡, 則雖使良法日施, 美令日下, 皆非治之至者也. 伏願殿下格物而明理, 明理而善斷, 使是非好惡, 咸得其正, 不勝幸甚."(「四十一箚」 4-17ㄱ)

제1장 유폐 개혁 79

한다.

왜냐하면 법령이란 정치 세계에서 지치라는 최종적인 가치를 실현하기 위한 과정으로 가격의 차원에 속하기 때문이다. 만약 가치의 문제가 중요하다고 가격의 문제를 무시하면 순수한 도덕 원칙만 남게 되는 반면, 가치의 문제를 도외시하고 가격의 문제로만 정치를 바라보게 되면 나침반을 잃고 항해하는 결과가 된다. 정치의 불행은 양자를 혼동하거나 심지어 반대로 이해하는 경우에서 비롯된다.

율곡과 시대를 같이했던 많은 사람은 이해의 문제를 시비의 문제로 바꿔 적용한 경우가 대부분이었다. 그 가운데 한 사람이 바로 남명 조식이다. 반면 퇴계 이황은 이해의 문제를 등한시한 반면, 이들의 선배인 정암 조광조는 시비의 문제를 이해가 아닌 시비의 문제로 잘 이해하였음에도 불구하고 이해의 문제를 등한시했다.[87] 율곡은 이렇게 말한다.

> 때에 따라 중도를 얻는 것을 권權이라 하고, 일을 처리함에 있어 적의함을 얻는 것을 의義라고 한다 합니다. 권으로서 변고에 대응하고 의로서 일을 처리한다면 나라를 다스리기가 무엇이 어렵겠습니까. …… 병립할 수 없는 것은 도道의 시是와 비非요, 구존할 수 없는 것은 일의 이利와 해害입니다. 한갓 이해만 따지고 시비의 소재를 돌아보지 않는다면 일을 처리하는 의에 어긋나고, 한갓 시비만 따지고

---

[87] 율곡의 '위정爲政'은 정政을 행(爲)하는 과정에 그 특징이 있다. 율곡의 거의 모든 글에는 위정이라는 용어가 사용되고 있다. 예를 들면 율곡은 그의 비교적 초기 글인 「동호문답」에서도 위정이라는 말을 사용하였으며, 40세에 선조에게 올린 정치학 교과서라고 할 수 있는 『성학집요』의 제4장의 제목을 바로 '위정爲政'이라 붙였다. 이러한 율곡의 정치관은 그와 같은 시대를 살다간 선배 남명 조식, 퇴계 이황과 비교하면 차이를 보인다. 앞에서 본 바와 같이 남명과 퇴계는 '위정爲政'보다는 '위치爲治' 또는 '치본治本'을 강조했다.

이해의 소재를 강구하지 않는다면 변고에 대응하는 권에 어긋나는 것입니다.[88]

다시 말해서 가격과 가치의 문제를 함께 고려해야 한다는 것이다. 이것은 권도權道를 의미한다.

2) 율곡의 유폐 개혁론

그러면 지치를 위한 권도란 무엇일까? 선조 2년 10월에 선조에게 올린 율곡의 「진미재오책차陳弭災五策箚」는 군주의 권도에 대한 율곡 자신의 인식을 보여준다. 그것은 퇴계와 남명의 상소에 대한 비판인 동시에 선조가 즉위한 지 3년이 되어도 정치를 잘할 성의가 없고, 신하들은 모두 인습에 젖어 도학이 땅에 떨어지고 인심이 이익만 추구하며, 간사한 사람들이 틈만 엿보고, 조정에는 직언이 드물고, 기강이 떨어지고 사치는 도를 넘어 국용國用이 고갈되고 현사賢士는 퇴축되며, 민폐民弊는 깊어가고, 배필을 정해야 할 곳이 반드시 어진 집안인지를 알 수 없는 위기의식의 반영이다.

율곡은 이 상소에서 처음으로 폐정弊政이라는 용어를 사용한다. 우선 율곡은 "국가가 유지되는 까닭은 기강이 있는 덕분이며, 기강이 정숙하게 되는 근거는 법을 지키는 데 달려 있으니, 법이 있되 실행되지 않는다면 기강은 반드시 문란해집니다."라고 논하면서, 기강의 회복이라는 문

---

88) "隨時得中之謂權, 處事合宜之謂義. 權以應變, 義以制事, 則於爲國乎何有 …… 道之不可立者, 是與非也, 事之不可俱者, 利與害也. 徒以利害爲急, 而不顧是非之所在, 則乖於制事之義; 徒以是非爲意, 而不究利害之所在, 則乖於應變之權."(「時弊七條策」 습유5-26ㄱ)

제의식으로부터 폐정 개혁의 당위성을 역설한다. 또한 "정치는 옛날을 스승으로 삼지 아니하고, 시정은 대부분 폐습을 그대로 따르며 …… 훌륭한 계책을 묻고 찾아서 피폐한 정치를 개혁하는 것은 바로 이때인데, 대신들은 어떤 계책을 세워놓았는지 모르겠으며, 성상께서는 어떤 계책을 씀으로써 재난을 중지시키는 방도를 다하려 하십니까."[89]라고 물으면서 "옛것을 지키는 것에만 익숙해져 있는[安常守故]"[90] 선조의 분발을 촉구한다.

그런데 '옛 습성을 지킨다[守故].'라는 용어 사용에 주목할 필요가 있다. 율곡은 선조와 신료의 태도를 '옛 습성을 본받는[師古]' 것으로 규정하지 않았다. 오히려 과거의 규준을 단순히 지키기만 하는 것[守故]으로 규정한다. 율곡에게 역사란 반성을 통해서 교훈을 얻어야 하는 대상이지, 무조건 지키기만 할 대상은 아니었다.[91]

그렇기 때문에 율곡은 선조에게,

> 권權이란 정해진 틀이 있는 것이 아니라, 중도를 얻는 것이 중요하고, 의義도 일정한 규제가 있는 것이 아니라, 적의하게 함이 중요하니, 중도를 얻고 적의하게 한다면 시是와 이利는 그 속에 포함될 것입니다. 진실로 나라에 편리하고 백성에게 유리하다면 모두가 할 수

---

89) "國家之所以維持者, 賴有紀綱, 紀綱之所以整肅者, 在於守法, 有法不行, 則紀綱必紊." (「陳弭災五策箚」 3-35ㄴ) "治不師古, 政多踵弊, …… 延訪訏謨, 以革弊政, 斯其時矣. 未知大臣設何策, 而自上用何計, 以盡弭災之道乎."(「陳弭災五策箚」 3-36ㄴ)
90) "今我殿下臨政願治, 爲日久矣, 安常守故, 不見治化."(「玉堂陳時弊疏」 3-27ㄴ)
91) 이와 관련하여 준법遵法과 순상循常의 차이도 주목할 필요가 있다. 법에 구속될 때 유속이 되고, 법을 무시하면 권간이 된다. 그 해결책을 율곡은 수고守故가 아닌 사고師古, 다시 말하면 '법 본래의 의미를 잘 따르면서[善遵遺意]도, 그 법에 기계적으로 구애되지 않는[不拘於法]' 것에서 찾고 있다.

있는 일이요, 진실로 나라를 불안하게 한다거나 백성을 보전하지 못할 일이라면 모두가 해서는 안 되는 일입니다. 군자가 결단을 내리기 어찌 어려운 일이 있겠습니까. 혹시 어떤 일이 여기에 있어 시비도 명백하지 않고 이해도 분변하기 어려운 것이어서 취사선택하는데 의심이 난다면 역시 그 경중과 완급을 살펴보면 될 뿐입니다. 중하고 급하면 취해야 할 것이요, 경하고 완만하면 놓아두어야 할 것입니다. 만약 수시 조처에 능한 사람이 아니라면 어떻게 이것을 해내겠습니까?[92]

라고 지치를 위한 권도를 밝힌다.

율곡이 주장한 권도의 발휘는 소통을 목적으로 한다. 율곡이 사용한 소통의 개념은 초기에는 군주와 신하 간, 그리고 군주와 백성들 간 '제도적 소통'과 '언어적 소통'의 의미를 가졌다. 특히 권간이 만든 유폐들 중의 하나는 군주와 신하 간, 그리고 군주와 백성들 간의 소통적 관계를 차단하는 것이었다. 이러한 이유로 율곡은 유폐 개혁론의 구체적 방안으로 '언관 제도의 회복과 언로의 보장'을 제기하였다.

그러나 권간 세력이 없어지고 유폐 개혁론이 점차 가시화되는 노력이 있음에도 불구하고 여전히 '구습과 잘못된 관례'의 존재를 파악한 후, 율곡은 법의 개념을 확장하여 이해하는 것에 상응하여 소통의 개념도 바꾸게 된다. 율곡이 확장한 법의 개념과 이와 상응한 정치에서의 소통의 개

---

[92] "權無定規, 得中爲貴, 義無常制, 合宜爲貴. 得中而合宜, 則是與利在其中矣. 苟可以便於國, 利於民, 則皆可爲之事也. 苟不能安其國保其民, 則皆不可爲之事也. 君子豈有難斷之事乎! 其或有事於此, 是非不明, 利害難辨, 而疑於取捨, 則亦在乎審其輕重緩急而已. 重且急則所當取者也, 輕且緩則所當捨者也. 苟非達乎時措之宜者, 烏能與於此乎."(「時弊七條策」 拾遺5-26ㄴ)

념은 '제도적, 언어적 소통'이 아니라 비유하자면 마비된 인간의 몸에서 막힌 곳을 뚫어 원활한 피의 공급이 이루어지게 하는 것과 같은 소통이다.

그렇다면 이러한 방향을 가진 유폐 개혁론의 구체적 방안으로 율곡은 무엇을 제안했을까? 먼저 주목할 수 있는 것은 군주의 수신에 대한 주문이다. 권도의 발휘는 객관적인 성격보다는 주관적 성격을 갖는다. 이는 군주의 수신 상태와 정도에 의해 성공할 수도 있고 실패할 수도 있다. 그리고 율곡은 조선의 정치에서 중심에 서 있고, 현실적으로 가장 강력한 힘을 발휘할 수 있는 자가 또한 군주임을 정확하게 인식한다. 그렇기 때문에 정치에서 군주의 말 한마디와 마음가짐보다 더 현실적인 효과를 발휘하는 것은 없다.

유폐 개혁을 위해 율곡이 군주에게 수신을 권고한 예로는, '치治의 차원'에서 명종에게 원칙적이며 근본적인 조항을 권고한 다음과 같은 대목을 들 수 있다.

> 임금이 어질면 어질지 않을 사람이 없고 임금이 의로워지면 의로워지지 않을 사람이 없을 것입니다. 옛날의 군주도 잘 다스리려고 하지 않은 이가 없었으나 언제나 잘 다스려진 시대는 적었고 어지러운 때가 많았던 것은, 다만 〔임금〕 자신의 덕을 닦는 것이 극진하지 못해서 온 나라에 표준을 세워 백성을 바룬 것이 없었기 때문입니다. 그러므로 마음을 바루는 것〔正心〕을 첫째로 삼은 것인데 그 요목이 세 가지가 있으니, 첫째는 큰 뜻을 세우는 것〔立大志〕이요, 둘째는 학문을 힘쓰는 것〔勉學問〕이요, 셋째는 바른 사람을 가까이 하는 것〔親正人〕입니다.93)

---

93) "君仁莫不仁, 君義莫不義. 古之人君, 莫不欲治, 而治日帝少, 亂日帝多者, 只是修己未

명종에게 주문한 수신은 선조에게 올린 글에서 더 구체적으로 드러나고 있다. 율곡은 막 국상을 마친 선조에게,

> 비록 태평스러운 세상이라 하더라도 습성에 물들어 안일하게 지내면 쇠퇴하고 마는데, 하물며 우리나라는 권세 있는 간신이 흐리고 어지럽게 하여 고질에 빠져온 지가 20년이나 되어 모든 법도가 무너지고 나라의 근본(백성)이 피폐하였으니, 만약 지금 인습만 따르고 고식적으로 세월만 흘려보낸다면 나랏일은 날로 어긋나서 장차 어떻게 할 수가 없게 될 것입니다. …… 구습을 씻어낸 연후에만 백 가지 폐단을 개혁할 수가 있고 온갖 공적을 빛나게 할 수가 있을 것입니다.[94]

라고 진언하면서, 구습을 씻어내기 위해 첫째로 성상의 뜻을 안정시킴으로써 실질적인 효과를 추구할 것을 제안한다. 율곡은 "지금 우리 전하께서는 정치에 임하시어 다스림을 바라온 지 오랜 시일이 지났으나 상례에 안주하고 관습만을 지키며 다스림의 교화가 드러나지 않고 있습니다."라고 지적한다. 여기서 율곡은 "한 나라가 다스려지고 어지러워짐이 한 사람에게 달려 있고, 한 사람이 훌륭하고 그렇지 못함은 한 마음에 달려 있습니다."라며 임금의 마음가짐의 중요성을 역설한다.

군주의 수신을 제일 조건으로 전제한 후, 율곡은 다음 단계로 도학을 숭상함으로써 사람들의 마음을 바로잡을 것을 제안한다. 율곡은 도학을

盡, 無以表正萬邦. 故以正心爲首, 其目有三, 一曰, 立大志; 二曰, 勉學問; 三曰, 親正人."(「諫院陳時事疏」3-10ㄴ)
94) "雖以泰治之世, 狃習安逸, 尙至衰替, 況我國家權奸濁亂, 痼疾沈綿者二十餘年, 百度廢壞, 邦本殄瘁, 今若因循姑息, 玩歲愒月, 則國事日非, 將不可爲矣. …… 洗滌舊習, 然後百弊可革, 庶績可熙矣."(「玉堂陳時弊疏」3-26ㄴ)

말하기에 앞서,

> 천하에 있어서의 올바른 도란 마치 사철에 있어서의 원기와 같은 것이어서, 다스려짐에 따라 존재하게 되는 것도 아니며 어지러워짐에 따라 없어지는 것도 아니나, 그것이 혹은 행하여지고 혹은 행하여지지 않고 하는 것은 실로 사람에게 달려 있는 것입니다.[95]

라고 설명한다. '올바른 도'는 '자연적'인 것, 즉 스스로 존재하고 본래적인 것이지만 도의 실행 여부는 인간의 의지에 달려 있다는 것이다. 그렇기 때문에 "전하께서는 옛 도를 힘써 행하시어 나라 사람들에게 제창하고 권장하시며, 유신을 발탁하여 훌륭한 계책을 묻고 상의하시고, 일대의 정치를 혁신하여 삼왕의 제도를 점차 회복하시고, 학문과 교육에 관한 정치를 닦고 발전시켜야 합니다."라고 요구한다.[96]

군주의 수신에 해당하는 두 시무책은 논리적으로 군주의 추은推恩으로 전개된다. 이로부터 율곡은 기미를 살펴 사림을 보호할 것을 제안한다. 율곡은 다음과 같이 설명한다.

> 대저 마음으로는 옛 도를 흠모하고 몸으로는 유생의 행실을 지키며 입으로는 법도에 맞는 말을 얘기함으로써 공정한 이론을 지탱하는 사람들을 곧 사림士林이라고 말합니다. 사림이 조정에 있으면서 공론이 행해지면 나라가 다스려지고, 사림이 조정에 있지 아니하고 공

---

95) "斯道之在天下, 猶元氣之在四時也. 不隨治而存, 不隨亂而亡, 然而或行或否, 實係於人."(「玉堂陳時弊疏」3-28ㄴ)
96) "殿下力行古道, 爲國人唱, 獎拔儒臣, 咨訪嘉猷, 更張一代之政, 漸復三王之制, 修擧學校之政."(「玉堂陳時弊疏」3-28ㄴ)

론이 헛된 말에 붙여지면 나라가 어지러워집니다.[97]

만약 군주가 '도를 행하는 주체'로 순기능을 한다면, 사림은 '도를 흠모하는 자들'로서 임금이 도를 행하는 데 공론을 가지고 도와주는 역할을 수행한다는 것이다.

사림을 보호해야 한다는 제안은 인재 등용의 의미를 갖는다. 율곡은 이것을 유폐 개혁론의 구체적 안으로 제시하고 있는데, 명종에게 어진 이를 등용하여 조정을 맑게 할 것을 제시한다. '정政의 차원'에서 명종에게 실질적이고 구체적인 방안을 권고한 것이다. 즉 군주가 '어진 사람을 등용하여 조정을 맑게 한다〔用賢以淸朝廷〕.'는 것은 비록 군주 스스로는 수신에 성공했을지라도 조정이 수신에 성공하지 못한 신료들로 충원되어 있다면 "임금은 있어도 신하가 없는" 셈이 되어 정치의 장이 만들어지지 못한다는 것이다.

이로부터 율곡은 임금의 수신 다음으로 인사 문제를 강조하고, 그 요목要目으로 세 가지를 제시한다. 첫째, 간사한 것과 정직한 것을 구분할 것, 둘째, 사기를 진작시킬 것, 셋째, 훌륭한 인재를 구할 것이다.[98]

율곡은 유폐 개혁론의 구체적 실현 방안으로 그 외에 언로의 개방과 확대, 절검을 통한 국가 경제 회복, 기강 쇄신을 통한 조정의 정숙, 의법의 확립 등을 제시하였다. 그리고 이러한 유폐 개혁론의 목적인 '백성을 편안히 하는 것〔安民〕'을 위해, 네 가지 방법을 제시하였다. 첫째는 백성

---

97) "夫心慕古道, 身飭儒行, 口談法言, 以持公論者, 謂之士林. 士林在朝廷, 施之事業則國治; 士林不在朝廷, 付之空言則國亂."(「玉堂陳時弊疏」 3-29ㄱ)
98) "所謂用賢以淸朝廷者, 不先修己, 而欲淸朝廷, 則忠邪信讒, 無以辨別, 修己雖盡, 而朝廷未淸, 則有君無臣, 無以出治. 故以用賢次之, 其目有三, 一曰, 辨邪正; 二曰, 振士氣; 三曰, 求俊乂."(「諫院陳時事疏」 3-12ㄱ)

의 폐막弊瘼을 묻는 것이고, 둘째는 일족에게 너그럽게 하는 것이고, 셋째는 외관을 잘 선발하는 것이며, 넷째는 옥송을 공평하게 처리하는 것이다.[99]

한편 율곡은 자신의 이와 같은 주장을 여전히 유폐에 머물러 있는 '유속'들에게는 기대할 수 없다고 파악했다.[100] 비록 유속들에게 기대할 수 없다 할지라도, 조정에는 유속들만 있는 것이 아니었다. 유폐 개혁이 안 되는 근본적인 원인은 군주인 선조 자신에게 있는 셈이다. 이로부터 율곡은,

> 전하께서는 옛 습관에 안주하여 일을 드러내어 분명히 하기를 좋아

---

[99] 이해 겨울 당시 31세의 율곡은 그의 전년도 인사에 대한 건의가 주목을 받았는지 그의 관직 생활에서 가장 오래(33세 2월까지 1년 넘게) 근무하게 된 이조좌랑으로 자리를 옮긴다. 다음 해인 1567년 6월, 문정왕후 사망 이후 비로소 자신의 목소리를 내며 개혁을 시도했던 명종이 서거한다. 명종은 후사가 없었기 때문에 중종의 일곱째 아들이자 명종의 이복동생인 덕흥군의 셋째 아들이 7월에 임금에 올랐고 이가 곧 조선조 14대 왕인 선조이다. 선조의 등극 상황에 대해서는 남달우(南達祐, 1998: 41~43, 주 144, 146)를 참조하라.

[100] "此言眞今日之急務也. 流俗之輩, 固不足以語此矣."(「擬陳時弊疏」4-18ㄱ) 한편 남달우는 과거 급제, 학연, 당파 등을 기준으로 『경연일기』에 등장하는 인물 가운데 67명을 '유속'으로 분류하였다(남달우, 1993). 하지만 나의 판단으로는 율곡이 말하는 유속이란 대상은 권간의 상대어이다. 율곡의 비판적인 인물평은 크게 네 가지 범주로 나누어진다. 유속流俗과 권간權奸, 그리고 구신具臣과 시배時輩가 그것이다. 율곡이 비판하는 유속과 권간은 법과 관련된다. 권간은 전前 시대의 인물들에 대한 율곡의 비판인데, 이들 권간은 법을 자기 마음대로 제정하고 사용한 '법 농락주의자', 다시 말하면 '자의적 법 사용자들'이다. 이에 비해 유속이란 율곡 시대 인물들에 대한 율곡의 비판으로, 이들은 '법에 구속'되어 있는 '법 종속주의자', 또는 '기능적 법 적용주의자'의 성격을 지닌 인물들이다. 한편 '구신'과 '시배'란 법 자체에 별 관심을 보이지 않는 사람들에 대한 비판이다. 구신이란 대신大臣들 가운데 법에 무관심한 자들을 일컫는 것으로 '수만 채우고 있는 신하'란 뜻이며, '시배'란 그 아래 인물들 가운데 법에 무관심한 사람들을 일컫는다.

하지 않으시기 때문에, [신하들이] 입은 있으되 말하지 않는 것일 따름입니다. …… 법도에 따라 아뢴 말은 너무 지나치다고 책하면서 믿지 아니하고, 공손하게 아뢴 말은 평범한 말이라 여기어 반성하지 아니하며, 큰일이면 중대하고 어렵다는 핑계로 감히 거행하지 아니하고, 작은 일이면 해당 관청에 회부하여 문서의 구색이나 삼게 하여, 마침내는 훌륭한 계책과 올바른 이론이 모두 부질없는 말이 되게 하였습니다.[101]

라고 간언한다. 유폐 개혁을 위한 선행조건으로 군주의 수신 자체가 충족되지 못했다는 것이다. 여기서 율곡은 폐해를 구제할 남아 있는 계책으로는 오직 종래의 관습을 변혁시켜 재물을 증산케 하고 백성을 살려내며 억울하게 희생된 사람들의 원한을 씻어줌으로써 백성들의 마음을 위로하고 기쁘게 해주는 길만이 있을 뿐이라고 결론짓는다.

그렇다면 군주의 수신이 선행되지 못한 상태에서 어떻게 유폐를 개혁할 수 있을까? 율곡은 그 방법으로 첫째, 궁전의 비용을 줄여서 백성들이 힘을 기를 여유를 줄 것을 제안한다. 이것은 당시 인구 감소와 농토의 황폐화로 인해 생산물이 감소했는데도 여전히 세금 징수가 줄어들지 않고 있는 현실을 염두에 둔 것이다. 율곡은 구체적인 실천 사항으로 임금의 의복과 식사부터 시작하여 왕실 내부의 모든 비용을 3분의 1로 줄이고, 백성들로부터 받아내는 세금 역시 3분의 1로 줄일 것을 요구한다.

둘째, 제사의 법도를 간소화할 것을 제안한다. 제사의 법도를 간소화한다는 것은 당시 부족한 세수에도 불구하고 국가 경비의 태반을 제수가

---

[101] "殿下安於舊習, 不喜建明, 故有口不言耳. …… 法言則責以過越而不信, 巽言則視爲尋常而不省, 大事則諉以重難而莫敢擧, 小事則付諸該司而爲文具, 卒致嘉謨讜論, 悉歸騰口."(「擬陳時弊疏」4-18ㄴ)

차지하고 있음을 지적한 것이다.

셋째, 관청을 줄여 쓸데없는 관원을 없앨 것을 제안한다. 그것은 군읍이 너무 많아서 수령은 있으나 백성은 없는 곳도 있기 때문에 여러 고을을 하나로 합하여 관원을 줄임으로써 국가 경비를 절감하자는 취지였다.

넷째, 쓸데없는 경비를 줄여 나라의 경비에 도움이 되게 할 것을 제안한다. 그것은 당시 '이루 다 셀 수 없을 만큼 많은 국가의 쓸데없는 경비' 가운데 내탕의 재물, 와서瓦署(왕실에 기와와 벽돌을 만들어 바치는 관청), 군장軍裝 점검, 속포贖布(백성이 공납의 의무를 이행하지 않거나 도망한 때에 대납하던 베) 등의 폐지를 목적으로 한 것이었다.[102]

다섯째, 외직을 중시하여 백성을 아끼는 수령들을 임명할 것을 제안한

---

[102] 율곡은 해결책을 다음과 같이 제시한다. 첫째, 먼저 임금의 결단을 촉구한다. 이는 왕실과 관청은 둘이 아니라 하나라는 인식의 전환이 임금에게 필요함을 역설한 것이다. 그러한 후에 모든 내탕의 재물을 호조戶曹에 회부할 것을 촉구한다. 다시 말하면 임금의 사적 재산을 공적 재산으로 복속시키자는 주장이다. 둘째, 와서는 없애버리고, 셋째, 모든 관리는 월봉만 지급하고 그들의 점심은 각자 마련하여 해결하도록 함으로써 그들의 판공비로 없어지는 속포와 작지作紙(문서를 꾸미는 데 쓰이는 종이 값으로 돈이나 곡식을 받았는데, 지금으로 치면 주민등록 등본·초본 발급 등에 내는 인지세 정도의 성격이라고 할 수 있다)를 모두 호조에서 수납하여 관리하게 할 것을 주장한다. 이러한 율곡의 주장에서 주목할 점은 바로 있는 것을 활용한다는 점이다. 개혁이 거대하고 엄청난 사업을 꾸미고 이상한 제도를 만드는 것에서 출발한다고 보지 않고 '유용有用한데도 무용無用하게' 방치되고 있는 것들을 살려내는 것에서 율곡은 그 해결책을 구하고 있는 것이다. "國家浮費甚廣, 不可枚擧. 姑言其一二, 則內帑之財, 多歸於供佛, 兩宗雖廢, 而忌辰之設齋, 自若也, 淨業不毀, 而後宮之崇奉, 依舊也. 至若別設瓦署, 欲業孤寡, 而反爲宰樞土功之利, 點視軍裝, 欲整戎器, 而反爲酒肉糜費之資. 其他各司贖布, 摠歸無用之地, 不過資其公辦而已. 臣請斷自聖心, 視宮府爲一體, 悉以內帑, 付之戶曹, 其奴婢之貢, 令有司收納, 忌辰等奉佛之事, 痛洗前習, 一切不行, 撤去淨業院, 使先王後宮, 毋得變形, 以示闢佛之意, 罷別瓦署等無益之費, 百官只給月俸, 使自備點心, 而禁其公辦, 內而各司, 外而監司守令所收贖布作紙, 悉歸之戶曹, 則一歲所得, 不知其幾千匹矣."(「擬陳時弊疏」4-21ㄱ~ㄴ)

다. 그것은 당시 외직에 대한 경시가 너무나 심해 백성이 겪는 고통이 막대하다는 점을 지적한 것이다. 당시 외직에 대한 경시 풍조를 살펴보면, 문관 가운데 약간이라도 이름이 있는 자라면 일체 수령에는 임명되지 않았으며, 오직 중론衆論에 의하여 버림을 받은 사람들만이 외직에 임명되었다. 그러므로 수령에 임명이 되면 더 이상 희망이 없다는 생각을 하여, 선한 자는 세월만 보내고 악한 자는 백성을 착취할 따름이었다.

한편 관찰사에 임명이 된 자들은 도대체 자신이 무슨 잘못을 저질렀나 하고 의심하며 병을 핑계하고 가지 않으려 하는 것이 당시의 관례였다. 이 문제에 대해 율곡은 문관으로 처음 벼슬을 제수받는 사람들은 모두 수령으로 임명하여 그들의 치적治積을 시험하도록 하고, 대관臺官으로 시종하는 자들도 번갈아 외임에 보직하여 그들의 치적을 시험한 후에 다시 내직으로 부를 것 등을 해결책으로 제시하였다.

여섯째, 억울한 누명을 씻어줌으로써 대중의 노여움을 쾌하게 해줄 것을 제안하였다. 그것은 을사사화의 희생자들에게 특명을 내려 그 억울함을 씻어줄 것과 함께 화禍를 꾸민 윤원형 등을 응징할 것을 주장한 것이었다.

제4절 있어야 할 정치와 현재 있는 정치

지금까지 나는 조선조 정치에서 과거 청산과 유폐 개혁의 가시적 노력들이 보이고 있었으나 여전히 과거 정치와 유폐가 남아 있었던 명종 20년부터 선조 2년까지를 살펴보았다. 이 시기는 율곡의 초기 관직 생활과 맞물린 시기로, 율곡의 정치적 사고가 다소 거대 담론grand narrative의 형태를 띠고 있음을 확인할 수 있다. 이는 율곡의 정치적 경험이 시작 단계에 있었다는 점에서 이유를 찾을 수 있다.

율곡은 이 기간 동안 국맥과 국가의 기강을 확립하여야 한다는 정치적 목적에 관심을 기울였다. 그 이유는 문정왕후와 그녀를 중심으로 한 윤원형 등의 권간 세력들이 국맥과 국가의 기강을 약화시키고 국시를 문란케 하였다고 생각했기 때문이었다. 문정왕후의 죽음을 계기로 율곡이 보우와 윤원형의 탄핵과 을사 위훈 삭제 문제를 제기한 것이 그 예들이다.

율곡은 당시 조선이 안고 있던 정치적 문제점을 권간으로 인한 유폐에서 찾았고, 이에 따라 남명과 이황에 비해 매우 현실적인 처방을 내릴 수 있었다. 아울러 권간에 의해 발생한 유폐의 핵심으로 '색공론塞公論'과 '색공도塞公道'를 주목하면서, 이를 해결하기 위한 방안으로 군주와 신하 간의 소통의 중요성을 강조하였다.

그런데 유폐의 원인을 제공했던 권간들이 사라지고 이를 극복하기 위한 노력이 가시화되었음에도 불구하고 유폐가 여전히 조선 전체에 영향력을 미치고 있다는 사실을 깨달으면서 율곡은 법과 만나게 되었다. 이때 법은 실정법으로서 '엄벌성'과 '규율성'을 갖는 것만을 의미하지는 않았다. 오히려 법은 '본받을 수 있는 좋은 관례 혹은 관습'을 의미하였다. 율곡은 여전히 극복되고 있지 않은 유폐가 '따라야 할 관례와 관습'으로 변질되면서 실정법조차도 폐법이 되어간다는 점을 발견하였다.

율곡의 이러한 새로운 깨달음은 그가 관직 생활 중기에 지방관을 역임하면서, 특히 황해도 관찰사 시절의 경험을 통해 더욱 확실해졌다. 이 시기에 율곡의 정치적 사고가 폐법과 민생의 문제로 전환되었다. 초기 관직 생활과 맞물린 첫 번째 정치적 국면에서 율곡의 정치적 사고가 '현실의 문제'보다는 '당위의 문제', '있는 정치'보다는 '있어야 할 정치'에 집중되어 있었다면, 다음 장에서는 이러한 사고가 어떻게 '있는 정치'와 '현실의 문제'로 변화해나가고 있는지를 살펴보는 데 초점을 맞추게 될 것이다.

제2장 민생과 폐법

  율곡의 정치적 사고〔爲政論〕는 이념적이고 근본적인 측면인 '종본이언'과 실질적이고 구체적인 측면인 '종사이언'으로 구분되고, 그것은 다시 정政과 치治, 가치價値와 이해利害를 구별하는 것으로 전개된다. 이로부터 율곡은 현실 정치에서 '종본이언'을 군주의 수신에 연결시켜서 선조를 압박했다. 그 예로서 위훈 삭제와 과거 청산 과정에서 제기한 국시의 정립이라는 요구를 들 수 있다.

  그런데 '종본이언'은 '종사이언'과 순환적 고리로 연결되어 있다. 즉 '종본이언'으로서의 국시 정립은 선조의 수신을 우선적으로 요구함에도 불구하고, 여전히 선조의 수신만을 기대할 수 없는 이유는 선조가 직면한 유폐의 잔존에 기인한다. 따라서 율곡은 '종본이언'을 위한 '종사이언'의 핵심적인 과제를 유폐의 개혁으로 판단하고, 개혁되어야 할 이들 유폐 중 가장 시급한 것으로 잘못된 법, 즉 '폐법弊法'에 주목한다. 왜냐하면 민생의 폐단을 가져온 원인이 폐법에 있다고 율곡은 판단했기 때문이다. 그러나 당시 대부분의 위정자들은 민생 문제를 폐법과 관련시키지 않고, '교화敎化'의 측면에서 접근했다. 그 대표적인 시도가 '향약鄕約'의 설치였다. 이들은 백성의 교화가 달성될 경우 민생의 피폐함은 스스로 해결된다고 보았던 것이다. 하지만 율곡은 향약의 설치를 통한 민생 문제 해결에 반대했다.

이 시기에 율곡은 관직 생활과 정치적 사고 측면에서 큰 변화를 보여 주고 있다. 이 시기는 과거 청산과 정치적 유폐의 극복을 통하여 국시와 국가 기강 등의 회복을 주요한 정치적 이슈로 다루었던 이전 시기와는 다른 정치적 쟁점이 부각되던 때였다. 한편으로 보자면 이러한 정치적 쟁점 부각의 핵심에 율곡이 있었다고 해야 더 정확할 것이다. 당시 선조를 비롯한 대부분의 신료는 율곡이 제기하고 있던 유폐의 문제를 정치적 쟁점으로 생각하지도, 또한 만들려고도 하지 않았다. 하지만 율곡은 그러한 정치적 수동성을 비판하면서 자신이 스스로 정치적 쟁점을 만들어 정치의 휴면 상태에서 깨어나고자 노력하였다.

이 시기에 가장 주목해야 할 사실은 율곡의 지방관 체험이다. 29세에 시작된 율곡의 관직 생활은 초기를 지나, 중반에 접어들면서 중앙 조정에서 홍문관 부제학(정3품)과 사간원 대사간(정3품), 지방관으로 청주 목사(정3품)와 황해도 관찰사(종2품) 등의 직책으로 이어졌다. 젊은 나이였으나, 율곡은 현장 경험의 기회와 함께 이를 국정 운영에 반영해 실천할 수 있는 기회를 동시에 얻었다. 이와 같은 정치 경력을 통해 율곡은 그의 관심을 민생 문제에 집중시켰으며, 민생 문제의 핵심으로 '폐법'의 개혁을 제안하기에 이르렀다.

율곡의 지방관 체험은 그의 정치적 사고를 초기의 관직 생활 때와는 달리 민생이라는 구체적 현장으로 향하게 하였다. 선조 4년(1571)에 36세의 율곡은 이조정랑에 제수되었으나 나가지 않고 처가인 해주에서 고향인 파주로 돌아갔다. 그해 여름 다시 교리에 제수되고, 이어 의정부 검상

사인, 홍문관 부응교 지제교 겸 경연시강관, 춘추관, 편수관 등에 제수되었으나 병으로 모두 사직한다. 이때 율곡은 해주의 고산에 있는 석담구곡石潭九曲에 아주 눌러살 계획을 세웠다고 한다.[1]

그러나 율곡은 돌연 선조 4년 6월 청주 목사에 제수되어 부임한 후, 다음 해인 선조 5년(1572) 3월에 병으로 체직되어 서울로 돌아오게 된다. 그해 여름 부응교에 제수되었으나 병으로 사직하고, 돌아가서 성혼과 더불어 이기理氣, 사단칠정, 인심도심 등을 논하는 학문적 몰입 과정에 들어간다. 한편 그해 7월 선조 초기 정국에서 가장 큰 영향력을 가졌던 전 영의정 이준경이 사망한다. 이준경은 죽기 직전 유소를 남겨 조정의 붕당을 경계했는데, 율곡은 이 상소에 대해 비난의 상소를 올린다.[2]

이후 9월에 사간원 사간에 제수되었으나 부임하지 않았으며, 12월에 홍문관 응교에 제수되었으나 상소하여 사직했다. 선조 6년 7월에 38세의 율곡은 직제학에 제수되었으나 병으로 사직을 요청했고, 이전과 달리 선조는 이를 불허하는 강경한 대응을 보였다. 이 과정에서 율곡은 선조에게 세 차례 상소를 통해 사퇴를 청했고, 결국 선조의 허락을 끌어내는 데 성공한다. 같은 해 9월 다시 직제학을 제수받는데, 율곡은 두 차례나 사양했으나 선조의 허락을 받지 못했다.

한편 이때 향약을 전국적으로 실행할 것인지 여부를 논의하는 상황이 발생했다. 향약의 전국적 시행은 전년도에 선조의 재가를 받은 바 있었다. 그러나 율곡은 이 방침이 적절치 못하다고 건의함으로써 선조로 하여금 철회토록 하는 데 성공한다. 그해 겨울 율곡은 선조에게 차자를 올

---

1) 아마도 전년에 있었던 퇴계의 서거와 관련이 있을 것으로 생각된다. 율곡은 줄곧 퇴계의 자수적自守的 삶과 정암의 겸선兼善의 삶 속에서 줄다리기를 하는 모습을 보인다.
2) 이준경의 유소와 율곡의 반박 상소에 대해서는 이 책 제3장의 제3절에서 다룬다.

려 재앙을 없앨 방도를 제기하고, 동부승지로 승진하여 경연참찬관, 춘추관, 수찬관을 겸임하도록 제수되었으나 사양했다. 선조의 대응은 율곡의 사직을 불허하는 것이었고, 같은 해 11월 출신에 관계없이 어느 누구도 대헌에 들어올 수 있는 길을 만들어놓아야 한다는 율곡의 주장을 선조가 수용함으로써 일정한 정치적 성과를 얻게 되었다.[3]

선조 7년(1574)에 이르러 율곡은 우부승지로 승진하는데, 이때 선조는 당시 재이災異의 발생으로 '흉흉한 인심'을 바로잡고 정치를 바르게 하기 위한 해결 방안을 조정 신하들에게 요청한다. 선조의 '구언求言'에 따라 율곡은 「만언봉사」를 올렸는데, 이는 율곡의 핵심적이고 대표적인 정치적 주장을 담고 있는 상소문이다. 2월에 율곡은 성혼에게 한직을 부여하고 경연관을 겸대시켜 수시로 입시할 수 있도록 조처했는데, 율곡이 성혼을 천거할 수 있었던 이유는 전년도에 미출신자들의 임용을 선조로부터 허락받았기 때문이다.

같은 해 3월에는 대사간에 제수되었는데, 율곡의 사양에도 불구하고 선조는 율곡을 대사간에 임명한다. 이때 선조는 불사에 쓰기 위해 황납 500근을 궐내로 들여보내도록 명을 내리는 과정에서 율곡과 충돌한다. 결국 선조는 율곡의 반대에 '분노'하고, 4월에 이르러 율곡의 병을 핑계로 그를 해면解免하였으나 얼마 안 되어 우부승지에 제수하였다. 그러나 율곡은 부임하지 않고 사면 후 고향으로 돌아갔다가 다시 10월에 황해도 관찰사를 제수받자, '외직外職은 근시近侍의 반열과 다르고 관찰사란 한 지방 백성의 고통을 구할 수 있을 것'이라는 판단 아래 부임하게 된다.

---

[3] 미출신자未出身者란 과거에 급제하지 않은 사람을 지칭한다. 율곡이 인사 문제에서 가장 많이 강조한 것이 미출신자를 천거하여 임용하자는 것이었는데, 이에 대해서는 이 책 제3장 인사 문제에서 다룬다.

이때 율곡은 황해도의 폐단을 개혁해야 한다는 소를 선조에게 올렸다.

 선조 8년(1575) 정월에 명종비이자 심의겸沈義謙의 누나였던 의성왕대비懿聖王大妃가 서거했고 그해 3월 40세의 율곡은 병으로 황해도 관찰사를 체직하고 고향으로 돌아간다. 선조는 율곡의 사양에도 불구하고 홍문관 부제학에 부임할 것을 요구했다. 6월에 율곡은 차자를 올려 선조에게 '군덕君德'을 논하고, 9월에 이르러 선조에게 『성학집요』를 지어 바쳤다. 12월에 병환으로 체직되고 호군護軍에 제수되었다.

제1절 폐법론

 율곡의 「만언봉사」는 다음과 같은 말로 시작된다.

> 정사에 있어서는 때를 아는 것이 소중하고, 일에 있어서는 실질적인 것에 힘쓰는 것이 긴요합니다. 정사를 하면서도 때에 따라 알맞게 할 줄을 모르고, 일을 당하여 실질적인 공효功效에 힘쓰지 아니한다면, 비록 성왕聖王과 현신賢臣이 어울렸다 해도 다스림의 효과〔治效〕는 이루어지지 않을 것입니다.[4]

 여기서 율곡은 '위정爲政'에서의 '시의時宜'와 '당사當事'에서의 '실공實功'을 강조한다. 율곡이 이 상소문에서 강조한 '시의'와 '실공'에는 선조 정치에 대한 그 나름의 평가가 담겨 있다. 율곡은 선조를 매우 머리가

---

[4] "政貴知時, 事要務實. 爲政而不知時宜, 當事而不務實功, 雖聖賢相遇治, 效不成矣."(「萬言封事」5-12ㄴ)

좋고[聰明英毅] 착한 마음씨[好士愛民]를 소유한 군주로 보았다. 하지만 좋은 머리와 착한 마음만으로는 훌륭한 정치를 이룰 수 없다는 것이 '시의'와 '실공'의 배경이라 할 수 있다. 여기서는 율곡이 제기한 폐법의 문제를 우선 실공의 개념과 견주어 살펴보기로 하고, 시의의 문제는 법의 문제와 관련하여 후술하기로 한다.

1. 정치의 실공과 폐법

> 실질적인 공[實功]이란 것은 일을 하는 데에 성의가 있고 헛된 말[空言]을 하지 않는다는 뜻입니다. …… 진실로 실질적인 공이 있다면 어찌 실질적인 효과[實效]가 없을 수 있겠습니까. 오늘날 다스림의 효과[治效]를 얻지 못하고 있는 것은 실질적인 공이 없기 때문입니다.[5]

여기서 율곡이 '실공'의 문제를 정치에 있어서의 '정성스런 말'의 중요성과 관련시키고 있음을 알 수 있다. '정성스런 말'에서 출발하는 '실공'이 있어야 '실효'가 나타날 수 있으며, 그 결과가 바로 '치효'인데, 당시의 문제는 그 출발점인 '실공'이 부재한 것이라고 지적한다. 그래서 율곡은 "첫째로 걱정해야 할 것은 위와 아래 사람들이 서로 믿는 실상이 없는 것"이라고 말한다.[6] 이는 '임금과 신하의 소통'의 문제를 말하는 것이다. 이에 대해서는 제3장과 제4장에서 자세히 살펴보기로 한다.

둘째로 걱정해야 할 것은 "신하들이 일을 책임지려는 실상이 없다는

---

[5] "所謂實功者, 作事有誠, 不務空言之謂也. …… 苟有實功, 豈無實效哉, 今之治效靡臻, 由無實功." (「萬言封事」 5-16ㄱ~ㄴ)
[6] "上下無交孚之實, 一可憂也." (「萬言封事」 5-16ㄴ)

것"이다. 이는 위정자들의 무책임성을 비판한 것이다. 율곡에 의하면, "임금이 홀로 정치를 할 수 없기에 신하들의 벼슬을 마련하고 직책을 나누어놓아 각기 모두 맡은 일"이 있게 마련이다. 그리하여 당연히 "삼공三公은 모든 기무機務를 총괄하고 육경六卿[판서]은 여러 가지 업무를 나누어 다스리며, 시종侍從은 따지고 생각하는 책임이 있고 대간臺諫은 일을 살피고 듣는 임무가 주어져 있으며, 아래와 여러 관아의 작은 벼슬에 이르기까지 모두 제각기 그 책임"이 있으며, "감사監事는 지방에 교화를 펴고, 절도사節度使는 변방을 맡아 감독하고, 수령守令은 감사의 걱정을 나누어 맡고, 진장鎭將은 국경 수비를 감독"7)하게 되어 있는 것은 지극히 자연스럽고 당연한 현상이다.

그러나 당시 조선의 정치 상황은 이와는 반대였다. "삼공은 새로운 정책을 건백하여 시행하지 못한 채 부질없이 공손하고 삼가며 두려워하고 꺼리고만" 있었다. 당연히 "나라를 잘 다스려 백성을 잘 살게 함으로써 세도世道를 만회할 가망은 전혀" 없었다. 좀 더 구체적으로 말하면 "대관大官은 위에서 유유히 지내며 오직 앞뒤 눈치 보기에 힘쓸 따름이고, 소관小官은 밑에서 빈둥빈둥 지내며 오직 기회를 엿보아 이익을 추구하는 것이나 일삼고" 있을 뿐이었다.8)

한편 "기강을 바로잡는 일을 대간에게 전담시키고 있는데, 그들은 한두 명 간사한 조무래기들만 잡아냄으로써 책임이나 면하고, 관리의 전형

---

7) "臣鄰無任事之實者, 何謂也. 設官分職, 各有所司. 三公統攝機宜, 六卿分理庶務, 侍從有論思之責, 臺諫受耳目之寄, 下至庶司小官, 莫不各有其任. 監司宣化于外, 節帥領督于邊, 守令分憂, 鎭將監戍, 亦莫不各有其職."(「萬言封事」 5-18ㄴ~19ㄱ)
8) "今者, 三公固是人望所屬, 而亦不敢建白施設, 徒能恭愼畏忌而已, 殊無經濟邦國, 挽回世道之望. 他又何責焉. 大官悠悠於上, 惟瞻前顧後是務; 小官泛泛於下, 惟相時射利爲事."
(「萬言封事」 5-19ㄱ)

과 선임은 오로지 청탁으로 이루어져 한두 명사名士만을 벼슬자리에 안배하는 것으로 공정하다는 구실"을 삼았다. 그리하여 "여러 관아의 벼슬아치들까지도 자신이 관장해야 할 일이 무엇인지 전혀 알지도 못한 채, 그저 날이 쌓이고 달이 감으로써 승진을 추구하는 것"밖에는 모르고 있었다. 관원 중에 "봉공 멸사奉公滅私하는 사람이 한두 명쯤" 있기는 했지만, 그들의 "형세가 외롭고 약하여 도움이 되지 못하는" 상황이었다.9)

당시의 "감사는 돌아다니며 스스로 즐기면서 대접을 잘하고 못하는 것과 문서를 잘 만들고 못 만드는 것을 가지고 수령의 성적을 매기고" 있었고, "절도사는 엄한 형벌로써 자신의 위세나 드러내고 약탈을 하여 자신의 이익이나 추구하면서 백성을 어루만져 편안케 하고 군사를 조련하는 그 두 가지 일에 다 실책을 범하고" 있었다. 하부 관원인 "수령은 오직 가렴주구하여 자신의 이익이나 취하고 윗사람에게 아부하여 명예나 추구할 뿐, 백성을 아끼고 위하는 데 제대로 마음을 쓰는 사람은 손으로 꼽을 정도"였다. "진장은 우선 군졸 숫자나 따지면서 자기에게 돌아올 면포綿布가 얼마나 될지 계산할 뿐, 나라의 방비를 걱정하는 자는 행여 한 사람"도 없다는 것이 율곡의 판단이었다.10)

이러한 상황에서 오직 "서리배胥吏輩들만이 기회를 틈타 중요한 일의 처리를 장악하고 있으니, 백성들의 고혈은 서리배의 손에 거의 말라버린 형편"이었다. 심지어 군사를 뽑는 일이야말로 가장 중요한 일인데도 뇌

---

9) "紀綱專委之臺諫, 而不過摘抉一二姦細以塞責, 銓選專出於請囑, 而不過安排一二名士以託公. 以至庶司之官, 漫不知所掌何事, 惟知積日累朔以求遷. 大小之官, 豈無一二奉公忘私者哉! 只是形單勢弱, 不能有所裨益."(「萬言封事」 5-19ㄱ)
10) "監司巡遊自娛, 以廚傳豐約, 文書工拙爲殿最, 能明黜陟者, 有幾人乎! 節帥嚴刑以自威, 剝割以自奉, 撫綏精鍊, 兩失其策, 能不辱□外之寄者, 有幾人乎! 守令只知斂民以自利, 行媚以干譽, 能以字牧爲心者, 屈指甚鮮. 鎭將先問軍卒之幾何, 以計綿布之多少而已, 能以防備爲虞者, 絶無幸有."(「萬言封事」 5-19ㄱ~ㄴ)

물이 요로에 횡행하고 가짜 문서가 진짜 기록을 혼란시키고 있는데, 촌민村民들이 소를 내주려고 해도 색리色吏들은 반드시 면포를 요구하여 소를 가지고 베를 바꾸게 되니 소 값이 크게 떨어지게 되었다. 율곡이 보기에 "서리 때문에 망할 것"이라는 남명의 경고는 지나치기는 하나 또한 일리가 있었다. 하지만 더욱 중요한 것은 이렇게까지 된 근본 원인을 찾아내는 일이다. 율곡에 따르면 서리의 문제는 바로 "신하들이 일에 책임을 지지 않는 잘못"에 있다. 당연히 그 해결책도 남명과는 다르게 나타난다. 율곡은 "관원들이 제각기 맡은 바 직책"을 다할 수 있는 것에 해결책을 두었다.[11]

셋째로 걱정해야 할 것은 "경연經筵이 아무것도 성취하는 실상이 없다는 것"이다. "경연을 설치한 것은 다만 글을 강독하여 장구章句의 뜻이나 놓치지 않도록 하려는 것"이 아니었다. 경연을 설치한 본래의 의도는 "의혹을 풀어 도를 밝히고 교훈을 통해 덕을 진취시키고 정사를 논하여 올바른 다스림을 마련하기 위한 것"이었다. 그러나 당시 경연의 실제 모습은 간헐적으로 열리며, 군주와의 접견도 드물고, 경연장의 분위기 또한 지나치게 형식적이며 경직되어 있었다. 그리하여 "말을 자연스럽게 하지도 못하고", 경연장에서 군주 또한 "말을 주고받는 일이 매우 드물어 강문講問도 자세하지 못하고", 더구나 "정사의 요체와 시폐"에 대하여는 관심 자체가 미미한 상황이었다.[12]

---

11) "惟是胥吏之輩, 投閒抵隙, 執其機要, 生民膏血, 殆盡於胥吏之手矣. 至於籍兵, 最是大事, 而賄賂交于路, 僞券亂其眞, 村民欲輸以牛, 色吏必求綿布, 以牛易布, 牛價頓賤, 京, 外皆然, 衆口沸騰, 況於他事乎! 曹植嘗曰: '我國以胥吏而亡', 此言雖過, 亦有理焉, 此由羣臣不任事之過也. 官各稱職, 則安有以胥吏亡國者乎!"(「萬言封事」 5-19ㄴ)
12) "經筵之設, 非爲臨文講讀, 不失章句而已, 將以解惑而明道也, 將以納誨而進德也, 將以論政而制治也. …… 近者, 經筵不頻, 接見固疏, 而禮貌嚴肅, 辭氣舒, 酬答甚罕, 講問不詳, 政要時弊, 未嘗咨詢."(「萬言封事」 5-20ㄱ~ㄴ)

넷째로 걱정해야 할 것은 "현명한 사람을 초치招致하여 거두어 쓰는 실상이 없다는 것"이다. "유사가 천거할 때에 형식적으로 아무개는 쓸만하다고 말할 따름이고, 상세한 행적에 대해서는 진달하는 일"이 없었다. 게다가 군주도 "친히 그 사람을 보시고 그의 현부賢否를 살펴보시는 일이 없이 그저 관례에 따라 벼슬"을 주기 때문에, "결국 헛된 겉치레에 불과한 것"이 되어버렸다고 율곡은 비판한다.[13]

다섯째로 걱정해야 할 것은 "재변災變을 당하여도 하늘의 뜻에 대응하는 실상이 없다는 것"이다. 재변의 문제를 해결하기 위하여 임금이, "정전正殿을 피하고 감선減膳하는 것은 재난을 두려워하는 형식이고 말단이며, 덕을 쌓고 정사를 닦는 것이야말로 재난을 두려워하는 실상이며 근본"임에도 불구하고 일의 근본과 말단을 구분하지 못하고 우선순위가 뒤바뀐 상황을 율곡은 비판한다.[14]

여섯째로 걱정해야 할 것은 여러 가지 "정책에 백성을 구제하는 실상이 없다는 것"이다. "법령이 오래되면 폐단이 생기고 그 피해는 백성에게 돌아가는 것"이다. 따라서 "정책을 마련하여 폐단을 바로잡는 것이 백성을 이롭게 하는 길"이다. 하지만 "착한 마음만 있고 법도가 없으면 그 마음을 펴나가지 못하고, 법도만 있고 착한 마음이 없으면 그 법도를 행하지 못하는 법"이다. 이는 율곡이 비록 선조가 "백성을 사랑하는 마음"은 갖고 있으나 "백성을 사랑하는 정치는 아직도 제대로 펴지 않고 있음"을 비판한 이유가 된다.[15]

---

13) "招賢無收用之實者, …… 第以論薦之際, 泛言某人可用而已, 行迹之詳, 未嘗陳達. 有司 旣失其宜矣, 自上亦不曾親見其人, 察其賢否, 但依例爵之而已. …… 而其歸不過虛文."(「萬言封事」 5-20ㄴ~21ㄴ)
14) "遇災無應天之實者, …… 夫避殿, 減膳者, 畏災之文也, 末也; 進德, 修政者, 畏災之實也, 本也."(「萬言封事」 5-21ㄴ~22ㄱ)

당시 "신하들이 정책을 건의하는 것은 오직 그 말단적인 것만을 바로 잡으려 하고 근본적인 것은 헤아리지 않기 때문에, 듣기에는 아름다운 것 같으나 행해보면 아무 내용"도 없었다. 예컨대 "명목 없는 조세租稅를 없앨 것을 요청해보아도 각 고을의 세금 징수는 여전"하였고, "전호田戶의 부역賦役을 고르게 할 것을 요청해보아도 호족豪族이 부역에서 빠지는 것은 전일과 다름"이 없었다. "선상選上〔지방의 노비를 뽑아 서울 관아로 올림〕을 줄인 것은 공천公賤을 소복蘇復시키기 위한 것인데도 치우치게 고통을 받은 자들은 예나 다름없이 떠돌아다니고, 방납防納〔납공자納貢者의 공물을 대신 바치고 그 대가로 납공자에게 배로 징수하던 일〕을 금한 것은 백성의 재물을 낭비하는 일이 없도록 하기 위한 것인데도 뇌물을 받으며 백성을 갈취하는 자들은 더 심하게 뛰고" 있었다.[16]

"탐욕을 부리는 관원을 탄핵하여 파직시키면 그 후임자가 반드시 앞사람보다 훌륭한 것도 아닌데 공연히 마중하고 전송하는 폐나 끼치게" 되었다. "그 밖에 훌륭한 명이 내려지고 아름다운 법이 반포된 것도 한두 번이 아니지만 주현州縣에 그저 몇 줄의 문서 쪽지만 전달할 뿐, 시골 백성들은 그것이 무슨 일인지조차" 몰랐다. "그렇기 때문에 군자가 조정에 진출하고 신하가 의논을 내더라도 민생과는 전혀 관계가 없고, 단지 어떤 사람은 벼슬이 높아 출세하였으니 부러운 일이라고나 할 뿐, 어떤 사람이 등용된 덕분에 그 혜택이 백성에게까지 미치게 되었다는 말"을 율

---

15) "羣策無救民之實者, 何謂也. 法久弊生, 害歸於民, 設策矯弊, 所以利民也. …… 但徒善非法不推, 徒法非善不行. 殿下愛民之心, 固是如此, 而愛民之政, 猶有未擧."(「萬言封事」 5-22ㄱ~ㄴ)

16) "羣下之獻策者, 只齊其末, 不揣其本, 故聽之若美, 行之無實. 今日進一計, 請除無名之稅, 而列邑之科斂自若; 明日建一議, 請均田戶之役, 而豪右之逭賦猶舊. 減選上, 將以蘇復公賤, 而偏受其苦者, 流離如昔; 禁防納, 將以不費民財, 而誅求其賂者, ᄀ蹬愈甚."(「萬言封事」 5-22ㄴ)

곡은 들어본 적이 없다면서 당시의 현실을 비판한다.[17)

마지막 일곱째로 걱정해야 할 것은 "인심이 선善을 지향하는 실상이 없다는 것"이다. "교화가 밝지 못하여 백성들이 흩어진 지 오래된 결과 선한 성품을 타고났다 하더라도 너무나 심히 흐려지고 가리어져" 있으며, 선조의 집권 초기에 "대신들의 보필이 적절하지 못했고, 천근淺近한 법규로 그르치게" 하여 "민생을 비천한 지경으로" 몰아넣었다고 율곡은 비판하였다.[18) 이러한 상황에서 향약의 실행은 무의미함을 율곡은 지적한다.[19)

2. 폐법과 민생

현장을 중시한 율곡의 견해는 민폐의 구체적 내용과 해결책을 제시하는 것으로, 그리고 이러한 민폐를 해결함에 있어서 중앙의 경상卿相보다도 오히려 지방에 있는 읍재邑宰의 중요성을 강조하는 것으로 집약된다. 율곡은 이를 다음과 같이 강조한다.

선비로 조정에 벼슬하는 사람은 직책이 각각 같지 아니하므로 실행하는 것이 국한되어 있으니 반드시 크게 실행하기를 구하려면 경상

---

17) "劾罷貪吏, 則繼之者未必愈於前人, 徒貽迎送之弊 …… 其他良號之下, 美令之頒, 非一非再, 而州縣只傳數行書札而已, 村民不知其爲某事也. 夫是之故, 君子之進, 議論之正, 與夫民生邈不相關, 但曰某人官高, 榮顯可羨而已, 未嘗聞某人被用其澤及民云爾."(「萬言封事」5-22ㄴ~23ㄱ)
18) "人心無向善之實者, 何謂也. 敎化不明, 民散久矣, 秉彛雖存, 晦蝕殆甚. 聖明臨御之初, …… 大臣輔導失宜, 誤殿下以淺近之規, 納民生於卑汚之域."(「萬言封事」5-23ㄴ)
19) 향약 논쟁에 대해서는 후술하기로 한다.

의 자리에 앉지 않고서는 도저히 할 수가 없다. 그러나 경상은 누구나 될 수 있는 것이 아니니, 오직 읍재만이 친민親民하고 스스로 도를 행하여 은덕을 백성에게 베풀 수 있다.[20]

율곡은 "어진 사람 아무가 재상이 되고 아무가 경卿이 되어도 명성과 치적이 들리지 않아 백성이 덕을 보지 못하고 반드시 어진 사람 아무가 읍재를 한 뒤에야 정치의 실적이 나타나게 되니 한 고을을 잘 다스리는 것이 경상을 하는 것보다 낫다."고 주장한다.[21] 이러한 율곡의 주장은 율곡 자신이 황해도 관찰사로 재직하면서 보고 경험하였던 현장 경험에 기인한다. 율곡이 가본 현장은 읍이나 도가 다를 바가 없었고, 그곳에서 민폐 또한 내용과 정도에서 하등의 차이가 없었다.

율곡은 당시의 상황에서 "고을을 다스리는 데 한결같이 정도로만 한다면 일마다 걸리고 막히게" 될 수밖에 없음을 인식하고 있었다. 그 구체적인 예를 들면 "대개 명목도 없이 거두어들이는 것을 없애면 관청의 저축이 텅 비어버리고 화청貨請[22]하는 길을 끊으면 공헌貢獻〔공물을 상납함〕이 반드시 막히고 족린族隣〔一族切隣〕의 침범을 폐지하면 군졸이 많이 모자라게 되는 것" 등이었다. 여기서 율곡은 유응서柳應瑞에게 "옛적에 명도明道 선생은 고을을 다스릴 때 정도를 굽히지 아니하고 법을 폐지하지 아니하고 시속을 놀라게 하지 않으면서도 정사를 처리함에 있어 거리낌 없

---

20) "士之官乎朝者, 職各不同, 而其行姑局, 必求大行, 則非居卿相, 不能也. 卿相非人人所能爲, 則惟邑宰親民, 可以自行其道, 施澤於民."(「贈柳應瑞治郡說」 14-7ㄱ)
21) "今世之賢者爲少矣. 某賢爲相, 某賢爲卿, 而聲績無聞, 民不見德, 必也某賢作邑, 然後乃見政迹, 則能治一邑, 勝作卿相矣."(「贈柳應瑞治郡說」 14-7ㄴ)
22) 나라에서 공물을 재물로 받아들이던 일을 화청이라고 한다(『國譯 栗谷全書』 III 313 주 54 참조).

이" 하였다고 하면서 유응서가 이를 치읍의 방편으로 삼기를 요구한다.[23]

한편 율곡은 통진通津 현감縣監으로 부임하는 자신의 제자 조헌趙憲에게 '읍을 다스리는 두 가지 방책'을 구체적으로 제시해주었다. 율곡의 방책은 첫째, "이익이 되는 사업을 일으키고 해독을 제거하며 백성을 풍족하게 하고 교화敎化를 설시하는 것"과 둘째, "인습적인 폐단을 알맞게 제거하고 청정무위淸淨無爲로 하는 것"이었다. 율곡은 첫 번째 방안을 실천함에 있어 실행자가 "지나치게 번거롭고 어지러우면 백성의 원망이 일어나며", 두 번째 방안을 실천함에 있어 "알맹이가 없이 소탈한 데 빠지면 이속의 마음이 해이해진다."고 지적하면서, "유위有爲하되 번거롭지 아니하고 무위로 하되 소탈하지 아니한 뒤에야 다스릴 수 있다."고 지적한다.[24]

이어서 율곡은 수령이 백성을 다스리는 요령은 바로 "백성으로 하여금 그들의 실정을 털어놓게 하는 것"에 있다는 점을 조헌에게 강조한다.[25] 한편 율곡은 당시 수령들의 현실적인 문제, 즉 "지금 읍재가 된 사람은 정상적인 녹봉을 받지 못하고 읍중邑中의 말쌀 이상은 모두 나라 물건으로 되어 있어, 비록 백이가 읍재가 되더라도 나라의 물건을 사용私用하지 않고서는 입에 풀칠을 할 수가 없게" 된 상황을 지적한다.[26]

율곡은 민폐를 해결하는 데 읍재가 중요한 역할을 함에도 불구하고 실제 읍재의 현실적인 문제, 즉 생계의 문제가 적절하게 해결되지 않음으

---

23) "第念今之爲邑, 一出於正, 則觸事拘礙. 蓋蠲無名之斂, 則官儲一空, 絶貨請之路, 則貢獻必阻, 止旅鄰之侵, 則軍伍多闕 …… 昔者, 明道先生爲邑, 不枉道, 不廢法, 不駭俗, 而爲之沛然."(「贈柳應瑞治郡說」 14-7ㄴ~8ㄱ)
24) "興利除害, 足民設敎者, 其上也. 量蠲舊弊, 淸淨無爲者, 其次也. 由前之說者, 失於煩擾則民怨作; 由後之說者, 失於疏脫則吏情懈. 有爲而不煩, 無爲而不疏."(「送趙汝式說」 14-3ㄱ)
25) "臨民之要, 不過使輸其情."(「送趙汝式說」 14-3ㄱ)
26) "宰邑者無常俸, 邑中斗米以上, 皆爲國物, 雖伯, 夷爲宰, 不私用國物, 則無以糊口."(「送趙汝式說」 14-3ㄴ)

로써 오히려 부패의 가중과 그로 인한 민폐의 가중이라는 악순환이 형성된다고 보았다. 그러므로 "군자는 국법을 지키느라 곤란을 당하고, 탐욕을 부리는 자는 월권행위를 너무 심하게 하여 나라에서 부과하는 조세 이외에 이렇다 할 명분도 없이 징수해 들여 백성을 감내하지 못하게 한다."고 율곡은 비판한다.[27]

하지만 율곡의 참모습은 비판으로만 끝나지 않는다는 데 있다. 율곡은 자신이 시도하고자 했으나 실천하지 못했던 소중한 경험[28] 하나를 다음과 같이 소개하고 있다.

> 오직 한 가지 다행한 것은 읍에 의창義倉이 있어 봄에는 필요한 백성에게 곡물을 나누어주고 겨울이면 환수하되 항상 10분의 1을 더 받아서 쥐가 먹는다든가 하여 자연 감모되는 데 대비한다. 이 모곡耗穀〔양곡을 저장하는 동안 감모되는 것을 보충하기 위하여 대출했던 곡식을 환수할 때 얼마씩 덧붙여 받는 곡식〕이 바로 읍재의 소용이 되는 것은 벌써부터 통례通例로 되어 있다. 내 생각에는 명분 없는 징수를 모두 철폐하여버리고 한 해의 모곡을 가지고 3등분하여 1분은 아속衙屬에게 공급하고 1분은 사객使客〔봉명 사신〕을 받드는 것과 친구를 접응하는 데 쓰며 항상 1분은 남겨두어 비축으로 삼았으면 한다. 이 방법의 시행 가능성은 아직 확실하지 않으니, 여식汝式〔조헌〕은 고을에 이르거든 시험 삼아 이것을 강구하여보라. 그리하여 만약 행할 수 없는 것이면 돌아와 서로 가르쳐주는 것이 옳을 것이다.[29]

---

27) "此國法之未備者也. 於是, 君子飢難於守法, 而貪夫踰越太甚, 國賦之外, 無名科斂, 使民不堪, 勢使然也."(「送趙汝式說」 14-3ㄴ)
28) 조헌에게 이 글을 써준 것은 선조 8년(1575) 12월인데, 이해 3월에 율곡은 황해도 관찰사를 그만두었다.

해서海西(황해도) 지방의 관찰사로 부임한 율곡은 자신이 "자의로 처리할 수 있는 한도 내에서는 모든 폐해를 다 제거"하였지만, 백성들의 고통은 "백분의 일도 구제하지 못"했다면서, 자신의 권한으로는 할 수 없는 사항으로 선조의 결정이 필요한 두 가지 일을 지적한다. 첫 번째로 "백성들의 병고가 이미 심각해져서 한 가지 약으로는 고치기 어렵게 되었기" 때문에 선조가 "한 도의 폐단을 개략적으로 드러내서 조정에서 잘 처분"하여주는 것이었다. 둘째로 "도내의 백성들의 병고[民瘼]"를 고려해볼 때, "너무 먼 서쪽 변새邊塞로 가서 수자리 사는 것"과 "진상進上하는 것이 너무 번거롭고 무거운 폐단[弊]"30)이 되므로 이를 제거해달라는 것이었다.

율곡이 조정의 처분을 기다리며 선조에게 말한 것은 바로 민막民瘼, 즉 백성들의 병고였다. 그리고 그 민막의 내용은 바로 백성들에게 부과된 고통과 폐단이었다. 이 상소문에서는 성리학적 문구가 어디에도 등장하지 않는다. 여기서 "백성들을 어루만져 편안케 해줄 방법"을 성리학적 이론 속에서 찾지 않고 현장에서 찾고 있는 율곡의 모습을 발견할 수 있다. 백성들이 겪고 있는 민폐의 핵심은 군정軍政과 조세의 문제였다. 이 글에서 율곡이 전한 현장의 목소리는 크게 두 가지였다. 하나는 타지방 수자리 근무에 황해도 백성들이 심한 고통을 겪고 있다는 것이다. 다른 하나는 진상의 폐이다.

여기서 율곡이 지목한 아전의 폐해를 살펴볼 필요가 있다. 율곡은 이

---

29) "惟幸邑有義倉, 春散冬斂, 恒剩十之一, 以備鼠耗. 耗穀乃爲邑宰之用, 已成通例, 愚意欲悉罷無名科斂, 而以一歲耗穀, 三分之, 一分以供衙屬, 一分以奉使客及應親舊之需, 恒留一分, 以爲贏餘. 未知此法可行乎. 汝式到縣, 試以此商度. 如不可行, 還以相諭, 可也."
(「送趙汝式說」14-3ㄴ)
30) "凡臣自擅之事, 庶盡蠲除, 而不救民勞百分之一. 玆以槪陳一道之弊, 仰冀朝廷有所處分, 伏望試垂睿覽焉. 道內民瘼, 大者有二: 一曰, 西塞遠戍之苦; 二曰, 進上煩重之弊也."
(「陳海西民弊疏」5-39ㄴ)

서주구吏胥誅求의 폐단이 시폐의 중심 원인으로 작용하고 있으며, 이것은 다시 유속으로 인한 폐단의 연장선상에 있다고 밝힌다. 율곡은 아전들이 '주구'가 되는 원인이 "권간이 탁란한 뒤로 위아래 사람들이 뇌물만을 일삼아 벼슬도 뇌물이 아니면 오르지 못하고 소송도 뇌물이 아니면 판결이 안 나며 범죄도 뇌물이 아니면 벗어나지 않으니 이래서 모든 관료가 법도에 어긋난 짓만 배우고 본뜨며 아전들까지도 법조문을 가지고 농간을 부려 백성이 온갖 물건을 관에 납부할 때에 좋고 궂고도 분간치 않고, 많고 적고도 계산하지 않으며 오직 뇌물로 등급을 매겨 취하고 버리며, 심지어 관청의 일개 하인이나 종까지도 약간의 일만 맡고 있으면 금방 토색질을 일삼게" 되는 데 있다고 주장한다.[31]

또한 율곡은 "소송 같은 중대한 일도 교활한 아전의 손에 맡겨져 그 뇌물을 보고 잘잘못이 결정되니" 이것이야말로 "정치를 혼란시키고 나라를 망치는 고질병"이라고 분석하면서,[32] 그 뿌리는 권간들에게까지 소급된다고 진단한다. 물론 당시 권간은 이미 사라졌고 공론이 조금은 행해지고 있어서 조정의 구습이 약간 고쳐진 것은 사실이지만, 그럼에도 불구하고 아전들의 간사한 짓이 전보다 더 심해진 상황을 지적한다.[33]

율곡은 "만약 아전 등이 뇌물을 받았거나 토색질을 한 사실이 발각되면, 그 수량이 베 1필만 되어도 모두 전가율全家律[범법자의 온 가족을 다 귀양 보내는 형벌]로 다스려 6진의 빈 땅으로 귀양을 보낸다면 뇌물에 대한

---

31) "自權姦濁亂之後, 上下惟貨賄是事, 官爵非賄不進, 爭訟非賄不決, 罪戾非賄不免, 以致百僚師師非度, 吏胥緣文舞術, 百物納官之際, 精麤不分, 多寡不算, 惟以貨賂等級而取捨之. 以至一皂一隸, 稍有所管, 則輒事漁奪."(「東湖問答」15-24ㄴ)
32) "獄訟重事, 亦委猾吏之手, 視其賄賂而曲直之, 此誠亂政亡國之痼病也."(「東湖問答」15-25ㄱ)
33) "目今權姦已去, 公論稍行, 朝廷之上, 少革舊習, 而吏胥之姦, 比前尤甚."(「東湖問答」15-25ㄱ)

폐습이 일소될 뿐만 아니라, 변방을 튼튼히 하는 데도 도움이 됩니다."라고 주장한다.[34] 하지만 율곡은 한 걸음 더 나아가 아전들의 주구 행위가 권간들의 폐습으로부터 발생했고, 따라서 법에 의한 처벌은 마땅하지만, 구조적인 문제에 기인한다는 사실도 발견한다. 그것은 아전들에 대한 정상적인 급료 지급이 제도화되어 있지 않았기 때문이라는 것이다.

1) 군정의 폐단과 민생

「진해서민폐소」에 의하면 황해도의 군졸들은 국초에는 황해도 연해에만 근무를 하였는데, 언젠가부터 서쪽의 평안도에서 근무하게 되면서 "원통하고 괴로운 형상〔怨苦之狀〕"이 발생하였다.[35] 게다가 이들 군졸들은 근무지에 가는 도중에 구현駒峴과 영변寧邊 두 지역에서 점호를 받게 되는데 그때마다 그곳 장수들에게 착취를 당했으며, 또한 처음 근무지를 정할 때에 간사한 관리들은 근무지의 멀고 가까움을 가지고 뇌물을 요구하였다.[36]

율곡은「진황해도민폐계陳黃海道民弊啓」에서 황해도 군졸들의 궐방闕防〔근무지에서 빠짐〕문제를 제기하였다. 율곡이 살펴본 바에 의하면, "궐방이란 전혀 방소에 이르지 않은 것이 아니라, 입방立防〔근무지에서 복무함〕

---

34) "欲革此弊, 則當嚴勅具僚, 申明贓法, 振起頹綱, 使朝著肅然, 人知警懼, 然後一禁侵漁受賂之習, 發隱摘伏, 以得其情, 許民陳訴, 以察其冤. 若有吏胥使令之徒, 或受賂, 或漁奪事覺, 則布一疋以上, 悉治以全家之律, 以實六鎭空虛之地, 則非徒一洗賄賂之習, 亦將有助邊圉之固矣."(「東湖問答」15-25ㄱ~ㄴ)
35) "國初只留防沿海各鎭, 厥後分運西戌于平安道, 未知昉於何時. …… 怨苦之狀, 反甚於前."(「陳海西民弊疏」5-39ㄴ~40ㄱ)
36) "而初點于駒峴, 再點于寧邊, 每點必有所費, 且於分防之際, 姦吏乘隙, 誅求賄賂, 視其多少, 以定遠近."(「陳海西民弊疏」5-40ㄱ)

이 거의 끝나갈 무렵 며칠을 남겨두고 침해를 입어 식량이 떨어져서 도주한 자들"인데도, 이들을 그 "경중을 구별하지 않고 모두 통틀어 궐방"으로 본다고 성토한다. 그래서 "독촉하여 방소에 보내어 백성들이 그 고통을 견디지 못하였고", "이웃과 일족을 대신시키는 일이 계속되는데, 지금 비록 들여보낸다 해도 필시 전처럼 도주"하게 되어 "입방엔 도움이 안 되고 민간에만 피해가 있을 뿐"이라고 율곡은 지적한다.[37]

율곡은 「성혼에게 보낸 편지」에서 자신이 황해도 관찰사로 재직하던 당시의 경험을 진솔하게 토로한다. 이 편지에서 율곡은 착수는 하였지만 성공하지 못한 일 두 가지를 말한다. 첫째는 '관군館軍의 일'이었다. 여기서 관군은 "해서 지방의 역로驛路가 허물어져서 그 역사에 투입된 군과 민"을 말한다. 그런데 관군으로 역사에 투입되는 "규정이 일정하지 않았다."는 데 문제가 있었다. 그러자 전임 감사였던 윤현이 그 규정을 "상세히 정하여 영구히 세습해나가는 제도를 확정시키게" 되었다. 이렇게 되자 관군으로 정해진 사람들은 "죄가 없는데 역자驛子의 역역에 빠지게 되었다고 원망"을 하게 되었다는 것이 율곡이 분석한 내용이었다.[38]

이 편지에서 착수하였다가 성공하지 못한 두 번째 사례는 '수군과 육군을 바꾸어 정하는 일'이었다. 그 내용을 살펴보면 당시 내륙 지역 출신자들은 당연히 육군으로, 해안 지역 출신자들은 수군으로 복무하기를 원하였다. 율곡은 이 일의 처리에는 "큰 이해가 없을"뿐더러, 또한 "어렵지

---

37) "且所謂闕防者, 非盡不至防所者也. 或立防垂畢, 未滿數日, 而被侵糧盡, 脫身逃走者亦多, 而不分輕重, 皆論以闕防, 今方督送, 民間騷擾, 不勝其苦. 追鄰逮族, 纍纍相繼, 今雖入送, 其勢必如前逃走, 無益於彼, 有害於此."(「陳黃海道民弊啓」 8-7ㄴ)
38) "所謂爲而未成者, 其一館軍之事也. 海西驛路凋殘, 以軍民助役, 名曰館軍, 或輪回, 或永定, 不一其規. 自乙丑年, 尹公鉉爲監司, 詳定永定世襲之制, 初則募民爲之, 厥後民無應募者, 乃勒令永定, 於是被定者號冤, 以爲無罪而陷於, 驛子之役."(「答成浩原」 11-5ㄴ)

않게" "백성들의 사정을 들어줄 수 있을 것"이라는 생각으로 이를 고쳐줄 것을 건의하였다.[39]

'군정軍政을 개혁하여 안팎의 방비를 굳건히' 해야 한다는 것은 당시 민생과 매우 밀접한 관련성을 갖는 부분이다. 먼저 율곡은 군정에서 폐가 발생한 근본 원인을 '법의 문제'에서 찾고 있다. 율곡은 조선의 법제에 있는 많은 결함 중에서, "단지 병사兵使·수사水使·첨사僉使·만호萬戶·권관權管 등의 벼슬만 설치해놓고 먹고살 녹봉은 주지 않아 사졸들에 의존하여 해결하고 있기" 때문에, "변장邊將들이 사졸을 침해하는 폐단"이 발생하는 사실을 지적한다.[40] 이는 앞의 「동호문답」에서 아전의 문제를 '법의 문제'로 귀결시킨 것과 같은 맥락이라 할 수 있다.

벼슬자리만 설치하고 그들이 살아갈 방도를 제도적으로 마련해주지 못한 결과 그 지위를 차지한 장수들은 그들의 생계를 위해 사졸들을 침탈할 수밖에 없었다. 다른 한편 국가도 당초부터 이들의 생계 수단을 마련해주지 못했기 때문에 이러한 폐단을 알면서도 막을 수 없게 되었다. 이렇게 시작된 변장의 자리는 마침내 공공연하게 사고파는 매매의 자리로 변질되었다.

돈을 주고 변장의 자리를 산 장수를 채수債帥라고 하였는데, 당시에는 이미 이들의 액수까지 매겨져 있었다. 채수들은 "사졸들이 유방留防하는 것을 괴롭게 여긴 나머지 면포를 바치고 군역軍役을 면제받으려 하면 반드시 기뻐하며 그것을 허락하고, 진鎭에 유방하는 자들에게는 반드시 감당하기 어려운 일들을 강요"하여 오직 면포만 거두어들일 뿐, 나라를 방

---

39) "其二則水陸軍換定事也. 道內山郡水軍, 則願爲陸軍, 沿海陸軍, 願爲水軍, 珥之巡行也, 亦紛紜呈訴, 此雖無大利害, 而不難之事, 可從民情, 故啓請換定."(「答成浩原」 11-6ㄴ)
40) "我國法制, 多所欠闕. 只設兵使, 水使, 僉使, 萬戶, 權管等官, 而無廩養之具, 使之取辦於士卒. 邊將侵漁之弊, 濫觴於此矣."(「萬言封事」 5-34ㄴ)

비하는 데에는 아무런 도움도 안 되었다고 율곡은 말한다.[41]

그러면 이러한 군정의 폐단에 대한 율곡의 대책은 무엇인가? 먼저 법제상의 미비점을 보완하는 것에서 출발한다. 여기서 그는 "옛 제도를 개혁하여 새로운 규정을 만들 것〔更張舊制, 創立新規〕"을 선조에게 건의한다. 그가 말하는 새로운 규정〔新規〕의 내용은 우선 변장들의 생계 수단을 마련하라는 것이다. 그래서 "모든 병영兵營·수영水營 및 진鎭·보堡가 있는 곳에는 반드시 그 고을 장부에 계상된 것 이외의 곡식을 적절히 헤아려 변장邊將의 양식으로 충분히 주도록" 해야 하며, "그 고을의 곡식으로 부족할 경우에는 이웃 고을의 곡식도 거두어서 반드시 변장이 자신의 생활을 지탱하는 데 부족함이 없도록 해야" 한다는 것이다.[42]

율곡은 이와 같은 대책이 마련된 뒤에야 "법제를 엄하고 분명히 하여 한 자의 베나 한 말의 쌀도 군졸들로부터 거두어들이지 못하게 할 수 있습니다."라고 밝힌다.[43] 여기서 다시 율곡과 남명의 견해를 대비할 필요가 있다. 앞에서 본 바와 같이 남명은 임금의 위엄으로 엄한 법을 적용할 것을 촉구하였지만, 율곡은 법을 엄하게 적용하기 위해 먼저 적용 가능한 법제를 마련할 것을 촉구하였던 것이다.

율곡은 「성혼에게 보낸 편지」에서 자신의 업적을 스스로 정리하고 있다. 이는 당시 조선의 폐단과, 그러한 폐단을 극복하기 위해 율곡이 선택한 절차와 제시한 안들의 내용, 그리고 율곡의 정치적 시각을 보여주고

---

41) "儧帥接武, 公言曰: '某鎭之將, 其直若干; 某堡之官, 其價若干'. 彼輩徒知割剝軍卒, 以發其身而已, 他又何慮哉! 士卒苦於留防, 願納綿布, 以免戌役者, 必悅而從之. 其留鎭者, 則必督以難堪之役, 責以難辦之需, 使煎熬於膏火之中."(「萬言封事」5-34ㄴ)
42) "更張舊制, 創立新規. 凡兵水營及鎭, 堡所在處, 必以其邑簿外之穀, 量宜優給邊將之糧, 其邑之穀不足, 則收旁邑之穀, 必使邊將有以自奉, 所需無闕."(「萬言封事」5-36ㄱ~ㄴ)
43) "而嚴明法制, 尺布斗米, 使不得斂於軍卒."(「萬言封事」5-36ㄴ)

있으며, 결국 그러한 노력들이 좌절되면서 그 과정에서 드러난 정치적 문제를 확인할 수 있다.

여기서 주목할 점은 율곡이 백성들의 삶이라는 사적私的 영역과 국방이라는 공적公的 영역을 서로 분리된 것이 아니라 함께 고려되어야 할 것으로 강조한 점이다. 공적 영역이 중요하다고 사적 영역을 억누를 수 없으며, 마찬가지로 백성이 나라의 근본이라는 원칙에만 매몰되어 공적 영역을 무시한 채 사적 영역만을 강조할 수는 없다는 것이다.

그래서 "이와 같이하면 곧 임시로 어지러이 고치는 폐단〔臨時紛改之弊〕이 없어져서, 백성들의 마음이 그로 인해 안정되어 힘을 저축하고 정병을 양성하는 효과를 보게 될 것이며, 사기도 그로 인해 왕성해져서 숙위宿衛는 허술하지 않고 방비도 소홀하지 않게 되어 공적公的으로나 사적私的으로나 모두 편리하게 될 것"이라고 율곡은 확신하였다.44)

2) 조세의 폐단과 민생

율곡은 특히 조세의 폐단이 군정의 폐단과 맞물려 있다고 보았다. 조세와 군정의 대상인 백성은 국가를 운영하는 차원에서 보았을 때 운용 재원이 될 뿐만 아니라, 역으로 민생의 차원에서 보았을 때 정치와 국가가 있어야 할 이유이기도 하다. 따라서 군정과 조세가 민폐로서 작동하고 있다는 점은 정치와 국가의 존재 이유가 상실됨을 의미한다.

그렇다면 조세와 군정에서 제거해야 할 폐법은 무엇일까? 율곡은 먼저 '일족절린一族切隣'의 문제를 제기한다. 그것은 과중한 세금과 군역을 견

---

44) "夫如是則無臨時紛改之弊, 民志以定, 有蓄力養銳之功, 士氣以壯, 宿衛不虛, 防備不疏, 公私兩便矣."(「陳海西民弊疏」 5-42ㄱ)

지 못하고 도망한 사람들의 친척과 이웃에게 그 책임을 부담시키는 것으로, 말하자면 연대책임제를 가리킨다.45) 율곡은 이 폐단이 "언제부터 시작되었는지 알 수 없는, 참으로 천고에 없던 병통"46)으로, 결국에는 "나라의 근본"인 "백성이 뽑혀 넘어져 나라를 다스릴 수 없게 됩니다〔無以爲國〕."47)라고 하면서 다음과 같이 해결책을 제시하였다.

전국의 군과 읍에 명령을 내려 그 장부와 기록을 조사해서 만약 도망친 가구가 있다면 곧 그 이름을 삭제하고 친척과 이웃에게는 침해가 되지 않게 해야 할 것이니, 이렇게 하면 국가의 손실은 다만 도망간 사람에게만 있게 되고, 이산하지 않은 백성은 편안히 모여 살 수 있을 것입니다.48)

하지만 당시의 병적 기록과 노예 기록에는 도망쳐 없어진 자가 태반을 차지했으므로, 율곡의 이러한 주장은 "눈앞에 닥친 모든 수요에 응할 길이 없게 되는" "실정에 어두운" 방책이라는 비난을 받는다. 율곡이 보기

---

45) "何謂一族切鄰之弊? 今玆一有逃散之民, 則必侵其一族及切鄰. 一族切鄰, 不能支保, 亦至流散, 則又侵其一族之一族, 切鄰之切鄰."(「東湖問答」15-2ㄴ)
46) "一族切鄰之弊, 亡其國者也. 我國作俑, 未知昉於何時. 此誠千古所無之患也, 不可使聞於後世也."(「東湖問答」15-21ㄴ)
47) "若不更張此弊, 則邦本顚躓, 無以爲國矣."(「東湖問答」15-21ㄱ) 원문의 '무이위국無以爲國'이 한국정신문화연구원에서 발간한 국역본에는 위에서와 같이 '나라를 다스릴 수 없게 될 것'이라고 되어 있으며(『國譯 栗谷全書』 IV: 105), 민족문화추진회 번역본에서는 '나라가 이루어질 수 없을 것'이라고 되어 있고(『국역 율곡집』 I: 367), 이병도의 번역문에는 '나라를 이룰 수 없을 것'이라고 되어 있다(李丙燾, 1973: 219). 나는 이를 '나라가 될 수 없을 것'이라고 번역하고 싶다. 율곡에게 나라는 자연적으로 있는 것이 아니라, 되는 것〔爲國〕이란 점이 중요하다.
48) "當下令四方之郡邑, 按其簿籍, 苟有流亡絶戶, 輒削其名, 不侵一族切鄰, 則國家所失, 只在於已逃者, 而未散之民, 則庶幾安輯矣."(「東湖問答」15-21ㄱ)

에 이러한 반대 의견이 바로 대표적인 "유속의 소견"이었다. 율곡이 판단한 일족절린의 제도는 "호구가 없어진 군들은 다만 그 일족을 침탈하여 군포만을 징수하는 것에 불과"하여 "만약 사건이 나서 군인을 동원하게 되어도 일족이 창을 메고 나서지는 못할 것이고, 군포를 가지고 군인을 모집할 수도 없어서", 단지 "허위 군적부만 간직하여 결국 백성들이 실질적인 손해를 보는" 폐단에 불과한 것이었다.[49]

그런데 당시 일족절린의 폐단은 '역사불균役事不均'의 폐단과 맞물려 있었다. 역사불균의 폐단이란 정군正軍(현역 복무의 의무를 가진 자), 보솔保率(정군의 보조원), 나장羅將(문졸門卒), 조예皂隸(문졸과 비슷) 등 모든 군역 대상자에게 복역상의 차별을 두는 데서 발생한 것을 말한다. 이에 대해 율곡은 "대신과 해당 관서가 잘 헤아려 법제를 정하여 긴 것을 끊어서 짧은 것을 보충함으로써 모든 역을 순번대로 번갈아 쉬게 해서 고르고 바르게 할 수 있습니다."라고 제안한다.[50]

다음으로 율곡은 '진상번중進上煩重'의 개혁을 요구한다. 진상번중의 폐단이란 당시의 진상품들이 모두 임금께 바치기에 합당한 것이 아닌데도 바다와 육지에서 생산되는 자질구레한 물건까지 모두 바치게 함으로써 발생하는 폐단을 말한다.

「진해서민폐소」에서 진상의 폐를 지적하면서, 율곡은 황해도의 진상이

---

49) "客曰: '有是哉, 子之迂也! 今日軍額隸籍, 絶戶者居半. 若用子言, 則無以應目前之百需, 奈何?' 主人曰: '嗚呼! 流俗之見, 每每如是, 此國勢之所以終不振起也. 今者, 民生之困, 甚於倒懸. 若不急救, 勢將空國. 空國之後, 目前之需, 辦出何地耶? 此必至之理也. 所貴乎軍額之不減者, 爲其實有是軍, 可以備用也. 今者, 絶戶之軍, 只侵一族, 徵其價布而已. 脫有緩急發軍之擧, 則一族終不足以荷戈, 價布終不足以募人, 安用吝惜虛簿, 以使民受實害哉?'"(「東湖問答」15-21ㄱ~ㄴ)
50) "大臣與該司, 量度裁制, 絶長補短, 務使一切之役, 皆得番休迭息, 均齊方正."(「東湖問答」15-23ㄱ)

다른 여러 도에 비하여 더욱 과중한 점을 선조에게 알렸다. 토지의 넓이로나 물력이 풍부한 것으로 보나 하삼도(충청도, 전라도, 경상도)만 한 데가 없는데, 공진하는 물품은 도리어 황해도만도 못한 이유를 율곡은 알 수가 없다고 말한다. 황해도의 나이 많은 백성들의 말에 의하면, "본디 강원도에 배정하였던 진상을 그 도가 회복될 동안만 임시로 본도에 옮겨 배정하였던 것"이 "오래도록 원상으로 돌아가지 않고 그대로 〔영원히〕 정하는 규칙"이 되었다는 것이다.[51]

율곡은 "지난해 황해도 농사는 7~8월 사이에는 벼가 매우 무성하였으나 서리가 일찍 내려 결실이 잘못되었"는데도 "조정에서는 단지 풍년이 들었다는 소문만 듣고 그 실상은 조사하지 않고 전액의 세를 강제로 정해서, 백성들이 굶주림에 시달리는데 납세의 독촉이 매우 급박하니, 부자는 논밭을 팔고 가난한 자는 유리하므로 그 족속이나 이웃에게 추징하게" 되었다고 한다.[52]

중요한 것은 조정이 사실을 상세하게 조사하지 않고 다만 소문에 의거해 조세를 징수하였다는 점이다. 결론적으로 율곡은 "3두斗의 조세를 영원히 고정"하는 일은 "민정이 모두 즐겨하지 않는 바이며〔民情皆所不樂〕, 매년 답험踏驗하는 폐단 또한 경장하지 않을 수 없기" 때문에 "민간의 유지로 사리를 아는 자들이 모두 원하는 것은 황해도 조세를 2두로 정하는 것"이라고 밝힌다.[53]

---

51) "江原道所定進上, 其道穌復間, 移定此道, 久而不還, 仍爲永定之規."(「陳海西民弊疏」5-24ㄴ)
52) "去年黃海道秋事, 七八月之間, 禾穀甚豐茂, 緣隕霜太早, 不能結實, 水田則稍有豐稔之處, 而間間亦多不實, 若田穀則全無所收. 廟議只聞豐稔之名, 不究其實, 勒定全稅, 民方阻飢. 而督促甚急, 富者賣田, 貧者流離, 侵及族鄰."(「陳黃海道民弊啓」8-7ㄱ~ㄴ)
53) "將永定三斗之稅, …… 民情皆所不樂. 而年年踏驗之弊, 亦不可不更張, 故民間父老解事者, 咸願黃海之稅, 定以二斗云."(「陳黃海道民弊啓」8-7ㄴ)

이러한 상황하에서 과중한 진상의 부담은 백성들로 하여금 진상물을 마련하기 위하여 산과 강으로 사냥을 나가게 하고 생계를 돌볼 수가 없게 만들어서, "밭이 묵어도 김매지 못하고 집이 무너져도 고치지 못하여 몰락해 떠돌며 정착해 살지 못하게" 했던 것이다. 또한 황해도 지역에서 "생산되지 않는 물건 같은 것은 추렴을 모아 다른 지방으로 멀리 사러 가니, 노고와 비용이 열 갑절이나 되고", "아장牙獐〔사향노루〕, 보장甫獐의 진상을 말할 것 같으면, 노루를 몇 백 마리 잡더라도 아장, 보장이 아니면 잡는 일을 그만둘 수도 없어 괴로움이 심합니다."라고 율곡은 말한다.[54]

율곡이 관찰한 바로는 "아장, 보장을 약용으로 진상하는 것이라면 마땅히 의사醫司〔의약 담당〕에 상납해야" 하는데도, 이를 "사옹원司饔院〔음식 담당〕에 바치는" 잘못된 관행이 지속되고 있었다. 더욱 심각한 문제는 황해도에서는 "사슴이 많이 나지 않아서 모두 포화布貨〔화폐로 사용하던 베〕를 가지고 서울로 가서 대부분 귀족들의 집에서 다시 사오게 되어", "그 값이 엄청날 뿐만 아니라 왕왕 한 번 진상했던 물건이 돌고 돌아 다시 바쳐지는" 현상이 반복되고 있었다는 점이다.[55]

율곡은 이것이 바로 "백성들의 피땀을 착취하여 귀족들의 이익을 추구하는 구실을 만들어주는" 민폐가 된다고 지적한다.[56] 진상의 폐는 '날것들에 대한 진상'의 경우에서도 드러나고 있다. 부패하기 쉬운 진상물들을 오랜 기간 동안 온전하게 진상하는 일이 당시로서는 불가능한 일이었

---

54) "田蕪不耘, 屋壞不葺, 顚沛流離, 無以奠居. 若非厥土所産之物, 則頭會箕斂, 遠貿他境, 勞費十倍. 至如牙獐, 甫獐之封也, 獲獐累百, 非牙獐, 甫獐, 則不能罷獵, 其苦尤甚."(「陳海西民弊疏」 5-42ㄴ~43ㄱ)
55) "牙獐, 甫獐, 若爲藥餌而進也, 當納于醫司, 不當納于饔人也. …… 而道內郡邑, 多不産鹿, 皆以布貨, 往貿于京, 多得於貴近之家, 厥價翔貴, 往往以曾進之物, 輪廻復納."(「陳海西民弊疏」 5-43ㄱ)
56) "是則浚民膏澤, 以爲貴近罔利之資而已."(「陳海西民弊疏」 5-43ㄱ)

을 뿐만 아니라, 그렇게 부패한 진상물들을 진상하였을 때 그 실책에 대해 책임 추궁을 하는 것은 정당하지 못한 것이라고 율곡은 지적한다.

그래서 율곡은 "사람들을 책함에 있어 절대로 할 수 없는 일을 가지고 하고 거기에 따라 처벌"을 하는 것은 "성군의 정치"가 될 수 없다는 너무나 당연한 사실을 상기시킨다. 율곡은 "지난날 진상한 것이 무사하였던 것은 사옹원 서리에게 뇌물을 주었기 때문이며 빛과 맛이 변하지 않아서 그런 것이 아니"라고 지적한다.[57]

그런데 진상번중의 폐단은 '공물방납 貢物防納'의 폐단과 직접 맞물려 있었다. 율곡은 왕조 초기의 군주들은 "방납을 금지함이 아주 엄하여 모든 공물은 오직 백성이 직접 관청에 공납하게 하였고, 해당 관청 관리도 모두 임금의 뜻을 받들어 관청에 공납하게 하였습니다. 또한 그들은 임금의 뜻을 받들어 아전들로부터 농간질과 기만을 당하는 폐단이 없었습니다."라고 상기시킨다. 그런데 "세도가 점점 낮아져서 폐습이 날로 불어나 교활한 관노나 앙큼한 아전들이 온갖 물건을 사사로이 준비해두고 관사를 우롱하고 백성을 가로막아, 백성들이 비록 정하고 좋은 물건을 가지고 와도 끝까지 억제하고 받아들이지 않아 기어코 제가 준비해둔 물건을 바친 뒤에 백성들에게 백배의 값을 요구하게 되었습니다."라고 말한다.[58]

그러면 어째서 초기 제도의 순기능은 퇴색하게 되었는가? 율곡은 "국법이 퇴폐하여 그것을 금하지 못했기 때문입니다."라고 분석한다. 이미

---

57) "夫責人以必不能, 而隨之以罪罰, 豈聖王之政乎! 前日之封進無事者, 不過行賂饔吏而已, 非色味不變也."(「陳海西民弊疏」 5-43ㄴ)
58) "祖宗朝防納之禁甚嚴. 凡百貢物, 只使百姓直納于官. 百司之官, 亦奉上意, 不爲胥吏臣瞞, 無刁蹬阻隔之患. 故百姓不困於貢物焉. 世道寖降, 弊習日滋, 姦猾之隷, 桀黠之吏, 私備百物, 愚弄官司, 阻當百姓. 雖持精美之物, 終抑不納, 必納私備之物, 然後索其百倍之價."(「東湖問答」 15-23ㄴ)

제2장 민생과 폐법   119

"백성들이 공물을 준비할 수 없게 된 지가 오래 되었는데도 하루아침에 방납이 폐지되었다는 사실을 듣고 보니 공물을 마련할 길이 없게 되었습니다. 결국 백성들은 또다시 비싼 값을 준비해가지고 전날 방납하던 자들에게 찾아가 개인적으로 구매를 하게 되었습니다. 그러나 그들은 깊이 감춰두었다가 그전 값의 배를 요구하기 때문에 방납의 이름은 없어졌으나 실제로 방납의 폐단은 더 심해졌습니다."59)

다시 한 번 「성혼에게 보낸 편지」를 살펴보면, 율곡은 "낡은 것을 고쳐서 새것으로 바꾸는 일은 다만 시비와 이해를 계산하여 요컨대 백성들에게 편리함이 있게 하는 데 있을 뿐"이라고 전하면서, 율곡 자신이 고친 일이 비록 "조금의 이익이 있지만 탐관오리와 요행을 바라는 백성들은 모두 즐거워하지 아니하기" 때문에 "이것이 얼마 못 가서 도로 그전대로 되돌아가게" 된 것이고 개탄한다.60)

3) 향약의 폐단과 민생

선조 3년(1570)에 전국적인 대기근으로 수많은 백성이 굶어 죽는 사태가 발생하였다. 하지만 이러한 기근은 비단 이때만의 일은 아니었다. 조선조 중기에는 잦은 기상이변으로 거의 해마다 흉년이 계속되었다. 이러한 자연재해야 어쩔 수 없는 일이라 하겠지만 문제는 백성을 구제할 저축이 하나도 없었다는 사실이다. 이에 호조에서는 부득이 "개인이 비축

---

59) "邦憲積廢, 不能禁戢, …… 百姓之不能自備者久矣. 一朝聞防納之廢, 無計辦出. 不免還持高價, 私貿于日防納之徒, 被他深藏固靳, 價倍前日, 防納之名雖廢, 而防納之實, 反甚矣."(「東湖問答」 15-23ㄴ~24ㄱ)
60) "大抵革舊更新, 但計其是非利害, 要在有便於民而已. …… 雖有一分之益, 而貪官汚吏幸民, 則皆所不樂, 此所以不終日而旋復者也."(「答成浩原」 11-5ㄴ)

하고 있는 곡식을 풀어서 구제할 것"을 건의한다.[61]

하지만 당시 참담한 백성들의 삶에 대한 구제책은 그 실질적인 대책이 아닌 형식적인 논의로 바뀌어가고 있었다. 선조 6년 봄에 대사간 허엽許曄 등이 향약을 실시하기를 청했으나 선조는 '오활하다'고 거부하였다. 이에 간원에서는 "향약은 대현大賢[주자]이 참작하고 증감하여 만세에 통행하는 규범으로 만든 것"이라며, "이를 오활하다고 여겨 거행하지 않는다면 무너진 인륜과 어그러진 풍속을 변화시킬 수 없을 것"이라면서 향약의 실시를 강력하게 주장하였다.[62]

허엽 등의 주장으로 제기된 향약 실시에 대하여 영상 권철權轍은 향약을 실시하면 "인심이 맑아지고 세도世道가 회복"될 것이라고 주장하였고, 좌상 박순은 "빨리 선포하여 백성을 교화하고 풍속을 이룩해야" 한다고 주장하였으며, 우상 노수신은 "인륜을 도탑게 하고 풍속을 이룩하는 보람이 있을 것"이라면서 모두들 찬성의 뜻을 표하였다.[63]

이에 선조는, "여씨향약의 글은 백성을 교화하고 풍속을 이룩하는 데에 가장 절실하니, 먼저 이 책을 많이 박아 중외에 널리 나누어주어", "인륜을 도탑게 하고 풍속을 이룩하는 보람을 가져오게 하라."는 전교를 내린다.[64] 이때 직제학에 임명된(선조 6년 8월 26일) 율곡은 선조에게 다음

---

61) "不得已以私儲穀, 勸分接濟."(『선조실록』 선조 3년 4월 24일)
62) "鄕約, 乃大賢斟酌增損, 爲萬世通行之規, 宜於人情, 合於天理, 非高遠駭俗之事乎! 若以此爲迂闊而不擧, 則斁壞之人倫, 悖惡之風俗, 無時而可變矣."(『선조실록』 선조 6년 8월 10일)
63) "人心可淑, 世道可回矣. …… 速爲宣布, 以化民成俗. …… 將有厚倫成俗之效矣."(『선조실록』 선조 6년 8월 17일)
64) "『呂氏鄕約』之書, 最切於化民成俗. 先爲印出此冊, 多其件數, 廣頒中外. 京則童蒙學, 外則鄕校至於村巷學長, 多數頒給, 使人人皆得閱覽, 知其自修之道. 或盡從其儀, 或略倣其儀, 遵而勿廢, 行之有漸, 以致厚倫成俗之效事, 下禮曹."(『선조실록』 선조 6년 8월 22일)

과 같이 향약 실시를 반대하는 의견을 올렸다.

> 향약을 오늘날에 거행하기는 참으로 어렵습니다. 뭇 정사가 수거修擧되지 않고[庶政不擧], 백성이 고달픈데[生民困悴] 교화敎化하는 일부터 미리 거행하면 쉽게 거행되지 못할듯합니다.[65]

율곡은 당시의 상황에서 향약이라는 제도를 시행할 수 없다고 보았다. 그는 "향약은 삼대의 법으로써 전하께서 행하라 명하신" 것 자체는 참으로 "근래에 없던 경사"라 하겠으나 모든 일에는 "본이 있고 말이 있는데", "임금은 마땅히 자신의 마음부터 바르게 함으로써 조정을 바르게 하고, 조정을 바르게 함으로써 백관을 바르게 하고, 백관을 바르게 함으로써 만민을 바르게 해야 합니다."라고 주장하였다. 율곡은 향약이란 것은 바로 "만민을 바르게 하는 법"인데, "조정 백관이 바름에 이르지 못하고서 만민을 바르게 하려는" 시도는 "본을 버리고 말을 취하는 것"이므로 "반드시 성공하지 못할 것"이라고 선조에게 말한다.[66]

물론 향약을 시행하려는 시도 자체는 의미가 있는 것으로 율곡은 평가한다. 그 이유는 선조와 조정 신하들 간의 좋은 정치에 대한 인식의 계기가 되었기 때문이었다. 그래서 율곡은 시작은 하였으니 중지하지는 말고 선조가 "몸소 실천하고 마음속으로 체득하여 그것이 조정에 파급되게 하시면 정령이 모두 바름에서 나올 것"이라고 기대하였다.[67]

---

65) "鄕約, 今日行之實難. 庶政不擧, 生民困悴, (經)〔徑〕擧敎化之事, 恐未易行."(『선조실록』 선조 6년 9월 21일)
66) "鄕約是三代之法, 而殿下命行之, 誠近代所無之慶也. 但凡事有本有末. 人君當正心以正朝廷, 正朝廷以正百官, 正百官以正萬民, 鄕約乃正萬民之法也. 朝廷百官, 未底於正, 而先正萬民, 則捨本而治末, 事必無成."(『經筵日記』 선조 6년 10월, 29-14ㄱ)
67) "躬行心得, 而施及朝廷, 政令皆出於正."(『經筵日記』 선조 6년 10월, 29-14ㄱ)

하지만 향약의 실시는 득보다는 해가 많을 것으로 율곡은 생각하였다. 비록 "신하들이 시급하게 향약을 행하자고 청하므로 상께서 행하도록 명"하셨지만, "향약을 행하는 것"은 너무 이르다는 점을 지적하였다. 그 이유는 "백성 기르는 것을 먼저 하고, 백성 가르치는 일은 뒤에 해야 하기"68) 때문이었다. 이 점을 율곡은 다음과 같이 설명하고 있다.

> 민생의 곤란이 오늘날보다 심한 때가 없었으니, 급히 폐단을 구제하여 먼저 백성들의 고통을 풀어준 뒤에라야 향약을 행할 수 있습니다. 덕으로 교화함은 곧 고량진미膏粱珍味와 같은 것입니다만, 만일 비위脾胃가 극도로 손상되어 죽도 내려가지 않는다면 고량진미가 아무리 좋더라도 먹을 수 있겠습니까.69)

이러한 율곡의 정지 요청에 선조는, 당초에 자신도 어려울 것으로 여겼지만 이미 "행하라고 명하였는데 다시 중지하면 어떻게 되겠느냐."고 걱정을 한다. 율곡은 "양민한 뒤에 향약을 행하자는 것이니, 이는 중지가 아닙니다."라고 설명한다. 이에 선조는 지금 중단하고 뒤에 시행한다고 하면 백성들이 믿지 못하게 될 것이라고 말하자 율곡은 "향약을 정지하고 양민하는 정치를 하지 않으면 백성들이 믿지 않겠지만, 양민하는 정치를 하면 백성들이 반드시 믿을 것"이라고 대답하였다.70) 이에 선조는

---

68) "近日群臣, 急請行鄕約, 故自上命行之, 臣意以爲行鄕約大早也. 養民爲先, 敎民爲後." (『經筵日記』 선조 7년 2월, 29-34ㄴ)
69) "民生憔悴, 莫甚於今日, 汲汲救弊, 先解倒懸, 然後可行鄕約也. 德敎是粱肉. 若脾胃極傷, 糜粥不下, 則粱肉雖好, 其能食乎." (『經筵日記』 선조 7년 2월, 29-34ㄴ~35ㄱ)
70) "旣停鄕約, 而不擧養民之政, 則民必不信. 若擧養民之政, 則民必信之矣." (『經筵日記』 선조 7년 2월, 29-35ㄱ)

향약의 정지를 명하였다.

향약이 정지되자 이를 처음부터 주도했던 허엽은 율곡과 다음과 같이 심한 논쟁을 벌였다.

허엽: 무슨 이유로 상에게 향약을 정지하라고 권하였습니까?
율곡: 의식이 풍족한 뒤에야 예의를 아는 법입니다. 기한飢寒에 허덕이는 백성에게 억지로 권하여 예를 행하게 할 수는 없습니다.
허엽: 세도世道의 승강升降에는 천명이 있는 것이니 어찌하겠습니까.
율곡: 공의 생각에는 민생이 비록 극도로 곤궁하다 하더라도 향약을 시행하면 과연 백성을 교화하고 풍속을 순화시켜 태평 시대가 될 수 있다고 여깁니까?
허엽: 그렇습니다.
율곡: 공은 향약으로 집안을 다스리고 있습니까?
허엽: 상의 명이 없으므로 하지 못하고 있습니다.
율곡: 공이 집안을 다스리는 데 상의 명을 기다릴 필요가 뭐가 있습니까. 예로부터 백성이 도탄에 빠진 상태에서 예속禮俗을 제대로 이룬 경우가 있었습니까. 부자간이 아무리 지친至親이라 해도 만약 기한飢寒을 생각하지 않고 매일 매를 때리면서 글을 배우라고 권하면 반드시 서로 멀어지는 결과가 벌어질 것인데, 하물며 백성들은 어떻겠습니까?
허엽: 지금 세상 사람은 선한 자가 많고 선하지 않은 자는 적기 때문에 향약을 시행할 수가 있습니다.
율곡: [웃으면서] 당신의 마음은 선하기 때문에 사람이 선한 것만 보셨습니다만, 나는 선하지 않은 사람을 본 것이 더 많으니 필시 내 마음이 선하지 않아서 그런 것일 것입니다. 그러나 몸으로 가르치면

따르고 말로써 가르치면 말썽이 생기는 법인데, 지금 향약의 경우 어찌 말썽이 없겠습니까.
허엽: 당신은 고집부리지 말고 대죄해야 합니다. 그런 뒤에 양사兩司로 하여금 다시 논죄하게 해야 할 것입니다.
율곡: 나는 내가 그르다는 것을 스스로 모르므로 감히 대죄하지 못하겠습니다(『經筵日記』 선조 7년 2월, 29-35ㄴ~36ㄴ; 『선조수정실록』 선조 2년 2월 1일).

율곡은 당시의 백성들이 "도탄에 빠져서 그 항심恒心을 잃어 부자가 서로 함께 있지 못하며, 처자 형제가 헤어지는" 상황하에서 향약을 실시하게 되면 "토호들이 향약을 핑계로 백성들에게 괴로움을 끼칠 것이 뻔할" 것이라고 예견하였다. 그래서 "허엽같이 오활하고 허망한 선비는 한갓 옛것을 앙모할 줄만 알고〔徒知慕古〕, 시의를 헤아리지 못하며〔不度時宜〕, 치도의 본말과 완급이 있는 것을 알지 못하고서 이에 향약으로 말속을 만회하여 태평을 이루려고 하니 잘못된 생각"이라고 비판하였다.[71]

향약의 논쟁이 있던 시기에 선조는 영의정 이탁李鐸에게, "근래 위로는 천변이 심상치 않고, 아래로는 민생이 곤고하니, …… 장차 어떻게 하면 하늘의 노여움을 풀고 민생을 소생시키며 나라를 편히 할 수 있겠는가?"라고 자문을 구한다. 이에 이탁은, "주상께서 유념하실 것은 경천, 근민 두 가지 일입니다. 주상께서 하시는 일이 어찌 천의에 합치되지 않는 것이 있겠습니까. 재변이 생기는 것은 실로 신같이 못난 것들이 중요한 자리를 더럽히는 까닭이오니 신을 파면하고, …… 요사이 정사는 그리 어

---

[71] "如曄迂妄之士, 徒知慕古, 不度時宜, 不知治道有本末緩急, 而乃欲以鄕約挽回末俗, 以升大猷, 不亦謬哉."(『經筵日記』 선조 7년 2월, 29-36ㄴ)

지럽지 않고 외방의 뇌물질도 드뭅니다. 또 언론을 구하시는 교서를 내리어 겸손히 자책하심이 지성에서 나온 것이니, 성탕의 여섯 가지 자책도 이보다 더할 수 없습니다. 옛 사람의 말에 '알기 어려운 것이 아니라 행하기 어렵다.'고 했고, '하늘을 공경하는 것은 실로써 하고, 형식으로써 하는 것이 아니다.' 하였으니, 진실로 실로써 하늘에 응대하면 하늘의 꾸지람은 풀리게 될 것입니다."라고 대답하였다.[72]

이탁의 이와 같은 대답에 율곡은 선조에게, "이탁이 말하는 소위 경천, 근민이라는 것은 단지 제목일 뿐이요, 반드시 경천, 근민하는 일을 실행한 뒤에라야 재변을 풀 수 있을 것입니다."라고 말하였다. 율곡은 당시의 선조가 대신에게 묻는 말씀은 간절하신데도, 대신의 대답은 시폐를 구제할 계책이 없음을 한탄하고 있었다.[73]

율곡은 향약을 급히 시행하여야 한다는 동료 신하들의 주장에 반대하였다. 그는 민생이 곤궁할 대로 곤궁해진 상태에서 백성을 가르친들 귀 기울이는 백성이 하나도 없을 것이라고 지적하면서, 먼저 백성들의 고통을 풀어준 뒤에라야 향약을 행할 수 있다는 양민 우선론養民優先論을 주장하였다. 그리고 백성들의 고통을 풀어주는 열쇄는 바로 폐법 개혁에 있음을 주장한 것이다.

---

72) "上 謂李鐸曰: '近來上則天變非常, 下則民生困苦. …… 將何以弭上天之怒, 而蘇民安國乎?' 鐸對曰: '臣意以爲自上所當留念者, 敬天, 勤民玆兩事也. 上之所爲, 寧有不合天意者乎. 變異之興, 實由於如臣無狀, 冒忝重地故也. 斥罷微臣, …… 近日之政, 不甚亂, 外方關節亦稀. 且求言傳敎, 謙損自責, 出於至誠, 成湯六責, 蔑以尙玆. 古人曰: '非知之艱, 行之惟艱.' 又曰 '敬天以實不以文', 苟能以實應天, 則天譴可弭矣.'"(『經筵日記』선조 7년 1월, 29-29ㄴ~30ㄱ)

73) "所謂敬天, 勤民者, 只是題目耳. 必實行敬天勤民之事, 然後可以弭災耳."(『經筵日記』선조 7년 1월, 29-30ㄴ)

제2절 폐법 개혁론

율곡의 폐법 논의는 34세에 지은「동호문답」,[74] 39세에 올린「만언봉사」, 40세에 올린「진해서민폐소」 등에 잘 나타나 있다. 그중에서「동호문답」은 주인(율곡)과 손님(선조) 간 문답 형식으로 이루어진 글로 폐법 개혁을 위한 최초의 논의를 담고 있다.

「동호문답」은 정치적 당면 과제와 그 해결책을 밝히고 있는데, 그 주요 내용은 첫째 임금의 길[君道], 둘째 신하의 길[臣道], 셋째 임금과 신하의 만남의 어려움[君臣相得之難], 넷째 우리나라에서 도학이 행해지지 않음[東方道學不行], 다섯째 우리 조정에서 고도가 회복되지 않음[我朝古道不復], 여섯째 지금의 시세[當今之時勢], 일곱째 무실이 수기의 요령임[務實爲修己之要], 여덟째 간사한 자를 분별함이 어진 사람을 쓰는 요령임[辨姦爲用賢之要], 아홉째 안민의 기술[安民之術], 열째 교화의 기술[敎人之術], 열한째 명분을 바로잡는 것이 치도의 근본임[正名爲治道之本] 등으로 구성되어 있다.「동호문답」에서 민생과 관련된 폐법의 내용은 아홉째 '안민지술'에서 다루어지고 있다.

율곡은 "먼저 폐법부터 개혁하여 민생을 구출"해야 한다고 말하면서, "폐법을 개혁하려면 마땅히 언로를 넓히고, 공경에서 아래로는 노비에 이르기까지 모두 시폐를 말하게 해야 합니다."[75]라고 말한다. 율곡의 폐

---

74) 선조 2년에 홍문관 교리로 있던 율곡이 동호독서당東湖讀書堂에서 월과月課로 선조에게 올린 것이다. 홍문관의 문신들에게 휴가를 주어 공부를 하고 월과로 저술을 바치게 하는 사가독서제賜暇讀書制는 세종 때 시작된 것으로 요즈음 안식년과 비슷한 성격이다. 독서당은 본래 용산龍山의 폐사廢寺에 있었는데 중종 10년에 두모포豆毛浦(지금의 금호동 부근)로 옮겼기 때문에 '동호東湖'라 일컬은 것이다(李丙燾, 1973: 185).

75) "先革弊法, 以救民生. 欲革弊法, 則當廣言路, 以集善策, 上自公卿, 下至輿儓, 皆許各陳

정 개혁은 폐법 개혁에서부터 시작하며, 율곡은 폐법 개혁의 첫 단계로 언로의 개방을 역설한다. 즉 언로의 폐색으로 '공의가 꽉 막힌' 상태를 돌파함으로써 정치와 법의 소통을 의도한 것이다. 더욱이 언로를 개방함으로써 "그 말이 과연 쓸만한 것이라면 그 사람의 신분의 고하로 취사하지 말고 해당 부서로 하여금 전례에 따라 아뢰는 것을 막는 짓을 하지 말도록" 하여 "폐법을 다 개혁해야만" 국가는 국가의 기능을 할 수 있다는 점을 밝히고 있다.[76)]

폐법을 개혁하는 이 지점에서 율곡은 법을 새로운 시각에서 이해하기 시작한다. 실정법으로서의 법의 개념만으로는 정치적 성격을 갖고 있는 민생과 이를 막는 유폐 문제를 해결할 수 없다고 판단하였기 때문이다. 만일 법을 실정법으로서 이해하고 이 법이 폐법이 되어 정치적 성격을 갖고 있는 민생의 문제를 해결하기 위해 정치 영역으로 접근하는 순간, 정치는 '법을 기계적으로 해석한 기술적 정치'로 변모하게 되고 지속적으로 규제와 통제, 그리고 엄벌panal의 법률적 정책만 양산하는 상황으로 치닫기 때문이다. 율곡이 원했던 것은 법률 지상주의적 정치가 아니었다. 이런 식의 정치는 모든 폐단의 원인으로 지목된 유속에게 부활의 기회를 제공할 뿐만 아니라 또다시 유속 중심의 정치가 될 위험성을 안고 있었기 때문이었다. 그렇다면 율곡은 법을 어떻게 인식하고 있는 것일까?

1. 법과 시의

율곡은 우리 역사상 실재했던 법과 정치의 모습을 관찰했다. 그는 먼

時弊."(「東湖問答」15-20ㄱ~ㄴ)
76) "其言果可用也, 則勿以其人爲取捨, 勿使該曹爲循例防啓之計, 惟以弊法之盡革爲期, 然後國可爲也."(「東湖問答」15-20ㄴ)

저 "기자箕子의 팔조목八條目은 문헌에 그 증거가 없으며", "삼국三國시대는 혼란하여 정교政敎가 있었다고 말하기 어려우며", 고려 500년은 온통 "비바람 속에 암울"하였다고 서술한다. 조선에 들어와서야 "태조太祖께서 국운을 여시고, 세종世宗이 그 제도를 계승하여 지키면서 비로소 『경제육전經濟六典』을 썼고, 그 성묘成廟 때에 이르러 『대전大典』을 간행하였으며", 그 뒤로도 "수시로 법을 세워〔立法〕 이를 『속록續錄』이라고 이름" 붙였다는 점을 강조한다.[77]

율곡이 보기에 조선조는 태조의 개국 이후로 '대체로 성군으로서 성군의 뒤를 이었으므로 서로 다른 것이 없었어야' 할 것이지만, '어느 때는 『대전』을 쓰고 나중에는 『속록』으로 추가'한 이유는 바로 옛날 요순이 '시의時宜를 따른 것'과 같은 맥락이었다. 그러므로 그 당시에는 "올바른 생각을 건의하여 새 제도를 만들어도 사람들이 괴이하게 여기지 아니하였고, 법령의 시행에 지체됨이 없어 백성들은 편히 쉬면서 살아갈 수 있었습니다."라고 율곡은 설명한다.[78]

그러던 조선이 연산군燕山君 때에 이르러 쇠퇴의 길로 들어서게 된다. 그 이유를 율곡은 연산군의 법질서 파괴에서 찾는다. 그는 연산군의 법질서 파괴에 대해서 다음과 같이 말한다.

> 연산군은 정치를 어지럽게 하고 씀씀이가 사치스럽고 번거로와 조종祖宗의 공법貢法을 변혁시켜 나날이 아래〔백성〕를 덜어서 위〔임금〕로 보내는 짓을 일삼았습니다.[79]

---

77) "箕子八條, 文獻無徵, 鼎峙擾攘, 政教蔑聞, 前朝五百, 風雨晦冥. 至于我朝, 太祖啓運, 世宗守成, 始用『經濟六典』, 至于成廟, 刊行大典, 厥後隨時立法, 名以『續錄』."(「萬言封事」 5-14ㄴ~15ㄱ)
78) "當其時也, 建白創制, 人不爲怪, 而法行不滯, 民得蘇息."(「萬言封事」 5-15ㄱ)

따라서 중종반정中宗反正 이후에는 당연히 그전대로 환원되었어야 마땅했다. 하지만 불행하게도 중종 초년의 당국자들은 '무식한 공신들뿐'이었고, 그 뒤 조광조를 비롯한 '기묘제현己卯諸賢'이 조금 큰 사업을 해보려고 하였으나 참소로 참화를 입어 혈육이 가루가 되고' 말았다. 그 뒤에는 기묘사화보다도 참혹한 을사사화가 계속되어 마침내 연산군 때에 만들어진 폐법과 폐습들이 개혁되기는 고사하고 오히려 더욱 심화되어 갔다. 율곡은 이 점을 다음과 같이 말한다.

> 이로부터 사림은 두려워하고 조심하며 구차히 살아가는 것만을 다행으로 여기게 되어 감히 나랏일에 대하여는 발언도 하지 못하게 되었습니다. 그러나 오직 권세 있는 간악한 무리들만이 마음 놓고 멋대로 행동하며, 자기네에게 이익이 되는 것이면 옛 법도라고 주장하며 준수하도록 하고, 자기 개인에게 방해가 되는 것이면 새 법도라고 하며 개혁하여 없애버렸으니, 그 결과를 요약하면 다만 백성을 약탈하여 자기만을 살찌게 할 따름이었습니다.[80]

결국 연산군에서 시작된 폐법 정치가 이후 권간들의 폐법 정치로 이어졌으며, 백성들은 수탈의 도구로 이용되었다. 다만 수탈의 담당자가 임금(연산군)에서 권간들로 바뀌었을 뿐, 이들은 모두가 '자의적인 법 집행자들'이었다는 점에서 공통점을 갖고 있었다. 이어서 율곡은 당시의 상황을 다음과 같이 말한다.

---

79) "燕山荒亂, 用度侈繁, 變祖宗貢法, 日以損下益上爲事."(「萬言封事」 5-15ㄱ)
80) "自是士林, 狼顧脅息, 以苟活爲幸, 不敢以國事爲言. 而惟是權姦之輩放心肆意, 利於己者, 以爲舊法而遵守, 妨於私者, 以爲新法而革罷, 要其所歸, 不過剝民自肥而已."(「萬言封事」 5-15ㄱ~ㄴ. 고딕체 강조는 내가 했다)

시험 삼아 오늘날의 정치에 대하여 말씀드릴 것 같으면, 공법貢法은 연산군 때에 백성을 학대하던 법을 그대로 지키고 있고, 관리의 임용은 권세 있는 간신들이 청탁을 앞세우던 습성을 그대로 따르고 있으며, 문예文藝를 중시하고 덕행을 경시하여 덕행이 높은 이는 끝내 굽히어 작은 벼슬에 머물게 되고, 문벌을 중히 여기고 어진 인재를 가벼이 여기어 집안이 빈한한 자들은 그 능력을 펴보지 못하며, 승지가 어전에 들어가 아뢰지 못하기 때문에 〔임금은〕 가까운 신하들〔近臣〕과는 소원해지고 환관宦官들과는 친근하게 되며, 시종侍從이 정의廷議에 참여하지 못하기 때문에 유신儒臣은 경시되고 속론俗論이 중시되고 있습니다. 한 관직에 오래 있지 않고 거듭 승진하여 출세하는 것을 영예로 여기고, 직무를 나누어 맡지 않고 조사曹司〔말단 관리〕에 전담시키는 것을 능사로 삼고 있습니다. 나쁜 습성과 그릇된 규칙은 낱낱이 아뢰기 어려울 정도인데, 이는 기묘사화 때 비롯된 것이 아니면 필시 을사사화 때 이루어진 것들입니다. 그러나 지금의 논자論者들은 이를 조종의 법도로 여기어 감히 개혁하자는 논의를 꺼내지 못하고 있으니, 이들이야말로 때에 알맞게 하는 것을 알지 못하는 자들입니다.[81]

여기서 율곡은 제아무리 훌륭한 성군이라도 영원히 지속될 수 있는 법을 만들 수 없다는 사실을 상기시킨다.

---

[81] "試言今日之政, 則貢案守燕山虐民之法, 銓選遵權姦請託之規, 先文藝後德行, 而行尊者, 終屈於小官, 重門閥薄賢材, 而族寒者, 不展其器能. 承旨不入稟于御內, 近臣疏而, 侍從不參預於廷議, 儒臣輕而俗論重. 不久一官, 以歷揚淸顯爲榮, 不分職事, 以專委曹司爲務. 弊習謬規, 難以縷陳, 而不始于己卯, 必成于乙巳. 而今之議者, 擬以祖宗之法, 不敢開更張之論, 此所謂不知時宜者也."(「萬言封事」5-15ㄴ~16ㄱ)

대체로 비록 성왕聖王이 법을 만들었다 하더라도 만약 현명한 자손이 없어 알맞은 변통을 하지 못한다면 마침내는 반드시 폐단이 생기게 될 것입니다. 그러므로 주공周公은 위대한 성인으로 노魯나라를 다스렸으나 뒷날 쇠퇴해갈 형세를 구제할 수는 없었고, 태공太公은 위대한 현인으로 제齊나라를 다스렸으나 뒷날 왕위를 찬탈하게 될 싹을 막을 수는 없었던 것입니다.[82]

결국 율곡에게 중요한 것은 아무리 훌륭한 선조들을 가진 국가라도 그 선조들이 후손들의 정치까지 대신 해줄 수는 없다는 점이다. 그렇다면 어떻게 해야 할 것인가. 율곡은 다음과 같이 말한다.

만약 제나라와 노나라에 현명한 자손이 나와서 조종이 남긴 뜻을 잘 따르며 법에만 구애받지 않았던들〔善遵遺意, 不拘於法〕, 어찌 쇠란衰亂해지는 환란을 당하게 되었겠습니까.[83]

여기서 율곡은 조상들이 남겨놓은 뜻〔遺意〕을 잘 따를 것〔善遵〕을 요구한다. '유의'란 무엇인가. 율곡에 의하면, 그것은 '우리나라의 조종들께서 입법을 하시던 당초'의 의도, 즉 법을 만들 때 가지고 있던 원래의 의도를 가리킨다. 이러한 '원래의 의도'를 잘 찾아내는 것이 바로 '선준'이라고 볼 수 있다. '준遵'이란 글자는 '수守'와는 다르다. '준'은 가는 경로와 방법 등의 과정이 포함된 의미이다. 반면에 '수'는 기계적으로 지킨다

---

[82] "大抵雖聖王立法, 若無賢孫有以變通, 則終必有弊. 故周公, 大聖也, 治魯而不能振後日寢微之勢; 太公, 大賢也, 治齊而不能遏後日簒弑之萌."(「萬言封事」5-16ㄱ)
[83] "若使齊, 魯賢孫, 善遵遺意, 不拘於法, 則寧有衰亂之禍哉!"(「萬言封事」5-16ㄱ)

는 의미, 다시 말하면 '법에 구속'된다는 의미가 된다.

　이 점을 밝히기 위해 율곡은 정치가 잘되던 시대와 왕에 주목한다. 그리고 그 시대와 왕의 정치가 잘된 이유가 실정법으로서의 법을 정치적으로 준수한 데 있는 것만이 아니라, 그들 또한 잘된 정치를 본받는 것을 하나의 기준으로 삼고 그 본받을만한 정치를 잘 살펴 그들 자신의 정치에 실현한 데 있다는 점에 주목하였다. 율곡은 이러한 정치적 인식과 실천을 법으로 정의하였다.

　이러한 법 인식은 실정법으로서 법이 갖는 경직성을 완화시킬 수 있고, 그럼으로써 정치와 소통할 수 있는 기반을 마련할 수 있다. 이러한 율곡의 생각은 곧 폐법의 개혁이 가능하다는 자신감으로 이어졌으며, 실제로 자신이 제기한 개혁론과 개혁안이 실현 가능한 것이기 때문에 선조가 반드시 어렵지 않게 시행할 수 있고, 일단 시행한다면 곧바로 정치적 실효가 나타날 수 있다고 믿었던 것이다. 율곡의 법에 대한 이러한 생각에는 '시의'라는 정치적 사유가 보인다.

　앞에서 살펴본「동호문답」에서 율곡의 폐법 개혁론은 '일에 임해 계획 세우기〔임사선모臨事善謀〕'와 '때에 맞게 함〔수시적의隨時適宜〕'이란 말로 집약된다. 여기서 '임사선모'는 '현장 중심주의', 그리고 '수시적의'는 '상황 중심주의'라고 말할 수 있다.

　이러한 율곡의 생각은 5년 후에 올린 장문의 상소문「만언봉사」에서 보다 정교화된다. 1만 자가 넘는 장문의 상소문인「만언봉사」는 크게 두 부분으로 나누어진다. 첫 번째 부분에서 율곡은 '시의時宜'와 '실공實功'을 논하고, 두 번째 부분에서는 '수기안민修己安民'을 논한다.「동호문답」에서 말한 '수시적의' 또는 '상황 중심주의'는 '시의'라는 말로, '임사선모' 또는 '현장 중심주의'는 '실공'이라는 말로 다시 바뀌어 표현된다.

　그렇다면 '시의'란 무엇일까? 율곡이 강조하는 시의는 백성들의 삶을 구제하기 위한 법과 관련된다. 그는 이 점을 다음과 같이 밝힌다.

> 이른바 때에 알맞게 한다는 것은 때에 따라 변통을 하고 법을 마련하여 백성을 구제하는 것을 말합니다. …… 대개 법이란 때에 따라 제정하는 것이니, 때가 바뀌면 법도 같지 않게 되는 것입니다.[84]

이어서 그는 '법과 정치'에 대해서 다음과 같이 중요한 말을 한다.

> 대체로 때에 따라 변혁시킬 수 있는 것은 법령과 제도이며, 고금을 통하여 변혁해서는 안 되는 것은 왕도王道이며, 인정仁政이며, 삼강三綱이며, 오상五常입니다. 후세에는 도리와 방법[道術]에 밝지 못하여, 변혁시켜서는 안 될 것은 때에 따라 개혁을 하고, 변혁시켜도 괜찮은 것은 때에 따라 굳게 지켰습니다. 이것이 잘 다스려진 날은 언제나 적고 어지러운 날이 언제나 많았던 까닭입니다.[85]

여기서 내가 주목하는 점은 '도리와 방법'으로 번역된 '도道'와 '술術'이다. '도술'은 '도'와 '술'이라는 차원이 다른 두 가지 측면을 가리키는 것으로서 「동호문답」에서 '변수로서의 법'과 '상수로서의 도'라는 견해와 일맥상통하는 것이다.[86]

---

84) "夫所謂時宜者, 隨時變通, 設法救民之謂也 …… 蓋法因時制, 時變則法不同."(「萬言封事」 5-13ㄴ)
85) "大抵隨時可變者, 法制也. 亘古今而不可變者, 王道也, 仁政也, 三綱也, 五常也. 後世道術不明, 不可變者有時而遷改, 可變者有時而膠守. 此所以治日常少, 亂日常多者也."(「萬言封事」 5-14ㄴ)
86) 김교빈은 이를 가변성可變性과 필연성必然性으로 설명한다(金敎斌, 1987).

율곡은 민생을 안정시킴으로써 백성을 편안케 하는 일을 구체적인 일에서 출발하고 있는데, 그 구체적인 일은 바로 술術과 관련이 된다. 하지만 율곡은 이념적인 것으로서의 도道 역시 부인하지는 않는다. 정치에서는 술과 도 양자 모두가 필요하다. 문제는 도가 술을 대체할 때, 논의가 없어지고 정치는 실종된다는 점이다. 율곡은 다음과 같이 말한다.

> 도덕과 인의는 천하의 지극한 보배이지만 학자들이 그것을 행하지 못하고 세상의 명예나 추구한다면 곧 반대로 법을 어기고 혼란을 일삼는 자들이 스스로를 분식粉飾하는 자료가 됩니다. 이것이 어찌 도덕과 인의의 허물이겠습니까.[87]

그러한 이유로 도道가 술術을 대체하지 않고 보완할 수 있는 방법을 강구하는 일이 율곡이 추구하는 바이다. 여기서 나는 율곡이 정치에 있어서 백성의 문제를 '안민지도(또는 안민지법)'가 아닌 '안민지술'이라고 표현한 사실을 주목하고자 한다.[88] 안민은 원칙이 아닌 방법이며, 그 방법에 입각한 행동이 된다.[89] 결국 애민이라는 원칙[文]의 구체적 행동은 안민이라는 실질[實]에 있음을 보여준다. 하지만 당시의 위정자들은

---

87) "道德仁義, 天下之至寶, 而學者不能爲己求名於世, 則反爲姦宄粉飾之資. 此豈道德仁義之過哉."(「論朋黨疏」 4-42ㄴ)
88) 이에 대해서는 본 장의 제3절에서 좀 더 살펴보기로 한다.
89) 율곡은 왕안석을 "재리를 인의로 알고 법률을 시서로[財利爲仁義, 以法律爲詩書]" 잘못 생각한 사람이라고 비판한다(「東湖問答」 15-4ㄱ). 즉 왕안석의 법을 진리[詩와 書], 즉 교과서적으로 적용할 때의 문제를 지적하고 있다. 여기서 율곡의 정치에 대한 중요한 관점을 발견할 수 있다. 율곡은 '정치란 무엇인가?' 보다는 '정치란 어떻게 하는가?', '법이란 무엇인가?' 보다는 '법을 어떻게 활용하는가?'라는 사고의 전환을 일깨워준다.

율곡과 달리 안민이라는 실보다는 애민이라는 이론〔文〕에 경도되어 있었다. 안민이라는 실이 없이 등장한 민생 대책이 바로 선조 5년에 제기된 향약의 시행이었다.[90]

2. 율곡의 개혁안

이와 같이 당시의 오랜 고질적 폐해에 대해 율곡은 구체적인 대책을 '진구지책振救之策'이라는 용어로 제시하였고, 또한 이를 '수기안민지요修己安民之要'라고 간결하게 표현했다. 율곡의 표현은 간결했지만 그 의미는 대단히 중요하다. 왜냐하면 율곡은 '수기'의 목적을 바로 '안민'에 두었기 때문이다.

율곡이 제기한 '수기지요'는 군주인 선조가 수행해야 할 요체이다. 첫 번째로 율곡은 선조가 "뜻을 분발하여 〔나라를〕 삼대의 흥성했던 시대로 되돌려놓기를 기약하는 것"에서 수기지요를 찾아야 한다고 주장했다.[91] 율곡이 바라본 선조는 자질이 매우 훌륭한 군주임에 틀림없었다. 율곡은 선조가 "인자하심은 백성을 보호하기에 족하고, 총명하심은 간사함을 분별하기에 족하고, 용무勇武는 결단을 내리시기에 족한" 존재라고 평가한다.[92] 즉 좋은 군주로서의 자질은 이미 갖추고 있었던 것이다.

그러나 '좋은 마음'과 '좋은 자질'을 가졌다는 것만으로 반드시 '좋은 정치'를 실현할 수 있는 것은 아니라고 율곡은 판단했다. 특히 선조 임금의 경우에는 "성왕聖王이 되어보겠다는 뜻이 서 있지 아니하고 치평을 추

---

90) 율곡의 향약과 관련된 기존 연구로는 김무진(金武鎭, 1983)과 오환일(2001)을 참조하라.
91) "一曰, 奮聖志期回三代之盛."(「萬言封事」 5-24ㄴ)
92) "殿下資質甚美, 仁足以保民, 明足以辨姦, 武足以斷制."(「萬言封事」 5-25ㄱ)

구하는 정성이 독실하지 아니하며, 아예 선왕先王 같은 임금은 기약할 수 없다고 여긴 나머지, 뒤로 물러나 스스로를 작게 평가하심으로써 전혀 분발하려는 생각이 없"다고 율곡은 경고하였다.

그러나 만약 선조 임금이 그러한 뜻을 진작시켜 스스로를 확립시킨 뒤에 "대신들을 힘써 격려하여 그들로 하여금 백관을 감독하고 다스려서 〔백관이〕 마음을 고쳐먹고 생각을 바꾸어 자기 직책에 힘쓰게 된다면", 어느 누구도 "낡은 습성을 그대로 따라 일에 성실하지 않는 죄를 짓는" 자가 없을 것이라고 율곡은 확신했다. 그래서 율곡은 이러한 수기지요만이 "시사時事를 구제할 수가 있고 세상의 도를 회복시킬 수가 있으며 하늘의 재변도 그치게" 할 수 있다고 지적했다.[93]

두 번째로 율곡이 말한 수기지요는 성학聖學에 힘써 성의誠意와 정심正心의 공효를 다하도록 하는 것이었다. 율곡은 수기지요의 첫 번째 주문사항이었던 '뜻을 세우는 것'은 "반드시 학문으로 그것을 충실하게 한 다음에야" 가능한 것으로, 이를 통해 "말과 행동이 일치하고 겉과 속이 어울리게 되어 이미 세운 뜻"을 더 강하게 확립시키고 스스로 어기지 않게 되는 것이라고 보았다.[94] 그리고 율곡은 학문 방법의 요체를 궁리窮理와 거경居敬과 역행力行으로 정리한다.

수기지요는 세 번째로 "편벽된 사심을 버림으로써 지극히 공정한 도량을 넓히는 것"을 말한다. 여기서 "편벽된 사심이라는 한 가지야말로 고금을 두고 겪어온 병폐"로서 선조의 자질이 좋은 것은 사실이지만 편벽된 사심의 병폐를 극복하지 못하여 마침내 천지와 같이 지공무사至公無私하

---

93) "此志旣立, 然後勖勵大臣, 使之糾率百官, 改心易慮, 勉稱其職, 則孰敢因循舊習, 以取不恪之罪哉! 夫如是則 時事庶可救, 世道庶可回, 天變庶可弭矣."(「萬言封事」5-26ㄱ)
94) "所謂勉聖學克盡誠正之功者. 大志雖立, 必以學問實之, 然後言行一致, 表裏相資, 無負乎志矣."(「萬言封事」5-26ㄱ~ㄴ)

지는 못한 점을 율곡은 걱정한다.[95]

네 번째로 수기지요는 "현명한 선비들로부터 훌륭한 조언을 받는[계옥 啓沃: 충성된 마음으로 임금에게 아룀] 일"이다. 율곡은 당시 선조기의 정치에서 "진정 현인다운 현인을 보기는 어려운 일"이라고 지적한다. 그러나 선조가 앞서 제기한 수기지요를 수행하여 "세상의 인물을 철저히 선발하되 출신出身 여부를 따지지 않고 조야朝野의 인물을 구분하지 않는다면" 반드시 필요한 인물들 한둘 정도는 찾을 수 있을 것이라고 율곡은 말한다.[96]

특히 율곡은 선조가 "출신자를 옥당玉堂에 모아 다른 자리에 옮겨가지 못하게 하고, 미출신자는 한직閑職을 주어 경연의 직을 수행하도록 하며, 당상관으로 오른 자도 그 직책에 따라 반드시 경연관을 겸하도록" 할 것을 요구하였다. 또 율곡은 "학문을 강론할 때는 반드시 의리를 추구토록" 하고, "정사를 논할 때는 반드시 실효를 추구하게" 하고, "대신이나 대간이 [임금께] 말을 아뢸 때는 날짜와 때에 구애되지 말고 반드시 들어와 직접 아뢰게 하는 등의 조종조祖宗朝의 규범을 부활시킬 것"을 아울러 주장하였다.[97]

이미 전술한 바와 같이 율곡은 '수신修身'의 목적을 '안민安民'에 두고 있었다. 율곡은 안민의 요체를 다음의 다섯 가지로 정리하였다. 첫째 정성된 마음을 개방함으로써 여러 신하의 충정衷情을 얻을 것, 둘째 공안貢

---

95) "所謂去偏私以恢至公之量者. …… 惟是偏私一事, 古今之通患, …… 今殿下淸明在躬, 病痛固寡, 而偏私一念, 猶未克盡, 恐不能與天地同其大也."(「萬言封事」 5-27ㄴ)
96) "所謂親賢士以資啓沃之益者. …… 今之賢者, 固難其人. 雖然, 極一世之選, 不論出身與否, 不分在朝在野, 則豈無一二可以補袞者乎!"(「萬言封事」 5-29ㄴ)
97) "出身者, 萃于玉堂, 不移他職; 未出身者, 授之閒局, 帶以經筵職名. 陞堂上者, 亦隨其職, 必兼經筵之官. …… 講學則必窮義理, 論治則必求實效. 雖非進講之日, 源源召對于便座, 只令史官俱入, 質問所疑, 宣示淵衷. 至如承旨, 則例以所掌公事, 一日一度, 各得親稟聖旨. 如大臣及臺諫之言, 則不拘時日, 必入親達, 以復祖宗之規."(「萬言封事」 5-29ㄴ~30ㄱ)

案을 개혁하여 포악하게 거두어들이는 폐해를 없앨 것, 셋째 절약과 검소함을 숭상함으로써 사치스런 풍조를 개혁할 것, 넷째 선상選上 제도를 바꾸어 공천公賤의 고통을 덜어줄 것, 다섯째 군정軍政을 개혁함으로써 안팎의 방비를 굳건히 할 것 등이다.[98]

여기서 '정성된 마음을 개방함으로써 여러 신하의 충정을 얻음'이란, 임금이 신하를 대하는 태도를 말한 것이다. 즉 명철한 임금은 신하들을 대할 때, '군자라는 것을 알면 곧 그를 임용함에 딴마음을 갖지 않아야' 하며, '소인이라는 것을 알면 곧 그를 내침에 의심을 갖지 않아야만' 한다는 것이다. 하지만 많은 임금이 이러한 태도를 본받지 못하고 있음을 다음과 같이 지적하고 있다.

> 후세의 임금들은 성의는 부족한 채 오직 지혜와 권력으로 신하들을 다스렸습니다. 벼슬에 임용된 사람은 반드시 현명해서가 아니라 임금 자신에게 영합하였기에 취하게 되었고, 벼슬에서 쫓겨난 사람은 반드시 현명하지 않아서가 아니라 임금 자신과 의견이 달랐기에 내치게 되었습니다. 비록 자기에게 영합한다 하더라도 그의 속마음은 믿을 수가 없기 때문에, 그를 임용하고도 의심이 없을 수가 없고, 그를 의심하면서도 임용하지 않을 수가 없게 되는 것입니다.[99]

이제 율곡이 이러한 문제들에 대하여 제시한 구체적인 개혁안을 살펴

---

98) "一曰, 開誠心以得羣下之情; 二曰, 改貢案以除暴斂之害; 三曰, 崇節儉以革奢侈之風; 四曰, 變選上以救公賤之苦; 五曰, 改軍政以固內外之防."(「萬言封事」 5-24ㄴ)
99) "後之人君, 誠意不足, 只以智力馭下. 所任未必賢, 取其合於己也. 所黜未必不賢, 惡其異於我也. 雖合於己, 而其中未可信, 故任之而不能無疑, 疑之而不能不任."(「萬言封事」 5-30ㄴ)

보기로 하자. 먼저 황해도 군졸들은 국초에는 황해도 연해에만 근무하였는데, 언제부터인가 서쪽의 평안도에서 근무하게 됨으로써 발생하는 폐해에 대하여 율곡은 '밤낮으로 애태워 생각한' 끝에 "군졸의 수보다는 정예화"를 도모하자는 해법을 제시했다. 즉 "이천의 군병을 헛되이 변경의 고깃덩이로 만들기"보다는 차라리 "일천을 정선하여 국방의 도구"로 삼자는 제안을 한다.

하지만 군대의 수를 줄이자는 율곡의 주장은 여러 가지 반발을 가져올 가능성이 있는 주장일 수밖에 없었다. 그래서 율곡은 근무지의 "멀고 가까움을 참작하여 나누어 방위하는 곳을 정하여", "때에 따라 바꿔 정하지 못하게" 하고, 또한 "조금씩 쪼개서 여러 진에 흩어 배치하지 말고 다만 방위에 긴요한 요해처要害處에만 상당한 수를 나눠 보낼 것"을 보완책으로 제시하였다.[100]

그런데 모든 정책의 시행은 경비를 필요로 한다. 따라서 필요한 경비에 대한 대책 수립이 없는 대안 제시는 공염불로 그치게 되기 마련이다. 율곡은 경비 조달을 위하여, 매년 가구당 베 3필을 받되 사졸들은 2필씩 내도록 하여 진영의 창고에 보관하였다가 군졸들이 떠날 때에 적절하게 나누어줄 것을 건의한다. 이렇게 하면 "방위 분담에 정한 장소가 있게 되고 가는 길의 노자 양식이 있게 되며, 여관에서 외로울 걱정이 없을 것이고, 주인과 객이 서로 낯익은 정이 있게 되어 점점 자연환경에 익고 마음이 안정되어 방위 장소를 별장에 가듯이 생각하여, 이런 상태에서 훈련

---

100) "兵務精不務多, 夫以二千之兵, 徒爲塞上之肉塊, 則莫如精擇一千, 使爲禦侮之具也. 今若勿鈔騎兵, 只以道內近西郡邑別侍衛, 甲士三千名, 分三番, 永定赴防, 二年休息, 一年赴防. 每年分二運, 一運爲五百名, 而量其道里遠近, 定爲分防之所, 至如戍江界者, 永定江界, 戍理山者, 永定理山. 他鎭亦然, 勿使臨時換定. 又勿毫分縷析, 散置諸鎭, 只於要害防緊之處, 優數分送."(「陳海西民弊疏」5-41ㄱ~ㄴ)

시키면 기분이 편안하여 용맹이 솟아나고 이렇게 방비케 하면 위〔上〕와 친밀하여 힘을 다할 것"이니, 이는 바로 "백성이 생활하며 재물을 늘리는 방도와 나라를 방비하는 대책의 두 가지를 다 해결"할 수 있는 원원win-win 의 길이 된다는 것이다.[101]

한편 율곡은 황해도 군졸들의 궐방 문제에 대해서, "민정이 모두 원하고 있는 것"은 "군령을 거듭 밝혀서 궐방이 생기지 않게 하고, 왕년의 궐방한 군졸에 대해서는 만일 본인이 있으면 그에게 가포價布〔역役에 나가지 않는 사람이 그 대신으로 군포에 준하여 바치던 베〕를 징수하여 서쪽 변방에 들여보낼 지원자를 모집하여 대가를 주어서 입방시키도록 하며, 만일 도망, 물고物故〔사망〕, 노제老除〔늙어서 제외〕된 자는 특별히 은혜를 내려 일족을 침해하지 말아서 민생을 소생시켜야 합니다."라고 건의한다.[102]

그리고 관군館軍을 역사에 동원하는 사안에 대하여 율곡은, "다만 자원하는 사람은 그전대로 영구히 하는 것으로 정해놓고 원하지 않는 사람에 대한 결원만 뽑아내어, 군과 민이 돌아가면서" 하도록 하였다. 이렇게 하면 양편 모두 편리하게 될 것이기 때문이다. 그러나 이 문제는 율곡의 안대로 시행되지 않았다. 율곡의 건의는 율곡이 임지에서 떠난 뒤에 수용

---

[101] "各出綿布三疋, 率丁則出二疋, 收納于營庫, 每於戍卒之西也, 分給以送. 如甲士多保者則少給, 別侍衛無保者則多給, 使爲戍役之費. 又廢駒峴寧邊兩處點考, 只使本邑守令, 臨時點閱, 委定領史. 且於戍卒之中, 擇勤幹解文者差都將, 直送于防所. 闕防者則按以重律, 例於防所充軍, 且治都將領史之罪. 夫如是則分防有定所, 行路有資糧, 舍館無羈孤之患, 主客有相熟之情, 漸習水土, 心安分定, 其視防所. 如歸別墅, 以之鍊習, 則氣逸而生勇, 以之禦侮, 則親上而盡力. 其於生聚之道, 捍備之策, 兩得之矣."(「陳海西民弊疏」 5-41ㄴ~42ㄱ)

[102] "民情皆願今後申明軍令, 俾無闕防, 而往年闕防之軍, 若當身現存, 則徵其價布, 入送西邊, 使之召募, 給價立防, 若其逃亡物故老除者, 則特垂天恩, 勿侵一族, 以蘇民生云."(「陳黃海道民弊啓」 8-8ㄱ)

되었는데, 후임 감사가 이 안을 시행하여보니 "의견이 분분해서 일치되지 않아 이에 행하기가 어렵다."는 이유로 더 이상 시행하지 않게 되었으므로 율곡은 그 결과를 못내 아쉬워하였다. 이에 대해 율곡은 "관군이 오래지 않아 장차 백성들을 고통으로 몰아넣는 큰 환란이 될 것"이라고 경고하였다.[103]

이와 같은 율곡의 대안은 매우 단순한 논거에 기초한다. 연좌제를 통해 가중된 부담은 또 다른 일탈이라는 악순환을 가져왔다. 그렇기 때문에 율곡은 그러한 악순환의 고리를 끊는 방식으로 폐단의 개선을 요구했던 것이다.

그런데 율곡의 해답은 지나치게 문제를 단순화한 것이 아닐까 하는 의구심을 낳았다. 과연 일족절린의 폐단이 단순히 일족에게 부담 지우는 기존의 방식을 없애는 것만으로 해결될 수 있을까? 더욱이 국가 동원과 수급 능력의 위기를 어떻게 충당할 것인가? 율곡의 주장은 "옳기는 하지만 간교한 백성들이 전부 국력을 기피하여 마침내는 군액이 한 사람도 없게 된다면 어떻게 하겠느냐."는 반론에 부닥치게 된다. 이에 대해 율곡은 "백성이 고향과 친척을 버리고 정처 없이 떠돌아다니는 옹색하고 절박한 사정은 생업을 가지고 살아갈 수 없기 때문"이라고 지적하고, "만약 일족절린의 우환이 없고 자신의 군역만 응하게 된다면 백성들은 다시 생업을 즐기어 마침 물불 속에서 빠져나온 것 같이 여길 것"으로 확신했다.[104] 관건은 제도 운영자의 의지라는 것이다.

---

103) "乃啓請輪回, 而其中亦頗有自願永定者, 珥意除自願者依舊永定, 而鈔出不願者之闕額, 以軍民輪回, 則兩得其便矣. 以此爲事目, 而未及施行, 交代之意, 以爲永定則當悉永定, 輪回則當盡輪回, 豈可半定半輪乎? 於是自願永定者, 多不願輪回, 而一道軍民, 皆畏輪及其身, 紛起沮撓, 竟不得施云, 舘軍不久, 將爲驅民之巨患矣."(「答成浩原」11-6ㄱ~ㄴ)

104) "客曰: '子言則是矣. 但巧詐之民, 一切避役, 軍額終至於無一人則奈何?' 主人曰: '此

다음으로 율곡이 주목했던 진상번중의 개혁을 보면, 율곡은 "이 폐단을 개혁하려면 마땅히 대신과 해당 관서로 하여금 진상하는 물품의 명목을 모두 가져다가 긴요한 것인지 아닌지를 검토하여 진상에 없어서는 안 될 적합한 것만 남기고 그 나머지 긴요하지 않은 물건은 모두 삭제해버리며, 비록 진상에 적합한 것일지라도 수량이 너무 많은 것은 또한 그 수량을 줄이도록 해야 합니다."라고 건의하였다.105)

그러나 율곡의 건의는 백성만 사랑할 줄 알고 임금을 받들 줄 모르는 것이니 신하의 도리가 아니라는 신료들의 반발을 가져왔다. 율곡은 이 역시 유속의 소견이라고 반박하면서, 진상번중의 폐단은 '군주의 덕을 상실케 하는 요인'이라고 지적한다. 왜냐하면 폐단의 개혁으로 "나라가 잘 다스려져 편안하고 민생이 넉넉하고 인구가 번성함으로써 결과적으로 군주의 소득도 많아질 것"이기 때문이다.106)

이렇듯 심해진 방납의 폐단에 대한 율곡의 해결책은 '개별 사안과 사건에 직접 부딪힘〔임사臨事〕'과 '때에 따름〔수시隨時〕'에 의거한다. 율곡은 당시 신료들의 자의적인 법제 적용과 아전들의 기계적인 법제 운영에 반대하여107) '일에 임하여 계획을 잘 세우고, 때에 따라 적당한 방법을 취

必無之理也. 凡民之離鄕去族, 轉徙不定者, 皆出於憫迫不得已也. 彼雖巧詐, 若有産業可以資生, 則孰肯自取流離之苦哉? 若無一族切鄰之患, 只應其一身之役, 則民之安生樂業, 如脫水火矣.'"(「東湖問答」15-21ㄴ~22ㄱ)

105) "欲革此弊, 則當令大臣及該司, 悉取進上名目, 講究其緊歇, 只取其切於上供不可不存者, 而其餘不緊之物, 皆悉蠲除. 雖合於上供, 而數目太多者, 亦量減其數."(「東湖問答」15-23ㄱ)

106) "此所以不能仰補聖德者也. 忠臣愛君以大道, 不以小誠. 若使國家治安, 民生富庶, 則吾君之所獲, 多矣."(「東湖問答」15-23ㄱ~ㄴ)

107) 요순의 정치를 단번에 회복하기는 불가능하다. 그러나 폐법을 혁파해서 민생을 구하는 것은 가능한 일이다. 그런데 오히려 반대로 생각하는 경향이 강하다. 즉 원칙을 말하는 자들은 요순의 정치를 요구하면서 폐법은 개정할 수가 없다고 주

할 것'을 권한다.

그러면 '일에 임하여 계획을 잘 세우고, 때에 따라 적당한 방법을 취할 것'이란 무엇일까? 율곡은 자신의 관직 경험에 의거해서 "해주의 논 1결마다 쌀 한 말씩을 징수하는" 사례를 소개한다. 당시 해주에서는 백성들로부터 일괄적으로 쌀을 받은 후, 해주 감영에서 "비축해두었던 물건을 서울에 바치기 때문에 백성들은 쌀을 내는 것만 알고 농간하는 폐단은 전혀 모르고 있으니 이것이 정말 오늘날의 백성을 구제하는 좋은 방법"이라고 주장한다.[108]

그러나 당시 율곡의 대안은 조선 전체를 통해 해주는 "가장 알찬 고장"이기 때문에 가능하지만, 다른 고을에서는 해주와 같은 방식을 취할 수 없다는 이유로 수용되지 못했다. 오히려 율곡의 대안은 "기계적"이라는 비판을 받았다. 이에 대해 율곡은 "규정을 바꾸지 못한다면 할 수 없지만, 만약 대신과 해당 관서로 하여금 8도의 도적圖籍을 모조리 가져다가 그 인구의 줄어들고 불어남과 전결의 많고 적음과 생산물의 풍부하고 부족함을 알아내어 공물을 다시 부과해서 그 힘들고 힘들지 않는 것을 고르게 해주고, 또 공물 중에서도 국용에 절실하지 않은 것은 적당하게 삭감하여 꼭 8도를 모두 해주海州의 방식으로 만든 뒤에 그 법령을 반포"하자고 주장하였다.[109]

장한다. 요순의 덕부터 말하지 말고 그들의 사람 쓰는 법과 그들의 정사를 본받는 것에서 출발하면 된다. 즉 덕이 아닌 법에서 출발해야만 정치의 개혁이 성공할 수 있다.

108) "余見海州貢物之法, 每田一結, 收米一斗, 官自備物, 以納于京, 民間只知出米而已, 刁蹬之弊, 略不聞知. 此誠今日救民之良法也."(「東湖問答」15-24ㄱ)
109) "客笑曰: '子言誠闊於事情矣. 我國郡邑之實者, 莫海州若也. 安能使八道郡邑, 皆效海州之爲耶?' 主人曰: '若無變常規, 則誠如子言矣. 若使大臣及該司, 悉取八道圖籍, 講究其人物之殘盛, 田結之多寡, 物産之豐嗇, 更賦其貢物而式均其苦歇. 至於貢物之不切

또 율곡은 "충신이 임금을 보필하려면 마땅히 조종의 법을 본받아야 하는데, 그대의 말대로 한다면 조종의 법도를 바꾸고 어지럽히는 것이 아닌가."라는 논박에 대해서, "법이란 오래가면 폐단이 생기는 것이요, 폐단이 생기면 마땅히 고쳐야 하는 것"110)이란 점을 다음과 같이 설명한다.

태조께서 개국을 하시고 세종께서는 완성된 종사를 지키시면서 『경제육전』을 처음으로 제정하셨고, 세조께서는 업을 이어 『경국대전』을 제정하셨으니, 이것은 모두 시대에 따라 알맞게 제정을 하신 것이요 짐짓 조종의 법도를 바꾸어 어지럽힌 것은 아닙니다. 그러니 지금의 폐단이 가령 모두 조종의 법에서 나왔다 하더라도 또한 마땅히 세조를 본받아 전의 법규를 조금 바꾸어, 오래가고 변함없는 도리를 세워야 할 것입니다. 더구나 이 폐단은 꼭 선대의 법도 아니고 대부분이 권간의 손에서 나온 것인데 이를 마치 선왕이 만들어놓은 법인 양 준수하려고 하는 것은 무슨 까닭입니까? 이것이야말로 음사 淫辭를 만들어 난亂을 조장하는 것인데 도리어 나를 보고 조종의 법도를 어지럽힌다고 하는 것입니까.111)

於國用者, 量宜蠲減, 必使八道郡邑之所辦出, 皆如海州之一結一斗, 然後乃頒其令, 則何不可行之有?'"(「東湖問答」15-24ㄱ~ㄴ)
110) "客曰: '子言誠是也. 但忠臣輔君, 當以祖宗爲法. 若用子言, 無乃近於變亂 祖宗之法度耶?' 主人曰: '噫嘻! 流俗之見, 每每如是. 此不揣一策, 坐而待亡之術也. …… 大抵法久則弊生, 弊生則當改.'"(「東湖問答」15-26ㄴ)
111) "我太祖開國, 世宗守成, 始制經濟六典, 而世祖承業, 乃制經國大典, 此皆因時而制宜, 非故變亂, 祖宗之法度也. 當今之弊, 假使悉出於祖宗之法, 亦當以世祖爲法, 稍變前規, 以立常久之道. 況乎非必, 祖宗之法, 多出於權姦之手, 而乃欲遵守, 若先王成憲者, 何耶. 此乃設淫辭而助之亂也, 反以我爲變亂祖宗之法度耶."(「東湖問答」15-26ㄴ~27ㄱ)

이로부터 율곡은 법과 도를 구분하고, 법을 시기와 장소에 구속되는 변수變數인 반면, 도를 시기와 장소에 구애받지 않는 영원한 상수常數로 파악하고, 현재의 문제는 변수와 상수의 관계를 잘못 적용한 데 있다고 보았다.

율곡이 지적한 조세개혁안은 선상 제도와 공천 제도의 폐단에까지 파급되었다. 선상 제도를 바꾸어 공천의 고통을 덜어주어야 한다는 것은 당시의 관노비에 대한 대책을 말한다. 먼저 율곡은 공천들의 고통의 원인이 되고 있던 '선상' 제도가 만들어진 본래의 의도가 무엇인지부터 따져본다. 이 제도는 당초에 "서울 관청의 노복奴僕만 가지고는 역역을 세우기가 부족하기 때문에, 밖에 있는 공천들로 하여금 번갈아가며 경역京役을 서게 한 것"이 그 성립 배경이었다. 하지만 가난한 공천들이 양식을 싸가지고 와서 서울에 머물러 있는 동안 당하는 고통을 감당하기 어려웠으므로 면포로 부역을 대신할 수 있도록 하였던 것이다. 그 결과 선상 제도는 본래의 의도와는 달리 "오직 베만을 거두어들이는 일"로 바뀌게 되었다.[112]

그런데 당시의 공천들은 "2년은 공물을 바치고 1년은 선상에 걸리는 상황이어서 대체로 3년에 한 번은 반드시 집안을 망치게" 되었다. 게다가 액수의 배정 역시 고르지 못하였다. 즉 해당 관리들은 노비의 수가 많은 고을이라도 뇌물이 있으면 적게 배정하고, 겨우 몇 가구만 있는 고을이라도 뇌물이 없으면 많이 배정하였다. 하지만 율곡이 보기에 이 문제는 "공정하고 균등하게 배정〔公明均定〕"하는 정도의 시도로는 해결될만한 성

---

112) "選上本意, 非欲辦出綿布也. 在京典僕, 不足於立役, 故以在外公賤, 輪立京役, 名之曰 '選上'. 貧殘公賤, 裹糧羈留, 侵苦多端, 有所不堪, 始以綿布償役. 今則只徵綿布而已, 無一人來役者矣."(「萬言封事」 5-33ㄴ)

질의 것이 이미 아니었다. 다시 말하면 '선상'을 더 이상 존속시켜가며 운용의 묘를 기약할 수 없는 제도로 본 것이다.113)

이 문제에 대하여 율곡은 "신역身役을 고쳐 대신 면포를 받는 것은 이미 『대전大典』의 법이 아니니, 지금이라도 선상 제도를 폐지하고 신공身貢을 받도록 해야 합니다."라고 건의한다.114) 이러한 주장에서 우리는 존속시킬 수 없는 제도는 폐지해야 한다는 율곡의 관점을 발견한다. 하지만 폐지만이 능사가 아니었다. 문제는 그다음이다. 여기서 율곡은 다시 한 번 '있는 것의 활용'이란 점을 강조한다.

당시 공천들은 이미 공천 나름대로의 의무가 있어 공물을 바치고 있었던 점을 응용하자는 발상이었다. 이는 없는 길은 새로 만들자는 것이 아니라 본래 있지만 약간 막히고 무너진 물길을 조금 바꾸고 수리하는 것과 같은 의미라 할 수 있다. 여기서 율곡은 선조에게 다음과 같이 건의한다.

> 바라옵건대, 전하께서는 해당 관청에 명하시어 노비 장부를 자세히 조사토록 하시어, 현존하는 숫자에 의거하여 해마다 노복奴僕은 베 두 필을 공납케 하고, 여비女婢는 한 필 반을 공납토록 하십시오. 합계가 얼마이든 그중 5분의 2는 사섬시司贍寺에 비축하여 나라의 비용으로 쓰게 하고, 5분의 3은 각사에 나누어주어 선상으로 충당하던 역사役事에 이용케 하십시오. 면포가 부족할 경우에는 적절히 요량

---

113) "二年納貢, 一年選上, 大率三年, 必一敗家, 而公賤之苦極矣, 加之以該曹色吏分定不均. 雖奴婢衆多之邑, 有賂則少定; 雖僅存數口之邑, 無賂則多定. 力不能支, 則侵及一族, 齊民亦被其苦矣. 旣困之後, 雖公明均定, 亦不能救矣, 若不變通, 後患無窮."(「萬言封事」 5-33ㄴ)
114) "臣愚以爲改身役而受綿布, 已非『大典』之法, 則今亦可廢選上而加身貢也."(「萬言封事」 5-33ㄴ~34ㄱ)

하여 역을 세우는 숫자를 줄이게 하소서. 이렇게 하신다면 공천에게 는 일정한 공물이 정해져 있어 미리 준비를 할 수가 있으니, 갑자기 마련하는 데서 오는 병폐가 없게 될 것입니다. 공물을 거두어들이는 데에도 일정한 장부가 있어 빼고 고치는 것이 없게 될 것이니, 간사한 관리의 술책이 없어질 것이며, 명령이 번거롭지 않게 되어 백성들은 실질적인 혜택을 받게 될 것입니다.[115]

율곡의 조세개혁안은 자신이 감영에서 스스로 결정한 네 가지 일을 말하는 과정에서 나타난다. 이 결정의 내용은 선조 시기의 대표적 시폐를 보여주는 것으로서, 첫 번째는 당시 공물 값이 고을마다 다르기 때문에, 백성들에게 과다하게 징수하는 폐단이었다. 이에 대해 율곡은 "〔각 고을의〕 쌀값을 조사하여 쌀값을 〔공평하게〕 정함으로써", 탐관오리의 이원利源을 막아 백성들의 편리를 도모하였다.[116]

두 번째는 군軍의 가포價布를 조정한 것으로, 이전에는 "수군으로서 진상 등 여러 역에 차출되는 사람은 가포를 수합하여 해동 진무에게 맡겨 바치게 하였고, 그 값이 정해지지 않아 항상 수량 외에도 함부로 징수해 갔다." 율곡은 그 값을 면포 3필로 하였다. 조선군造船軍에서도 많은 수량을 임의로 정하고 군포의 값을 거두어 장수와 관리들의 사용처로 삼았는데, 율곡은 "수량을 헤아려 배를 만드는 데만 넉넉하게 하고 남는 것은

---

115) "伏望殿下, 命該官詳考奴婢之案, 據其現存之數, 每年奴貢納綿布二疋, 婢貢納一疋牛. 都計幾何, 以其五分之二, 儲于司贍爲國用, 以其五分之三, 分給各司, 以準選上之役. 綿布不足, 則量宜減立役之數. 夫如是則公賤有定貢, 可以預備無猝辦之患. 收貢有定, 簿無所刪改, 絶姦吏之術, 號令不煩而民受實惠矣."(「萬言封事」 5-34ㄱ)
116) "所謂營中自擅者, 其一則列邑貢物價詳定事也. 貢物之價, 邑各不同, 而大抵濫徵於民, 故悉權貴賤. 定其價米, 此則甚便於民, 而貪官汚吏所不樂也."(「答成浩原」 11-7ㄱ)

별로 없게" 하였다.[117]

세 번째는 의례적으로 바치는 가마솥 대신에 진영에 예속한 사람들에게 한 해 면포 2필을 대신 내게 하고, 그 면포를 감영에 저장해놓고 국가의 뜻밖의 수요에 대비케 하였다. 율곡은 저장한 것이 많아질 경우, 국상이나 명나라 사신 등이 올 때 그 비용을 내기 위해 백성들에게 일부러 부담시키는 일을 하지 않아도 되는 효과가 있다고 지적하였다.[118]

그런데 흥미로운 것은 율곡의 개혁에 대한 백성들의 반응이었다. 율곡에 따르면 "진영에 예속된 사람들은 솥 값이 심히 헐하기 때문에 모두 솥을 바치기를 원하고, 면포를 바치기를 원하지 않았다." 여기서 율곡은 "군적에 등록되었음을 핑계로 한가히 놀면서 1년에 베 2필을 바치는 것은 군역에 비하면 매우 수월하고 헐한데도 오히려 더 헐한 것을 원하는" "요행만 바라는 백성들〔幸民〕"을 비판하였다.[119]

마지막으로 율곡이 감행한 일은 원정을 폐지한 일이었다. 황해도 내에서는 어선이 바다에 많이 모이기 때문에 진영의 진무관이 장부에 이를 모두 등록하여 배마다 어물을 징수하고 있었다. 이를 원정이라 하는데, 징수품으로 큰 물고기만 요구하였기 때문에 어민들의 고초가 가중되었다. 율곡은 처음에는 이를 폐지하였는데, 어민들은 후일에 다시 회복될

---

117) "其二則水軍價布及造船軍也. 前者水軍差進上等諸役者, 收合價布, 付色鎭撫, 使之備納, 厥價不定, 恒被濫徵. 珥下令定價綿布三疋, 此則便於水軍, 而鎭撫之所惡也. 造船軍, 前者濫定多數, 收其價布, 爲將吏私用, 珥爲量定其數, 使優於造船, 而無甚贏餘, 此則利於公家, 而將吏則大以爲怨."(「答成浩原」11-7ㄱ)
118) "其三則釜鼎之事也. 營屬之人, 例納釜鼎, 珥以爲釜鼎, 安用許多, 乃令營屬一歲納綿布二疋, 以儲營中, 待國家不時之需, 若積之旣多, 則如國喪天使等時所費, 可以不煩於民矣. 去春纔立法, 而卽遇國喪, 凡需多自營中措辦, 一道之民, 除僧軍外, 不知有國喪, 此亦一分之惠也."(「答成浩原」11-7ㄴ)
119) "但營屬以鼎價甚輕, 故皆願納鼎, 而不願納布, 營屬眞是幸民也. 託籍閒遊, 一年二疋, 比於軍役, 則輕歇太甚, 而猶願益輕, 豈可苟循其情乎."(「答成浩原」11-7ㄴ)

것을 걱정하였다. 이에 정목 1필로 대신하자는 어민들의 의견을 받아들여, 10분의 1로 줄였다.[120]

그러나 교대하여 온 감사는 "해변은 적을 방어하는 곳이므로 가마솥을 저장하여 군인들의 밥을 짓는 데 대비하고, 어물을 저장하여 장사들의 반찬에 대비하려 하니, 고칠 수 없다."고 여겨 마침내 종전의 방식을 그대로 회복시켜버렸다.[121]

이에 대해 율곡은 "대저 사람이 개혁해놓은 것이 있으면, 교대하여 온 사람도 이를 계승하여 행하고 만약 장애가 있어 행하기 어려운 걱정이 있으면 종전대로 회복하는 것이 옳을 것임"을 지적하면서, "지금은 그 시비를 의논하지 않고 이해도 따져보지 않고서 다만 개혁하는 것을 불가하다고만 하여 날마다 탐관오리와 요행을 바라는 사람들의 떠들썩한 말만 듣고는 종전대로 회복하고" 마는 상황이라고 비판하였다.[122]

이어서 율곡은 "만약 조정에서 조금이나마 나의 청을 들어주었더라면 나는 비록 구차하지만 또한 녹을 먹으며 개소開素[소식하던 사람이 육식을 시작함]하여 병을 조섭하면서 백성이 이롭게 힘쓰려 하였을 것"이라고 토로한다. "그런데 지금은 그렇지 않고 큰 항목의 요청은 일체 저지되어 거절당하며, 받아들여진 것들은 앞에서 말한 것과 같이 그다지 이해가 없는 것들"이었으며, 그나마도 실현되지는 않았다고 성혼에게 호소한다.[123]

---

120) "其四則罷元定之事也. 道內漁船, 多集海中, 營鎭撫悉錄于簿, 每船責徵魚物, 名曰元定, 而擇大而且多, 故漁人甚苦之. 珥以爲監司坐享列邑之供, 無用魚物故罷之, 漁人等以爲若全罷, 則恐其復立, 願納正木一疋以代之."(「答成浩原」11-7ㄴ~8ㄱ)
121) "交代之意, 則以爲海邊防禦之地, 故儲釜鼎, 將以炊軍人之飯, 積魚物, 將以作將士之饌, 不可革也, 遂盡復舊云."(「答成浩原」11-8ㄱ)
122) "凡人有所更張, 交代者踵而行之. 若有防礙, 難行之患, 則復舊可也. 今也不論是非, 不度利害, 只以更張爲不可, 日聽貪官汚吏幸民之喧聒, 悉復其舊."(「答成浩原」11-8ㄱ~ㄴ)
123) "若使朝廷稍從珥請, 則珥雖苟且, 亦將開素留調, 務利於民矣. 今則不然, 大段之請, 一

그런데 여기서 주목해야 할 사항은 율곡이 모든 시폐의 시작을 사람에서 찾고 다시 그 사람으로부터 해결 방안을 찾고자 했던 점이다. 율곡은 사람이 문제이기 때문에 사람을 없애는 방법과 논리를 강구하지 않았다. 이것이 율곡의 정치적 사고가 갖는 중요한 특징이다. 율곡은 시폐의 중심에 있는 이서주구의 폐단을 지목한 적이 있었다. 율곡은 아전들이 주구가 되는 원인을 밝히고 있다. 하지만 율곡은 이러한 아전을 제거하는 방식으로 아전 문제를 풀어가지 않았다.

오히려 율곡은 '현재 있는 것의 활용'이라는 현실적으로 실현 가능한 방식을 취하였다. 그는 "국가의 경비를 줄여서 아전들의 봉급을 주자는 것"이 아니라, "다만 국가에서 쓸모없이 버리는 물건을 거두어들여", 그것으로 지급하자고 제안하였다. 예컨대 "지금 각 관청에서 벌금으로 받는 포布와 문서 작성의 비용으로 받는 포를 모두 쓸모없는 곳에 흩어두고 있는데 만약 해당 관서에서 이것을 빠짐없이 거두어들이면 한 해에 얻는 소득이 반드시 수만 필을 밑돌지 않을 것"인데 "이것으로 아전들의 봉급을 주고 그 나머지는 족히 국가의 경비에 보충"할 수 있다는 것이다. 이것은 "다만 무용한 것을 돌려 유용하게 쓰자는 것"으로서 "경제에 뜻을 둔 선비라면 이 말을 천근淺近하다 소홀히 여겨서는 안 될 것"이라고 율곡은 강조한다.[124]

율곡의 의도는 기존 제도를 완전하고 즉각적으로 철폐하거나 대체하는 것이 아니라, 지속시키면서 변화시켜나간다는 것이다. 이상적인 개혁

切沮拒, 其所從者, 如前無甚利害者, 而珥亦被列邑忌憚."(「答成浩原」11-8ㄴ)

[124] "吾非謂減經費以給吏俸也. 但收國家虛棄之物, 可以足給矣. 何謂虛棄之物? 今夫各司贖рot及作紙, 皆散之無用之地. 若該曹收納無遺, 則一歲所得, 必不下數萬疋矣. 以此爲吏胥之俸, 而其餘足以有補經用, 何不可之有. 此非賦外別科也, 只是轉無用爲有用矣. 經濟之士, 不可以其言之淺近而忽之也."(「東湖問答」15-25ㄱ~ㄴ)

이라면 일족절린의 규정을 없애거나 새로운 규정으로 대체해야 한다. 반면 율곡은 기존 법제의 최소 기능을 유지하고 보완해나가는 방식을 채택한다. 왜냐하면 국가의 동원과 수급 능력을 최소한 유지해야 하기 때문이다. 따라서 율곡의 일차적인 관심은 현실적인 적응 과정을 거쳐 '어떻게 개선할 것인가'로 귀결된다.

결국 율곡의 개선안은 "각 고을에 명령을 내려 점차로 한정閒丁〔국역에 나가지 않는 장정〕을 색출하여 모자라는 숫자를 충당하고, 여외旅外〔입대하지 않은 정병正兵〕를 다 없애서 정규군을 보충하며, 그리고 신설된 위소의 대전에 기록되지 않은 자나 한역閒役의 적에 이름이 들어 있어 관가에 아무 도움이 되지 않는 자는 모두 색출하여 군역에 충당하고 병조의 관원으로 하여금 그 사무를 총괄하게 하여 꼭 실지의 수요를 얻게 하면 비록 군적을 담당하는 관서를 따로 설치하지 않더라도 이미 군적은 완료가 될 것"이라는 입장을 취했다.[125]

제3절 안민론: 애민과 안민

일반적으로 유학儒學에서 정치를 논할 때는 '수기치인修己治人'이라는 용어를 사용한다. 그런데 수기치인은 수기애민修己愛民의 의미가 강하다. 『율곡전서』를 살펴보면, '수기치인'이라는 용어는 『성학집요』에서 몇 번 등장할 뿐, 다른 부분에서는 거의 등장하지 않는다. 『성학집요』는 '정치

---

125) "此法旣革, 則當令郡邑漸刷閒丁, 以充闕額, 悉破旅外, 以補正軍. 至於新設之衛, 非大典所載者及寄名於閒役之籍, 無益公家者, 皆刷出充軍, 使兵省之官, 摠掌其事, 必得實數, 則雖不別設軍籍之局, 而軍籍已了矣."(「東湖問答」 15-22ㄱ)

학 원론'과 같은 성격을 지닌 책이다. 『성학집요』에서도 원칙적으로만 '수기치인'을 언급하고 있으며, 그 내부 조항을 살펴보면 '치인治人'이 아닌 '안민安民'을 '위정爲政'편의 한 장으로 구성하고 있다.

앞에서 본 바와 같이 율곡은 「만언봉사」에서는 '수기안민지요修己安民之要'를, 「동호문답」에서는 '안민지술安民之術' 등의 용어를 사용한다. 반면에 퇴계의 『성학십도聖學十圖』는 그 전체의 내용이 임금의 '수기修己'에 맞추어져 있어 율곡과 대조된다. 이러한 점을 고려할 때 율곡은 '수기치인'이라는 용어보다는 '수기안민'이라는 용어에 매우 중요한 의미를 두고 있음을 알 수 있다. 그렇다면 '수기치인'과 '수기안민'의 차이는 무엇일까? 나는 '수기치인'은 원론적이고 이론적인 용어인 반면, '수기안민'은 구체적이고 실천적인 용어라고 생각한다.

'수기치인'이 철학적 입장을 대변하는 말이라면, '수기안민'은 정치적 입장을 나타내는 말이다. 정치적 입장에서는 당연히 '안민'에 대한 구체적이고 실질적인 고민과 처방의 집행이 요구된다. 정치의 장에서 '수기'란 그 자체만으로는 의미를 가질 수 없다. 그것은 '안민'이라는 구체적인 목표와 만나야만 정치적 의미를 가질 수 있다.

결국 율곡에게 정치는 '사람과 법의 만남'으로 귀결된다. 이때 정치는 밭(田)과 같은 의미를 갖는다. 사람만 강조하는 '법 무시론자'들의 입장은 "밭은 있으나 농사는 짓지 않는" 것과 같고, 사람은 사라지고 법만 강조하는 기계적인 '법 만능주의자'들의 입장은 "농사는 짓지 않고 수확만 바라는" 것과 같다.[126] 따라서 정치에서 법의 문제를 도외시한 채 사람만

---

126) 율곡은 "한갓 이치가 하나라는 것만 상상하면 마치 밭은 있으나 농사는 짓지 않는 것과 같고(徒想像乎理一兮, 若有田而不治), 한갓 나뉨의 다름에만 구애되면 마치 농사는 짓지 않고 수확만 바라는 것과 같다(徒拘拘於分殊兮, 若不耕而求種)."고 말하고 있다(「理一分殊賦」 1-15ㄴ).

강조하는 측면은 '애민지심' 주의자들과 관계가 깊고, 사람과 법을 함께 논할 때만이 '안민지술'과 연결될 수 있다.

정치에서 중요한 것은 나라[國]가 아니다. '나라가 되는 것'이 중요하다. 율곡은 이를 '위국爲國'이라고 표현한다. 즉 나라는 이미 된 것이 아니라 되는 것이다. 공동체보다는 '공동체 되기'가 중요한 것이다. 당연히 율곡에게 중요한 것은 삼대나 요순시대와 같은 '무엇what'의 차원이 아니라, '삼대 되기, 요순시대 되기'라는 '방법how'의 차원이 된다.

정치 세계에서 드러나는 문제는 첫째 안민을 수기에 종속시키는 근본주의자들, 둘째 수기 자체를 부정하는 회의주의자들에게 있다. 나는 인간의 내면성을 외적 행동에 종속시키는 것이 정치적 도덕political moral의 핵심이라고 본다. 이것이 수기안민지술修己安民之術의 핵심이다. 이는 인간의 내면성, 혹은 심성의 존재 자체를 부정하지 않으면서도, 인간의 외적 행동을 인간의 내면성에 종속시키지 않음을 의미한다. 다시 말해 수기 자체를 부정하지 않으면서 안민을 수기 자체에 종속시키지도 않는다는 의미를 갖는다.

율곡은 '애민지심'보다는 '안민지술' 또는 '안민지정安民之政'을 주로 사용한다. 율곡이 안민지도(또는 안민지법)가 아닌 안민지술이라고 표현한 이유는 안민이란 원칙이 아닌 방법이고, 그 방법에 입각한 행동이기 때문이다. 다시 말하면 애민은 마음의 차원이고 안민은 실질의 차원이 된다. 즉 애민이라는 원칙[文]의 구체적 행동은 안민이라는 실질[實]에 있다는 것이다.

율곡은 애민을 마음의 차원 또는 도道의 차원으로 인식할 경우 주로 '애민지도愛民之道'라고 표현한다. 반면 '안민'을 실천적이고 구체적인 차원으로 인식할 때 '안민지정'이라는 말을 사용한다. 그리고 그는 이 양자를 수평적이고 보완적으로 파악한다. 즉 백성을 사랑하는 마음이 없이는 백성을 편하게 하는 정치를 펼 수 없으며, 백성을 편하게 하는 정치적 장치가 마련되어 있다고 해도 백성을 사랑하는 마음이 없다면 그 장치를 사용할 수 없다는 것이다.

선조의 등극에는 두 가지 의미가 있다. 첫째는 사화의 종결이다. 즉 권신과 권간(윤원형 등)의 몰락과 신진 사림의 정치 전면에의 등장이다. 둘째는 전대의 유폐로 인한 민생의 퇴폐와 기강의 문란으로 인해 국가가 골수에 중병이 든 점이다.

따라서 당시 정치의 문제는 첫째는 과거 청산이고, 둘째는 민생의 소생과 기강의 확립이었다. 그런데 이준경은 율곡의 폐법 개정에 대해 "방금 상의하고 강구 중에 있는 일로 이는 유사들의 할 일이며 임금에게 번거로이 여쭐 것이 없다." 하여 별로 중요성을 인식하지 않았다.[127] 이런 태도를 율곡은 그럭저럭 미봉해나가는 것으로 비판한다. 미봉책으로는 민생 문제를 해결할 수 없다는 것이다.

잘못된 법은 미봉책으로는 결코 고칠 수 없다. 손을 대지 않을 것이라면 몰라도 만일 손을 대서 고치기로 한다면 완전하게 고쳐야만 한다. 이것은 완벽주의나 과격주의와는 다른 차원의 문제이다. 흔히 이 점을 혼동하는 경우가 있다. 문제는 어떤 법을 왜, 그리고 어떻게 고칠까를 결정하는 것이 중요하다. 이 점이 바로 정政과 연결된다. 이때는 그 시時가 중요한 문제가 되고 '소통'이 중요한 문제가 된다.

일단 고치기로 한 사안은 확실하게 고쳐야만 하는데, 이것이 무실務實이다. '무실'이란 헛된 말을 하지 않는 것이다. 율곡은 말 많고 생각 많은

---

127) "領議政 李浚慶等以白仁傑疏議啓曰: 疏中聖學做功, 招賢委任之事, 惟在聖明省察而篤行之, 其餘陳弊, 則皆方今商確講究之事, 乃有司之務, 不敢更煩聖聽也."(『經筵日記』 선조 3년 5월, 28-47ㄴ)

것을 가장 경계해야 할 것으로 보았다. 말과 생각은 많이 해야 하는 것이 아니다. 생각은 신중히[愼思之] 하는 것이고, 말은 번잡하게 하는 것이 아니라 간단명료하게 하는 것이다. 율곡의 이러한 견해는 폐법을 개정하는 데 많은 시사점을 준다.

제4절 법과 정치

율곡은 훌륭한 정치를 보여주는 척도를 '기강紀綱'과 '민생民生'에서 찾고 있다. 다시 말하면 '기강이 바르게 떨쳐지고 민생이 생업을 즐기고' 있다면, 그것이 바로 훌륭한 정치의 모습이란 것이다. 그런데 당시 조선은 '기강으로 말하면 사정私情을 따르고 공도를 등지는 것이 예전 그대로이고 호령이 행해지지 않는 것이 그대로이고 백관이 직무를 태만히 하는 것이 그대로이며, 그 민생으로 말하면 집에 항산恒産이 없는 것이 예전과 마찬가지이고 안주할 곳을 잃고 떠돌아다니는 것이 마찬가지이고 궤도를 벗어나 사악한 짓을 하는 것이 마찬가지' 상황이었다.

율곡은 지방관 경험을 통해 처참한 민생의 상황을 세밀하게 관찰했다. 그가 본 민생은 군정, 조세 그리고 향약 제도가 폐법으로 작동되고 있는 현실이었다. 그는 폐법을 개혁하기 위해서 법에 대한 새로운 이해를 요구하게 되었다. 율곡은 실정법으로서의 법의 개념만으로는 정치적 성격을 갖고 있는 민생과 이를 막는 유폐의 문제를 적극적으로 해결할 수 없음을 인식하였다.

율곡에게 민생의 문제는 철저하게 정치적 문제였고 그렇기 때문에 정치적 해법을 찾아야 하는 문제였다. 그렇기 때문에 실정법으로서의 법이 정치 영역에 가져올 수 있는 '법을 기계적으로 해석하는 기술적 정치'로의 변모와 '지속적으로 규제와 통제, 그리고 엄벌panal의 법률적 정책만 양산하는 상황으로의 변모'를 막아보고자 하였다. 율곡이 원했던 것은 법률 지상주의적 정치가 아니었다. 이런 식의 정치는 모든 폐단의 원인이며, 유속에게 부활의 기회를 제공할 뿐이다.

율곡은 법이 정치와 소통하기 위해서는 실정법으로서의 법이 아닌 다른 사유 체제를 갖는 법이어야 함에 주목하였다. 이러한 점을 밝히기 위해 율곡은 정치가 잘 시행되었던 시대와 임금을 주목했다. 그 결과 잘된 정치는 바로 역사상 실재했던 좋은 정치를 본받아 현실 정치에 활용한 것이라는 점을 인식했다. 이 경우 법은 자연스럽게 정치와 소통 관계를 맺게 된다. 율곡은 이러한 법과 정치의 소통 사이에서 정치적 실공이 가져올 '시의성'을 발견한다. 기강이나 민생의 문제 등은 선조의 간절한 착한 마음씨만으로는 결코 해결될 수 없다고 보았기에 율곡은 '시의'와 '실공'의 필요성을 강조했던 것이다.

율곡이 민생의 문제를 정치적으로 보고 있다는 점이 중요하다. 그는 정치에서 유폐가 사라지지 않는 이상 민생의 모습은 외면만 달리할 뿐 항상 그렇게 나타날 수밖에 없다는 생각을 갖고 있었다. 그렇기 때문에 율곡은 민생 문제의 해결은 바로 조정에서부터 시작되어야 하며, 조정에 있는 유폐로 인한 폐정이 먼저 극복되어야 한다는 주장을 전개하였다.

율곡은 자신의 주장에 대해 "그 뜻은 먼듯하면서도 실은 가까운 것이고, 그 계책은 어리석은듯하면서도 실은 절실한 것이니, 비록 삼대의 제도는 아니라 하더라도 실로 왕정王政의 근본이어서 그대로 시행하면 효과가 드러날 것이며 왕정을 회복할 수 있을 것"이라고 확신하였다.[128] 이

---

128) "其意似遠而實近, 其策似迂而實切, 雖非三代之制, 實是王政之本, 行之有效, 王政可復." (「萬言封事」 5-39ㄱ)

러한 율곡의 말을 내 나름대로 다시 정리해보면, 첫째 뜻은 가까운 곳에서, 대책은 절실한 곳에서 시작하는 것이 중요하다는 점과, 둘째 율곡이 지향하는 바는 '삼대의 제도'를 그대로 수용하는 기계적인 사고가 아니라, 시기와 상황에 맞는 권도가 진정한 왕도 정치라는 점이다.

제3장 소통과 폐정

제2장에서는 율곡 당시의 피폐한 민생의 문제를 폐법弊法과 관련하여 살펴보았다. 율곡은 당시 하루하루의 삶을 이어나가기 어려운 민생의 모습을 직접 목격하고 그 원인이 무엇보다도 잘못된 법, 즉 폐법에 있음을 지적하면서 이를 개선하고자 혼신의 힘을 다했다. 하지만 이러한 율곡의 노력은 사실 주목을 받지 못하였다. 선조는 수많은 율곡의 건의를 매번 묵살하였고, 조정 대신들 또한 냉소적이었다.

선조는 선왕들이 만들어놓은 제도를 고친다는 것은 불효에 해당하는 것이며, 또한 고치려고 하자면 고칠 사항이 한두 가지가 아니므로 자신이 없다는 무력감으로 일관하였다. 한편 신료들은 전대의 사화 등으로 인하여 대부분 일신과 가문을 보존하는 데 연연하는 한편 윤원형 등의 권간이 사라지고 사림들이 등장한 사실 하나에 만족하고 있는 상황이었다. 이러한 조정의 분위기 속에서 율곡의 입지는 좁아질 수밖에 없었다.

율곡은 40세 되던 1575년(선조 8년, 을해년) 12월에 모든 관직을 사직하고 파주 율곡을 거쳐 해주로 낙향한 뒤 이후 5년간 모든 관직을 사양한 채 후진 양성 등의 활동을 하며 보낸다. 율곡이 다시 조정에 돌아온 것은 만 5년 만인 1580년 12월이었다. 이후 그는 조정에서 이전과는 달리 자신의 개혁안을 구현시키고자 부단히 경주한다. 1584년 1월 16일, 그의 나이 49세로 죽는 날까지 만 3년이 조금 넘는 기간이었다.

율곡의 후기 3년간은 이전의 정치적 주장을 실현하려는 의지와 노력이 맞물린 시기였다. 선조의 전폭적인 지지를 얻어 자신의 생각을 과감하게 정치 현장에서 시행하고자 노력하였으며, 이 과정에서 '나라를 그르친 소인〔誤國小人〕'으로 몰리는 시련을 겪기도 하였다. 선조는 율곡을 배척하였던 사람들을 귀양 보내는 등의 강수를 두면서 율곡에게 힘을 실어주었지만 율곡은 서거하고 만다.

본 장에서는 왕성한 활동을 벌인 율곡의 후기 3년간의 정치적 여정 속에서 그가 진정으로 의도한 것이 무엇이었는지를 살펴보고자 한다. 결론부터 말하자면 율곡의 진정한 의도는 바로 폐정弊政의 혁신이었다. 이미 살펴본 바와 같이 율곡은 관직 생활을 시작한 초기와 중기에 피폐한 민생을 살려내기 위하여 폐법을 개정할 것을 수없이 건의하였다. 하지만 그의 주장은 거의 수용되지 않았다. 율곡은 자신의 마지막 3년간 정치 활동에서 그러한 실패의 원인을 폐정에서 찾고 있었다.

율곡이 생각하는 실제 정치의 운용은 '인간들에 의한 법의 활용'으로 집약된다. 율곡은 이 점을 다음과 같이 말한다.

> 대저 법으로 정치를 하는 것이고, 사람으로써 법을 시행하는 것입니다. 그러므로 법만 있고 사람이 없으면, 실상이 없는 법만이 스스로 행해질 수는 없으나, 사람은 있는데 법이 없으면, 사람만이 법을 만들 수 있기 때문에, 법의 아름답지 못함은 걱정할 필요가 없고, 사람의 착하지 못함만 걱정할 뿐입니다.[1]

이미 율곡은 권간들이 사라진 후의 정치 지형에서 법에만 모든 것을 맡겨버리는 유속들의 기계적인 안일한 정치적 태도와 법 자체를 무시한 권간들의 자의적인 법 집행 태도를 함께 비판했다. 이와 같은 그의 사고는 말년의 정치 활동에서 표출되고 있는데, 이것이 바로 '폐정'이라는 용어가 된다. 율곡이 폐정이라는 용어를 사용하고 이를 강조한 이유는 정치에서 법이 중요하다고 법에만 매달리는 기계적인 유속들의 태도와, 법자체를 무시하는 권간들의 자의적인 태도가 당시 조선 정치를 병들게 하였다는 그의 판단 때문이다.

율곡이 폐정을 해결하기 위해 제시한 해결책의 핵심은 바로 법을 무시해서도 맹신해서도 안 된다는 것이다. 그런데 법을 무시하는 것도 맹신하는 것도 모두 인간들이다. 결국 중요한 것은 법과 사람의 만남이 정치라는 장場에서 이루어져야 한다는 점이다. 하지만 법이 사람을 만날 수는 없으므로, 사람이 법을 만나야 한다. 그런데 당시 조선의 정치적 상황에서 사람이 법을 만나는 방식에 대한 율곡의 인식은 관행과 관습의 문제와 맞물린다.

율곡은 관습을 통해 입법立法이 되며, 관행을 통해 집법執法, 또는 행법行法이 이루어진다는 점을 인식하고 있었다. 한편 이와 같은 입법과 행법이 막힘없이 진행되기 위해서는 무엇보다도 정치 행위자들의 '소통'이 필요할 수밖에 없다. 율곡은 47세에 올린 「진시폐소陳時弊疏」에서 '공국共國'이란 표현을 하였고, 다음 해에 올린 「진시사소陳時事疏」에서는 '공국'의 실천 방안으로 '화조정和朝廷'을 제시하였다.

율곡이 말한 '공국'이란 아무리 훌륭한 임금이라도 국가를 홀로 다스

---

1) "大抵以法爲治, 以人行法. 故有法無人, 則徒法不能自行, 有人無法, 則惟人可以創法. 是以, 不患法之不美, 而患人之未善耳."(「軍政策」 습유 4-32ㄴ)

릴 수는 없으므로 어진 신하들을 얻어야 한다는 '인사 문제'에 그 초점을 둔 것이며, '화조정'이란 측면은 임금과 신하들 간의 소통에 그 초점을 두고 있었다. 그러나 '화조정'이 실패하면서 '공국'이 설 여지가 사라지게 되었고, 그 결과로 '붕당'이 등장한 것이 당시의 정치 현실이었다.

본 장에서는 우선 제1절에서 율곡의 후기 관직 활동을 비교적 상세하게 살펴본다. 그럼으로써 율곡이 선조 시기의 정치를 폐정으로 인식하고 이를 극복하기 위해 제시하는 폐정 개혁안을 살펴볼 수 있다. 제2절에서는 율곡이 제시한 폐정 개혁안들을 실천함에 있어 일의 우선순위에서 가장 시급하다고 주장한 '사람'의 문제를 살펴보고자 한다. 이는 율곡이 제기한 '득인론得人論'에 해당된다. 이 '득인론'을 통해서 '공국'을 실현할 수 있는 가능성을 확인할 수 있다고 나는 판단한다. 제3절에서는 '화조정', 즉 소통의 문제를 '공론정치'라는 측면에서 살펴본 후, 실패한 공론정치가 붕당정치화했음을 밝힌다.

제1절 율곡의 조정 복귀

본 절에서는 먼저 율곡의 40세 이후 5년간의 낙향 시기를 살펴본 후, 이어서 45세 이후 조정에 복귀하여 왕성한 활동을 수행하는 말년의 율곡의 모습을 살펴보기로 한다.[2]

---

2) 이하의 내용은 『율곡전서』의 『경연일기』와 「연보」, 그리고 『선조(수정)실록』에서 발췌하여 정리한 것이다.

1. 낙향

선조 8년(1575)은 의성왕대비의 사망과 더불어 시작되었다. 당시 율곡은 전년 10월부터 황해도 관찰사로 나가 봉직하고 있었다. 한 도의 책임자로 야심차게 출발했던 율곡의 관찰사 시절은 앞 장에서 살펴본 바와 같이 별다른 소득이 없었다. 이에 율곡은 3월에 병을 이유로 사직하고 파주 율곡으로 돌아갔다. 하지만 선조는 율곡을 곧바로 홍문관 부제학으로 부른다.

율곡은 세 번이나 사직을 청했으나 선조는 휴가만 주고 사직을 허락하지 않았다. 율곡은 대비의 장례식에나 참석하려는 의도에서 상경하였으나, 선조의 간곡한 권유가 있었고 율곡 또한 선조가 대비의 죽음 앞에서 선심이 생겨나고 있는 것으로, 즉 그의 표현대로 말하면 "음기 중에서 양기가 나오려 할 때"[3]라고 여기고 부제학에 취임하였다.

하지만 율곡의 이러한 기대는 오래가지 못했다. 이해 7월에 사헌부 하급 관리가 길에서 신분에 넘치는 복장을 한 궁노宮奴를 보고 사헌부로 잡아가려 하였는데, 오히려 궁노가 사헌부 하리를 구타한 후 왕자의 처소로 도망간 사건이 일어났다. 다음날 사헌부는 그 궁노를 체포하여 옥에 가두었는데, 김귀인金貴人이 이를 두고 선조에게 사헌부 관리들이 왕자의 우사寓舍에서 난동을 부렸다고 호소했다. 그러자 선조가 크게 노하여 사헌부의 하리를 의금부에 가두고 사헌부를 꾸짖었다.

이에 양사兩司와 홍문관에서는 모두 선조에게 하리를 사헌부로 돌려보낼 것을 청하였지만 선조는 노여움이 심해 따르지 않았다. 그런데 이러한 선조의 노여움은 율곡에 의하여 절정에 달하게 되었다. 당시에 홍문관 부제학인 율곡은 복服(상喪)을 당하여 집에 있다가 출사한 뒤 아뢰기

---

[3] "當此錮陰生陽之際, 豈無可乘之機乎."(『經筵日記』 선조 8년 5월, 29-60ㄴ)

를, "전하께서 눈으로 보지 않으신 것을 다만 부시婦寺〔궁중에서 일을 보던 여자와 내시〕의 말만 들으신 것이니, 부시의 말을 전부 믿는 것은 불가"하다고 말해버렸다. 율곡은 귀인 김씨가 아뢴 것인 줄 모르고 부시라고 문득 말한 것이었는데, 이 말을 들은 선조는 대노하게 된다.

사헌부의 하급 관리가 왕자의 우사에서 궁노를 체포한 사건으로 인하여 선조는 임금 자신이 신하들로부터 경시를 받았다는 인식을 가지게 되었고, 이러한 인식은 마침내 신하들, 특히 윤원형 등 권간이 몰락한 이후 등장하여 정국을 주도하던 사림들을 불신하는 데로 흐르게 되었다.[4] 궁노를 사헌부의 하급 관리가 체포한 사건에서 발단된 이 사건은 마침내 선조로 하여금 신료들과 반목하게 했으며, 그 결과 당시 어렵게 부활된 인사 제도인 '공천公薦'제가 금지되었다.[5]

율곡은 이러한 상황에 대하여, "이때에 상이 착한 일에 나아가는 것이 샘이 처음 솟는 것 같고, 불이 처음 붙는 것 같더니, 하루아침에 헌리의 일을 당하여 돌연 상의 잘하려던 마음이 상실되어 샘이 막히고 불이 꺼짐과 같아 바로잡을 도리가 없게 되었다."고 탄식하였다.[6] 이후 선조는

---

[4] 이때 선조는 율곡의 말에 대하여, "네가 어찌 경솔하고 방자하기가 이렇게까지 하느냐. 이것도 내가 덕이 적고 어두운 까닭이다. 하인의 일에 대해서는 항상 인심의 박악薄惡한 것이 네 말과 같을까 염려하여 날마다 신칙하였다. 네가 어찌 자세히 알겠느냐.〔上大怒答曰: '爾何輕肆多言, 一至此極乎. 此亦予寡昧之所致. 下人之事, 常恐人心薄惡, 有如爾說, 故日新檢飭. 爾豈能詳知乎.'〕"(29-71ㄱ~ㄴ)라며 반박하였고, 이어서 대신들에게, "내가 좀 더 잘하려는 것이 망령이다. …… 지금 군신羣臣〔여러 신하〕이 혼군昏君·용주庸主로 나를 대우하니 어찌 얼굴을 들고 경들을 보랴.〔上曰: '予之欲有爲者妄也. 予待大臣以至誠, 視羣臣如朋友, 今羣臣以昏君, 庸主待予, 予何敢擧顏以見卿等乎.'〕"(29-71ㄴ)라고 말했다. (이상의 내용은 『경연일기』와 『선조수정실록』 선조 8년 7월 기사에 모두 실려 있다.)

[5] 공천제 등 인사 문제에 대해서는 본 장의 제2절에서 다룬다.

[6] "是時上心向善, 如泉始達, 如火始然, 而一朝遇憲吏之事, 天怒過峻, 善端忽喪, 泉壅火熄, 莫可匡救." (『經筵日記』 선조 8년 7월, 29-72ㄱ)

의성왕대비 사후 조성되었던 신하들과의 소통의 장을 철저히 닫아버린다. 9월에 있었던 조강朝講에서 집의執義 신점申點이 북방이 공허하니 미리 장수를 선택하여 기를 것을 건의하였는데 이에 대하여 선조는 "조정에 큰소리 내는 자[大言者]가 많으니" '큰소리 내는 자'로 하여금 막게 할 것이라고 하는 등 신료들의 건의를 번번이 묵살하였다.[7)]

11월에 있은 야대夜對(밤에 경연에서 대답함)에서 율곡은 곤궁한 민생과 퇴폐한 풍속을 구제할 방책을 강구할 것을 간곡하게 진언하였지만 선조는 책만 보고 아무 대답을 하지 않았다. 보다 못한 율곡은 선조에게 제발 질문이라도 하라고 간절히 호소하였지만 선조는, "나는 의심나는 것이 없어서 물을 수가 없다."고 대응한다. 절망한 율곡은 "주상이 금세今世의 폐를 들으시면 조금도 강론치 아니하시고, 전대의 일만 논하기를 좋아하시니, 가령 논의가 정밀하고 자상하다 한들 시사에 무슨 보탬이 되겠는가. 가망이 없다."[8)]면서 마침내 이해 12월 벼슬길에서 물러난다.

벼슬에서 물러난 율곡은 다음 해인 1576년 2월에 파주 율곡으로 돌아간다. 이후 우부승지, 이조참의, 전라감사 등에 임명되었지만 모두 사양하고 10월에는 해주로 간다. 1577년에는 해주에서 『격몽요결擊蒙要訣』을 저술하였고, 1578년에는 주자朱子의 '무이정사武夷精舍'를 본떠서 '은병정사隱屛精舍'라는 정자를 세우고 주자를 기리는 '주자사朱子祠'를 은병정사 북쪽에 세울 것을 계획한다. 율곡은 이 사당에 주자와 더불어 우리나라의 정암과 퇴계를 모실 계획을 가졌는데, 율곡 사후 2년 뒤인 1586년에 완성된다. 1579년 3월에는 『소학집주小學集註』를 완성하는 등 이 시

---

7) "上曰: '朝廷多有大言者, 若虜騎來侵, 則可使大言者禦之.'"(『經筵日記』 선조 8년 5월, 29-80ㄴ)

8) "上聞今世之弊, 則略不講論, 好論前代之事, 假使論議精詳, 何補於時事, 時事無可爲之望矣."(『經筵日記』 선조 8년 5월, 29-89ㄱ~ㄴ)

기에 율곡은 정치 활동과는 약간의 거리를 두고 학문 활동에 매진하는 모습을 보인다. 아마도 현실 정치에서의 자신의 한계를 인식하고 주자와 퇴계의 삶 속으로 조금 침잠한 시기가 아닌가 생각된다. 하지만 역시 율곡은 현실 정치로부터 완전한 거리를 둘 수는 없는 사람이었다. 1580년(선조 13년) 12월, 그의 나이 45세에 율곡은 다시 대사간직에 나아간다.

2. 조정 복귀

선조 13년 12월, 45세의 율곡은 근 5년간의 정치적 공백기를 접고 대사간에 부임한다. 당시 29세의 선조는 유언을 남길 정도로 큰 병을 겪은 후였다.9) 율곡은 "지금 전하께서는 큰 병환을 겪으신 나머지 선단善端이 개발되시어 호령을 내릴 때마다 인심을 열복시키므로 신민의 희망이 처음 등극하실 때와 다를 것이 없게" 되었으니, 이는 "크게 진작하여 모든 묵은 폐단을 완전히 제거"할 수 있는 기회라고 생각하여 부임하였다.10) 이하에서는 이후 3년간 율곡이 보인 폐정의 개혁에 대한 내용과 더불어 이에 대한 당시 위정자들의 반응을 살펴보기로 한다.

---

9) 이해 11월에 숙의淑儀 정씨鄭氏가 죽었는데 선조는 이 죽음에 놀라 위급한 상황에 이르게 되었다. 선조의 유언 내용은 자신의 어린 아들을 부탁하는 것이었다. 선조는 얼마 후 회복하였다.〔十一月. 淑儀鄭氏卒. 己巳, 上不豫, 聞鄭氏卒, 驚動故也. 庚午, 上疾猝急, 命召大臣. 朴淳, 盧守愼先入侍, 上執二人手曰 '須念小兒輩'. 蓋上意恐至大故, 其言如此.〕(『經筵日記』 선조 13년 11월, 30-47ㄴ)
10) "今殿下大病之餘, 善端開發, 號令之下, 悅服人心, 臣民之望, 無異於初服矣. …… 必大段振起, 盡去宿弊."(『선조실록』 선조 13년 12월 18일)

1) 경제사 설치 건의와 무산

선조 14년 2월에 있었던 조강에서 율곡은 선조에게 임금의 숨김없는 의사 표명의 자세가 필요함을 다음과 같이 강조하였다.

> 〔임금은〕 호오好惡를 분명히 내보여 사람들로 하여금 추향할 바를 알게 해야 합니다. 요순堯舜이 천하를 인仁으로 통솔하니 백성이 그대로 따랐고 걸주桀紂가 천하를 폭력으로 통솔하니 백성이 또한 그대로 따랐습니다. 지금은 호오가 분명하지 않아서 임금의 뜻이 요순에 있는 것인지, 걸주에 있는 것인지를 알지 못하기 때문에 정치의 효과가 나타나지 않는 것입니다.[11]

이때에 열린 경연에서 율곡은 선조에게 임금이 정치를 잘하고자 하는 "마음을 두었더라도 반드시 정사상政事上에 시행하는 일이 시의時宜를 얻어야 도선徒善〔한갓 착하기만 하고 구체성이 없음〕이 되지 않을 것"임을 각인시킨다. 하지만 율곡의 이러한 애절한 건의에 대하여 당시 경연장에 참석하였던 신하들은 모두 엎드려 있기만 할 뿐 한마디 말도 하지 않았으며, 오직 응교 김우옹金宇顒만이 선조 자신이 스스로 닦아 다스림을 도모할 것을 청하는 것으로 율곡의 말에 호응해주었을 뿐이었다.[12]

4월에는 가뭄이 대단히 심하여 흉년이 들게 되었는데, 특히 평안·황

---

11) "須明示好惡, 使人知趨向可也. 堯, 舜 帥天下以仁, 而民從之. 桀, 紂 帥天下以暴, 而民從之. 今好惡不分明, 使天下不知上意之所嚮, 不知其爲 堯, 舜 爲 桀, 紂, 所以治效之不至也."(『선조실록』 선조 14년 2월 10일)
12) "雖有此心, 必於政事上擧錯得宜, 然後不爲徒善矣."(『經筵日記』 선조 14년 2월, 30-52ㄴ); "是時經席侍臣, 皆俯伏不言, 獨應敎 金宇顒有所陳說, 請上修己圖治矣."(30-52ㄱ)

해 두 도가 더욱 심하였다. 율곡은 백성을 구제하기 위해 삼공·육경·삼사의 책임자를 조당朝堂에 모아 회의를 열 것을 선조에게 간청하여 허락을 얻었다. 율곡의 건의에 대한 선조의 첫 번째 긍정적 반응이었다. 어렵게 열린 이 자리에서 영의정 박순은 "미리 재력을 축적하여 구제"할 것을 제안하였는데 이에 대해서 율곡은, "만약 폐단이 되는 법을 변통하여 어려움을 구제하지 않고 다만 곡식을 옮겨 백성을 살리려고 한다면 곡식 또한 이미 절핍되어 옮길 것이 없다."면서 "조종조에서는 세금의 수입이 매우 많았으나 지금은 해마다 흉년이 들어 세금의 수입이 매우 적은데도", "경비는 그대로 구례를 따르고" 있으므로 "절핍되지 않을 수 없음"을 아뢴다. 이어서 율곡은 "세금의 수입을 적절히 늘려 정해서 나라의 경비를 넉넉하게 하는 것이 좋을듯하지만 백성의 생계가 매우 곤궁하여 형편상 더 거둘 수 없으니, 반드시 먼저 누적된 고통을 풀어 민심을 기쁘게 한 다음에 세금을 거두는 것이 적절한 방법"임을 다시 한 번 강조한다. 이러한 율곡의 주장을 유성룡柳成龍은 "서둘러 시행"하자고 찬성[13]하였다.

5월에 율곡은 다시 「사간원걸변통폐법차司諫院乞變通弊法箚」를 올려 폐법을 변통하고, 공안을 고치고, 주현을 병합하고, 감사를 오래 맡길 것 등을 간곡하게 건의하였는데, 이에 대해 선조는, "뜻은 가상하나 구법舊

---

13) "是時, 旱勢甚熾, 歲又將凶歉, 而平安, 黃海二道尤甚. 上御經席謂侍臣曰: '凶歉如此, 西道尤甚, 因之以饑饉, 加之以師旅, 則計將安出?' 朴淳曰: '須預畜財力以救之.' 李珥曰: '若不變通弊法, 以濟艱難, 而只欲移粟活民, 則粟亦已乏, 無可移者矣. 國勢如此岌岌, 自上須思變通之策, 凡經費之需, 亦當裁減.' 上曰: '用度別無增加, 只遵舊規, 而猶不足, 奈何.' 珥曰: '祖宗朝稅入甚多, 今則連歲不登, 稅入甚少, 而經費猶遵舊規, 安得不乏. 稅入似當酌宜加定, 以裕國用, 而民生甚困, 勢不可加. 必須先解積苦, 以悅民心, 然後收稅始可得中矣. 我國貢案, 不度民戶殘盛, 田結多少, 而胡亂分定, 且非土産, 故防納之徒, 得以牟利, 而齊民困苦, 今須改定貢案, 量其民戶田結, 均敷平定, 而使之必貢土産, 則民解積苦矣.' 柳成龍曰: '此事汲汲可爲也.'"(『經筵日記』 선조 14년 5월, 30-68ㄱ~ㄴ)

法을 고치는 것은 어려울듯하다."면서도, 대신들과 함께 의논해보겠다는, 어느 정도 긍정적인 반응을 보였다. 하지만 좌의정 노수신이 병을 핑계로 나오지 않아 회의 자체가 열리지 못했다.14)

이후 6월에 대사헌, 그리고 9월에 대사간을 역임한 율곡은 10월에 호조판서에 임명된다. 한편 10월 16일에 선조가 천재天災로 인하여 공경公卿들에게 연방延訪〔오랫동안 물어봄〕하였다. 입시入侍한 사람은 영상 박순, 병조판서 유전柳典, 형조판서 강섬姜暹, 한성부 판윤 임열任說, 좌참찬 심수경沈守慶, 우참찬 이문형李文馨, 공조판서 황임黃琳, 예조판서 이양원李陽元, 이조판서 정지연鄭芝衍, 호조판서 이이, 도승지 이우직李友直, 대사헌 구봉령具鳳齡, 부제학 유성룡 등이었다. 이 자리는 선조가 주도하여 현안 문제를 의논하기 위해 신하들을 한자리에 모은 최초의 자리였다.

이러한 의미 있는 자리에서 율곡은 먼저 "재변이란 다스려지려고 하거나 어지러워지려고 할 즈음에 일어나는 것"이라면서, "만약 재변으로 인하여 마음을 가다듬고 두려워하며 반성하고 수양해나간다면 재변은 도리어 상서가 될 것"이라고 말한다. 이어서 당시의 상황에 대하여 율곡은 "지금은 안으로는 전하께서 실덕失德하심이 없고 밖으로는 유신儒臣들이 포열해 있는" 쉽게 만나기 어려운 기회라고 말하면서 중요한 제안을 하나 한다.15) 위에서 본 바와 같이 율곡이 5년 만에 복귀한 조정에서의 선조

---

14) "上答曰: '省箚良用嘉焉. 舊法之變, 似難輕爲. 然當議大臣處之.' 乃下于大臣, 而以盧守愼不出, 故不能會議."(『經筵日記』선조 14년 5월, 30-69ㄱ) 한편 율곡은, 당시 좌의정 "노수신은 나라에서 재해를 입어도 별로 건의하는 방책도 없이 날마다 잡객들과 어울려 술이나 마시고 나랏일에는 생각도 없으므로 비웃는 사류가 많아서 노수신이 병을 핑계하고 나오지 않았다〔守愼遇災害, 別無建白之策, 日與雜客飮酒, 不念國事, 士類多非笑者. 守愼乃謝病不出〕."(『經筵日記』선조 14년 5월, 30-67ㄴ~68ㄱ)고 적고 있다.
15) "災異必作於將治將亂之際, 雖賢君亦不免災. 若因災惕念, 恐懼修省, 則災反爲祥, …… 今則內而殿下無失德, 外而儒臣布列, 自古罕有如今日者也."(『經筵日記』선조 14년 10월, 30-90ㄴ~91ㄱ)

의 태도는 그 이전에 비해서 다소 긍정적으로 변해 있었다. 하지만 조정 신료들의 분위기는 별다른 차이를 보이지 않고 있었다. 앞서 본 바와 같이 이해 4월에 있었던 재난 구제 회의가 별다른 소득 없이 끝이 났던 것을 반성한 율곡은 '경제사經濟司'라는 임시 특별 기구를 설치할 것을 건의한다.

율곡은 "폐정弊政을 개혁하는 문제에 있어서 경연관이 아뢴 것들은 애초에 심사숙고하여 건백한 것이 아니고 우연히 진달한 것이어서 비록 간혹 채택하여 시행하더라도 끝내 실효가 없게" 되었고, 이렇게 되자 선조 자신도 신하들의 능력을 의심하기에 이르렀다고 생각하였다. 이 문제를 해결하기 위해서 율곡은, "바라건대 대신과 상의하여 경제사를 설치하여 대신으로 하여금 통솔하게 하고 사류 가운데 시무時務를 잘 알고 국사에 마음을 둔 자들을 선임하여 모든 건백建白〔建議〕 사항은 다 경제사로 하여금 상의 확정하게 하여 폐정을 개혁"할 것을 선조에게 주문한다.[16]

선조는 이에 대해서, "경제사를 설치하면 나중에 반드시 큰일이 생길 것이다. 우리나라는 모든 공사公事를 육부六部가 나누어 관장하고 있는데 거기에는 까닭이 있는 것"이라고 일단 반대하였다.[17] 율곡은 다시, "지금 쌓인 폐단이 대단하여 임금의 은택이 아래로 흐르지 못하고 있으니, 반드시 시무時務에 뜻을 둔 사람을 얻어 한곳에 모이게 하여 서로 방책을 강구하게 하여 시폐를 개혁함이 옳을 것입니다. 폐단만 다 개혁되면 다시 해산시켜도

---

16) "至於革弊一事, 凡經筵官所啓, 初非熟計深思而建白也, 偶然陳達, 雖或採施, 終無實效, 故自上益知無人可與爲治者. 此固然矣, 臣有妄計, 請令大臣商議, 設一經濟司, 使大臣領之, 而擇士類曉達時務. 留心國事者, 與其選, 凡有建白之言, 皆下其司, 商議定奪, 以革弊政."(『經筵日記』 선조 14년 10월, 30-91ㄴ~92ㄱ)

17) "上曰: '經濟司之設, 後必生大事矣. 我國凡公事, 六部分掌, 意有在矣.'"(『經筵日記』 선조 14년 10월, 30-92ㄱ)

될 것이오니, 상설常設하여 오래 두자는 것이 아닙니다."[18]라고 말한다. 율곡의 진정한 의도는 바로 시무에 뜻을 둔 사람들을 일단 한자리에 모아서 논의하는 것으로 출발하자는 것이었다.

하지만 선조는, "내 생각에는 오활하다고 본다. 그리고 어떤 사람에게 맡긴단 말인가."라면서 허락하지 않았다.[19] 선조의 반대 이유는 무엇보다도 먼저 임금 자신이 믿을만한 신하를 얻을 수 없다는 비관적이고 소극적인 자세에서 비롯된 것이었다.

실망스런 답변을 들은 율곡은, "근일에 여러 신하에게 의견도 물으시고 말도 구하셨으나 어떤 계책을 써서 어떤 폐단을 구제했다는 말은 듣지 못하였으니, 이렇게 되면 한갓 형식만 갖추었을 뿐, 무엇으로 천변天變에 응할 수가 있겠습니까."[20]라면서 경제사는 설치하지 못하더라도 이제부터는 "전하께서 선입견을 가지지 마시고 대신과 시무를 잘 아는 자와 시폐를 구제할 대책을 상의하시되 개혁만을 주로 하지도 마시고 보수만을 주로 하지도 마시며 조종의 좋은 법이 폐지되어 시행되지 않는 것이면 정리하여 시행하고 근래의 규례規例로서 민생에게 해를 끼치는 것이면 고쳐 없애고, 새로운 계책으로 나라를 이롭게 하고 백성을 살릴 수 있는 것이면 강구하여 시행"할 것을 간청한다.[21]

---

18) "今者積弊多端, 王澤不流, 必得留心時務者, 會于一處, 相與講究, 以革時弊可也. 弊苟盡革, 亦可還罷, 非欲設局久存也."(『經筵日記』 선조 14년 10월, 30-92ㄴ. 고딕체 강조는 내가 했다)

19) "於予意則以爲迂闊, 且未知可委之何等人耶."(『經筵日記』 선조 14년 10월, 30-92ㄴ~93ㄱ)

20) "延訪求言矣, 未聞用某策救某弊, 如此則徒爲文具, 何以應天變乎."(『經筵日記』 선조 14년 10월, 30-93ㄴ)

21) "若殿下不先立適莫之心, 與大臣及識時務者, 商確救時之策, 不以更張爲主, 亦不以膠守爲主, 祖宗良法, 廢而不擧者, 則修擧之, 近規之貽患於生民者, 則革除之, 新策之可以利國活民者則講行之."(『經筵日記』 선조 14년 10월, 30-93ㄴ)

2) 「진시폐소」

선조 15년(1582) 정월 47세의 율곡은 이조판서에 임명된다. 율곡은 세 번이나 사양하였으나 선조가 그의 사양을 받아주지 않아 취임하게 된다. 율곡이 이조판서를 사양한 이유는 그가 세 번째로 사양하면서 올린 상소인 「사이조판서삼계辭吏曹判書三啓」에 잘 나와 있다. 이 상소에서 그는 첫째, 이조의 판서가 아무런 실권이 없고 오히려 아래의 낭관郎官들에게 휘둘림을 당하고 있는 현실을 다음과 같이 지적한다.

조종조에서는 전형銓衡의 장長을 특별히 중요하게 여겨서, 그 선임을 반드시 최고로 하고자 하여, 혹은 삼공三公으로 통령케도 하고 중신重臣으로 겸하게도 하였으니, 어찌 오늘날 차선인次善人을 취하여 자리나 채우는 것과 같았겠사옵니까. 옛날 이 자리에 처한 사람은 국정國政을 행하고 세도世道를 바로잡는 일을 자기의 책임으로 여기어, 감별하는 일을 극히 밝히고 선택하는 일을 극도로 공정히 하여 한때의 청론淸論을 주장하였고, 낭료郎僚〔낭관〕는 다만 그 미흡한 점을 도울 뿐이었습니다. 그런데 지금은 관각館閣〔홍문관·예문관·규장각〕의 청선淸選〔적임자를 바르게 고르는 일〕을 일체 낭료에게 맡겨버리고 다시는 그 사이에 유의하지도 않으며, 다만 미관말직이나 주의注擬하는 것을 자기의 책임으로 삼는데, 그도 역시 앞뒤를 돌아보고 청탁의 고하를 가지고 경중을 삼고 있습니다. 그 가운데 공과 사가 반반씩만 되어도 여론에서는 인선을 잘했다고 칭하옵니다. 그래서 청의淸議〔고결하고 공정한 언론〕는 낭료에게 있고 장관에게는 있지 않으니, 이로 말미암아 머리에 쓰는 갓과 발에 신는 신이 도치되어 기강이 이루어지지 못하옵니다.[22]

율곡은 이러한 잘못된 관행이 지속되는 한 자신은 아무런 일도 할 수 없으므로 이조판서직을 사퇴하고자 하였던 것이다. 이어서 율곡은, "옛날에는 해당 관원이 각자 자기의 직책을 맡아 수행하였고 …… 임금의 뜻에 순종하는 것만을 공경하는 것으로 여기지는 않았는데 오늘날 해조〔해당 조, 즉 이조〕에서는 문서만을 받들어 시행해야 한다고 여기면서 작위를 수여하라는 명이 있으면 시비를 따지지도 않고 오직 상의 명령만을 따르는 삼지재상三旨宰相[23]"이 되고 말았음을 지적한다.[24]

둘째로 율곡은 과거 이조에서 수행했던 관료들의 감찰 임무가 사라졌음을 지적한다. 율곡에 의하면 이조는 관리들을 임명할 뿐만 아니라 임명한 후에는, "감찰하여 자기의 직무를 수행하지 못하는 자가 있으면 나타나는 대로 제거시켰기 때문에 백관들이 직무를 수행하는 데 있어 감히 태만하거나 소홀히 하지 못했는데", "지금 전조銓曹에서는 제수하는 일만을 관장하고 있을 뿐"이어서 "백사百司〔많은 관원〕가 해이해지고 온갖 일이 그르쳐지고 있는데",[25] 이러한 고질적인 폐단을 자신의 재능과 신

---

22) "祖宗朝, 特重銓衡之長, 必極一時之選, 或以三公領之, 或以重臣兼之, 豈如今日取次充位也哉? 昔之居是位者, 以國政世道爲己任, 鑑別極其明, 掄選極其公, 主張一時淸論, 而郎僚只補其所不逮而已. 今則館閣淸選, 一委之郎僚, 無復置意於其間, 只以注擬微末之職爲己責, 而亦復瞻顧前後, 以請託高下爲輕重. 就其中, 公私相半者, 則時論稱善, 故淸議在於郎僚, 而不在於長官, 由是冠履倒置, 不成紀綱焉."(「三啓」8-13ㄴ)
23) 삼지재상이란 재상으로서 높은 지위만 지키고 있는 사람을 조롱하는 말이다. 송宋나라 때 왕규王珪가 승상이 된 지 16년 동안에 한 가지 계책도 건의하지 못하고, 어전에 나아가 어떤 일을 아뢰면서 '성지聖旨〔임금의 분부〕를 기다리겠습니다.' 하고, 임금의 결재가 끝나면 '성지를 알았습니다.' 하며, 물러나 분부하기를 '이미 성지를 얻어냈다.'고 한 데서 나온 말이다(『國譯 栗谷全書』 VII 「연보」: 98 주 84).
24) "昔者, 該官各執其職, 正事格王, 恩命雖出於上, 而如不合公議, 則必覆逆不已, 不以阿從爲敬. 今則咸以爲該曹只當奉行文書, 如有錫爵之命, 則不問臧否, 而惟上命是順, 此眞所謂三旨宰相者也."(「三啓」8-13ㄴ~14ㄱ)
25) "吏曹有考功之司. 故昔之考功者, 檢察百僚之勤慢, 有不稱職者, 則隨現汰去, 故百僚奉

망으로는 개혁하여 바로잡기에 한계가 있다는 점을 밝히고 있다.

하지만 선조는 율곡이 적임자라고 여겨 사직을 허락하지 않았고, 취임한 율곡은 구폐舊弊를 개혁시키고 사로仕路를 깨끗이 하기 위하여 어진 선비를 뽑아 대간과 헌부에 충원시킬 것, 학행學行이 훌륭한 사람을 가려 사유師儒로 삼을 것, 염치가 있는 사람을 추천하여 명절名節을 권면시킬 것, 이재吏才를 천거하여 백성 다스리는 일을 맡길 것, 감사監司의 선임을 중하게 하고 수령의 천거를 엄하게 할 것 등을 강하게 요청하였고, 선조는 이를 허락하였다.

그런데 청선을 낭료에게 위임시키고 있다는 말이 문제가 되었다. 율곡의 이 주장은 바로 율곡 자신이 "권병權柄을 천단擅斷하려는 의도"를 가진 것으로 인식되어 비난을 받게 되었다. 결국 여기서 발목을 잡힌 율곡은 이조판서직을 사직하게 되었고, 그 이후 "낭관이 권병을 전단하는 일이 더욱 심해지고" 말았다.[26]

이해 9월에 율곡은 의정부 우참찬에 임명되었다가 바로 우찬성으로 승진했다. 이때 율곡은 「진시폐소」라는 장문의 상소를 다시 한 번 올린다. 이 상소에서 율곡은 '정사를 잘 다스려 나라를 보전할 수 있는 계책[制治保邦之計]'에 대해 말하고 있다. 우선 당시의 위기 상황 네 가지에 대하여 율곡은 '죽음을 각오하고' 다음과 같이 말하고 있다. 첫째 세도世道는 시속을 따르는 데에서 나빠지고, 둘째 공적은 작록만 탐내는 자를 먹여주

職, 莫敢怠忽. 今則銓曹, 只掌除授, 而其於考課, 不知爲何事, 用是百司解弛, 庶績皆敗焉."(「三啓」8-14ㄱ)

[26] "珥欲革舊弊, 淸仕路, 簡賢士以充臺憲; 擇學行以爲師儒; 擧廉恥以勵名節; 薦吏才以試臨民, 重監司之選; 嚴守令之薦, 皆啓請施行, 上亦許之. 而以淸選委郎僚之語, 爲時論所非, 議以爲: '珥 欲擅權之計.' 故卒無一事如意, 郎官專柄益甚, 未幾 珥 以病辭遞."(『선조수정실록』 선조 15년 1월 1일)

는 데서 무너지고, 셋째 정사政事는 부의浮議를 일으키는 데에서 어지러워지고, 넷째 백성들은 오랫동안 쌓인 폐단으로 곤궁해지는 것이 그것이었다.27)

이 상소에서 내가 주목하는 점은 율곡이 '정사는 부의를 일으키는 데서 어지러워졌다(政亂於浮議).'고 말하면서 선조에게 건의한 내용이다. 율곡은 "예로부터 명철한 임금들도 혼자서는 정치를 할 수 없었으므로 반드시 어진 사람을 얻어 나라를 같이 다스렸습니다."28)라면서 '공국共國'이라는 용어를 사용한다. 다시 말하면 공국이란 임금의 현인 등용 여부에 그 성패가 있다는 것이다. 이어서 이 책의 서론에서 이미 언급한 내용인 '군주의 인사'에 따라서 '치란과 안위가 달려 있다.'는 점을 서술하고 있다.

그리고 넷째 문제인 '백성은 누적된 폐단에서 곤궁해졌다.'라는 점을 설명하면서 율곡은, "예로부터 대업을 계승한 임금으로서 수성守成을 잘한 경우가 두 가지가 있는데, 치세를 계승했을 경우에는 그 법을 그대로 따라 잘 다스렸고, 난세를 계승했을 경우 그 폐단을 개혁시켜 치세를 이룩했으니, 일은 다르다 하더라도 방법은 같은 것"임을 설명한다. 이어서 "매양 제도를 고치는 일에 대해 중난重難하게 여기시므로 변통해야 한다는 말을 조금도 채납採納하지 않고" 있는 선조에게, "오래 묵은 집에 재목이 썩어서 언제 쓰러질는지 모르는데 서까래 하나, 기둥 하나도 갈거나 고치지 않고서 그저 앉아서 무너지기만을 기다리는 것"과 같다면서 "아무리 성헌成憲이라 하더라도 시대가 바뀌고 사태가 변하면 간혹 준행

---

27) "危亡之象, 臣請冒鈇鉞之誅, 試陳其略焉. 世汚於循俗, 績敗於食志, 政亂於浮議, 民窮於積弊."(「陳時弊疏」7-27ㄱ)
28) "自古明王誼辟, 不能獨治, 必得賢者而共國."(「陳時弊疏」7-32ㄱ)

준행하기 어려운 것이 있게 마련"이니 "때에 따라 적절하게 해나가는 방법〔權時適宜之策〕"을 강구할 것을 요구하였다.29)

결국 당시 백성들의 고통은 "옛 법을 고수할 뿐만 아니라 한때 잘못 만들어진 법규라 할지라도 시행한 지 오래된 것이라면 성헌成憲으로 인정하여 더욱 경건하게 준수하므로 해독이 온 국내에 미치는 데도 돌보지 않고 있는 태도"30)에 다른 그 무엇보다도 원인이 있음을 다시 한 번 강조한 율곡은 다음과 같이 중요한 말을 선조에게 하고 있다.

> 전하께서 비록 백성을 사랑하는 마음이 있다 하더라도 백성을 편안히 하는 정치를 베풀지 않으시면, 이른바 선정할 마음만 있고 시행하는 제도는 없는 것이어서 백성은 덕을 보지 못할 것입니다.31)

이어서 율곡은 "제거시켜야 할 누적된 폐단에 대해서는 지금 일일이 거론하기 어려우나 어리석은 신이 늘 경연에서 아뢴 것은 공안貢案을 개정하고 수령을 줄이고 감사를 구임久任시키는 세 가지"였다고 다시 한 번 강조32)하고 마지막으로 선조에게, 자신의 말이 망령된 것이 아니라면 "깊이 생각하고 오래 강구한 다음 대신에게 문의하여 조금이라도 채용"

---

29) "自古繼世之君, 善於守成者有二焉. 繼治世則遵其法而治焉, 繼亂世則革其弊而治焉, 其事雖異, 其道則同也. …… 每以改紀爲難, 故變通之說, 略不採納, 譬如舊室材朽, 朝暮將頹, 而不易一椽, 不改一柱, 坐待覆壓, 是何理歟? 雖舊章成憲, 時移事變, 則或有勢難遵行者, …… 權時適宜之策, 不得不爾."(「陳時弊疏」 7-32ㄴ~33ㄱ)
30) "今者, 非但膠守舊章, 而雖誤規出於一時, 行之旣久, 則認爲成憲, 遵守益虔, 毒遍寰宇而莫之恤."(「陳時弊疏」 7-33ㄱ)
31) "雖有愛民之心, 而不施安民之政, 徒善不法, 民不見德."(「陳時弊疏」 7-33ㄱ)
32) "若積弊之可祛者, 則今難枚擧. 愚臣之每達于經席者, 是改貢案, 省吏員, 久任監司三者耳."(「陳時弊疏」 7-36ㄴ)

해줄 것을 간곡하게 호소한 후, 만일 3년 동안 시행한 뒤에도 여전히 "세도가 새로워지지 않고 모든 정치가 잘 되지 않거나 조정이 안정되지 않거나 백성이 편안해지지 않거든, 신을 임금을 속인 죄로써 다스려, 요망스런 말을 하는 자의 징계로 삼아"달라고 호소하였다.[33]

율곡의 이러한 간곡한 상소에 대하여 선조는, "경의 상소를 보고 충성스러움을 잘 알았다. 나 역시 마음을 가다듬고 일을 해보고 싶지 않은 것은 아니지만 너무도 몽매하고 재주와 식견이 부족하여 지금까지 일이 마음대로 되지 않았으니, 생각해보면 한탄스러울 뿐이다. 그러나 더욱더 경계하여 살펴 유념하겠다."며 우호적인 태도를 보인다. 그 뒤 며칠이 지나서 율곡이 경연에 입시하여 몸을 닦고 백성을 다스리는 방도를 진달하자, 상이 흔쾌히 수작酬酢하여 종일토록 토론하고서 파하였다. 이때부터 율곡은 입시할 적마다 자신의 주장을 반복하였고 선조는 마침내 율곡의 상소를 신하들에게 보이면서, 율곡의 주장에 대한 공론화를 시도하였다.[34]

이때 좌우 신하들이 누구도 대답하지 못했는데, 장령 홍가신洪可臣이 "이것이야말로 지금의 급무"라면서, "비유하건대 이 궁전은 본시 조종이 창건하신 것입니다. 그러나 세월이 오래되어 무너질 형편이라면 조종이 창건한 집이라 하여 수리하여 고치지 않고 그저 앉아서 무너지는 것을

---

33) "殿下如以臣言爲不妄, 則深思舒究, 詢及大臣, 少加採用, 區區至願也. 殿下用臣之策, 得人授政, 頓綱振紀, 更張宿弊, 勿爲流俗所沮, 勿爲浮議所動, 如是者三年, 而世道不新, 庶績不熙, 朝廷不靖, 百姓不安, 則請治臣以誣罔之罪, 以爲妖言者之戒. 不勝幸甚."(「陳時弊疏」 7-38ㄱ)

34) "上答曰: '觀卿上疏, 具見忠懇. 予非不欲策勵有爲, 而眇眇寡昧, 才識不逮, 以至于今, 事與心違, 予亦竊歎焉. 當更加警省留念焉.' 後數日, 珥 入侍經席, 復陳修己治民之道, 上欣然酬酢, 討論竟日而罷. 自是, 珥 入侍, 每申前說曰: '用臣之策, 得人授政, 頓綱振紀, 更張宿弊, 勿爲流俗浮議所沮撓. 如是三年, 而世道不回, 則臣請伏欺罔之罪.' 上以其封事, 示入侍諸臣曰: '右贊成自前每有此論, 予則以爲至難. 不知更張如何.'"(『선조수정실록』 선조 15년 9월 1일)

보고만 있을 수 있겠습니까. 필시 재목을 모으고 공장工匠을 불러들여 썩은 것은 갈아내고 허물어진 데는 보수한 뒤에야 산뜻하게 새로와지는 것인데 경장시키는 계책이 무엇이 이것과 다르지 않겠습니까."라면서 율곡의 주장을 옹호하자 선조도 수긍하였고 마침내 율곡이 오랫동안 주장했던 경장이 시행될 기회를 가지게 되었다.[35]

하지만 부제학 유성룡이 이튿날 차자를 올려 율곡의 논의가 시의時宜에 적합하지 않다고 극론하자, 그 의논은 끝내 중지되었다. 홍가신이 반대한 이유를 묻자 유성룡은, "경장하는 것은 진실로 옳은 것"이지만 율곡의 "재주로 그 일을 해내지 못할까 염려"되어 그런 것이라고 대답하였다. 결국 유성룡은 사람이 없어서 경장을 못한다고 보고 있었다.[36]

앞에서 본 바와 같이 율곡이 선조 14년에 올린 「사간원걸변통폐법차」는 좌상 노수신이 회의에 불참하여 논의의 진전을 보지 못하였고, 이듬해에 올린 「진시폐소」는 유성룡의 반대로 실행되지 못했다. 그런데 앞에서 본 것처럼 유성룡은 선조 14년 4월에는 율곡의 건의를 "서둘러 시행"하자고 적극적으로 지지했었다. 한편 선조 14년 4월에 있었던 회의에서 곡식을 옮겨 굶주린 백성을 구제하자는 대신들의 건의를 율곡은 근본적인 장책이 되지 못한다고 말한 바 있었다. 유성룡은 율곡이 생각하는 근본적인 장책이 무엇인지를 물었다. 이에 율곡은 "위로는 임금의 마음

---

35) "左右不能對. 掌令 洪可臣 對曰: '此是當今急務也.' 上曰: '有說乎?' 對曰: '比之此殿屋, 本是祖宗所創. 若歲久頹敗, 則其可曰祖宗所創之宇, 不可修改, 而坐視其頹敗乎? 必須鳩材聚工, 朽者改之; 毁者補之然後, 方得重新, 更張之策, 何以異此?' 上然之."(『선조수정실록』 선조 15년 9월 1일)

36) "副提學 柳成龍 聞之, 翌日進箚, 極論 珥 所論不合時宜, 其議遂格. 洪可臣 詣 成龍, 成龍 詰其附會 珥 論, 可臣 曰: '公果以更張爲非乎?' 成龍 曰: '更張固是. 但恐其才不能辦此事也.'"(『선조수정실록』 선조 15년 9월 1일)

을 바루고 아래로는 조정을 맑게 하는 것이 장책"37)이라 하였는데, 유성룡은 임금의 마음을 바로잡고 조정을 맑게 하는 이 일을 율곡이 해낼 능력이 없다고 본 것이다.

한편 율곡은 유성룡을 "재주와 식견이 있고 일을 설명하여 아뢰는 것이 능하므로 경연에서 계사를 하면 사람들이 모두 찬탄하는" 인물이지만 "한마음으로 봉공奉公하지 못했고 이해관계를 살피는 뜻이 있으므로, 군주는 부족하게 여기는" 자라고 평가했다.38) 식견이란 일의 처리 능력, 즉 대인對人과 대물對物 관계에 있어 기교가 있음을 말한다. 한편 봉공이란 식견이 필요한 근본 이유에 대한 문제라고 볼 수 있다. 즉 왜 필요하며, 무엇을 위해 해야 하는가, 라는 점이 바로 봉공의 문제가 된다.

정치에서는 식견이 중요하지만, 그것만으로는 부족하기에, 봉공으로 보완해야만 한다. 그런데 이때 봉공만을 너무 강조하면 바로 순수 도덕 pure moral화의 문제가 되는 것이다. 결국 중요한 것은 정치적 도덕political moral인데, 이것은 바로 식견과 봉공이 만나는 지점이다.

한편 10월에 명나라 사신을 접견하는 원접사遠接使로 발탁되어 11월에 명나라 사신을 국경까지 반송伴送하고 돌아온 율곡은 12월에 병조판서에 임명된다. 율곡은 문무文武를 한 사람이 겸할 수 없다39)고 사양하였지만, 선조는 율곡을 병조판서에 임명한다. 여진족 이탕개尼湯介가 2만의 병력으로 국경을 침입하는 전쟁이 일어나게 되자 율곡은 병조판서에 취임하였다. 2월에 병조판서 율곡은 「육조계六條啓」를 올렸는데, 그

---

37) "柳成龍問珥曰: '頃日闕庭之議, 公以爲非根本長策云, 如何是根本長策?' 珥曰: '上格君心, 下淸朝廷, 是根本長策.'"(『經筵日記』 선조 14년 4월, 30-61ㄴ)
38) "成龍有才識善敷奏, 經席啓辭, 人皆稱美. 但不能一心奉公, 時有顧瞻利害之意, 君子以爲短焉."(『經筵日記』 13년 4월, 30-43ㄴ)
39) 율곡은 선조 13년 11월부터 양관 대제학을 겸직하고 있었다.

내용은 첫째 현능賢能을 등용할 것, 둘째 군민軍民을 기를 것, 셋째 재용財用을 풍족히 할 것, 넷째 번병藩屛을 공고히 할 것, 다섯째 전마戰馬를 준비할 것, 여섯째 교화敎化를 밝힐 것 등이었다.[40] 한편 이 시기에 선조는 율곡을 전적으로 신임하였고 영의정 박순 또한 극히 율곡을 추중推重하였다. 이에 힘을 얻은 율곡은 자신의 모든 역량을 발휘하고자 하였다.

하지만 무엇보다도 선조의 적극적인 태도 변화가 필요하다고 생각한 율곡은 약간의 무리수를 두게 된다. 국경에서 전쟁을 수행하는 비상시국에서 국방의 책임자가 임금을 만나는 자리는 평시와 같을 수는 없다고 여긴 율곡은 선조에게, 자신이 말을 하고 싶어도 "경연의 규정이 반드시 강론을 거친 후에 일을 아뢰게 되어" 있으니 따로 시간을 내어줄 것을 요구하였다. 사간 권극지權克智 등이 "무시로 청대"하는 것은 후에 폐단을 가져올 수 있다[41]며 피혐避嫌[42]하였다.

3) 「진시사소」

4월에 율곡은 「진시사소」를 올려 이미 청한 바 있던 공안 개정, 군적 개정, 주현 병합, 감사 구임 등을 거듭 간청한다. 이 상소문은 율곡의 서거 약 6개월 전에 올린 것으로 율곡의 정치적 사고를 가장 포괄적으로 보

---

40) "兵曹判書 李珥 入對, 陳時務六條. 一曰, 任賢能, 二曰, 養軍民, 三曰, 足財用, 四曰, 固藩屛, 五曰, 備戰馬, 六曰, 明敎化."(『선조수정실록』 선조 16년 2월 1일)
41) "兵曹判書 李珥 入侍朝講. 仍啓曰: '臣欲陳所懷, 而經筵則講書後啓事, 殿坐日晏. 請於燕閑之時, 賜對盡言.' 上許之. 於是, 入侍臺臣司諫 權克智, 掌令 黃暹 等啓曰: '李珥 若有所達之事, 當於經筵進啓. 若朝講入侍人多, 不得從容進啓, 則或於晝, 夕講啓達, 無所不可也. 今若無時請對, 則慮有後弊, 而臣其時入侍, 未及糾正, 請遞臣職.'"(『선조수정실록』 선조 16년 윤2월 1일)
42) 피혐에 대해서는 본 장 제2절에서 다룬다.

여주는 글이다. 이하에서는 이 상소문을 자세히 살펴보기로 한다.

율곡은 이 상소문에서 정치에 있어서 본말本末과 선후先後의 관계를 논하고 있다. 이미 율곡은 종본이언과 종사이언에 대하여 언급한 바 있었다.[43] 종본이언과 종사이언은 정자程子의 '치본治本'에 대한 논의를 율곡이 차용한 것으로 여기서 종본이언이란 임금의 수신으로부터 출발하여 모든 관리를 바르게 하는 '인간의 측면'이라면, 종사이언이란 '법제 개혁의 측면'을 말하는 것이었다. 그런데 이러한 율곡의 견해가 그의 말년에 와서 '종본이언'보다는 '종사이언' 쪽으로 선회한 것을 이 상소문에서 확인할 수 있다.

여기서 임금의 수기로부터 시작하는 종본이언적 관점에서 벗어나 구체적인 일을 중시하는 종사이언적 관점을 강조하는 율곡의 모습을 보게 된다. 임금 개인의 수양 문제는 정치에서 아무리 강조해도 지나치지 않는 중요한 문제임에 틀림없지만 그 수양의 문제가 구체적인 현실의 문제를 배제한 채 논의된다면 '제목만 나열하는 꼴'이 되고 만다. 따라서 율곡은 이 상소문에서 임금의 학문에 대해서는 수다스럽게 반복하지 않겠다고 말한다.

한편 이 상소문의 요지는 '조정을 화합시켜서 폐정을 혁신'하자는 것으로 요약할 수 있는데, 여기서 우리는 '폐정'이라는 용어를 주목할 필요가 있다. 율곡은 이 상소문에 앞서 올린 수많은 글에서는 주로 폐 또는 폐법이라는 용어를 사용했다. 그렇다면 이전과 달리 폐정이라는 용어를 사용하게 된 이유를 찾아볼 필요가 있다.

앞에서 본 바와 같이 율곡은 45세 이후 조정의 중신으로 활약했다. 대사간으로 있으면서는 폐법을 변통할 것을 주장했고, 호조판서로 있으면

---

43) 제1장 제3절의 '율곡의 위정론爲政論'을 참조하라.

서는 조정의 인사들을 한자리에 모아보려는 의도에서 경제사 설치를 주장했으며, 이 상소문 바로 직전에는 「육조계」를 올려 당시의 시급한 사안 여섯 가지를 건의했지만 그 어느 것도 만족할만한 결과를 얻지 못했다. 이러한 경험을 통해 얻어진 결론이 율곡으로 하여금 바로 이 모든 것을 포괄적으로 말하는 '폐정'이라는 용어를 사용하게 만든 것이라 생각된다.

그래서 병조판서로 여진족과의 전쟁을 담당하던 율곡은 병력과 양식을 조달하여 전쟁을 수행하는 행위는 말단이며 그것보다 시급한 일은 바로 폐정을 혁신하는 것이라고 본 것이다. 결국 율곡에게 근본과 말단이란 선후의 문제이지, 어느 하나를 배제하는 것을 의미하지는 않았다. 그렇다면 여기서 율곡이 말한 '화조정'과 '혁폐정'의 구체적 내용이 무엇인지 살펴볼 필요가 있다. 먼저 '혁폐정'에 대해서 알아본 뒤에 '화조정'에 대해서 살펴보기로 하자.

혁폐정

율곡은 혁신해야 될 폐정에 대하여 이전부터 자신이 주장한 내용이 ① 공안 개정, ② 군적 개정, ③ 주현 병합, ④ 감사 구임 등 네 가지였음을 다시 한 번 선조에게 주지시킨다. 여기서 우리는 또 한 번 율곡이 주장한 내용이 상당히 구체적이고 실질적인 면이란 점을 발견할 수 있다. 그리고 율곡은 이러한 자신의 주장은 시행되어야 할 뿐만 아니라 또한 어렵지 않게 시행이 가능한 것들임을 강조한다.[44]

이때 율곡은 군적의 개정에 대해서는 선조의 윤허를 받았지만 실제로

---

44) 46세에 올린 「사간원걸변통폐법차」에서 율곡은 "재물을 늘려 백성을 살리는 것이 가장 급선무인데〔生財活民 最爲當今之急務〕", 그 방안은 바로 공안 개정, 주현 병합, 감사 구임 등으로, 이 세 가지는 "지금 시행하기 쉬운 것〔今之易行者〕"들이라고 말한다(7-16ㄱ; 7-17ㄴ).

군적 개정에 착수하지는 못하고 있었다. 율곡의 군적 개정의 핵심은 군졸들의 "진상하는 역역을 감소시켜"줌으로써 "그들로 하여금 여유를 갖고 힘을 기르며 훈련에만 전념하여 위급함에 대비케 하는" 데 있었다. 하지만 선조는 군적 개정은 허락하였지만 공안 개정은 불허하였다. 따라서 율곡은 공안 개정이 선결되지 않는 이상 군적 개혁은 "실효를 거두지 못할 것"으로 여겨, 다시 말하면 "경장更張한다는 헛소문만 있고 변통하는 실리를 얻지 못한다면 차라리 옛날 그대로 두는 것이 나을 것"이기에 군적을 개정할 수 없었다.[45]

주현 병합 계획은 본래 선조가 먼저 생각해낸 것으로서 시행하기가 어렵지 않고 이해관계도 분명한 것이었다. 하지만 선조는 개혁을 중대하게 생각하여 몇 개의 고을을 하나로 합하는 행정 개혁을 적극적으로 추진하지는 못하고 있었다. 율곡은 예로부터 개혁이란 것은 "대단한 변통이 아니라 나누기도 하고 합하기도 하는 것"으로 결코 어려운 일이 아님을 강조한다.[46] 율곡은 전년도에 있었던 황주 판관黃州判官을 혁파한 실례[47]

---

45) "改軍籍, 雖蒙允許, 而臣不敢始事者, 臣之初意, 軍卒之設, 本爲防禦, 故欲減軍卒, 進貢之役, 移于田結, 使得閒居養力, 專意訓鍊, 以備緩急. 而命令不改貢案, 則雖改軍籍, 養兵之策, 必不見效. 古語有之, 利不什則不改舊. 若只有更張之虛名, 而不獲變通之實利, 則寧仍舊而已."(「陳時事疏」 7-47ㄱ)
46) "幷省州縣, 則本出於睿思, 而施行不難, 利害較然. 殿下每以沿革爲重事, 古之沿革, 非必大段變通也. 或分或合, 代不絶書, 此豈重難之擧乎?"(「陳時事疏」 7-47ㄴ)
47) 율곡은 선조 15년(1582)에 명나라 사신들을 국경까지 전송하고 조정에 돌아와, 자신이 거쳐온 도의 민폐를 진술하는 「복명후진소경일로민폐계復命後陳所經一路民弊啓」라는 상소를 올렸는데, 이 글에서 율곡은, "황주黃州는 읍도 작고 백성도 적고 전결 또한 3,000결에 불과하며 관속이 매우 적어서 군軍·민民을 막론하고 관속화하는 해독이 온 경내에 퍼져 있어, 백성들은 판관을 혁파하기를 원합니다〔黃州, 邑小民寡, 田結亦不過三千結, 官屬甚少. 故不論軍民, 役以官屬, 毒遍一境, 民情欲革判官〕."(8-17ㄱ)라고 하였는데, 선조는 율곡의 이 상소를 수용하여 황주 판관을 혁파한 것으로 보인다.

를 상기시키면서, "황주 판관을 혁파하자 관리와 백성이 뛰고 춤추며 서로들 경하하였는데, 두 고을을 하나로 병합하는 일도 판관을 혁파할 때의 경우와 다름이 없는 일"이라고 진언한다.[48]

감사 구임에 대해서 율곡은 "병영兵營을 큰 고을에 설치하여 병사兵使로 하여금 수령을 겸임하게 하는 것"이야말로 "오늘날 군졸을 되살릴 수 있는 가장 훌륭한 계책"이 되므로 "먼저 감사를 구임시킨 뒤에야 병사에게 가족을 데리고 가게" 할 수 있다는 점, 다시 말하면 감사가 가족을 대동하고 현지에 가서 그 지방의 백성들과 '함께 생활함'을 강조한다.[49] 율곡의 이러한 건의는 당시 잦은 감사 교체로 인하여 어느 누구도 지방의 책임을 지지 않는 상황을 개선하기 위한 방책이었다. 그러므로 율곡은 감사를 구임시켜 책임을 지우지 않는 한, 아무리 "여러 고을의 간사한 관리를 적발하고, 승군僧軍을 조발하고, 호족豪族을 초록抄錄하게 하고, 금군禁軍을 모집하여 증가시키고, 무사武士를 널리 뽑아도" 그런 모든 행위는 "모두 지엽적인 것이지 근본적인 계책이 아님"을 다시 한 번 강조하였다.[50]

화조정

그런데 율곡은 이상의 폐정을 혁신하기 위해서는 사람을 얻어야만 된다는 점을 다음과 같이 지적한다. "성상의 마음이 바르고 조정이 화목해지면, 쓸모 있는 사람을 얻어서 폐단을 혁신하는 일을 의논할 수 있습니다."[51]

---

48) "黃州判官之革也, 吏民蹈舞相賀, 二邑爲一, 亦與革判官一也."(「陳時事疏」 7-47ㄴ)
49) "兵營之設於巨邑, 使兵使兼宰者, 最爲今日蘇復軍卒之良策, 而先須久任監司, 然後始令兵使率眷."(「陳時事疏」 7-47ㄴ~48ㄱ)
50) "今日糾摘列邑之姦吏, 明日調發二道之僧軍, 命鈔豪右矣, 募加禁軍矣, 廣取武士矣, 此皆枝葉之謀, 非根本之計也."(「陳時事疏」 7-48ㄱ)
51) "聖心旣正, 朝廷旣和, 則可議得人而革弊."(「陳時事疏」 7-44ㄱ)

이를 다시 풀어서 설명하자면 폐정을 혁신하기 위해서는 우선 적절한 인재를 구해야 하는데, 인재를 구하기 위해서는 또한 조정의 화합이 수반되어야만 하며, 이를 위해서 필요한 것이 임금의 수신이라는 뜻으로 정리할 수 있다. 이와 같은 율곡의 논리에 따라서 먼저 득인得人이라는 정치 충원의 문제를 살펴보고 이후에 조정의 화합의 문제를 율곡은 어떻게 말하고 있는지를 살펴보기로 하자.

율곡은 먼저 사람을 얻는〔得人〕 문제가 중요한 정치 문제이지만 이를 너무나 당연시하는 경향이 있어 오히려 무관심으로 흐르게 된 점을 지적한다. 그래서 율곡은 공자가 이른바 "정치는 사람에게 달려 있다〔爲政在人〕."라고 한 말이 "노유老儒들의 상례常例"적인 용어로 전락한 점을 지적하고 여기에 정치적 의미를 부여하고 있다. 그래서 율곡은 "인재는 다른 시대에서 빌려주지 않는 것이니, 임용을 어떻게 하느냐에 달려 있음"을 선조에게 진언했다.[52] 율곡이 '현재 있는 인재의 활용'을 강조한 이유는 당시의 논자들이 율곡의 폐정 개혁 자체에 대해서는 찬성을 하면서도 개혁을 실제로 담당할 인재가 없다는 것을 들어 변통에 반대하였기 때문이었다. 앞에서 보았듯이 유성룡은 율곡의 개혁안을 찬성하였지만 율곡이 그 일을 해낼 수 없다고 여겨 개혁을 반대하였다. 율곡은 유성룡과 같이 "사람을 얻는 것이 어렵다는 핑계로 매양 변통의 논의를 막는다면, 이는 반드시 옛날 성현과 같은 인재를 얻어야만 나라를 보전할 수 있고, 그런 성현을 얻지 못할 경우엔 차라리 위태롭거나 망하거나 그대로 내버려둘 수밖에 없다고 여기게 되어 인재를 얻어야 한다는 말이 도리어 고질병이

---

[52] "夫得人之說, 固是老儒常談, 而揆以實事, 更無他策. 孔子所謂爲政在人者, 豈欺我哉? 雖然, 才不借於異代, 在於任用之如何耳."(「陳時事疏」7-44ㄱ)

될 것"이라며[53] 다음과 같이 지나간 중국의 역사를 서술한다.

> 한고조漢高祖의 소하蕭何와 당태종唐太宗의 위징魏徵과 송태조宋太祖의 조보趙普가 어찌 이윤伊尹·부열傅說·여상呂尙·제갈량諸葛亮 등과 같은 인물이겠습니까. 그 시대의 특출했던 자들을 얻은 데에 지나지 않습니다. 가령 이 세 임금이 그 사람들을 버려두고 쓰지 않고서 반드시 이윤·부열·여상·제갈량 같은 이를 기다린 다음에야 비로소 나라를 다스리고자 하였다면, 이윤·부열·여상·제갈량 같은 이를 마침내 얻을 수가 없어 한나라 400년의 기업과 정관貞觀의 치세治世와 천하의 평정을 함께 시작할 자가 없었을 것입니다. 오늘날의 인물은 한·당에 비하여도 훨씬 뒤떨어지는데 더구나 삼대 때와 같은 인재를 구할 수가 있겠습니까. 그러나 만약에 한 시대의 특출한 자를 취하고자 한다면 어느 시대인들 사람이 없겠습니까. 그것은 전하께서 위임을 어떻게 하느냐에 달려 있을 뿐입니다.[54]

이어서 율곡은 우리나라 세종대왕世宗大王에 대해서 "사람을 쓰되 자기 몸과 같이 하여" "큰 터전을 마련"하였다면서 세종의 인사를 다음과 같이 서술한다.

---

53) "今之議者, 託於得人之難, 每渴變通之論, 若必得人如古昔聖賢, 然後乃可保邦, 而不得聖賢, 寧任危亡云爾, 則得人之說, 反爲痼病."(「陳時事疏」 7-44ㄱ)
54) "漢高之蕭何, 唐太宗之魏徵, 宋祖之趙普, 此豈伊, 傅, 呂, 葛之徒乎? 不過取其一時之尤者耳. 如使三帝, 置三人而不用, 必待伊, 傅, 呂, 葛, 然後始欲爲國, 則伊, 傅, 呂, 葛, 卒不可得, 而四百之業, 貞觀之治, 天下之定, 無與共創者矣. 今之人物, 視漢, 唐猶且眇然, 況求三代之士乎? 如欲取一時之尤者, 則代豈乏人乎? 在殿下委任與否耳."(「陳時事疏」 7-44ㄱ~ㄴ)

인물을 쓴 규모를 보건대 현인과 재능 있는 자라면 그 출신 성분을 따지지 않았으며, 임용을 직접 전담하셨으므로 참소와 이간이 들어갈 수가 없었습니다. 남지南智는 문음門蔭 출신이었으나 젊은 나이에 삼공三公에 제수되었고, 김종서金宗瑞는 탄핵을 드러나게 받았으나 자기 의견을 관철하여 육진을 개척하였습니다. 초천超遷이 빠른 사람은 으레 경상卿相의 지위에 이를 것으로 생각되지만 재능이 그 자리에 합당하면 종신토록 바꾸지 않았고, 여러 해 동안 구임久任된 사람은 벼슬이 거기에 그칠 것으로 여겨지게 마련이지만 하루아침에 승진 발탁시키는 데 있어서 계급에 구애받지 아니하였으니, 이는 참으로 옛날 성제聖帝와 명왕明王이 현인을 임용하고 재능이 있는 이를 부리는 규모와 같았습니다.[55]

여기서 율곡은 정치 충원의 중요한 요소로 '어진 이를 찾아서 맡기고 〔任賢〕, 능한 사람을 부린다〔使能〕.'는 점을 지적한다. 그리고 이러한 '임현사능'이야말로 '오래 맡길〔久任〕' 수 있는 방법임을 말하고 있다. 율곡은 당시 조선의 형편이 이미 "결딴이 난 상태"가 되어 "세상에 보기 드문 훌륭한 인재를 얻는다고 하더라도 제대로 부지할 수가 없을듯"한데도 선조는 "옛 관습만 지키는 구태의연한 신하들과 관례대로 강론할 뿐, 한 가지 폐단도 고치지 못하고 한 가지 기발한 대책도 내놓지 못하고" 있었고, "한 시대의 선비들을 경시하여 그들이 돌아보지도 않고 떠나가버리게 하

---

[55] "世宗大王, 是東方聖主也, 用人由己, 立法圖治, 垂裕後昆, 永建鴻基. 而其用人之規, 則惟賢惟才, 不問其類, 任用旣專, 讒間罔入. 南智出自門蔭, 而以黑頭拜三公, 金宗瑞顯被物論, 而以獨見開六鎭, 超遷不日者, 意謂當至卿相, 而位稱其才, 則終身不改, 久任累年者, 意謂官止於此, 而一朝陞擢, 則不限階級, 此眞古昔聖帝明王任賢使能之一揆也."(「陳時事疏」7-44ㄴ)

고" 있다[56]고 지적하면서 다음과 같이 선조의 변화를 간절히 요구한다.

> 이러고서도 변방의 근심이 진정되고 백성의 마음이 안정되기를 기대한다면, 이는 뒷걸음치면서 앞으로 나가기를 바라는 것과 같사오니, 바라건대 전하께서는 과거의 견해를 속히 돌리시고 다시 옛 법을 따르셔서 일식이나 월식과 같은 일시의 과오가 곧 회복되었음을 우러러볼 수 있게 하소서. 그리하여 자리를 비워놓고 어진 이를 구하며 정성과 예를 다하여 이르지 않은 이는 반드시 이르게 하고 이미 이른 이는 반드시 쓰임이 있도록 한다면, 국가에 더할 수 없는 다행이겠습니다.[57]

율곡은 성군의 대표적인 인물인 순舜임금의 제왕 정치는 결국 "구관九官의 임명에 불과"한 것이고, 그 이후로 진晉나라 도공悼公의 패도 정치는 "육경六卿의 선발에 지나지 않"는다면서, "만약 구관이 자주 바뀌고 육경이 자주 갈린다면 아무리 순 같은 성제聖帝와 진나라 도공 같은 현군이라도 끝내 그들과 함께 공을 이룰 수 없었을 것"임을 상기시킨다. 이어서 선조에게 "대신들과 대간臺諫을 구임시킬 대책을 강구"하고, 관직을 임명할 적에도 반드시 일을 잘할 수 있는 사람을 "널리 물어서 사람의 자격과 직무가 서로 걸맞도록 힘쓰고 완전히 위임하여 성공을 책임지우며 의심도 말고 흠도 잡지 말아서 기어이 공을 이룰 것"을 호소했다.[58]

---

56) "方今國勢板蕩, 氣象愁慘, 雖得曠世之賢才, 亦恐不能扶持, 而殿下乃與恬常守故之臣, 循例講論, 不革一弊, 不出一奇, 而輕視一時之士, 使之望望而去."(「陳時事疏」7-46ㄱ)
57) "如是而欲望坐靖邊塵, 撫安生民, 無乃近於却步而圖前乎? 伏望殿下亟回前見, 復遵舊憲, 使日月之蝕, 仰見旋復, 而側席求賢, 致誠盡禮, 未至者期於必致, 已至者期於必用, 國家幸甚."(「陳時事疏」7-46ㄱ~ㄴ)

율곡은 선조에게 예로부터 "정치를 잘하는 임금〔爲治之君〕은 반드시 자신의 마음부터 먼저 바르게 하여 조정을 바르게 했음"을 상기시킨 후, "오늘날 조정이 화합하지 못하고 재변이 거듭 일어나게" 된 책임은 선조 임금이 "정심正心·성의誠意하는 학문에 지극하지 못한 것"과, "인재를 등용하고 버림에 합당하지 못해서 그러한 것"임을 진언했다. 하지만 이 상소에서는 선조의 학문에 대해서는 더 이상 언급하지 않고 바로 당시의 조정이 화합되지 못하고 붕당화된 점을 지적하고 있다.[59]

율곡은 당시 조정이 "동東·서西로 분류된 뒤"로는 "당류가 같고 다름에 따라 좋아하고 미워하게 됨을 면치 못하여", "서로 끝없이 모함"하고 있는데, "결과적으로 그러한 폐단은 어질고 어리석음, 재주가 있고 없음을 막론하고 오직 동·서의 당류를 따지는 것"으로 "시론時論이 결정되고 있음"을 지적한다.[60] 여기서 중요한 점은 '시론'이라는 단어를 율곡이 사용하고 있다는 사실이다. 사람의 됨됨이를 논하지 않고 미리 정해진 당론으로 판단하는 것을 율곡은 '시론'이란 용어를 사용하여 '공론'과 구분하였다. 그런데 문제는 당시의 사람들이 이 '시론'을 '공론'으로 인식하였다는 점이다.[61]

---

58) "虞舜之帝也, 不過命九官而已, 晉悼之霸也, 不過選六卿而已. 若使九官數易, 六卿頻遷, 則雖以虞舜之聖, 晉悼之賢, 終罔與成厥功矣. 伏望殿下與大臣講求久任臺諫之策, 而至於官人之際, 亦必疇咨熙載, 務使人器相稱, 委任責成, 勿貳勿間, 期於底績, 此尤幸之大者矣."(「陳時事疏」7-46ㄴ~47ㄱ)

59) "自古爲治之君, 必先正心以正朝廷, 朝廷旣正, 士類協和, 然後形和氣和, 而天地之和應之矣. 今者朝廷之不和, 災沴之荐臻, 誰任其咎? 無乃殿下正心誠意之學, 有所未至, 而用捨擧錯之令, 未得其當歟?"(「陳時事疏」7-41ㄴ~42ㄱ)

60) "自東西分類之後, 形色旣立, 往往未免以同異爲好惡, 而造言生事者, 交構不已. 縉紳之主論者, 多是東人, 所見不能無偏, 而其流之弊, 或至於不問賢愚才否, 而惟以分辨東西爲務, 非東者抑之, 斥西者揚之, 以此定爲時論."(「陳時事疏」7-42ㄱ)

61) 이 점에 대해서는 본 장의 제3절에서 다루기로 한다.

하지만 율곡은 이와 같이 '시론'을 '공론'으로 잘못 인식하게 하는 붕당의 발생 원인에 대해서는, "사류의 실수가 있기는 하지만" "대부분 식견의 차이에서 나온 것"이지 꼭 "사심을 품고 일을 그르치려는 것은 아님"을 지적한다.62) 이러한 자신의 주장이 "시론에 더욱 거슬리는 것임을 알고 있지만" 이 점을 말하지 않을 수 없는 이유에 대하여 율곡은 선조가 "드러난 형상만을 대강 보시고 실상을 규명하지 못하게" 되면 "신료들을 의심하여 다 붕당으로 여겨" 또다시 사화를 초래할 수도 있음을 염려해서였다.63)

율곡의 염려는 "만약 간사함과 올바름을 따지지 않고 당黨이라고 하여 미워하기만 한다면 마음과 덕을 같이하는 선비들까지 조정에서 용납받지 못하게" 되어서 "붕당을 미워하여 제거하려는" 시도는 "나라를 망치게" 될 수밖에 없다는 점에 있었다.64) 결국 붕당이란 관리들의 잘못된 병폐에 불과하지만 이를 완전히 제거하려는 시도는 오히려 정치를 실종시켜 나라를 망하게 한다는 점을 지적한 것이다. 그러므로 율곡은 "지금 사류가 하는 대로 내버려두는 것도 진실로 옳지 않지만, 사류를 그르다고 하여 공격을 한다면 이는 더욱 옳지 못한 일"이 된다고 주장한다.65)

이어서 율곡은 붕당의 문제를 극복하고 조정이 화합하는 대책으로 모든 신하 앞에서 선조 자신의 뜻을 분명하게 밝혀줄 것을 다음과 같이 제시한다.

---

62) "且念士類固過, 而多出於識見之差, 非必挾私誤事也."(「陳時事疏」7-42ㄴ)
63) "臣今竭言, 固知益忤於時論, 而展盡底蘊如此者, 殿下略見影象, 未究實狀, 而近日獻言者, 或有斥朝紳以偏黨者, 若殿下未能洞燭, 遂疑臣鄰盡爲朋黨, 則恐爲士林無窮之累."(「陳時事疏」7-42ㄴ~43ㄱ)
64) "若不問邪正, 而惟黨是惡, 則無乃同心同德之士, 亦不得見容於朝耶? 是故, 自古朋黨之弊, 只爲搢紳之疵, 而惡朋黨而欲去之者, 未有不至於亡人之國者也."(「陳時事疏」7-43ㄱ)
65) "今者, 一任士類之所爲, 固不可也, 若以士類爲非而攻之, 則尤不可也."(「陳時事疏」7-43ㄴ)

바라옵건대, 전하께서는 대신·대시臺侍들을 널리 불러 탑전榻前에서 사대賜對하여 성지를 분명하게 밝히시어 동인·서인을 가르는 풍습을 고치고, 선인을 등용하고 악인을 벌하여 일체 공도公道를 따르며, 의혹과 당파를 말끔히 씻어버리고 진정 조화하도록 하소서. …… 반드시 인심이 다 같이 인정하는 공시公是와 공비公非로 하여금 일시의 공론이 되도록 하면 사림에게 매우 다행스러울 것입니다.[66]

결국 율곡이 주장한 혁폐정은 제도와 관련이 있으며, 이러한 제도를 개선하기 위해서는 반드시 조정의 화합이 먼저 수반되지 않으면 불가능함을 알 수 있다. 하지만 조정의 화합이란 측면은 제도의 영역이 아니라 한 시대의 '분위기'와 관련이 있다. 그리고 한 시대의 분위기를 만드는 것은 모든 사람이 공감하는 '공론'을 이룰 때 가능해지는 것인데, 이는 임금이 소통 지향적인 태도를 지녀야만 가능해진다는 것으로 귀결된다.

제2절 인사 문제 비판

앞에서 본 「진시사소」의 핵심 내용은 '사람을 얻어서 폐정을 개혁하자.'는 것으로 정리할 수 있다. 본 절에서는 '사람을 얻어 정치를 한다.'[67]는 율곡의 정치 충원의 문제를 검토하기로 한다. 인사 정책에 대한 율곡

---

[66] "伏望殿下廣召大臣臺侍, 賜對榻前, 明諭聖旨, 俾改分辨東西之習, 陟罰臧否, 一循公道, 消融盪滌, 鎭定調和. …… 必使人心所同然之公是公非, 得爲一時之公論, 士林幸甚."(「陳時事疏」7-43ㄴ)
[67] 율곡은 「사직제학삼소」에서는 "殿下如欲得人爲政"(5-6ㄱ), 「사간원걸변통폐법차」에서는 "人君誠欲得人爲政"(7-18ㄴ)이라고 표현한다.

의 주장은 크게 세 가지로 정리할 수 있다. 첫째는 관리들이 책임을 지고 일을 하기 위해서 '초천구임超遷久任'의 충원 방식을 사용하자는 것이고, 둘째는 기계적으로 관리를 임명하는 과거제를 보완하자는 것이며, 셋째는 '어진 자〔賢者〕'와 '능력 있는 자〔能者〕'를 구분하여 사람을 임용함으로써 '관官·작爵'의 의미를 되살리자는 것이다.

1. 초천구임

선조는 선조 8년 6월에, "친정親政을 하고자 하나 대신이 불가하다고 하므로 내가 감히 할 수가 없다."는 말을 하였다.[68] 임금이 직접 전주銓注〔인사〕를 살피는 것을 친정이라 하고, 이조가 대궐에 나아가 전주하는 것을 정사政事라 하였는데, 1년에 두 번 정사하는 것을 일정한 법으로 삼고 있었다(『선조수정실록』 선조 8년 6월 1일). 선조는 이해 정월에 있었던 대비의 상으로 정사를 돌보지 않고 있다가 이때가 되어서 친정을 하고자 하였던 것인데 이를 대신들이 반대한 것이다.

율곡은 선조에게, "친정하시는 것은 좋은 일"이라고 말하고, 대신들이 불가하다고 한 것은 "전하께서 더위를 무릅쓰실까 걱정"하여 그런 것이니, "다시 하문下問해보시면 대신의 뜻을 알 수 있을 것"이라면서, 만약에 선조가 친정을 하게 되면 "마땅히 초천超遷·구임久任의 법"을 쓸 것을 주문하였다. 여기서 말하는 '초천'이란 계급대로 차례를 밟지 않고 특진시키는 것이며, '구임'은 한자리에 오래 머물게 하는 것을 말한다. 율곡은 "명明나라의 나흠순羅欽順도 이 법을 쓰기를 청했지만" 당시 중국 조정에서는 따르지 않았는데, 진실로 정치를 하시려면 마땅히 이 법을 써야만

---

[68] "予欲親政, 大臣以爲不可, 予不敢爲."(『선조실록』 선조 8년 6월 24일)

함을 강조하였다.[69] 그리고 중국에서는 사용하지 못한 이 법이 빛을 발휘한 것은 바로 세종에 의해서였음을 다음과 같이 새롭게 부각시킨다.

> 세종께서 사람 쓰는 데 이 법으로 하셨으므로 그때에 모든 정치가 다 잘되었습니다. 지금 관작官爵은 조변석개하여 아이들 장난과 같으니 백사百事를 할 수 없습니다.[70]

율곡이 초천을 강조한 것은 관리를 임명할 때 그 사람의 됨됨이와 능력을 고려하지 않고 단지 오래된 순서에 따라 승진시키는 것만으로 '공정함'의 기준을 삼는 당시의 관습에 대한 비판에서 비롯되었다. 하지만 능력에 따른 파격적인 인사는 말처럼 쉬울 수가 없었다. 그러므로 율곡은 더 이상 초천 법을 강요하지는 못하고, 그 대신 '어진 자'를 천거로 뽑아 쓰자는 '천거제薦擧制'를 주장하게 된다. 천거제로 과거제를 보완하자는 율곡의 주장은 다음에 살펴보기로 하고, 여기서는 '구임'에 대해서 살펴보기로 한다.

율곡이 '구임'을 강조한 까닭은 무엇보다도 당시의 잦은 인사 교체로 인한 신료들의 무책임과 비효율성 때문이었다. 그런데 잦은 인사 교체의 주요 원인은 신료들이 병을 이유로 사직하는 '칭병稱病'과, 당시의 언관들인 삼사에서 동료들과 의견이 다를 경우 사퇴하는 '피혐避嫌'에 있었

---

69) "珥曰: '親政是美事, 大臣亦必將順, 想是恐上觸冒暑熱, 而辭不達意耳. 若更下問, 則可知大臣之意矣. 殿下若親政, 則當用超遷, 久任之法. 大明羅欽順請用此法, 而中朝不克從. 誠欲爲治, 當用此法.'"(『經筵日記』 선조 8년 6월, 29-69ㄱ)
70) "世宗用人以此法 故其時庶績咸諧[熙] 今之官爵 朝更夕變 有同兒戱 百事不可做矣."(『經筵日記』 선조 8년 6월, 29-69ㄱ) 한편 세종의 초천구임에 대한 실례는 앞에서 살펴본 「진시사소」에서 잘 드러난다.

다. 그렇다면 이제 '칭병'에 대해서 살펴보고 이어서 '피혐'에 대해 살펴볼 필요가 있다.

1) 칭병

선조 6년 10월에 율곡은 선조에게, "요즈음 사대부의 버릇을 보면 한 벼슬에 오래 있으려 하지 않고 어지러이 병을 평계"하여 "아침에 제배除拜되었다가 저녁에 옮기는" 작태를 비판하면서 이러한 칭병의 원인으로 다음의 세 가지를 말했다. 첫째는 "벼슬에 사람을 가리지 않기" 때문에 인사가 있을 때마다 적임자가 아니라는 "비웃음을 받아" "병을 평계하여 면직되는 것을 염치로 여기는" 경우이고, 둘째는 "뜻 있는 선비가 일이 마음과 어그러져서 스스로 시소尸素를 부끄럽게 여긴 나머지 마지못하여 병으로 사직"하는 경우이고, 셋째는 진짜 병이 있는 경우이다.[71]

이상의 세 가지 원인 가운데 셋째 이유인 진짜로 병이 있는 경우야 문제가 될 수 없지만 첫째와 둘째의 이유는 신하들이 직무를 수행하지 않는 원인이 되고 말았다. 율곡은 여기서 선조에게 "참으로 정치에 뜻을 두고 정성을 기울여 아랫사람을 거느리는 것"으로 "공도公道를 넓히는 것이 가장 급한데" 이를 위해서는 임금이 "털끝만 한 사사로운 뜻도 없어야만" 된다는 점을 진언한다.[72]

율곡이 이 말을 한 이유는 임금의 직분에 대하여 원칙적으로 발언하기

---

71) "近觀士大夫之習, 不欲久居一職, 紛紜辭疾, 朝拜暮遷, 其故有三. 官不擇人, 故每除目之出, 人不稱器, 被人指笑, 遂以辭病得免, 爲廉恥焉; 或有有志之士, 事與心違, 自愧尸素, 不得已謝病焉; 或是眞有疾病者."(『經筵日記』 선조 6년 10월, 29-20ㄱ)

72) "今日之務, 莫急於恢張公道, 而必須自上無一毫私意, 然後使人感發矣."(『經筵日記』 선조 6년 10월, 29-20ㄴ)

위해서가 아니었다. 당시 "궁중이나 내수사內需司 등과 관계되는 일에 대해서 건의가 들어오면 모두 거부"하고 철저하게 임금 자신의 사적인 공간을 확보하려 했던 선조의 태도를 비판하기 위한 것이었다. 이러한 선조의 태도는 "뭇 신하"로 하여금 선조가 "사심이 있는 것인가 의심"하게 하고, 나아가 "말하지 않는 것을 잘 처신하는 것으로 여기게끔" 만들었다[73]고 율곡은 지적한다.[74]

율곡은 말년에 올린 「육조계」에서 정병呈病[75]의 폐단을 고치는 일에 대해 다음과 같이 구체적으로 제시한다.

> 정병의 폐단을 바로잡기 위하여는 뭇 신하에게 하교하여 모든 일에 있어서 실實을 힘쓰고 형식적인 습속을 따르지 말 것이며, 실제로 병이 아니면 정사呈辭를 못하도록 하고, 간혹 병을 핑계 대는 자가 있으면 드러나는 대로 규치糾治하며, 반드시 열흘 동안 병을 앓아야만 비로소 정사를 허락하고, 첫 번째 정사를 한 후 열흘이 지난 후에야 재차 정사하게 하고, 두 번째 정사 후 또다시 열흘이 된 후라야만 비로소 삼차 정사를 허락할 것이며, 만약 같은 관아에서 한 관원이 정사를 하였으면 다른 관원은 함께 정사를 할 수 없게 합니다. 만약 병이 있어 부득이 함께 정사를 해야 할 때는 반드시 그 관아 전체가 회의를 하여 입계入啓한 연후에 하게 합니다. 그렇게 하면 정병하는 폐

---

73) "近日臺諫所啓, 若涉宮禁內需等事, 則上必牢拒, 羣下疑殿下之有私矣."(『經筵日記』 선조 6년 10월, 29-20ㄴ)
74) 결국 임금 자신이 사적인 의사를 지양하고 공적인 자세로 나가는 것이 진정한 소통의 시작이 될 수 있음을 율곡이 강조하고 있다는 것을 알 수 있다. 이에 대해서는 이 책의 제4장에서 살펴보기로 한다.
75) 율곡은 「육조계」에서는 '칭병'이 아니라 '정병'이란 용어를 사용한다.

단을 바로잡을 수 있을 것입니다.[76]

2) 피혐

선조 13년 12월에 대사간에 취임한 율곡은 선조에게 "조정의 기강이 크게 무너져서 대소의 관원이 그 직책을 다하려 하지 않는" 문제를 지적하면서, 이를 개선하기 위해서 먼저 선조가 "선치를 갈구하시는 뜻을 굳게 정한" 다음에 "뛰어난 인재들을 불러와" 각각 그들의 "재능에 따라 알맞은 직책을 선택하여주어서" "그들에게 위임"할 것을 주문하였다. 그리고 임금이 현재賢才를 쓰기 위해서는 먼저 "자기 몸부터 닦아야 함"을 진언하였다. 그 이유는 현재들은 "부귀를 구하지 않는" 사람들이므로 만일 임금이 먼저 자기 몸을 다스리지 않으면 현명한 선비들은 반드시 쓰이지 않고 반면 부귀 이달富貴利達을 구하는 사람들만 조정에 충만하게 될 것이기 때문이었다. 그러므로 율곡은 임금의 수신이 "현인을 쓰는 근본"이 된다[77]는 점을 말하면서 다음과 같은 중요한 인사 원칙을 선조에게 진언한다.

---

[76] "欲矯呈病之弊, 則下敎羣臣, 務實而不徇俗, 非實病則不呈辭. 聞有託疾者, 隨現糾治, 必病滿一旬, 然後始呈辭, 初度滿一旬, 然後始許再呈, 再度滿一旬, 然後始許三呈. 若一司一員呈辭, 則他員不得竝呈, 如有疾病, 不得已竝呈, 則必一司僉議入啓, 然後始呈. 如是則可矯呈病之弊."(「六條啓」 8-18ㄴ~19ㄱ)

[77] "朝廷之上, 紀綱大壞, 大小之官, 不事其職, 已成風習, 此不可以一時威力治之. 必須自上堅定求治之志, 收召俊乂, 集于朝廷, 各觀其才, 擇授可合之職. 委任責成, 持之悠久, 則國事可整, 而治道可興也. 人君欲用賢才, 則必先修己. 何則, 賢才者, 不求富貴, 只求行道. 人君不先自治, 則賢士必不爲之用, 而求富貴利達者, 充斥朝廷矣. 是故, 修己爲用賢之本也."(『經筵日記』 선조 13년 12월, 30-49ㄴ~50ㄱ)

예전에는 관직을 위하여 사람을 가렸기 때문에 오래 맡겨 그 업적을 참고하였는데, 지금은 사람을 위하여 관직을 가리므로 재능의 합당성 여부는 따지지 않고 오직 청관요직을 많이 거친 것으로 영광을 삼고 있습니다. 이 때문에 아침에 옮기고 저녁에 갈리어 한 사람이 각사를 다 거치게 되니, 이러한 상황에서 그 직책을 충실히 수행할 사람이 없습니다. 만일 근일의 잘못된 규례를 고치지 아니하면 치도는 이룩될 수 없습니다.[78]

이어서 율곡은 "대간은 으레 피혐으로 자주 바뀌고, 대간을 충원하기 위하여 다른 관원들도 또한 자주 체직"된다는 선조의 고민을 듣고, 피혐이란 "근일에 생긴 폐습"일 뿐임을 아뢴다.[79] 피혐의 핵심 내용은 대간들의 만장일치를 지향하는 관행에서 비롯된 잘못된 관습이었는데 율곡은 이에 대한 개선책을 「육조계」에서 다음과 같이 자세히 설명하고 있다.

피혐의 폐단을 바로잡기 위해서는 무릇 대간臺諫에 합당치 않은 인물인 경우를 제외하고는 피혐 때문에 체차遞差하지는 말아야 합니다. 조종조에서는 대간이 비록 추고를 당하더라도 그 때문에 체차하지는 않았고 사헌부司憲府가 추고하면 사간원司諫院으로 내려왔다 합니다. 사람마다 요순堯舜이 아닌 바에야 어떻게 매사를 다 잘할 수 있겠습니까. 지금 대관大官들은 추고를 당하고서 행공行公을 해도 문제를 삼지 않

---

[78] "古者, 爲官擇人, 久任以考其績. 今則爲人擇官, 不論才之當否, 而惟以多歷淸要爲榮. 故朝遷暮移, 一人盡經各司, 如是而求其不瘝厥官者, 未之有也. 若不改此近日謬規, 則治道無由可成矣."(『經筵日記』선조 13년 12월, 30-50ㄱ)
[79] "上曰:'臺諫例以避嫌數易, 爲充臺諫, 故他官亦數遞. 避嫌之規, 古所未聞, 古史亦未之見也.' 珥曰:'此是近日弊習, 豈見於古史乎.'"(『經筵日記』선조 13년 12월, 30-50ㄱ)

으면서도 유독 대간만은 반드시 성현聖賢이 되기를 요구하여 털끝만 한 잘못이 있어도 반드시 체차를 하고야 맙니다. 임금의 이목이 되고 있는 그들이 자주 바뀌면 공론이 따라서 갈팡질팡하게 되니 참으로 나라를 다스리는 체통이 아닙니다. 이뿐만 아니라 그 여파가 자연 다른 관관에까지 파급되어 역시 자주 체차가 있게 되니, 모든 치적의 실패는 바로 여기에서 연유하는 것입니다.

신의 생각으로는 고사古事를 상고하여 대간이 추고를 당하더라도 그 때문에 체차하지는 않는다는 규정을 부활하여야만 피혐의 폐단이 바로잡아지리라 여겨집니다. 다만 자주 바뀌어서 소임을 다하지 못하는 것이나 적임자가 아닌 자에게 그 자리를 오래 맡겨놓는 것이나 치적을 이루지 못하기는 마찬가지입니다. 그러니 지금부터는 대소 관원에 있어 일반 규정에만 얽매이지 말고 널리 현재賢才를 찾아 모아 적재적소에 임명하도록 힘쓰고, 대관을 제수할 때는 반드시 대신들의 뜻을 물어서 가려 임명하실 것이며, 일단 인재를 얻어 믿고 맡겼으면 뜬 말로 인한 동요가 없어야만 현자에게 맡기고 능자를 부리는 실효가 있을 것입니다.[80]

---

[80] "欲矯避嫌之弊, 則凡臺諫除人物不合者外, 宜不以避嫌遞差. 祖宗朝, 臺諫雖被推, 不遞, 司憲府推考, 則下司諫院云. 人非堯舜, 豈能每事盡善. 今之大官, 被推行公者, 別無傷於廉恥, 而獨於臺諫, 必責以聖賢, 毫髮錙銖之失, 必至於遞. 耳目數易, 公論靡定, 固非爲國之體. 而因此遷移他官, 亦至數遞, 庶績之敗, 職此之由. 臣意請考故事, 復臺諫被推不遞之規, 然後可矯避嫌之弊矣. 但數易而失其任, 與久任而非其人, 同歸於不治. 自今大小之官, 不拘常規, 廣收賢才, 務在人器相當, 而若大官之除, 必詢問大臣而擇差, 苟得其人而信任之, 則毋使浮言搖動, 然後庶有任賢使能之實矣."(「六條啓」8-19ㄱ~ㄴ. 고딕체 강조는 내가 했다)

2. 과거제 보완

선조 6년 10월에 율곡은 선조에게 "과거로 사람을 쓰는 것은 말세의 습속"이지 "성세의 일"은 아니라고 말한다. 그 이유는 "선비들이 과거만을 발신發身하는 길로 여기고 있으나, 저 첫째가는 인물들은 반드시 이것에 애쓰지 않고"[81] 있어서 과거제만을 인사에 활용하면 '어진 자'의 등용은 불가능하다고 생각하였기 때문이었다.[82] 하지만 율곡은 '말세의 습속'인 과거제를 폐기하자는 주장을 펴지는 않는다. 그 대신 과거제를 보완해야 한다는 주장을 펼친다.

율곡의 과거제 보완책은 과거제를 탐탁하게 여기지 않는 '현자'들을 천거하여 등용하자는 '천거제'의 부활이었다. 율곡은 자신이 말하는 천거제가 새롭게 고안한 것도 아니고, 아주 먼 시대에 있었던 것도 아닌, 조선조에서 사용해왔던 것임을 다음과 같이 상기시킨다.

> 과거 못한 사람이라도 재주와 덕망만 있으면 헌관憲官으로 쓰는 것이 국사의 보통 규례인데 기묘 인물들이 실패한 뒤로는 그 길을 막았으니, 이것은 조종祖宗의 법을 행하지 아니하는 것입니다.[83]

---

81) "珥曰: '…… 世衰道微, 紛紛士子, 只知科擧爲發身之路. 彼第一等人物, 必不屑屑於此, 科擧用人, 乃叔季之習也. 豈盛世之事乎.'"(『經筵日記』 선조 6년 10월, 29-20ㄱ)
82) 율곡은 선조에게 다음과 같이 말하고 있다. "어진 사람을 높이는 것은 벼슬만 시키는 것이 아니라 반드시 그 말을 써서 일을 시행해야만 어진 사람을 높이는 것이 됩니다. 이제 전하께서는 진실로 어진 사람을 좋아하십니다만 불러서 벼슬만 시키실 뿐 그들의 말을 써주었다는 것은 듣지 못하였으니, 저들이 참으로 도리를 지키는 선비라면 어찌 허례虛禮를 위하여 와서 벼슬하겠습니까.(所謂尊賢者, 非爵之而已也. 必用其言, 施之事爲, 然後方是尊賢也. 今殿下固是好賢矣, 但見召而命之爵而已, 未聞用其言也, 彼誠守道之士, 則豈爲虛禮而來仕乎.)"(『經筵日記』 선조 6년 10월, 29-19ㄴ)
83) "未出身人, 若有才德, 則用爲憲官, 此國家恒規也. 自己卯敗後, 遂杜其路, 此不遵祖宗之

과거를 거치지 않더라도 재덕만 있으면 등용하자는 율곡의 주장에 대하여 선조는 "어진 사람을 쓰는" 것은 "참으로 좋다고" 생각되지만 "일을 경험하지 않은 사람들"이 "지나치게 할까 염려"가 된다고 일단 반대 의견을 내놓았다. 이에 율곡은 이러한 선조의 태도는 "지나칠 것만을 근심하는" 것이고 "전혀 일하지 않는 것을 근심하지 않는" 것이라면서 만약 "중도에 지나친 일이 있으면 위에서 제재"하면 된다고 말한다. 하지만 선조는 율곡에게 만약 이들이 "제재를 듣지 않고 반드시 제 뜻대로 수행"하면 어떻게 하는가 하며 자신 없는 태도를 보였다. 율곡은 그렇지 않다면서, "공론이 크게 행해진다면" 마땅한 사람을 선발하게 될 것이고, 공론이 행해지지 않는다면 어차피 문사文士 중에도 선하지 못한 자가 많이 있어서 그들이 요지要地에 있게 될 것이니, 미출신자들만 잘못될 것을 근심할 필요가 없다고 말한다.[84]

결국 천거제란 과거제의 한계를 극복하기 위해 꼭 필요한 제도인데, 그 성패 여부가 공론의 성패에 달렸음을 율곡이 지적하고 있다는 사실을 알 수 있다. 그렇다면 율곡이 말하는 공론이란 무엇인가? 바로 진정한 소통을 의미하는 것으로 나는 판단한다. 공론에 대해서는 다음 절에서 살펴보기로 하고 여기서는 천거제에 대해서 좀 더 살펴보기로 하자.

율곡의 주장은 위에서 본 바와 같이 천거제를 통해서 과거제를 보완하자는 것이었고, 이러한 천거제는 '조종의 법'이었지만 조광조의 개혁 실

法也."(『經筵日記』 선조 6년 10월, 29-19ㄴ)
84) "上曰: '······ 用賢固好矣. 但不經事之人, 恐其作事過中也.' 珥曰: '殿下每憂其過, 而不憂今日之全不做事, 何耶. 若有過中之擧, 則自上當裁制矣, 豈不愈於不爲乎.' 上曰: '不然. 固執之人, 不聽其裁制, 必行己志則奈何.' 珥曰: '······ 此則不然. 若公論大行, 則此等必選其人矣. 若公論不行, 則文士亦多有不善者居要地矣, 何獨於未出身者, 憂其混進乎.'"(『經筵日記』 선조 6년 10월, 29-19ㄴ~20ㄱ)

패 이후 사라진 것이니 이를 부활하자는 것으로 요약된다. 이후 율곡이 거듭 주장하자 선조가 수용하였다가 다시 포기하는 과정을 거친다. 그런데 여기서 흥미로운 사실은 당시에 천거제와는 다른 '낭천제朗薦制'는 별다른 논의 없이 지속되고 있었다는 점이다. '천거제'와 '낭천제'의 차이를 미리 말하자면, 전자는 '소통 지향적 제도'인 반면, 후자는 '권력 지향적 제도' 내지는 '소유 지향적 제도'라는 점이다.

1) 천거제: 소통 지향적 관점

선조 6년 11월, 율곡은 "과거하지 않는 사람에게 헌관憲官을 주도록" 다시 청했다. 선조가 이 의논을 대신들에게 내리자 대신들이 모두 옳다고 하였고, 특히 이탁이 강력하게 찬성하여, 마침내 선조의 허락을 받아 냈다.85) 율곡은 선조의 이러한 결단이 "조종祖宗의 법으로 보면" "이상한 것이 아니라", "오래 폐기했던 규례를 지금 거행하는" 것으로, 신하들이 "감동하여 모두 다 기뻐하고" 있다는 점을 말한다. 하지만 율곡은 이 결단이 신하들의 건의에 대한 수용일 뿐 선조 스스로는 그 어떠한 계책도 내놓지 않는다는 점을 지적하고 있다.86) 이와 같이 율곡은 임금이 자신의 계획을 세우지 못하거나 또는 자신의 계획이 있어도 보여주지를 않는다면 군신 간의 소통이 단절될 수밖에 없음을 염려하고 있었다.

---

85) "李珥更請以未出身人通臺憲之路. 上間盧守愼曰 '此言何如'. 守愼曰: '臣意亦以爲然矣, 但當出自聖斷, 不可牽制於人言.' 上乃下其議于大臣, 大臣皆是其計. 李鐸言之尤力, 上乃允之."(『經筵日記』 선조 6년 11월, 29-21ㄱ)
86) "近以未出身人擇差臺官事下命矣, 以祖宗之法觀之, 則此不爲異, 但今擧久廢之規, 故羣下咸意殿下有向治之志, 莫不喜悅. 但凡事必待自下建白, 無有出自聖衷者, 故羣下不知上意所在."(『經筵日記』 선조 6년 11월, 29-22ㄱ)

여기서 율곡이 말하는 의도는, 선조 혼자서 국정을 이끌어가라는 것이 아니라, 다시 말하자면 임금의 독단을 주문한 것이 아니라, 임금의 의도를 밝힘으로써 신하들과의 소통의 장을 마련할 수 있는 기반을 다지자는 것을 의미한다. 그러므로 율곡은 선조가 "몸소 실행하심이 밖으로 드러난다면", 신하들은 "열성을 가진 사람이 있어서 소문만 듣고도 떨쳐 일어날 것"임을 강조하였다.[87]

율곡은 이번 '천거제'의 부활이 율곡 자신의 건의를 선조가 마지못해 수용하여 이루어진 것이기에 그 실행 여부에 확신을 기할 수 없었고, 따라서 선조의 태도 변화를 주문한 것이었다. 선조의 소극적 태도로는 어렵게 부활시킨 좋은 제도의 성공을 기대할 수 없음이 당연하였다. 율곡은 당시 선조가 "한 번도 나라를 다스리는 도道를 자문하지 않음"을 지적[88]하면서 이와 같이 군주와 신료 간의 소통이 단절된 상황에서 '천거제'의 활용은 어려울 것으로 생각하고 다음과 같이 말한다.

> 군신君臣 사이는 부자와 같아서 상하가 서로 믿어야 일이 성취되는데, 이제 지척인 곳에 입시하여서도 위에서 오히려 품은 뜻을 터놓지 않으시어 정의情意가 이렇게 막히니, 더구나 천리 밖에 명령이 통할 수 있겠습니까.[89]

침묵하던 선조가 그제야 말하기를, "내가 말하지 않는다는 것은 옳다.

---

87) "若殿下躬行之實, 昭著於外, 則下有甚焉者, 聞風興起矣."(『經筵日記』 선조 6년 11월, 29-22ㄱ)
88) "一不咨問治國之道."(『經筵日記』 선조 6년 11월, 29-22ㄴ)
89) "君臣之間, 當如父子, 上下交孚, 然後事功成矣. 今者入侍咫尺之地, 而自上尙不開懷, 情意阻隔如此, 況於千里之外, 命令豈通乎."(『經筵日記』 선조 6년 11월, 29-22ㄱ)

도대체 무슨 말을 해야 하겠는가? 지금 말한 것은 다 내 한 몸에 책임을 돌리는 것인데, 스스로 돌이켜보면 변변치 못하여 진실로 치도治道를 일으킬 수가 없기 때문에 말하지 않는 것"이라고 응답하였다. 율곡은 선조의 이 말이 과연, "사실이라면 반드시 어진 사람을 얻어서 의지하여 맡기면 또한 나라를 다스릴 수 있을 것"이라고 응답하였다.[90]

하지만 선조의 우려는 또 다른 데에 있었다. 선조는 자신이 왕안석王安石을 등용한 송 신종宋神宗처럼 될 수도 있다는 점을 걱정하고 있었다. 이러한 선조의 우려에 대하여 김성일金誠一은, "신종은 왕안석을 어질게 여겨서 썼기 때문에 화란禍亂을 초치"하였다면서 "만약 한기韓琦·부필富弼·사마광司馬光과 같은" 이를 등용하였다면 성공하였을 것이라고 말했다.[91] 하지만 율곡은 선조와 김성일 모두 잘못 생각하고 있음을 다음과

---

90) "上乃言曰: '以予爲不言者是也. 然別有何言乎. 今者所言, 皆歸重於予之一身, 自顧無似, 固不能興治道也. 是以不言耳.' 僉曰 '豈其然乎'. 珥曰: '此乃謙讓之語, 豈其信然乎.' 上曰: '非所以謙讓也. 古人曰, 「人豈不自知」, 予亦豈不自知乎.' 珥曰: '信如上敎, 則須得賢人, 倚仗而任之, 則亦可治國.'"(『經筵日記』 선조 6년 11월, 29-23ㄱ~ㄴ) 하지만 율곡은 선조의 못 하겠다는 말을 믿을 수 없다며 다음과 같이 말한다. "지금 전하께서 여색女色에 빠지십니까? 음악 듣기를 좋아하십니까? 술 마시기를 즐기십니까? 말을 달려 사냥하기를 좋아하십니까? 궁중의 은미한 일에 대해서는 신이 모르겠으나 위에서 아뢴 것은 예부터 임금이 덕을 잃었던 일로 성궁聖躬께서는 빠지지 않은 일인 것 같습니다. 그런데도 못 한다고 하시는 것은 무슨 까닭입니까? 다만 전하께 부족한 것은 잘 다스리기를 꾀하려는 뜻을 세우지 않는 것일 뿐입니다. 이것은 바로 학문에 실천하는 공부가 부족하기 때문이니, 진실로 큰일을 하려는 뜻을 세우신다면 다스리지 못할 것을 걱정할 것이 있겠습니까.〔但自上雖曰 '不能', 臣不信焉. 今者殿下沈溺女色乎, 好聽音樂乎, 耽嗜飮酒乎, 好馳騁弋獵乎. 宮中隱微之事, 臣雖 '信, 然前所陳者, 自古人君失德之事, 而似非聖躬所爲也, 乃曰 '不能', 何耶. 但殿下所欠, 惟不立志圖治耳. 此正由學問上欠踐履之功故也. 苟能立志有爲, 則何患不治.'〕"(『經筵日記』 선조 6년 11월, 29-23ㄴ)
91) "上曰: 是也. 雖得人, 若如宋神宗之志大才疏, 則亦何益乎. 誠一曰: '神宗以王安石爲賢而用之, 故致禍亂. 若與韓琦, 富弼, 司馬光同事, 則何事不成乎.'"(『經筵日記』 선조 6년 11월, 29-24ㄴ)

같이 말한다.

> 신종이 세운 뜻도 또한 잘못되었습니다. 나라를 다스리는 것은 백성을 아끼는 것을 우선으로 삼아야 하는데, 신종은 부강富强을 이루려고만 하였으므로 소인이 틈을 타 흥리설興利說을 진달하였습니다. 만약 백성을 보전하는 것을 힘썼다면 소인이 어떻게 간사함을 부릴 수 있었겠습니까. 임금으로서는 반드시 백성을 보전하는 것으로 뜻을 세워야 합니다.[92]

한편 이때 미출신자를 사헌부 관원의 의망擬望에 참여시켰는데, 한수韓脩가 첫 번째로 지평持平에 제배되었다(『선조실록』 선조 7년 1월 22일). 선조는 한수에게 학문의 요체를 물었으나 한수는 분명하게 대답하지 못하므로 많은 사람의 비웃음을 샀다. 율곡은 선조에게 "착한 사람에도 여러 가지가 있으니, 학식과 행실을 구비한 사람도 있고, 행실은 깨끗하나 학식이 부족한 사람도 있으니, 한마디 말이 주상의 뜻에 맞지 않는다고 착한 선비를 가벼이 여기지 말 것"을 주문하였고, 선조도 동의하였다.[93]

한수가 별로 주목을 받지 못하고 비웃음만 산 채 물러나가 조정에서는 성혼을 부르자는 의견이 대두되었다. 김우옹이 선조에게 성혼을 부르자고 청하자, 율곡은 자신의 미출신자의 등용이 가지고 있는 의미를 다시 한 번 선조에게 다음과 같이 말한다.

---

[92] "神宗之立志亦誤矣. 爲國以愛民爲先, 而神宗欲事富强, 故小人乘時進興利之說. 若以保民爲務, 則小人何由售其姦乎. 爲人君者, 須以保民爲志可也."(『經筵日記』 선조 6년 11월, 29-24ㄴ)
[93] "善人有多般, 有學行兼備者, 有行潔而學不足者. 若韓脩則是行潔而學不足者也, 不可以一言不稱旨, 輕視善士也."(『經筵日記』 선조 7년 2월, 29-38ㄱ)

"미출신자에게 관직을 제수할 적에는 반드시 『대전』대로 한다."는 것은, 문음門蔭을 가리켜 한 말입니다. 만일 산림에 있는 현자라면 마땅히 격외格外로 특별히 대우해야지 어찌 문음처럼 할 수 있겠습니까. 현자로서 불러놓고 문음으로 대우하는 것은 현자를 대우하는 도리가 아닙니다. 경연을 겸대하는 것이 법에 벗어난 일이기는 하지만 또한 할 수는 있습니다.[94]

율곡의 의도는 특별한 대우가 필요하다는 것이었고, 선조는 그와 같은 파격은 조종의 법이 아니기에 할 수 없다는 것이었다. 성혼을 부르자는 의견은 다음 해에 다시 논의되었는데, 이때 선조는, "전일 대신이 나에게 성혼을 불러보라 하였으므로 나도 그를 보고자" 하지만, "나라 규식規式에 미출신자를 경석經席에 입참入參시키는 예가 없으므로" "다만 한번 만나볼 뿐" 도움이 되지 않는다고 말한다. 율곡은 이렇게 말하는 선조에게, "상께서 진실로 유위有爲하고자 하신다면 구례舊例에 없는 것이라 하더라도 변통"하여 그 "규모規模를 넓힌 뒤"에야 "치적治績을 이룩할 수" 있다면서 "전규前規를 변통"할 것을 재차 건의하였다. 하지만 선조는 "전규를 갑자기 변경하기"는 어렵다면서 율곡의 건의를 반대하였다. 그러나 율곡은 "전규를 변경하지 않을 수" 없다[95]면서 한 걸음 더 나아가 다음

---

94) "未出身人除官, 必從『大典』者, 此指門蔭也. 若山林賢者, 則當以格外殊待也. 豈可視以門蔭乎? 招之以賢者, 而待之以門蔭, 非用賢之道也. 兼帶經筵, 雖是法外, 亦可爲也." (『선조실록』 선조 7년 2월 29일) 한편 조선시대 문음제도에 대해서는 임민혁(任敏赫, 2002)을 참조하라.

95) "上曰: '前日大臣, 使予招見成渾, 予亦欲見之, 但我國規式, 未出身人, 無入參經席之例, 雖招賢者, 只一見而已. 有何益乎.' 珥曰: '自上誠欲有爲, 則雖舊例所無, 亦可變通, 恢拓其規模, 然後庶可爲治. 膠守前規, 豈能有爲乎.' …… 上曰: '…… 但無前規, 難於猝變.' 珥曰: '誠欲有爲, 前規不可不變也.'"(『經筵日記』 선조 8년 6월, 29-67ㄱ~ㄴ)

과 같은 전례前例들도 회복할 것을 요구하였다.

> 승지가 친히 입계入啓한 일은 먼 옛날에 있었던 일이 아니라 중묘조中廟朝에서 행한 바이며, 성묘조成廟朝 때에는 입직入直한 옥당을 무시로 불러 편전便殿에서 대면하시고, 이름 하여 독대獨對라 하였으니, 이러한 예례를 회복해야 됩니다.[96]

이러한 율곡의 적극적인 주장에 대하여 선조는, "승지의 친계親啓는 실행하기 어렵지만", "옥당의 관원은 반드시 책을 가지고 진강進講할 때만이 아니라 무시로 불러보겠으나, 다만 의리義理만을 상론商論"해야 한다며, "근래의 규례規例에 조강朝講 외에는 대신을 접견할 때가 없으나 자주 불러보겠다."며 율곡의 건의를 일부 수용하였다.[97]

하지만 선조의 이러한 태도는 얼마 가지 못했다. 앞에서 본 바와 같이 선조 8년 7월에 있었던 사헌부 하급 관리가 왕자의 처소에서 궁노를 잡아간 사건으로 인해 선조의 태도가 돌변했기 때문이다.

2) 낭천제: 소유 지향적 관점

낭천제가 율곡이 주장한 '천거제'와 근본적으로 다른 점은 '소유 지향적 성격'에서 찾을 수 있다. 앞에서 본 바와 같이 율곡은 선조 15년에 이조판서직에 임명된 후에 "관각館閣의 청선淸選"이 모두 낭관들에게 맡겨

---

[96] "承旨親入啓事, 此非遠規, 中廟朝所行也. 成廟朝, 無時招玉堂入直之人, 對于便殿, 名曰獨對. 此例亦可復也."(『經筵日記』 선조 8년 6월, 29-68ㄴ)
[97] "上曰: '承旨親啓, 行之似難. 若玉堂之官, 則當無時召見, 不必持冊進講, 只可商論義理也. 近規朝講外, 無接見大臣之時, 予意欲頻頻召見矣.'"(『經筵日記』 선조 8년 6월, 29-68ㄴ)

져 있음을 지적한 바 있다. 이는 삼사 등 청요직의 선출에 책임자인 판서의 권한은 사라지고 말단인 낭관들이 인사권을 전횡하고 있는 것을 비판한 것이었다.

율곡의 이 건의가 있은 후 선조는 '낭천제 혁파'를 명하였다.[98] 선조의 낭천제 혁파 명령에 도승지 박근원朴謹元은, 낭천제는 "법전에 실려 있지는 않으나 예로부터 규례대로 삼아 지금까지 폐지하지 않고 시행"해온 것으로, 이는 모든 사람이 함부로 차지할 수 없는 자리인 만큼 반드시 "참신한 무리로서 대중의 지지를 받는 자를 선발해야 하는데", 신진 인물인 경우 같이 진출한 무리들만이 잘 알 수 있으므로 "스스로 추천하게" 한 것이라면서 선조의 혁파 명령을 반대하였다. 박근원은 만약 낭천제를 혁파하고 이조판서가 직접 채용할 경우, "인물이 어떠한지를 알 수 없게 되고", "잡된 무리가 섞여 등용"될 우려가 많아 "청론淸論이 씻은 듯 없어지게 될 것"이라고 반대 의견의 이유를 추가했다.[99]

하지만 박근원이 반대한 더 큰 이유는 따로 있었다. 그는 "전장銓長[이조판서]으로 있는 이는 거의 모두가 나이 많은 선배들"이어서 "낭관들의 보좌를 받지 못할 경우", "정당함을 잃게 되어", "권간權姦 하나가 나랏일을 담당하게 되면 나라를 망치게 될 것"을 지적하였다.[100] 박근원의 이 주장은 원칙적으로 틀린 주장은 아니다. 하지만 그가 이 말을 한 의도는

---

98) "上, 下敎曰: '吏曹郎官薦望規式, 自今革罷.'"(『선조수정실록』 선조 16년 7월 1일)
99) "都承旨 朴謹元 啓曰: '銓曹郎官薦望, 雖不載於法典, 自昔以來, 作爲規例, 行之不廢, 以至於此. 此不可人人冒據, 必妙選一時淸流, 爲衆所屬者, 而新進淸流, 非同進儕輩, 則勢未能相知, 使自爲薦, 意非偶然. 今若廢薦望之規, 而使堂上爲之, 則必不能知其人物之如何, 多有混進雜用之患, 一時淸論, 掃地盡矣.'"(『선조수정실록』 선조 16년 7월 1일)
100) "況爲銓長者, 率皆年高先進之輩, 其於遴選新進, 布置臺閣之際, 若不資郎佐, 可否相濟, 則用舍進退, 自至乖當, 而一權姦當國, 足以誤一國矣."(『선조수정실록』 선조 16년 7월 1일)

당시 동서로 갈린 뒤, 이조판서로 율곡이 임명이 되어 낭천제를 비판한 것과 관련이 있다.[101] 앞에서 말한 것처럼 율곡이 시사時事를 논하여 상소하면서 "관각의 청선"이 모두 낭관들에게 맡겨져 있다는 말을 하였는데, 이로 인하여 당시 사람들은 율곡을 더욱 심하게 꺼리게 되었다.[102]

그러다가 이때에 와서 선조의 특명으로 혁파하게 하였는데, 이는 선조가 삼사의 신진 인물들의 논의가 싫어서 한 조치였다. 그 뒤에 천거하는 법이 개혁되긴 하였으나 낭관들이 개인적으로 의논해 정해놓고서 차례로 의망하여 제수시키며 순서를 뛰어넘을 수 없게 함으로써 금석金石처럼 굳은 법전法典이 되고 말았다. 오직 조정에서 크게 변혁할 때에 이조

---

[101] 낭천제의 연혁에 대하여 당시 실록의 기록을 살펴보면 다음과 같다. 조선 건국 이래로 무武는 접어두고 문文을 닦는 정책을 시행하여 대관臺館의 당하관을 많이 배치하고 신진 명사名士를 길렀다. 또 조종조에 여러 번 변혁을 겪어 훈척들의 권세가 너무 비대해졌으므로 열성列聖의 시대에 문사文士를 장려하고 언로言路를 넓혀서 훈척 세력을 억제하였다. 그때에 당하관의 깨끗한 명망은 모두가 이조의 낭관에게서 나왔는데, 이조의 낭관을 선발하는 방식이 대단히 엄격하였기 때문이다. 반드시 미리 몇 사람을 추천하여 입계하게 하고 차례로 제수했는데 임금도 그들을 소중히 여겼다. 그 결과 대각臺閣의 신진 인물들이 매양 공경公卿과 서로 알력이 생기게 되었다. 따라서 만약 불행히도 권간이 나라를 맡아 위를 가릴 경우 반드시 사림의 화가 일어났는데, 그때마다 이조의 낭관이 앞장을 섰다. 과거 쓰라린 경험이 잇닿아 있건만 풍조가 이미 이루어져 명관名官으로서 전형銓衡에 참여하지 못하게 되면 큰 수치로 여기게끔 되었다. 그러다가 선조가 왕위에 오른 뒤로는 유신儒臣이 서로 계속 들어가 정승이 되었으나, 모두가 겸손하여 권력을 피하고 어진 이를 예우하여 선비에게 자신을 낮추는 것으로 급선무를 삼았다. 그래서 신진 세력이 더욱 성대해져서 결과적으로 대권大權이 이조의 낭관에게로 돌아가니, 육경 이하 나약하여 탄핵을 두려워하는 자는 모두 그들의 문으로 몰려들게 되었다. 동·서로 분당된 뒤로는 각각 자신들의 좋아함과 미워함에 따라 출입하게 되었는데 이조의 낭관이 된 자도 한 시대의 공평한 인망人望이 있는 최고의 피선자가 아니었으므로 벼슬길이 맑지 못하였다(『선조수정실록』 선조 16년 7월 1일).

[102] "李珥 嘗於論時事疏中有 '館閣淸選, 盡歸於郎僚之手' 之語. 由是, 物議譁以爲: '珥 欲革銓郎薦'. 珥 之見忌於時人, 自此尤甚."(『선조수정실록』 선조 16년 7월 1일)

의 낭관이 모두 죄를 입고 축출된 다음에야 이조판서가 스스로 한두 사람을 제수하여 낭관을 임명할 수 있었다. 하지만 이조판서에게 추천받은 낭관도 감히 그 관직에 오래 있을 수가 없었다.[103]

3. 관·작의 활용

율곡은 정치란 군주 한 사람만의 의무 이행 또는 자의적인 통치에 의한 것이 아니라 어진 이와 함께하는 것이며, 선조가 덕을 진취하여 재능을 발현시키는 것도, 어진 이와 함께 통치하는 일도 결코 불가능한 일이 아니라고 여겼다. 율곡은 오히려 앞에서 보았듯이 선조 스스로가 "진실로 치도治道를 일으킬 수 없다."고 여긴다면, "어진 사람을 얻어서 의지하여 맡기면 또한 나라를 다스릴 수 있을 것"이라고 밝히기도 하였다.[104]

여기에서 주목할 사항은 율곡이 군주인 선조의 덕과 재능보다 '어진 사람을 얻기' 위한 대안의 모색에 집중했다는 점이다. 이미 선조 자신의 소극적인 변명의 태도로부터, 군신 간 관계의 쌍무성을 기대하기는 곤란했다. 그렇기 때문에 군주의 책무를 우선적으로 이행해야 한다는 선행조건이 미비하다면, 신하의 책무 자체를 기대할 수 없다는 것이다.

정치란 군신 간 관계의 항상성에 기초한다고 전제할 경우, 군주인 선조의 책무가 기대되는 상황조차도 관계의 항상성을 유지하기 위해 역설적으로 자신의 책무를 인지하고 이행하는 신하의 존재를 상기해야 한다

---

103) "至是, 上, 下敎特革之, 蓋惡三司新進之論而發也. 其後, 薦法雖革, 而郎官私自議定, 以次擬除, 不得蹤越, 堅如金石之典. 惟於朝廷大變革之際, 吏郎盡被罪逐然後, 銓長自除一二人爲郎而止, 爲銓長所薦之郎官, 亦不敢久於其職."(『선조수정실록』 선조 16년 7월 1일)
104) 본 장 주석 90을 참조하라.

는 것이다. 결국 율곡의 관심은 '어진 사람'을 어떻게 얻을 것이며, '누가 어진 사람인가'를 판별하는 행법으로 귀결된다.

율곡은 선조 6년 10월에 선조에게 우리 역사상 "오직 세종대왕의 정치가 참으로 본받을만합니다."라고 진언하였다. 율곡이 세종에게서 본받기를 요구한 구체적인 내용은 바로 다음과 같은 세종의 '인사 충원'의 방식이었다.

> 사람을 쓸 적에 상례常例에 얽매이지 않고 어진 사람에게 맡기고 재능 있는 사람을 부려서〔任賢使能〕 각각 그 재기에 맞게 했으므로 어진 사람과 불초한 사람의 분수가 정해졌으니, 오늘날에도 반드시 사람을 가려서 벼슬을 주고 책임을 맡겨 성취를 요구해야 모든 공적이 빛날 수 있을 것입니다.[105]

그렇다면 어떻게 어진 사람과 불초한 사람의 분수를 정하고, 현명한 사람과 재능 있는 사람을 구분할 수 있을까? 그 단서는 '관官'과 '작爵'을 구분하는 율곡의 인식에서 찾을 수 있다. 율곡은 다음과 같이 말한다.

> 삼가 살피건대, 작爵은 덕망이 있는 이에게 명하는 것이요, 관官은 능력이 있는 이에게 맡기는 것이니, 성군의 나라 다스림은 어진 이에게 맡기고 능한 이를 부리는 것에 지나지 않는다. 금상은 그렇지 아니하여 선비로서 인망이 있는 이는 반드시 교활하다고 의심하여 지나치게 억압하고, 인망도 없고 학식도 없이 어물어물 추종하는 자

---

[105] "惟世宗大王之政, 誠可爲法, 用人不拘常例, 任賢使能, 各當其才, 故賢不肖定分. 今日必須擇人授官, 委任責成, 然後庶績可熙矣."(『經筵日記』선조 6년 10월, 29-19ㄱ)

는 높이 우대하며 두터이 포상하여 띄워 올려 대관을 제수한다. ……
거조擧措가 이와 같으니 인심과 세도가 물과 같이 아래로만 내려가
서 구제할 수 없게 됨이 당연하다.106)

율곡은 관은 '능력'이 있는 이에게 맡기는 것이고, 작은 '덕망'이 있는 이에게 명하는 것으로 관과 작을 구분한다.

이와 같은 관작의 구분은 율곡의 정치관과 밀접한 연관성을 지닌다. 율곡은 "현명하고 재능 있는 사람들을 거두어들임으로써 하늘의 직책을 함께 수행한다는 것은 재능이란 다른 세대로부터 빌려 오지 않는다는 것을 뜻하기 때문"이라고 평가한다. 그렇기 때문에 과거 조선의 정치 역시 "조정에서 사람을 등용하는 원칙은 오직 재능과 덕망"이었다고 지적한다. 하지만 이러한 전통은 "기묘년에 사림의 화난이 있은 뒤부터는 간사하고 흉악한 자들이 연이어 나라의 정권을 잡아, 고상한 선비들이 과거를 통해서 진출하지 않은 것을 몹시 미워하여 끝내 중요한 자리에는 앉지 않게 됨으로써" 과거의 "훌륭한 제도가 여기서 깨끗이 없어져버렸음"을 상기시킨다.107) 결국 능한 사람만 가지고는 '좋은 정치'를 행할 수 없으며, 덕 있는 사람을 얻어서 보완해야만 좋은 정치가 가능한 셈이다.108)

---

106) "謹按, 爵以命德, 官以任能, 聖王之治國, 不過任賢使能而已. 今上則不然, 士類有人望者, 心疑矯激, 裁抑過中, 而若其無人望無學識, 泄泄沓沓者, 則優崇襃重, 超授大官. …… 擧錯如此, 人心世道, 宜乎如水益下而莫之救也."(『經筵日記』 선조 14년 4월, 30-57ㄴ~58ㄱ)
107) "收賢才以共天職'者, …… 此所謂才不借於異代者也. …… 我國祖宗朝用人之規, 惟視才德, 不專以科擧爲重. 故朝無曠官, 野無遺賢, 政治以成焉. 自己卯士林之敗, 姦兇連執國柄, 嫉惡高尙之士, 非由科擧而進, 終不置之要地, 祖宗良法, 於斯掃地矣."(「玉堂陳時弊疏」 3-33ㄱ~ㄴ)
108) 이는 현대 관료제의 병폐에 많은 시사를 해준다. 김홍우는 관료주의의 문제점을

폐정이란 관과 작을 잘 활용하지 못한데서 기인한 기강의 붕괴, 그리고 자의적으로 법과 제도를 잘못 운영한 결과이다. 그런데 현실에서 법이 실행되기 위해서는 집행의 정당성을 얻어야 한다. 법이 정당성을 얻지 못하면 법의 유효성을 확보할 수 없으며, 어느 누구도 법을 신뢰하지 않는다.

율곡은 정당성 획득을 위한 방법이야말로 소통에 달려 있다고 판단했다. 당시 조선의 통치 구조에서 그 구체적인 실천 기제는 여론輿論과 상소였다. 그렇기 때문에 군주-신하, 더 나아가 군주-백성의 관계성에 신뢰를 확보하는 수단은 양자 간의 이해와 책무의 이행이라는 소통에 달려 있었다. 관과 작에서 비롯한 천거제의 활용이라는 율곡의 정치적 사고는 바로 군신 간의 소통의 회복을 위한 제도적 보완으로 볼 수 있다.

제3절 공론 문제 비판과 붕당론

현대 정치학의 화두가 '민주주의'라면 조선조, 특히 율곡 시기 정치의 화두는 바로 '공론公論'이었다고 말할 수 있다.『선조(수정)실록』에 가장 많이 표현된 언사는, 신료들이 선조에게 청한 '(이러한 사안이) 공론이옵니다.'와 '속히 공론을 따르소서.'였다. 그런데 문제는 이들 말 속에 등장하는 공론의 의미이다. 율곡에게 공론은, 일반인[國人]들로부터 나오는 자연스러운 여정輿情으로, 모든 사람이 옳다고 인정하는 것을 의미한다.

> 다음과 같이 말한다. "관료에게는 절대로 일을 맡겨서는 안 되며, 어디까지나 일을 시켜야 한다. 민주주의 체제란 각자가 자기의 일을 하고, 믿을만한 친구에게 일을 맡기고, 유능한 관료에게 일을 시키는 체제"이다(김홍우, 1999: 732. 고딕체 강조는 내가 했다).

그러나 당시의 위정자들이 인식하는 공론은 바로 삼사三司(사헌부, 사간원, 홍문관)만의 결정이었다. 본 절에서는 먼저 공론에 대해서 살펴보고 이어서 율곡이 말하는 국시國是의 문제를 붕당과 관련지어 살펴보기로 한다.

1. 삼사와 공론

율곡은 관직 생활 초기에 이미 "위로는 전하의 마음을 바르게 하고 아래로는 백성의 감정을 파악하여 그릇된 폐해를 바로잡는" 책임이 바로 간관諫官에게 있다고 하며 간관의 가장 큰 책임은 바로 위와 아래의 진정한 소통에 있음을 밝힌 바 있다.[109] 율곡이 강조한 간관의 중요성은 무엇보다도 백성들의 자연스러운 감정[輿情]을 조정에 전달하는 소통의 측면에 있었다. 따라서 대간이 사정私情을 갖고 의견을 표출한다면 당연히 "그 죄가 크며", "공론이 있는 곳이라면 비록 나무꾼이나 김매는 사람이라도 소홀히 하면" 안 되나, "사의에서 나온 것이라면 비록 만승의 제왕이라도 역시 바로잡아야" 한다고 율곡은 주장한다. 그런데 당시는 간관에게서 나온 말이라면 시비를 물론하고 곧바로 공론으로 인정되는 상황이었다. 게다가 당시에는 기강의 문란, 인심의 해이, 관리들의 나태와 무책임성이 만연하여 조정의 모든 업무가 마비되고 있었다.[110]

---

109) "上格宸衷, 下達輿情, 釐補穿弊, 責在諫官."(「辭正言疏」 3-9ㄱ)
110) "臺諫者, 人君之耳目也. 人君所以重臺諫者, 以所言必公論故也. 若臺諫徇私任情, 誣上悅人則其罪大矣. 政院喉舌之臣, 雖斥其非, 何害於義哉. 大抵公論所在, 則雖負薪夏畦之賤, 亦不可忽也; 私意所發, 則雖萬乘帝王之尊, 亦不可矯也. 今者, 言出於諫官之口, 則不論是非, 皆莫敢誰何, 而乃欲矯正君父之失, 則勢豈有可望者乎. 惜乎! 三司之官, 皆無識見, 自陷於欺君之罪. 主國家公論者, 所言顚錯乃如此, 則時事寧有可正之理乎."(『經筵日記』 선조 7년 7월, 29-54ㄱ~ㄴ)

특히 간관의 직책인 "대간으로 말하면 국가의 귀와 눈인 셈이며 공론을 지탱하는 벼슬이니 더욱이 자주 바뀌어서는 안 되는데도 어지러이 물러나고 바뀌고 하는 것이 일반 관리들보다도" 심하였다. 또한 작은 과오에도 매번 관직에 머물지 못하고 이동이 심하며, 오히려 잦은 관직 이동과 인사이동은 정사를 "더욱 불안정하게 만들어서 공연히 정사를 번거롭게" 하고 있었다.[111]

이러한 행태는 결과적으로 "사소한 일을 가지고도 피혐하고, 서로 수용하기 힘든 일은 전혀 따져보지도 않은 채 어지럽게 바꾸어 사업이 폐기되는 습성"만을 생산하였다.[112] 율곡은 이러한 상황에서는 결코 공론의 정치적 의미를 찾을 수 없음을 인식하고 있었다. 선조 7년 3월에 발생하였던 경상도 군적 경차관軍籍敬差官 정이주鄭以周 면직 사건은 이러한 특징을 잘 대변해주고 있다.

정이주는 재물의 수탈에만 힘쓰고 백성의 어려움은 돌보지 않았다. 한정閑丁을 책출責出하면서 태형笞刑을 매우 혹독하게 가한 데다, 무뢰배인 서제庶弟를 자기의 이목耳目으로 삼아 백성의 비방이 도처에 가득하였다. 이 일로 사헌부가 다른 사람을 보내려고 하였다. 그때 집의 정지연은 "사명使命을 받든 신하를 떠도는 말로 인하여 논파하는 것은 옳지 않다."는 주장을 제기하였고, 대사헌 심의겸은 "이는 떠도는 말이 아니니, 만약 파직시키지 않으면 백성의 원성이 더욱 심해질 것이다."라는 주장을 제기하여 의논이 합치되지 않자, 결국 두 사람은 피혐을 하였다.[113] 이 일은

---

111) "至於臺諫, 爲國家耳目, 主張公論, 尤不可數易, 而紛紛辭遞, 甚於庶官. 耳目靡定, 公論焉寄!"(「玉堂論遞兩司箚」 5-10ㄱ)
112) "微小避嫌及不相容等事, 一切勿論, 以革紛更廢事之習."(「玉堂論遞兩司箚」 5-10ㄴ)
113) "慶尙道 軍籍敬差官 鄭以周 病免. 以周 惟務搜括, 不恤民隱. …… 責出閑丁, 箠楚甚酷. 且以庶弟無賴者爲耳目, 民謗盈路. 憲府欲論罷, 更遣他人, 執義 鄭芝衍 以爲: '奉

율곡에게 "대간이 대단치 않은 일로 으레 서로 용납하지 않는 폐단"으로 인식되었고, 이를 시정하고자 선조에게 다음과 같이 건의하였다.

> 사람의 소견이 서로 다를 경우 사정邪正과 흑백이 분명하다면 서로 용납할 수 없을 것입니다마는, 만약 하나의 의논이 합치되지 않은 것이라면 어찌 서로 용납하지 못하는 정도까지 이르러서야 되겠습니까. 조종조에서는 대간이 각기 자신들의 뜻을 가지고 아뢰면서 의리의 소재만 볼 뿐 동료의 논의와 서로 어긋난 것을 꺼리지 않았으니, 부화뇌동하여 구차하게 서로 뜻을 합치려 하는 것이야말로 말세의 풍조라 하겠습니다. 정이주가 경망스럽고 각박하게 처리한 잘못과 그 서제가 뇌물을 받은 실상은 떠도는 말에서 나온 것이 아닙니다. 온 도내가 시끄러워 마치 병란兵亂을 만난 것 같으니, 만약 이주를 파직하지 않으면 영남 천리의 인심을 위로할 수 없습니다. 심의겸이 논핵論劾하려고 한 것은 단연코 잘못이 없고, 정지연은 그 소견에 일리가 있는듯하긴 하나 파직하자는 의견보다 분명하고 바르지는 못합니다. 그러나 이는 하나의 의논이 합치되지 않은 것에 불과할 뿐 사정邪正이 서로 용납되지 않는 것과는 비교할 수 없으니, 모두 출사를 명하소서.[114]

使之臣, 以流言論罷不宜.' 大司憲 沈義謙 固爭以爲: '此非流言, 若不罷則民怨益甚.' 議不相合, 皆辭避."(『선조수정실록』 선조 7년 3월 1일)

114) "大司諫 李珥 謂同僚曰: '臺諫以不關之事, 例不相容爲弊久矣, 可因此正之.' 乃啓曰: '人之所見不同, 邪正, 黑白判然則不可相容矣. 若一議論之不合, 則奚至於不相容乎? 祖宗朝臺諫各以其意來啓, 惟視義理之所在, 不憚僚議之牴牾, 雷同苟合, 此是衰世之習也. 鄭以周刻之失, 其孼弟受賕之狀, 非出於流言, 一道騷然, 如遭兵亂. 若不罷 以周, 則無以慰嶺南千里之人心. 義謙 之欲爲論劾, 斷無所失, 芝衍 所見, 雖若有理, 終不若啓罷之明正也. 但此不過一議論之不合, 非如邪正不相容之比, 請竝命出仕."(『선조수정실록』 선조 7년 3월 1일)

그러나 선조는 "의논이 각기 달라서 형세상 서로 용납될 수 없는데 억지로 서로 용납시킨다면 반드시 폐단이 있을 것"이라면서 율곡의 건의를 거부한다. 결국 정지연은 체직되었다. 율곡은 만장일치를 고집하는 대간의 잘못된 관행을 고칠 목적으로 이처럼 논했던 것인데, 선조는 규례의 변경을 경솔히 논의한다고 하여 따르지 않았다. 이 사건 이후부터 "대간이 앞을 다투어 하찮은 일로 피혐하여 체직됨으로써 어지럽게 자주 교체되었는데, 1년 동안에 수십 번 대간으로 들어간 자도 있었다." 그래서 사관은 이 일을 두고, "수십 일 동안 재직하게 되면 서로 장난삼아 묻기를 '이미 충분히 임기를 채웠는데 어찌하여 잉임仍任하는가.' 하였으니, 관법官法의 문란함이 극도에 이르렀다 하겠다."라고 평가하였다.115)

잦은 피혐의 반복으로 인해 빚어진 조정 업무의 마비와 공론의 부재라는 결과는 선조 14년 7월에 있었던 청양군靑陽君 심의겸의 파직에서 다시 확인할 수 있다. 요약하면 이 사건은 심의겸 파직 문제를 중심에 놓고 대간들의 피혐이 반복적으로 이루어졌고, 이로 인해 결국 심의겸 파직 문제라는 논점이 정철鄭澈의 탄핵 문제로 와전되고, 이 문제를 중심으로 대간들의 피혐이 여전히 반복되는 상황을 보여주고 있다.

실록에 의하면, 심의겸 파직 문제는 "심의겸이, 선조가 즉위하던 초기에 남모르게 궁금宮禁과 인연하여〔즉 왕실과 연결하여〕기복起復〔상중에 벼슬에 나아감〕되기를 희망하였다는 유언流言이 나돌고", 이 때문에 "양사가 청양군 심의겸을 파직시킬 것"을 요구하였으나 선조가 거절한 것에서 발

---

115) "上不從曰: '沈義謙 等議各不同, 勢不相容. 强爲相容, 則必有後弊. 臺諫之體, 不當如是也.' 於是再啓, 遞 芝衍. 珥 欲改近規爲此論, 上以其輕議變更, 不從. 是後臺諫爭以微細之事, 引嫌而遞, 紛紛數易. 有一人而一年之內, 數十番入臺者. 臺官供職數十日, 則相戲問曰: '瓜滿已足, 何以仍任?' 官方之紊極矣."(『선조수정실록』 선조 7년 3월 1일)

단되었다.[116]

당시 이발李潑은 정인홍鄭仁弘을 내세워 심의겸의 파직을 관철시키려 했다. 이때 율곡과 성혼은 "[심]의겸은 오늘날 이미 어미를 잃은 병아리와 같고 썩어 문드러진 쥐와 같은 처지"이며, 따라서 "그를 산지散地[한미한 자리]에 있게 하더라도 나라를 다스릴 수 있다."고 말하면서 심의겸의 파직을 반대하였다. 율곡과 성혼은 만일 그럼에도 불구하고 심의겸의 파직을 계속 논핵할 경우, "사람들이 의혹을 품게 되어 부질없이 사단만 일으키게 될 것"이라고 경고하였다. 율곡과 성혼은 심의겸 파직 문제가 중요한 문제가 아니라는 점에 인식을 같이하고 있었고, 중요하지 않은 문제를 계속 문제시하였을 경우 결국 성격이 전혀 다른 정치적 사건, 예컨대 사화와 같은 정치적 사건으로 비화될 가능성이 있음을 우려하고 있었다.[117]

하지만 이발은 율곡이 심의겸의 파직에 동의한다면 사류들이 율곡을 따를 것이라며 율곡의 협조를 요청하였다. 율곡은 "오늘날 무단히 의겸을 논하는 것은 매우 옳지 않은 일"임을 정확하게 인식하고 있었으나, "시배들은 본시 내가 심沈의 편만을 비호하는가 의심"하였고, 또 율곡이 심의겸 파직 문제에 반대하자 정인홍이 인피를 하였는데 이 일로 정인홍이 사퇴하면 "반드시 이것으로 주장을 세워 나를 공격할 것"이라고 율곡은 인식하고 있었다. 그리하여 율곡은, "내가 떠나감으로써 사류들이 뿔뿔이 흩어지면 국사는 더욱 낭패스럽게 될 터이니 오늘날의 형세는 여러 사람의 의논을 따라야 할 것이다."라고 성혼에게 말하면서 결국 심의겸

---

116) "兩司請罷 靑陽君沈義謙, 上不從. 時有流言: '義謙 於上卽位初, 潛緣宮禁, 希望起復.'"(『선조수정실록』 선조 14년 7월 1일)
117) "李珥, 成渾 止之曰: '此語不近情理, 絶不可信. 義謙 於今日, 如孤雛, 腐鼠, 置之散地亦可爲國. 苦至論劾, 則人情疑惑, 無事中生事矣.'"(『선조수정실록』 선조 14년 7월 1일)

파직에 대한 계사를 초草하였다.[118]

그러나 율곡이 초한 계사의 내용은 심의겸 파직 문제를 정치적으로 반드시 해결해야 할 중요한 사안으로 규정하고 있지 않았다. 율곡은 심의겸을 파직시켜야 한다는 주장에 대해 심의겸이 "외척으로 오랫동안 조정의 논의를 주도해오며 권세를 탐하였다."는 점과 "조정의 논의가 흩어져 보합할 수 없는 것은 실로 이 사람의 소치로 공의의 불평이 날이 갈수록 더 심해지는데 아직도 드러나게 배척을 받지 않았기 때문에 호오가 분명하지 못하고 인심이 의혹되고 있다."는 점만 지적하였다.[119]

하지만 정인홍은 "이것을 계기로 일단의 사류들을 모조리 격퇴시키려고" 심의겸이 "사류들을 끌어들여 성세를 돕게 하였다."는 말을 율곡이 초안한 계사의 후반부에 삽입하였다. 선조는 그 사류들을 캐물었고, 정인홍은 윤두수尹斗壽·윤근수尹根壽·정철 등을 지목하였다.[120]

이것은 결국 심의겸 파직 문제가 전혀 다른 성격의 문제로 전환하는 계기가 되었다. 율곡은 곧바로 정인홍에게 정철을 지목한 것은 잘못된 것임을 지적하고 정인홍이 사실대로 밝히기를 강권하였고, 결국 정인홍은 정철이 "의겸과 정분은 서로 두터웠으나 윤두수 형제들처럼 사적으로 서로

---

118) "潑 說 珥 曰: '時輩不能深信公者, 恐公不捨 義謙 也. 公若棄絶此人, 則一時士流, 皆信服公, 而西邊善士, 亦可收用保合, 國事尙可爲. 且不論此人, 則 鄭仁弘 將棄官而歸, 豈不可惜?' 珥 以爲然, 問於 成渾 曰: '今日無端論 義謙, 甚非事宜. 但時輩, 本疑 珥 護 沈 一邊. 若 鄭仁弘 因此論不合, 而去則必以此, 立幟攻 珥. 珥 去而士類潰散, 則國事尤敗矣. 今日之勢, 須從衆議.'"(『선조수정실록』 선조 14년 7월 1일)
119) "靑陽君沈義謙, 曾以外戚, 久執朝論, 貪權樂勢, 積失士類之心. 近年以來, 朝論渙散, 不能保合者, 實此人所致. 公議不平, 久而益甚, 而迄未蒙顯斥, 故好惡不明, 人心疑惑. 請命罷職, 以明好惡, 鎭靖人心."(『선조수정실록』 선조 14년 7월 1일)
120) "仁弘 以城上所, 連啓添辭, 有援附士類, 以助聲勢等語. 上問曰: '士類是何等人?' …… 仁弘 啓曰: '所謂士類者, 義謙 與 尹斗壽. 根壽, 鄭澈 等諸人, 相爲締結, 以助聲援, 窺覦形勢矣.'"(『선조수정실록』 선조 14년 8월 1일)

당을 체결하지 않았다."면서 선조에게 자신의 과오를 인정하였다.[121]

이 일은 정인홍의 주장이 옳았고 정철이 심의겸과 사당을 맺었다는 주장과 그에 대한 반대 주장 간의 불필요한 논쟁의 연속과 피혐의 반복으로 전개되었다. 이 일로 인한 첫 번째 피혐 과정은 정철이 심의겸과 사당을 맺었다는 주장이 옳다는 입장을 취한 당시 장령 권극지와 지평 홍여순洪汝諄과, 이 주장에 반대했던 율곡과 유몽정柳夢井에게서 볼 수 있다.

그런데 두 번째 피혐은 첫 번째 피혐의 계기와 다른 성격을 갖고 있음을 발견할 수 있다. 두 번째 피혐 과정은 정언 윤승훈尹承勳이 율곡이 정철의 잘못을 해명한 것에 대한 논계를 선조에게 올리면서 진행되었다. 이 두 번째 피혐 과정은 윤승훈 개인의 사적 이해관계에서 출발하고 있음을 보여준다. 윤승훈의 논계는 결국 율곡을 포함한 양사 전체의 피혐으로 진행되는 계기가 되었다. 율곡 자신도 이러한 피혐의 반복적인 과정 속에 있었지만, 원인이 되었던 문제들이 "대단치 않은 일로 분분하게 아이들 장난하듯 피하여 나라의 체모를 크게 손상시키는 것"에 불과함을 지적하면서 "어찌 신들이 좋아해서이겠습니까만 형편상 어쩔 수 없었기 때문"임을 말하고 있다.

율곡은 삼사의 인물 논핵은 "으레 동류들에게까지 파급되고 있어" "한 사람을 논핵할 적마다 온 조정이 소요스러워 자못 충후忠厚하고 안정스런 기상이 없음"을 지적하였다. 율곡은 "논핵을 의겸에서 그치려고 했다." 그래서 "정철의 심사心事를 논하는 데 있어 의견이 같지 않았으나 이는 그다지 크게 관계되는 것이 없어서 조금도 각립할 이유가 없었다."고 율곡은 분명하게 밝히고 있다.

---

121) "仁弘 勉從, 詣闕避嫌啓曰: '鄭澈 雖與 義謙 情分相厚, 不至如 尹斗壽 兄弟私相締結. 而臣乃以爲: '義謙 之私黨.' 失實甚矣. 請遞職.'"(『선조수정실록』 선조 14년 8월 1일)

율곡은 "[윤]승훈은 단연 시론時論을 붙좇았다."고 평가했다. 그래서 "삼사가 그[윤승훈]의 잘못에 대해 말한 자가 있었다면 나[율곡]는 말을 하지 않을 수 있었다. 그런데 지금 삼사가 모두 그의 말을 추장推獎하는데도 온 나라에 공론이 없으니 내[율곡]가 언지言地에 있으면서 어찌 감히 혐의를 피하고 진심을 속이면서 하고 싶은 말을 다하지 않을 수 있겠는가. 나랏일을 위해서는 옛사람도 모두 피혐한 것은 아님"을 율곡은 주장하면서 피혐이 가져온 공론의 부재와 행정의 마비를 해소하도록 요구하였다.

율곡이 공론을 강조한 것은 당시의 잘못된 공론정치를 비판하기 위해서였다. 즉 당시 삼사의 언로 독점과, 피혐이라는 관례가 가져온 폐해를 비판하였던 것이다. 여기서 나는 앞에서 논의한 바 있는 '논論'과 '의議'에 대한 구분을 다시 한 번 반복하여 서술할 필요가 있다고 생각한다. '논'이란 결론에 가까운 의미가 되며, '의'라는 말은 그 과정에 가까운 의미를 보인다. 당연히 '논'은 가치 판단이 개입되기 마련이다. 따라서 '논'을 강조하다 보면 '시비'의 문제를 우선할 수밖에 없다. 반면 '의'는 여럿이 함께한 사안을 따져보는 의미가 있다. '논'은 혼자서 하는 것이고, '의'는 '더불어 함께' 하는 것이다.

하지만 당시 조선조 정치에서는 '의'가 사라져버렸다. 의정부는 '의정議政'의 기능이 상실되었고, 그 결과 의가 사라진 자리를 논만이 무성하게 채우고 있었다. 이렇게 되자 기형적으로 비대해진 삼사가 국정을 천단하고, 삼사에 의한 '의議 없는 논論'은 오직 시비론으로만 귀결되었다. 이 과정은 논論 없는 의議는 폐정이 되고, 의議 없는 논論은 폐법이 되는 전형적인 실례가 된다. 권간은 의와 논 자체를 무시했고, 유속은 의와 논 자체를 두려워하여 회피하였다. 폐법은 이러한 권간의 결과이고, 폐정은 이러한 유속의 결과물이다.

율곡이 「만언봉사」에서 주장한 '정귀지시政貴知時'는 의議의 차원이고,

'사요무실事要務實'은 논論의 차원으로 정리할 수 있는데, 율곡은 양자 간의 묘합을 주장한다. 즉 때[時]를 알기 위해서 의가 필요하고, 실효를 얻기 위해서는 논이 필요하다. 결국은 논은 논대로, 의는 의대로 필요한 것이다.

소통의 핵심은 논의 우월성으로부터 의의 우선성을 지키려는 정치적 인간의 노력이다. 의를 해야 현실 인식이 가능하다. 시의時宜를 파악하기 위해서 의가 필요하다. 그다음에 나오는 대책이 바로 논이다. 그런데 논에 대한 유혹에서 자유롭지 못한 인간들은 흔히 이 점을 망각하거나 간과하곤 한다. 이 책의 서론에서 이미 살펴보았듯이 율곡에게 '정政'이란 말은 과정 또는 진행을 뜻한다. 그리고 '치治'란 정의 결과를 의미한다. 따라서 율곡이 생각하는 정치에 있어서의 논의는 결과론적 논의가 아닌 과정으로서의 논의로 이해되어야 마땅하다. 특정 사안에 대한 판단의 과정을 공유하지 못하고, 판단의 결론[판결]만 공유하고자 하면 억압이 된다. 양법미의良法美意에서 미의를 잃고 양법만 강조하다 보면 양법이 폐법화된다. 을사 위훈 처리 문제도 그 전모를 잘 보여주는 것이 중요한데 미리 재단한 후 논의한 것이 문제가 된 것이다.

한편 나는 율곡의 이러한 사고를 가치價值와 가격價格의 문제로 바라볼 수 있다고 생각한다. 율곡은 '상의商議'와 상량商量이라는 말을 많이 사용하였는데, '상의'란 '난상공의爛商公議'의 준말이다. 여기서 난상은 비용과 이익을 따지는 과정이면서 전문가들의 영역이다. 한편 공의는 비전문가의 영역으로 최종적 단계이다. 법은 난상으로, 도덕은 공의로 연결된다. 그리고 공의의 결과가 공론으로 자리 잡을 수 있다. 그런데 이 양자를 분리 또는 대체하려고 할 때 문제가 발생한다.

한편 그 순서가 또한 중요하다. 공의가 필요하게 되면, 출발은 가격에서 하여야 하고, 최종 단계에 가서야 가치를 지향해야만 한다. 우선은 그

가격을 따져보는 것이 중요하다. 그리고 따지는 것에서 끝나지 않는 것이 중요하다. 이 점이 가치의 문제이다. 여기서 토론의 과정이 중요하게 대두된다.

즉 초기에는 비용의 측면을 자유롭게 논의하고, 그 뒤에는 비전문가들의 가치의 문제가 개입되어야 한다. 논의의 출발을 도덕이라는 가치로 시작한 사람들이 구체적인 사안에서는 침묵하는 것이 문제이다. 도덕주의자들은 자기 도덕 원칙에만 헌신하고 생활세계는 도외시한다. 그렇게 되면 이미 이들은 도덕이라는 상품을 파는 장사꾼이다. 율곡의 표현에 의하면 유속, 속유, 시배 등이 된다.

결국 정치는 가치로만 하는 것도 가격으로만 하는 것도 모두 문제가 있다. 나아가서 덕이 법을 대체해도 문제이고, 법으로만 해도 문제이다. 법과 도덕의 상보적 관계를 잘 보아야 한다. 법만으로는 안 되고 사람이 있어야 한다. 법대로 정치를 하되, 그 법에만 구애받지 않아야만 하는 것이다. 호오好惡는 결국 절차를 통해서만 느낄 수 있는 것인데, 호오를 미리 정해놓거나 또는 잘못된 과정을 통해서 가리는 경우가 많다.

율곡은 시비와 선악보다 우열을 중시한다. 그런데 좋은 과정이란 사실을 적시하는 것이 중요하다. 그리고 자기의 주장을 잘 밝히는 것이 중요하다. 사실을 잘 안 보고 원칙과 결과를 강조하므로 자기의 주장이 없는 것이다.[122] 선조도 구신도 모두 이런 태도들이었다. 여기서 나는 율곡이

---

[122] 정치에 있어서 마음[心]과 말[言] 그리고 일[事]에 대해 살펴볼 필요가 있다. 율곡을 통해서 정치를 살펴볼 때 중요한 점은, 정치를 마음부터 출발하면 곤란하다는 점이다. 오히려 표현된 말을 통해서 보는 것이 타당하다. 마음에서 말을 보는 것이 아니라, 마음을 유보하고(거부나 배제가 아닌), 말과 일에 초점을 두는 것이 중요하다. 여기서 중요한 것은 죽은 말이 아닌 살아 있는 말이라는 점이다. 그러기 위해서는 일과 관련된 말로 시작해야 한다. 그런데 이것이 잘못되면 일만 강조되기 쉽다. 그러므로 일로부터 약간의 거리가 또 필요한 것이다. 하지만 너

앞에서 살펴본 경제사 설치를 주장한 진정한 의도를 다시 한 번 상기해 볼 필요를 느낀다. 율곡이 경제사의 설치를 주장한 의도를 한마디로 말하면 바로 '관료들을 한자리에 모아놓고, 의논하자.' 다시 말하면 바로 '함께 모여 의議를 하자.'는 취지였다.

그런데 당시에는 삼사의 공론정치라는 화두가 지배적 담론 구조를 이루면서 정치의 다양한 이해득실에 대한 논의가 사라지고, 시비라는 원칙론만이 횡행하는 모습을 보였다. 따라서 회의 기관인 의정부의 기능이 마비되어 정치가 실종되었던 것이다. 정치의 장에서 의라는 우선성이 논이라는 우월성에 종속되면서 조선조 정치는 붕당화되었다.

2. 붕당의 발생

일반적으로 조선의 붕당 연구는 그 접근법과 인용 사료에 따라 각기 긍정과 부정의 양면적인 평가를 제공한다.[123] 비록 붕당의 영향에 대해 양면적으로 평가할 수 있다 할지라도, 조선의 붕당정치와 그 폐해의 궁극적인 원인은 군신 간 또는 당파 간 소통의 단절에 기인한다. 그렇기 때문에 당쟁은 '사류 정치의 말폐', 즉 '유학의 정치화'일 수 있다.[124] 율곡

무 거리를 많이 두면 순수한 말만 남게 된다.
123) 율곡 당시의 붕당 연구에 대해서는 정만조(1992)를 참조하라.
124) 성낙훈은 조선조의 정치가 당쟁으로 인해 잘못된 것이 아니라, 정치가 잘못되었기 때문에 당쟁이 생긴 것이라고 분석한다. 즉 '당쟁이 나라를 그르친 것이라기보다도 나라의 모든 결점이 당쟁을 통하여 표현 발로된 것'이라고 한다. 그렇기 때문에 성낙훈은 잘못된 정치가 붕당을 초래했다는 점과 잘못된 정치는 송대 주자학의 영향이라는 점을 강조한다(成樂熏, 1979: 166~171). 나는 잘못된 정치가 붕당을 초래했다는 성낙훈의 첫째 주장에 전적으로 동의한다. 그러나 송대 주자학의 영향에 관해서는 이 책에서 다루지 않기로 한다.

의 붕당 인식은 선조 5년 7월에 전 영의정 이준경이 죽기 직전에 올린 유차에서 비롯되었다.

이준경은 선조에게 "사사로운 붕당을 깨뜨려야 합니다."라고 주장하였다. 이는 당시 붕당으로 인해 "사람들은 간혹 잘못된 행실이나 법에 어긋난 일이 없는 사람이 있더라도 말 한마디가 자기 뜻에 맞지 않으면 배척하여 용납하지 않으며, 행검行檢을 유의하지 않고 독서를 힘쓰지 않더라도 고담 대언高談大言으로 붕당을 맺는 자에 대해서는 고상한 풍치로 여겨 마침내 허위 풍조"를 빚어냈기 때문이라는 판단에 기인한다. 이준경은 그 해결 방법으로 "군자는 모두 조정에서 집정執政하게 하여 의심하지 말고 소인은 방치하여 자기들끼리 어울리게" 함으로써 붕당의 폐단을 없앨 수 있다고 제안했다.[125]

사실상 당시 이준경[126]은 윤원형이 실각한 후 명종 말년에 영의정이 되어 선조의 등극을 무리 없이 진행해온 조정의 최고 원로였다.[127] 율곡

---

125) "破朋黨之私. 臣見, 今世之人或有身無過擧; 事無違則, 而一言不合, 排斥不容. 其於不事行檢; 不務讀書, 而高談大言, 結爲朋比者, 以爲高致, 遂成虛僞之風. 君子則竝立而勿疑; 小人則任置而同其流可也. 此乃殿下公聽竝觀, 務去此弊之時也."(『선조수정실록』 선조 5년 7월 1일)
126) 이준경은 정치적으로 혁혁한 가계의 배경을 갖고 있다. 그의 6대조 이집은 절의가 유별했고, 5대조 이지직은 청백리로, 고조부 이인손은 우의정, 증조부 이극심은 형조판서, 조부 이세좌는 의정부 좌우찬성, 아버지 이수정은 시강원 사서를 지냈고 갑자사화에서 참형을 당한 뒤 영의정에 추증되었다. 따라서 출사 이후 계속 서울을 떠나지 않고 국왕 주변에서 정치를 도맡았던 이준경의 정치 경력을 고려하자면, 현실 정치에 간여할 수밖에 없는 태생적인 감각을 지닌 인물로 평가할 수 있다. 따라서 일반적으로 '치중화致中和'로 평가하는 이준경의 사상적 특질은 퇴계와 마찬가지로 군주의 수기치인이 통치의 근본 원리라는 정치 인식에 치중한 결과로 이해할 수 있다. 이준경의 가계 연구에 관해서는 김성준(1997)과 이종건(2002)을 참조하라.
127) 실록에서는 이준경의 졸기를 다음과 같이 적고 있다. "권간權奸이 권세를 부리던 당시 준경은 지조를 지키고 아부하지 않아 자주 배격을 당하였으나, 그들이 끝내

또한 선조의 등극 시에 보여준 이준경의 행적을 높이 평가하고 있었다.[128] 그러나 선조의 등극 이후 율곡은 이준경의 정치적 행보에 대해서 비판적인 입장을 표했고, 이준경의 유차에 대해 「논붕당소論朋黨疏」를 올려 이준경을 직접적으로 공격하기에 이른다.

율곡은 "붕당에 관한 설이 어느 시대라고 없을 수 없습니다."라고 전제하고, 붕당이란 그 자체로 가치를 나눌 수 없는 것이라고 단언한다. 왜냐하면 붕당의 취지 자체가 "군자의 당인지 소인의 당인지를 잘 분별하라는 것일 뿐"이기 때문이다. 그렇기 때문에 율곡은 "참으로 군자라면 천백인이 한무리를 짓더라도 많으면 많을수록 더욱 좋은 법"일 수 있으며,[129]

> 감히 가해하지 못한 것은 절조와 행검에 하자가 없고 논의가 한편으로 치우치지 않았기 때문이었다. 부정한 논의에 대하여 감히 그것을 바로잡지는 못하였으나, 본심은 사류를 보호하였기 때문에 청론淸論이 믿고 의지하는 바가 있어 여망이 그에게로 돌아갔다. 윤원형이 무너진 뒤에 비로소 국사를 담당하고 금상今上을 보좌하여 급한 상태를 안정 국면으로 돌아서게 하였는데, 주상도 국사를 위임하고 의심하지 않았다. 준경은 성심과 공도로 문무 관원을 재목에 따라 써서 계책이 행해지고 공이 이루어졌으며 인심을 진정시키고 국맥을 배양하였으니, 참으로 사직지신社稷之臣이라 할만하다. 다만 본조本朝에 사화士禍가 자주 일어났기 때문에 신진들의 논의가 과격하고 예리한 것을 보고는 항상 억제하여 조정하려 하였고, 또 혁신하여 일거리를 만들려고 하지 않았으므로 사림이 흔히 그 점을 부족하게 여겼다.〔當權姦之用事, 浚慶 自守不阿, 數遭挫抑, 而終不敢加害者. 以操履無玷, 論議不偏故也. 其於橫議, 雖不敢匡正, 心護士類, 故淸議有所恃賴, 輿望歸之. 元衡 飢敗, 始得當國, 翊戴今上, 轉危爲安, 上亦委任不疑. 浚慶 開誠布公, 文武隨用, 謀行功從, 鎭人心, 培國脈, 眞所謂 '社稷之臣' 矣. 但以本朝士禍數起, 見新進論議果銳, 每欲裁抑調停, 又不欲更張生事, 故士林多短之.〕"(『선조수정실록』 선조 5년 7월 1일)

128) 율곡은 선조의 등극에 대하여, "이때의 왕위 계승이 겨우 정해지고 인심이 크게 안정된 것은 이준경이 일을 진압한 공로 때문이다. 만약 윤원형 같은 무리가 나라를 맡고 있었다면 어떻게 지금처럼 조용할 수 있었겠는가.〔此時, 嗣位纔定, 人情大安者, 是李浚慶鎭物之功也. 若使尹元衡輩當國, 則安能若今日之帖然乎.〕"(『經筵日記』 명종 22년 6월, 28-11ㄱ~ㄴ)라고 적고 있다.

129) "嗚呼! 朋黨之說, 何代無之. 惟在審其君子小人而已. 苟君子也, 則千百爲朋, 多多益善."(「論朋黨疏」 4-36ㄱ)

'모인다는 것〔붕당〕' 자체만으로 반드시 폐기해야 한다는 것은 잘못이라고 강조한다.

결국 "만약 사정邪正을 묻지 않고 곧장 붕당을 지었다는 것만을 의심하여 그것을 깨뜨리려고 한다면 또다시 동경東京 당고黨錮의 화와 백마역白馬驛 청류淸流의 참극이 반드시 일어나지 않으리라고 보장하지 못합니다."라는 율곡의 경고130)는 붕당의 내용을 간과한 채 붕당이라는 현상에만 치중할 경우, 붕당의 구성원 자체를 없애버리는 정치적 비극을 초래할 수 있다는 사실을 시사한다.

도대체 왜 율곡은 이준경이 지적한 붕당의 폐해를 공격한 것일까? 율곡은 이준경이 지목한 붕당에 속한 이들이 그나마 "오직 임금을 사랑하고 나라를 걱정하며 공실公室을 받들고 사문私門을 막는" 몇 안 되는 자들이며, 이로 인해 "공론이 그들을 의존하여 조금이나마 행해지고 있는데도"131) 불구하고, 붕당의 폐해로 이들을 비난한 이준경의 상소야말로 정치적 적대감을 은폐하려는 의도임을 밝히고자 했다.

---

130) "若不問邪正, 輒疑其朋黨而欲破之, 則東京黨錮之禍, 白馬淸流之慘, 未必不作也."(「論朋黨疏」4-36ㄱ) '당고의 화'는 후한 환제桓帝(재위 147~167) 초기에 상서尙書 주복周福과 하남윤河南尹 방식房植의 두 집안이 각기 붕도들을 모아 점차 충돌을 일으키게 된 것을 시작으로, 뒤에는 환관들이 정권을 휘두르자 진번陳蕃, 이응李膺 등의 선비들이 이를 공격하였고, 환관들이 이를 미워하여 당인들이라 하여 종신토록 금고禁錮하는 화가 일어났으며, 영제靈帝 때에는 두무竇武, 진번 등이 환관들을 없애려는 모의를 하다가 발각되어 100여 명이 죽음을 당한 사건을 말한다. 또한 '백마역의 청류의 참극'은 당 소선제昭宣帝 말년(906)에 뒤에 양왕梁王이 되는 주전충朱全忠이 자기가 좋아하는 장정범張廷範을 태상경太常卿으로 삼으려 하였는데, 당나라 재상 배추裴樞가 이를 반대하여 양왕이 크게 노해 있을 때, 혜성이 나타나자 유찬柳璨이란 자가 무리를 이룬 대신들 때문이라고 엉터리 모함을 하여 양왕이 배추를 비롯한 수많은 사람을 백마역에서 사사한 것을 말한다(『國譯 栗谷全書』 II: 119 주 147, 148).

131) "惟是愛君憂國, 奉公杜私者, 屈指無幾, 而公論依之得以稍行."(「論朋黨疏」4-36ㄴ)

왜냐하면 이준경의 상소가 정치적으로 악용될 경우, 전대의 사화와 같은 재앙이 재발할 가능성이 있기 때문이다. 비록 이준경의 붕당설이 현상의 측면만을 강조한다 할지라도, 붕당설로 인해 "혹시 불행히도 남곤南袞·심정沈貞132) 같은 간신이 요로에 잠복해 있다가 다시 참소하는 입을 놀리고, 구신 중에 평소 사림을 비난하고 비웃는 생각을 가진 자가 맞장구를 쳐 단단히 서로 결합한 위에, 전하께서 선입견에 마음이 움직여지고 만다면, 기묘사화가 또다시 오늘날에 일어날" 수도 있다133)는 율곡의 위기의식은 단순히 상이한 정치적 견해에 대한 경계심이 아닐 수 있다.

과연 율곡의 예단처럼 붕당의 문제를 인위적으로 해결하려는 시도가 사화와 같은 정치적 비극을 초래하게 되는 것일까? 그것은 양자의 입장이 모두 옳은 것일 수도 있고, 상충되는 것일 수도 있다. 이에 대한 극적인 사례는 실제 현실 정치에서 전개되는 붕당의 파생을 통해 설명된다.

그 첫 번째 사례는 선조 8년(1575년, 을해년)에 이르러 발생한 을해 붕당이다.134) 그 배경은 이해 7월에 황해도 재령載寧 지방에서 종이 주인을 죽였는데, 검시檢屍의 잘못으로 치사致死한 이유를 밝히지 못했던 사건에서 기인한다. 의금부에서 국문할 때, 박순이 위관委官이 되었지만 오랫동안 옥사를 판결하지 못한 상태였다.

그 과정에서 지의금부사 홍담洪曇과 박순은 옥사의 판결에 대한 이견으로 논쟁을 벌이게 되었고, 결국 시체를 재검시하였지만, 증거가 없고, 조정의 의논도 일치하지 않은 상황에서 관련자들 모두 석방 조치되었다. 그러나 헌부가 재차 국문을 제기했고, 이에 대해 선조의 결정을 따른 대

---

132) 남곤(1471~1527)과 심정(1471~1531)은 모두 기묘사화의 주모자들이다.
133) "不幸而袞, 貞之姦, 潛伏周行, 復啓讒喙, 舊臣之素懷非笑者, 隨聲應響, 牢不可破, 而殿下又不免爲先入之說所移, 則己卯之禍, 復作於今日矣."(「論朋黨疏」 4-45ㄱ)
134) 이하의 내용은 『경연일기』 선조 8년 7월의 기록을 정리한 것이다.

사간 유희춘과 헌부의 주장을 지지했던 정언 김응남金應南 간에 논쟁이 벌어졌다.

결국 선조는 홍문관의 건의를 따랐으나, 당시 대사간[이때 대사간이 유희춘에서 허엽으로 교체되었다]이면서 '죽은 사람과 족당'이었던 허엽이 박순을 추고하여 옥사를 풀기를 주장했던 홍담과 정면 대립했다. 허엽은 당시 사류들 중 젊은 사류들의 종주로 인식되었던 인물로, 김효원金孝元 등이 중심이 되어 허엽을 정치적으로 지지하고 있었다. 반면 추고당한 박순은 선배 사류들의 종주로 인식되면서 허엽 중심의 정치 세력들과 갈등 관계에 놓여 있었다. 당시 대사헌직을 수행하고 있었던 율곡은 정치적 이견을 조정하기 위해 어떤 형태로든 개입해야 할 상황에 놓여 있었다. 율곡은 양사를 모두 체직시키고, 이해 8월 김효원을 부령 부사富寧府使로, 심의겸을 개성 유수開城留守로 보내는 것으로 마무리했다.

그런데 양자의 분리를 통한 갈등의 해소라는 율곡의 결정은 허엽과 김효원 중심의 정치 세력들의 반발을 가져왔다. 특히 허엽은 조선의 정치가 "일백 년 이래로 외척이 항상 국가의 권력을 잡고 있었고", 이로 인해 외척 정치에 익숙해져 있는 탓에 문제의 심각성을 모르는 상황에서 김효원이 외척 정치를 비판했기 때문에 배척당했다고 판단했다.[135]

왜냐하면 허엽은 박순·이후백李後白·김계휘金繼輝 등을 여전히 심의백의 문객으로 간주했기 때문이다. 그렇기 때문에 허엽은 "대체로 심의겸은 외척의 권간이고 박순의 무리는 모두 외척을 이용하여 출신하였으며, 효원은 이들 외척을 배척하였기 때문에 시론時論이 그르게 여긴 것으로" 판단했다.[136] 붕당의 입장에서 보자면, 결국 율곡은 두 사람이 외직

---

135) "曄曰: '百年以來, 外戚常執國柄, 時人耳恬目習, 以爲當然, 一朝有年少之士排抑外戚, 故時人驚怪耳.'"(『經筵日記』 선조 9년 2월, 29-95ㄱ)

으로 가게 된 과정의 중심에 서 있었던 셈이다.

정말 율곡은 붕당 갈등의 직접적인 원인을 제공했던 것일까? 만약 그렇다면 이준경의 붕당설에 대한 율곡의 반발을 고려할 때, 율곡의 태도는 모순된다. 반대로 율곡의 신념과 실제 행위의 일관성으로 보자면, 율곡의 결정은 붕당 갈등을 조장한 원인으로 작용하기에 붕당의 해체보다 붕당의 조장을 결과한 셈이다. 이것도 역시 모순이 된다.

과연 율곡의 태도와 결정에 대해 어떻게 평가해야 하는 것일까? 당시 두 사람을 외직으로 보낸 율곡의 의도는 이준경의 상소를 반박했던 이전 입장과 일관된 것이었다. 율곡은 우의정 노수신과의 상의 과정에서도 "두 사람은 모두 사류士類로서 흑백·사정邪正을 구분할 것도 아니며, 또 참으로 틈이 생겨 서로 해치고자 하는 것도 아니"라고 전하면서, "다만 말세의 풍속이 시끄러워 약간의 틈이 벌어진 것일 뿐인데, 근거 없는 뜬소문이 두 사람을 어지럽혀 조정이 조용하지 못하니, 마땅히 두 사람을 모두 외직으로 내보내어 근거 없는 의논을 진정시켜야 할 것"이라는 입장을 표명한다.[137]

그 결과 노수신이 선조에게 두 사람을 외직으로 보낼 것을 건의했고, 선조의 조처 역시 "한 조정에 있는 사람들은 서로 다 같이 공경하고 합심하여야 되는데도 서로 헐뜯는다 하니 매우 옳지 못하다."며 두 사람을 모두 외직에 보임하는 것으로 정리되었다.

그런데 흥미로운 사실은 이 과정에서 표출된 율곡의 심리적 갈등이다.

---

136) "曄之意, 蓋以義謙爲外戚權姦, 而朴淳輩皆依外戚致大位, 孝元排抑外戚, 故時論裁制云矣."(『經筵日記』 선조 9년 2월, 29-95ㄴ)
137) "李珥見右議政 盧守愼曰: '兩人皆士類, 非若黑白, 邪正之可辨, 且非眞成嫌隙, 必欲相害也, 只是末俗囂囂, 因此少隙, 浮言交亂, 朝廷不靖, 當兩出于外, 以鎭定浮議, 大臣當於經席, 啓達其由.'"(『經筵日記』 선조 8년 10월, 29-82ㄱ)

선조 9년(1576) 정철에게 보낸 율곡의 편지를 보자면, 율곡은 "김효원이 어떤 사람인 줄 몰랐다."고 토로한다. 이로 인해 율곡 자신도 "의심스런 형적은 많아도 실상은 분명히 보지 못했다."는 문제점을 지적한다.[138]

사실상 율곡 자신의 의도는 김효원의 기세를 꺾을 계획이었는데, 오히려 한번 꺾이고 나면 사람들이 그를 너무 잔인하게 공격하여 위태롭게 될 수 있어, 자신이 중재하여 안정을 이루려 했다는 것이다. 이와 같은 율곡의 의도는 율곡 자신의 붕당설에 일관된 것이기도 하다.

왜냐하면 율곡은 김효원이 "명예와 권세를 좋아하고 세상의 좋은 선비들을 거의 다 사귀었지만", 그런 처신이야말로 "단지 좋은 명예를 유지하고 겸하여 세위勢位도 굳게 하고자" 함에 있을 뿐, "보잘것없는 소인이 방탕하고 염치없이 이욕과 관록만을 탐내는 것과는 같지 않다."고 판단했기 때문이다. 율곡의 시각에서 볼 때 김효원은 정치과정을 왜곡시키는 소인은 아니었던 것이다.[139]

당시 상황을 돌아보자면, 사건은 율곡의 의도와 정반대의 방향으로 전개되었다. 조정은 김효원의 외직 발령을 기화로 서인 중심으로 재편되었다. 따라서 조정에서는 김효원을 정치적으로 제거하기 위한 공론이 유도되었다. 이와 같은 서인 독점을 경계하여 율곡은 김효원과 가까운 동인 이발을 이조전랑으로 임용함으로써 전랑에 천거된 서인 윤두수의 조카 윤현尹晛을 견제하려고 했다.

그런데 돌연 이발이 체직되고 만다. 그리고 전일 정언으로 있으면서 양사를 체직하여 김효원의 세력 꺾기를 주장했던 조원趙瑗이 전랑으로

---

[138] "形迹多有可疑, 實未能的見."(「答鄭季涵」12-9ㄴ)
[139] "大抵金某好名而喜勢, 一世善士, 相交殆盡, 觀其擧措, 只欲保持善名, 兼固勢位而已, 非若無狀小人蕩然無防, 只貪利祿也."(「答鄭季涵」12-11ㄱ)

임용되었다. 이에 대한 율곡의 반응은 "백옥伯玉[조원]은 쓸만한 인재가 아니며, 만일 인물을 논하지 않고 다만 김효원을 미워하는 사람만 쓰려 하면 반드시 패할 것"이라고 경계했지만, 오히려 시비를 분명히 하지 않는다는 비난만 받았다.[140]

시비의 혼란이라는 정치적 공격에 대한 율곡의 심리 상태는 선조 11년 (1578) 「성혼에게 보낸 편지」에서 드러난다. 율곡은 "을해년에 서로 감정을 풀지 못한 것은 서인의 실수"이며 "서인이 이미 실수"했기 때문에, "다만 그 실수만을 논하고 일을 처리"했으면 별다른 문제가 발생하지 않을 수 있었다고 아쉬워한다.[141]

그것은 붕당의 문제를 시비와 우열로 설명하는 방식을 보여주는데, 율곡은 시비의 문제를 사람으로 비유하면 군자와 소인, 모책謀策으로 말하면 국사國事를 위하는 것과 가계家計를 위하는 것으로 구분하고, 당시 동·서 구분이 우열이 조금 다른 경우일 뿐인데, 시비의 문제로 인식했기에 발생한 것이라고 판단했다.

만약 율곡의 평가처럼 우열로 말하자면, 김효원이 심의겸보다 우월하지만, 동인이 모두 서인보다 우월한 것은 아니기에 한두 사람의 우열로 시비와 사정邪正을 정하여 국론으로 정하려고 했던 붕당 갈등이야말로 시론時論의 전형인 셈이었다.[142] 결국 시론이 공론의 자리를 대체하였으

---

140) "珥止之曰: '伯玉非可用之才. 若不論人物之如何, 而只欲用嫉仁伯者, 則君輩必敗矣.' 晛不從珥言, 竟薦爲吏郎. 珥欲力主調劑, 而時議反以珥爲含糊不明."(『經筵日記』 선조 9년 2월, 29-92ㄴ)
141) "乙亥之不能消釋者, 西人之失也. 西人旣失矣, 今之士類, 只論其失, 而處事自和平, 則亦可無事."(「答成浩原」 11-10ㄱ)
142) "今若以優劣言之, 金固優於沈矣. 雖然, 其所謂東人者, 豈盡優於西人乎? …… 豈可以一二人之優劣, 便定是非邪正, 斷爲國論乎?"(「答成浩原」 11-10ㄴ)

며, 그러한 공간에서 진정한 의議의 모습 역시 실종되었다.

두 번째 사례는 무인戊寅 붕당이다. 이미 을해 붕당으로 표면화되기 시작한 붕당 문제는 선조 11년에 이르러서는 또 다른 국면을 맞이하게 되었다.[143] 선조 8년 김효원이 외직으로 나간 뒤 사류는 동과 서로 나뉘게 되었다. 소위 동인에는 청명淸名의 후진이 많고, 서인에는 다만 시배前輩 몇 명뿐이었으며 그들을 따르는 사람은 모두 시망時望이 없었다.

이에 선비들은 동인이 성하고 서인이 쇠한 것을 알고, 또한 서인이 김효원을 내보낼 때에 거조가 적당치 못하여 공론이 좋아하지 않았기 때문에 진취적인 무리들은 모두 동인이 옳고 서인이 그르다고 하였다.

당시 조정에서 윤현의 숙부 윤두수와 윤근수는 모두 요직에 있으면서 서인을 지지하고 동인을 꺾는 주장을 펼침으로써 삼윤三尹에 대한 동인의 증오심을 심화시켰다. 예를 들면 윤두수의 사생활이 청근하지 못해 뇌물을 받는다는 말이 있어 어떤 사람이 대사간 김계휘金繼輝에게 이를 논박하자는 제의를 하자, 김계휘는 선비들의 분열을 우려하여 거부했다. (이때까지 김계휘는 젊은 사류들로부터 존경을 받아왔으나 이 일로 인해 배척을 받게 되었다.) 한편 홍문관 수찬 강서姜緖가 경연에서 선비들이 동·서로 분리되었다고 지적함으로써 선조가 비로소 '동·서' 붕당의 실체에 대하여 알게 되었다.

여기에서 주목할 사람은 이발과 김성일이다. 당시 이발과 김성일은 이조전랑직에 있었는데, 같은 동인이면서도 의논이 맞지 않았다. 이 시기에 김성일이 진도 군수 이수李銖가 윤두수 형제와 윤현에게 쌀을 뇌물로 보냈다는 말을 듣고 선조에게 처벌을 요구하는 일이 발생했다. 그 과정에서 김성일은 처음에 뇌물을 준 이수만을 언급했을 뿐, 뇌물을 받은 사

---

143) 이하의 내용은 『경연일기』 선조 11년 10월의 기록을 재정리한 것이다.

람에 대해서는 언급하지 않았다. 이 사실에 격분한 이발 역시 삼윤을 탄핵했는데, 삼윤의 집에 숨겨진 나쁜 일을 자세히 거론하여 그 허실을 알아보지도 않고 비방했다.

이때, 김계휘는 휴가를 얻어 지방에 있다가 대간이 삼윤을 공격한다는 말을 듣고, 곧바로 올라와 윤두수를 옹호하는 말을 아뢰었는데, 말이 과격하여 적당하지 못한 것이 많았다. 이에 대해 동인을 중심으로 하는 젊은 사류들이 반발하고 김계휘를 '나라를 망치는 말'을 한 자로 공격함으로써 대사간을 김계휘에서 이산해로 교체하는 데 이르렀다.

그 결과 김계휘를 전라도 관찰사로 내보내고 모두 불길한 사람이라 지목하게 되었고, 조정이 소요하고, 방관하는 사람들은 모두 동·서의 싸움이라 생각하고 공론으로 보지 않았다. 이 사건을 계기로 오직 동인만이 청류를 자처하고 강개함이 날로 심해졌는데, 정철과 이발의 의논도 크게 틀어져 동인은 정철을 드러내놓고 배척하여 소인이라 지목했고, 동·서가 다시 화합할 가망이 없었다.

따라서 붕당의 해체를 주장했던 이준경의 예단을 상기하자면, "10여 년이 지나 동·서의 논이 크게 일어났다. 대체로 그때는 이른바 소당少黨은 이미 선진先進이 되었고 후진이 다시 전일 구신의 부류와 합쳐 같은 당[동인]이 되어 세력이 더욱 강성해져서 탄핵하고 배격하는 일이 지난날 사람들보다 한결 심하였다. 그러나 만성적인 풍조를 혁신하고 세도를 만회하자는 논의는 다시 조정에서 나오지 않았으니, 국가의 피해가 심각하였다. 그러므로 뒷사람이 이준경에게 선견지명이 있어 그 일을 예언하였다고 하였으니, 그 전말은 상고하여 알아야 할 것"[144)]이라는 후대의 평

---

144) "其後十餘年, 東西之論大起. 蓋是時, 所謂少黨, 已爲先進, 而後來者復與前日舊臣之流, 合爲一黨, 聲勢尤盛, 彈劾排根, 倍於前人. 而激揚更張, 挽回世道之論, 則不復聞於

가는 타당할 수도 있다.

3. 율곡의 붕당론

그렇다면 율곡은 자신을 자가당착에 빠뜨린 붕당 간 갈등의 심화를 어떻게 해결하려고 했던 것일까?

율곡은 선조 12년에「사대사간겸진세척동서소辭大司諫兼陳洗滌東西疏」를 통해 선조에게 적극적인 해법을 제기한다. 상소의 주 내용은 크게 세 가지로 구분된다.

첫째는 붕당의 문제는 사림士林과 직접적인 관련이 있으며, 사림의 문제는 당시 조선의 정치와 직결되어 있다는 율곡의 판단이다. 율곡은 당시의 "가장 절실하고 급한" 문제에 대하여 다음과 같이 말한다.

> 예로부터 국가가 믿고 의지하는 것은 사림입니다. 사림은 나라의 원기라, 사림이 성하고 화합하면 그 나라는 다스려지고, 사림이 과격하고 분열되면 그 나라는 어지러워지며, 사림이 패하여 없어지면 그 나라는 망하는 것입니다.[145]

그것은 사적인 감정 대립에서 붕당의 형성과 갈등으로 확대된 양상이 왜 공론정치를 변질시켰는지에 대한 해답이기도 하다. 또한 그것은 붕당의 해결 역시 사림의 역할이 결정적이라는 사실을 반영하고 있기도 하

朝廷, 其爲國害切矣. 故後人以 浚慶 爲有先見, 而預言之, 然其源委本末, 可考而知也."(『선조수정실록』선조 5년 7월 1일)
145) "臣聞自古國家之所恃而維持者. 士林也, 士林者, 有國之元氣也, 士林盛而和則其國治, 士林激而分則其國亂, 士林敗而盡則其國亡."(「辭大司諫兼陳洗滌東西疏」7-2ㄴ)

다. 이로부터 율곡은 "곁에서 보는 자들이 그들의 실상을 깊이 살펴보지도 않고 두 사람의 사이가 좋지 않다고 범범하게 이야기하는 데다가 불령한 무리들은 두 사람 사이를 서로 이간시켜 분당의 조짐이 현저히 드러나게 되었습니다."146)라고 판단했던 것이다.

두 번째 내용은 율곡의 초기 대응을 드러낸다. 앞에서 보았듯이 율곡은 선조 8년(을해년)에 갈등의 원인 제공자인 김효원과 심의겸 두 사람을 외직으로 보내어 둘 사이를 갈라놓았다. 그러나 그후 율곡이 벼슬길에서 물러난 뒤로 "공연히 일을 만들고 소문내기 좋아하는 자들이 동·서의 설을 지어내어 공사와 득실은 따지지 않고 단지 의겸을 허여하는 자를 서인이라 하고 효원을 허여하는 자를 동인이라 하여 조정의 진신縉紳〔벼슬아치의 총칭〕으로서 용렬한 자가 아니면 모두 동·서의 속에 들어가게 되는"147) 예상치 못한 결과를 초래했다는 것이다.

세 번째 내용은 작금의 편 가르기식 정치에 함몰되지 않고 공론에 의거하여 시대의 인재를 다 등용해야 한다는, 선조에 대한 율곡의 충고이다. 여기서 율곡은 동서의 보합이야말로 공론에 의해서 이루어져야 하고, 이때의 공론이 곧 '국시國是'가 된다고 전망한다. 그렇다면 '국시'란 무엇일까? 율곡은 국시를 "구설口舌로 다투어서는 정해질 수 없는 것"이라면서 다음과 같이 정의하고 있다.

인심이 함께 옳다 하는 것을 공론이라 하며, 공론의 소재를 국시라 합

---

146) "於是傍觀者, 不能深究其實, 而泛說二人交惡, 加以不逞之徒, 交構兩間, 顯有分黨之漸."(「辭大司諫兼陳洗滌東西疏」7-3ㄴ~4ㄱ)
147) "於是喜事造言者, 做出東西之說, 勿論公私得失, 而只以許義謙者, 謂之西人, 以許孝元者, 謂之東人, 朝紳苟非庸碌闒茸, 則皆入東西指目之中."(「辭大司諫兼陳洗滌東西疏」7-4ㄱ)

제3장 소통과 폐정 235

니다. 국시란 한나라의 사람이 의논하지 아니하고도 함께 옳다 하는 것이니 이익으로 유혹하는 것도 아니며, 위엄으로 무섭게 하는 것도 아니면서 삼척동자도 그 옳은 것을 아는 것이 곧 국시입니다.[148]

율곡은 이 점을 좀 더 구체적으로 다음과 같이 설명해준다.

지금 민중의 노여움이 쌓인 것이 마치 오래 막혀 있던 강물이 터놓지 않아도 스스로 무너지는 것과 같아서, 공론公論이 나라 사람들에게서 터져 나오고 있는 것은 막아낼 수가 없으니, 곧 민중의 감정을 따라서 국시國是를 안정시키는 것은 바로 오늘날에 해야 할 일입니다.[149]

그런데 당시의 국시는 이와 달리, "논의를 주장하는 자가 스스로 옳다 하면 그 말을 듣는 자 중 어떤 사람은 따르기도 하고 어떤 사람은 어기기도 하며 평범한 사람들까지도 시비가 반으로 나뉘어져 끝내 귀일"되지를 못하는, 다시 말하면 공론은 사라지고, '당론黨論'만 남은 상태로 되어버렸다. 그런데 율곡은 공론이 사라지고 그 자리를 당론만이 차지하게 된 이유를 다음과 같이 말하고 있다.

이 당론을 만들어낸 이는 사류의 의사가 모두 그러해서 그런 것이 아닙니다. 그 사람들 중에는 박식하고 생각이 깊은 선비가 없는 것

---

148) "況國是之定, 尤不可以口舌爭也. 人心之所同然者, 謂之公論, 公論之所在, 謂之國是. 國是者, 一國之人, 不謀而同是者也. 非誘以利, 非怵以威, 而三尺童子, 亦知其是者, 此乃國是也."(「辭大司諫兼陳洗滌東西疏」 7-7ㄴ)
149) "今者, 衆怒之積, 如久壅之水, 不決自潰, 公論之發, 出於國人, 不可沮遏, 則順輿情定國是, 正在今日."(「玉堂論乙巳僞勳箚」 4-2ㄱ. 고딕체 강조는 내가 했다)

은 아니지만, 중의衆議에 부대끼어 자기 의사를 주장하지 못해서 그런 것입니다.150)

율곡은 "먼저 피차彼此를 나누고 자기와 다른 것을 찾아내면 취사取捨가 공정하지 못하고 인심이 복종하지 않아서, 장차 청론을 세우고 국시를 정할 수 없습니다."라고 지적하면서, "만약 한결같이 동인만 주장하고 오직 서인만 배척하면 이 또한 편견이지 공론은 못"151) 됨을 비판하고 있다.

여기서 율곡은 공론과 국시의 정립에 있어서 임금의 역할이 무엇보다도 중요함을 다음과 같이 강조한다.

조정이 편안하고 국론이 하나가 되는 데에는 두 가지 길이 있습니다. 군자가 임금의 신임을 얻어, 간하면 행하고 말하면 들어주며 모든 관료가 봉직하여 이론異論이 없으면 이것은 선善으로 통일되는 것이요, 소인이 임금의 사랑을 받아 계략이 행해지고 마침내 중론을 막아서 대중이 말을 못하고 눈짓만 하게 되면 이것은 불선으로 통일되는 것입니다. 지금 성명聖明께서 마치 해가 중천에 있는 것과 같으니 소인이 간사한 꾀를 부릴 수가 없으나, 또 한편 군자가 도를 행한다는 말도 듣지 못하였습니다. 소인이 이미 간사한 꾀를 부리지 못하고 군자가 또한 도를 행하지 못하고 보면, 사람마다 시끄럽게 말을 하여 논의가 정해지지 않음은 당연한 것입니다.152)

---

150) "作此論者, 非士類之意盡然也. 其間非無深識遠慮之士, 而迫於衆議, 不能自主張焉." (「辭大司諫兼陳洗滌東西疏」 7-8ㄱ)
151) "先分彼此, 物色異己, 則取捨不公, 人心不服, 將無以立淸論而定國是 …… 是亦偏見而非公論也." (「辭大司諫兼陳洗滌東西疏」 7-23ㄴ~24ㄴ)
152) "夫朝廷之靖, 國論之一, 亦有二道焉. 君子得君, 諫行言聽, 百僚奉職, 莫有異論, 則是

그렇기 때문에 공론의 소재로서 국시는 "다만 논의를 주장하는 자가 스스로 옳다 하면 그 말을 듣는 자 중 어떤 사람은 따르기도 하고 어떤 사람은 어기기도 하며 평범한 사람들까지도 시비가 반으로 나뉘어져 끝내 귀일될 기약이 없고, 사람들의 의혹만 더 불러일으켜 도리어 화단禍端을 만들 뿐인"[153] 시론과 구별된다.

선조 13년(1580) 율곡은 이발에게 편지를 보내어 동서 화합을 권유한다. 이 편지에서 율곡은 "근일의 논쟁으로 온 나라가 소동하는 지경이 이른 것은 김[효원]이 낫고 심[의겸]이 못하다는 데 불과할 뿐"인데, 이는 모두가 알고 있는 "말이 필요 없는 사항"임을 주지시킨다.[154] 율곡에게 심의겸과 김효원의 문제는 단지 두 사람 간의 우열의 문제일 뿐이었다.

따라서 율곡은 "우열과 시비는 다르니 오늘의 일은 마땅히 우열로 논할 것이지 시비로 분별해서는 안 된다."고 조언[155]하면서, "동이 옳고 서가 그르다고 하기에 인심이 불평하여 의논이 끝내 귀일되지 못하고 있다."는 점을 이발에게 분명하게 설명하였다.[156]

특히 주목할 점은 이 편지에서 율곡이 이발의 모호한 태도를 비난하고 있다는 사실이다. 율곡은 "만약 배척을 하고자 한다면 마땅히 분명하게 그 죄를 바로잡아야 하는데도", 이발은 "입으로는 화평을 말하면서, 마음

以善歸一者也. 小人得君, 謀行計遂, 箝制人口, 道路以目, 則是以不善歸一者也. 當今聖明, 如日中天, 固無小人售姦者矣, 又不聞君子之行道者也. 小人旣不售姦, 君子又不行道, 則宜乎人各有言囂囂不定也."(「辭大司諫兼陳洗滌東西疏」 7-9ㄱ)

153) "只是主論者自以爲是, 而聞之者或從或違, 至於愚夫愚婦, 亦皆半是半非, 終無歸一之期."(「辭大司諫兼陳洗滌東西疏」 7-7ㄴ~8ㄱ)
154) "大抵近日士夫之所爭, 至於擧國騷動, 而極其要歸, 則不過金優沈劣而已. …… 金優沈劣, 珥固知之, 一言而決矣, 何待多費辭說乎?"(「答李潑」 12-26ㄴ)
155) "優劣與是非不同. 今日之事, 當以優劣言, 不當以是非辨也."(「答李潑」 12-28ㄴ)
156) "惟曰東是西非, 故人心不平, 而議論終未歸一也, 何以言之?"(「答李潑」 12-26ㄴ)

은 배척을 주장"하고 있다는 점을 지적한 것이다.157) 그것은 심의겸을 비판하는 이발의 태도가 편향되었음을 지적하는 것이기도 하다.

심의겸에 대한 이 같은 율곡과 이발의 시각 차이는 율곡이 이발에게 지적한 다음과 같은 글에서 분명하게 드러난다.

> 형[李潑]의 의논은 그 마음을 의논함이고 나의 의논은 그 자취를 의논함이네. 사람을 보는 것은 마땅히 그 자취로서 하는 것이니, 만약 그 자취를 논하지 않고 다만 마음으로써 상과 벌을 주면 사람들의 마음을 복종시키지 못하네.158)

결국 "시비가 [항상] 일정하지 않다."는 율곡의 지적159)은 당시 시론을 공론화하는 풍토를 비판하는 기준인 동시에 붕당 문제의 해결을 위한 율곡 자신의 대안이었던 셈이다. 그러나 율곡의 제안은 선조에 의해 거부되었고 율곡의 체직으로 좌절되었다.

제4절 소통과 정치

율곡은 민생을 저해한 폐법의 원인을 결국 조정에서 찾았다. 그리고 그가 모색한 조정의 정치는 폐弊에 의해 전체적으로 작동되지 않는 위기 상황임을 발견했다. 그는 이를 폐정弊政으로 언급하면서 이 폐정이 결국

---

157) "若欲排斥, 則亦當明正其罪, 何故口談和平, 而心主排斥乎?"(「答李潑」 12-30ㄴ)
158) "第兄之議, 議其心也, 鄙人之論, 論其迹也. 觀人當以其心, 賞罰當以其迹, 若不論其迹, 只賞罰之以心, 則人心不可服也."(「答李潑」 12-32ㄴ)
159) "是非何常之有?"(「答成浩原」 11-10ㄴ)

폐법의 양산을 가속화하였다고 보고 있다. 율곡은 조정의 유폐가 결과적으로 관작의 혼란과 낭관 제도의 잘못된 운영을 불러와 조정의 인사 체계를 무너뜨리고, 삼사를 중심으로 한 과잉된 공론으로 조정의 행법적 기능이 마비되고 있으며, 이것들이 결국 붕당에 의한 정치 갈등으로 폐정화되었음에 주목하였다.

율곡은 인사 문제의 해법을 지나간 역사에서 찾고 있다. 율곡은 예컨대 세종의 인사 정책을 본받을 것을 선조에게 요구하였다. 율곡은 선조가 이러한 정치를 못 하는 것이 아니라 하지 않으려고 하는 것이라고 지적하면서, 입법자로서의 군주 의지가 신하들에게 명백하게 드러나면 폐정을 극복할 수 있다고 보았다. 따라서 율곡은 선조가 특히 정치를 잘한 세종이 관과 작의 역할과 기능을 어떻게 운용하였는가를 '본받아[法]' 그대로 시행하기를 요구하였다.

이러한 율곡의 생각은 낭관 제도에서 좀 더 구체적으로 드러난다. 율곡은 낭관 제도를 인사 문제의 폐를 가져온 원인遠因으로 지목한다. 이조 낭관의 인사권 집중은 동서 붕당 간 정치적 갈등이 증폭된 주변 상황과 어우러져 특정 당파에 권력을 집중시켜 부패를 재생산하는 구조적 위험성을 가지고 있었다. 따라서 율곡은 권력의 집중을 가져온 낭천제의 방식을 개선하는 것을 문제 해결의 선행조건으로 삼았고, 새로운 유덕자의 발굴을 위해서 천거제를 부활시키고자 하였다.

이러한 접근에서 율곡은 관과 작을 선조가 적절하게 사용할 수 있다면 인사 문제는 쉽게 해결할 수 있을 것으로 생각했다. 율곡은 관과 작의 문제를 인사 문제에 적용하게 되면 행법行法의 폐단으로 인한 폐법이 민생에 더 이상 작용하지 않을 것으로 보았고, 정치에서 실무자와 조언자 간의 원활한 소통이 가능하다는 점을 강조하였다.

율곡은 폐정의 한 이유로 과잉된 공론을 지목하였다. 율곡의 시기에 조선은 이미 공론이 과잉 재생산되는 문제가 심각했다. 율곡이 공론을 강조한 것은 당시의 잘못된 공론정치의 폐단을 지적하기 위한 것이었다. 율곡은 당시 삼사의 언로 독점과, 여기서 파생된 피혐이라는 잘못된 관행을 비판하였다. 율곡은 삼사의 공론정치라는 화두가 지배적 담론 구조를 이루면서 정치의 다양한 이해득실에 대한 논의가 사라지고, 시비라는 원칙론만 횡행하였음을 지적한 것이다.

한편 율곡은 앞에서 거론된 수많은 정치적 폐단을 해결하기 위해서는, 이러한 폐단들이 당시 정치에서 가장 중요하다는 사실을 임금인 선조와 동료 신하들 모두 공감해야 한다고 인식하였다. 이에 따라 모든 관료가 함께 이러한 폐단의 문제점을 공감하기 위해서는 이들을 한자리에 모아 놓아야만 한다는 생각에 이르게 되었다. 다시 말하면 사람들을 함께 모아서 현실의 폐단에 대해 논의하는 것을 출발점으로 삼아야 한다는 것이 율곡이 말년에 기울인 생각이었다. 그래서 건의한 것이 바로 경제사라는 기구의 설치였다. 경제사는 각 부서 간의 의사소통을 원활케 하는 매개자 역할을 하는 것이다. 율곡은 사람들이 모여서 제기된 문제점을 논의하여 폐단만 개선된다면 경제사라는 임시 기구는 해체될 것임을 시사하였으나, 결국은 '옥상옥'의 논리를 둔 선조의 반대로 무산되었다.

율곡이 폐정의 마지막 이유로 들었던 것은 붕당의 문제이다. 이 붕당의 문제는 국시의 확립과 국가 기강의 회복이라는 문제와 밀접한 관련성을 갖고 있다. 왜냐하면 율곡은 붕당의 문제가 또다시 사화의 재현을 가져올 수 있다고 보았기 때문이다. 초기 관직 생활에서 율곡의 주 관심이었던 윤원형의 탄핵과 을사 위훈 삭제 문제는 바로 사화로 인한 국시와 기강의 해이였기 때문이다.

율곡은 앞서 관작의 혼란과 과잉된 공론에 의해 오히려 공의가 위축된 것을 지적하면서, 이로부터 시대의 변천에 따라 법제가 더 이상 시세와 맞지 않았던 이유를 법과 제도 자체보다 그것들을 운용하는 사람의 무능력과 간사함에서 찾고 있다. 그러한 이유로 성인聖人이 입법했다 하더라도 현명한 자손이 그것을 받아 변통하지 못한다면 폐단이 생길 것임을 율곡은 지적하였다. 율곡은 조종 성헌成憲으로서의 법제를 근본적으로 개혁할 필요는 없다는 기본적 입장을 견지하면서 변혁의 대상이 조종의 법제 자체가 아니라 폐정임을 시사하였다. 이때 이러한 인식과 실천 방향을 제시하여주는 것이 이전의 잘된 정치를 본받는 '법'이 된다.

붕당에 대한 율곡의 견해와 해결 방법은 이러한 인식에 바탕을 둔다. 율곡이 바라본 붕당은 실제로 붕당이 있어 그 붕당들 간에 해결할 수 없는 정치적 갈등으로부터 발생했다기보다, 인식의 오류의 결과라고 해석할 수 있다. 비유하자면 실제로 전쟁이 일어나야 할 객관적 상황과 명분이 마련되었기 때문에 전쟁이 벌어지기보다는 상대가 전쟁을 벌일 수 있고 그럼으로써 내가 피해를 받을 수 있다는 공포와 잘못된 인식에서 결국 양자 간의 전쟁이 벌어지는 경우와 마찬가지이다.

그리하여 이미 벌어진 전쟁, 즉 이미 현상적으로 작동되고 있는 붕당의 문제를 해결하기 위하여 율곡은 그러한 인식의 오류를 가져왔던 사림들의 철저한 자기반성을 요구하였다. 아울러 선조에게는 동인과 서인을 막론하고 인재를 등용하자고 청했다. 그리고 이러한 인재의 등용이 전술한 '관과 작'의 적절한 운용을 통해서 가능할 수 있다는 논리가 자연스러운 결과로 나타난다. 그러므로 이러한 두 안이 이루어지게 되면 결과적으로 국시가 정립된다고 율곡은 정리했다. 그리고 이러한 국시는 국가의 기강이 된다는 것이다.

이렇게 국시와 기강이 마련되었을 때, 이미 법제로서의 법, 그리고 행법行法으로서의 법의 기능보다 '그렇게 할 수밖에 없는, 그리고 그렇게 하지 않으면 안 되는' 정치적 결과를 가져온다고 율곡은 생각했다. 이 점이 바로 율곡이 최종적으로 말하고자 하는 법의 개념이며, 이것이 곧 정치와 궁극적으로 소통되어야 할 지점이 된다.

율곡의 법 개념은 진정 올바른 정치의 방향을 제시하는 것이라고 볼 수 있다. 선대에 실제적으로 경험한 잘된 정치를 그대로 따라 지금의 시대에 변통하는 것이니만큼 현실에서 성공할 수 있는 확률 또한 그 어느 것보다 높을 수 있기 때문이다. 율곡은 이러한 이유로 자신이 제기하는 구체적 안들은 모두 실현 가능한 손쉬운 일임을 주장했다고 볼 수 있다.

율곡은 이러한 자신의 법 개념과 정치의 소통을 보여주기 위해 요순시대와 세종시대를 주목한다. 그 결과 정치가 잘된 곳의 중심에는 항상 '군주'가 존재하였음을 율곡은 발견하고, 선조에게 문제 해법의 단서를 갖고 풀기를 강력하게 주장하게 된다.

제4장 민생과 소통의 관점에서 본 군도론

이제까지 다루어진 논의는 크게 두 가지였다. 첫째, 율곡의 초기 문제의식은 윤원형 등의 권간이 사라졌음에도 불구하고 왜 백성들의 삶[민생]이 개선되지 못하는가라는 점에 집중되었다. 율곡은 그 원인이 바로 그들 권간이 남긴 '잘못된 법'인 '폐법'에서 비롯되었음을 인식하고, '폐법 개정'을 주장하였다. 그러나 그의 노력은 별다른 성과를 얻지 못했다.

둘째, 폐법을 개정하지 못한 원인이 '폐정'으로 명명될 수 있는 당시 정치 상황에 있다고 인식한 율곡은 후기에 와서 '폐정 개혁'을 주장하였다. 그런데 율곡이 주목한 폐정의 한가운데에는 '소통의 부재'가 자리 잡고 있었다. 폐법이 개정되기 위해서는 군주와 신하, 동료 신하들, 그리고 조정과 백성 사이에 원활한 소통이 반드시 필요하다. 그러나 이들 사이에 소통은 사라졌고 그 결과 소외疎外만 남아 있었다. 그리고 이러한 소외는 폐법을 개정하지 못하는 폐정의 상황을 연출하였다.

율곡이 주목한 것은 실제 정치의 담당자인 군주와 신하들 간의 소외라는 문제였다. 그리고 군신 간의 소외를 극복하기 위해서 무엇보다도 군주가 소통 지향적 태도를 가져야 한다는 점을 강조하였다. 율곡은 폐법에 주목하여 법과 정치에 대하여 재인식을 갖게 되었는데, 이러한 재인식은 지나간 역사에서 '다스림을 이룩한 군주〔爲治之君〕'의 정치 행위〔爲政〕를 '본받아서' 현재 정치 상황의 문제점을 풀어나가는 실마리로 삼아야 한다는 내용을 갖는다.

그렇다면 무엇을 어떻게 본받아야 하는가라는 질문이 자연스럽게 제기되며, 그 질문의 답은 군주로부터 시작된다. 조선 정치에서 군주가 갖는 절대적 중요성을 고려할 때 군주가 왜 정치의 근본일 수밖에 없는지, 그리고 또 어떻게 군주가 자신의 소외성을 극복하고 소통성을 지향할 수 있는가 하는 점이 율곡 군도론의 핵심이 된다. 본 장에서는 이러한 관점에서 율곡이 주장한 군도론을 살펴보기로 한다.

율곡은 군주의 수신을 매우 중요하게 인식하고 있다. 하지만 율곡 스스로 지적하고 있듯이 군주가 수신에 이를 때까지 마냥 방치할 수만은 없는 것이 바로 정치가 갖는 속성이다. 여기서 율곡의 군주론은 단순히 '수신'을 윤리적이며 규범적으로 강조하는 퇴계의 성학론과 큰 차이가 있다. 율곡의 군주론은 '치국治國'을 우선으로 하여 설명되고 있다. 율곡의 군주론은 철저하게 현실 정치에서 드러나고 있는 실제 문제들과 군주로서 가져야 할 당위론적 가치들 간의 정합성을 보여주고 있다.

그러한 이유로 나는 이 책의 제3장까지 지적한 당시의 다양한 문제점을 해결하기 위해서 필요한 '군주의 역할'을 '율곡의 군도론'이란 제목하에 정리하고자 한다. 그리고 그 주제는 앞에서 말한 바와 같이 '임금과 신하들 간의 소통'의 측면에 중점을 두고 고찰할 것임을 밝혀둔다. '소통'의 측면에서 율곡의 군도론이 갖고 있는 의미를 한마디로 말하자면, '임금이 주도는 하되, 독단하지는 말라', 다시 말하면 '임금이 앞장을 서야 되지만 혼자 가면 안 되고 함께 가야만 된다.'는 점에 있음을 먼저 밝혀둔다.

먼저 제1절에서는 「동호문답」에 나타난 군도론을 정리한 후, 제2절에서는 『성학집요』를 정리하고, 제3절에서는 이상에서 살펴본 율곡의 군도론이 가지고 있는 정치적 의미를 도출해본다.

제1절 「동호문답」을 중심으로 한 율곡의 군도론

「동호문답」은 앞에서 폐법의 문제를 다루면서 살펴본 바와 같이 율곡이 그의 나이 34세에 등극한 지 2년이 지난 선조에게 올린 문답 형식의 글이며, 크게 세 부분으로 나누어져 있다. 첫째 부분은 '임금의 길'과 '신하의 길' 그리고 '임금과 신하의 만나기 어려움'에 대하여 서술하였고, 둘째 부분에서는 '우리나라에서 도학이 행해지지 않음'과 '우리 조정에서 고도가 회복되지 않음'에 대하여 서술한 후, 셋째 부분에서는 당시의 문제와 이에 대한 해결책을 제시하였다. 셋째 부분은 앞의 폐법 개혁편에서 이미 살펴보았으므로 여기서는 나머지 두 부분을 살펴보기로 한다.

1. 군도론[1]

율곡이 이 글에서 군도론을 가장 먼저 언급한 것은 국가의 치란은 바로 임금에게 달려 있다는 점을 강조하기 위해서였다. 율곡은 먼저 정치를 다스림이 이루어진 경우[治]와 어지러워진 경우[亂]로 나눈다. 치를 이룬 경우는 다시 임금이 뛰어난 경우와 임금은 부족하더라도 어진 신하에게 맡

---

[1] 율곡은 「동호문답」의 출발을 '군도를 논함[論君道]'으로 하고 있다. 나는 율곡의 이 말을 그대로 사용하여 '군도론'으로 제목을 정하였다.

기는 경우로 나눈다. 반면 혼란을 초래한 경우는 임금이 총명을 자부하는 경우와 임금이 간사한 자나 아첨하는 자를 등용하는 경우로 나눈다.

1) 다스림(治)을 이룬 임금

율곡은 '치'를 이룬 임금을 왕자王者와 패자覇者 둘로 나눈다. 왕자란 '인의仁義의 도를 몸소 행하여 남을 차마 해롭히지 못하는 정치(不忍人之政)를 행하고 천리의 올바름(天理之正)을 극진히 하는 왕도를 행한 자들'을 말하고, 패자란 '인의의 이름만 빌려 권모술수의 정치(權謀之政)를 행하여 공리의 사(功利之私)를 이룩한 자들'을 지칭하였다.

왕도를 행한 임금

율곡은 왕도를 행한 임금들의 구체적 예를 다음과 같이 서술하고 있다. '재지才智가 뛰어나 왕도를 행한' 임금들의 경우로, 오제五帝(복희, 신농, 황제, 요, 순)와 삼왕三王(하나라의 우왕, 은나라의 탕왕, 주나라의 문왕·무왕)을 들 수 있는데, 이들은 '총명하고 슬기로운 자질로 천명을 받아 임금과 스승이 되어, 백성을 다스림으로써(治) 쟁탈을 그치게 하고, 백성을 기름으로써(養) 잘 살고 번성케 하고, 백성을 가르침으로써(敎) 인륜을 밝힌 임금들'이다.

'능히 현자에게 맡겨 왕도를 행한 임금들'의 경우로는, 상나라의 태갑太甲과 주나라의 성왕成王을 들 수 있는데, 이들은 자질에 있어서는 삼왕 오제에 미치지 못했지만, '태갑은 이윤을 신임하고, 성왕은 주공을 신임하여 덕을 증진하고 학업을 닦아 왕실의 대업을 계승한 임금들'이다.

패도를 행한 임금

율곡은 역사상 패도를 행한 임금들의 경우에 대해 설명한다. '재지가 뛰어나 패도를 행한 임금'으로, 진문공晉文公은 '전쟁 한 번으로 패업을 확정하였고', 진도공晉悼公은 '세 번 출동하여 초나라를 굴복시켰으며', 이 외에도 한고조, 한문제漢文帝, 당태종 등은 '재주가 충분히 난을 안정시킬만하였고, 지혜가 충분히 사람을 쓸만하였지만', 안타깝게도 '선왕의 도를 몸소 행하고 마음으로 터득하지는 못하고', '나라를 부강하게 하고 백성을 번성하게는 했지만' '교화를 전하지 못한 임금들'이라고 평한다.

'어진 이에게 맡겨서 패도를 행한 임금'으로, 제환공齊桓公은 관중管仲을 등용하여 제후를 규합하여 천하를 바로잡는 공을 이루었고, 한소열漢昭烈은 제갈량을 등용하여 한나라의 국운을 연장한 임금이지만, 관중은 성현의 도를 알지 못하고, 제갈량은 법가의 폐습에서 벗어나지 못한 안타까움이 남는 경우라고 평한다.

2) 혼란(亂)을 초래한 임금

한편 혼란을 초래한 임금의 경우는 폭군暴君, 혼군昏君, 용군庸君 등 세 가지로 나뉜다. 첫째, 폭군이란 '많은 욕심이 속마음을 흔들고 여러 가지 유혹이 밖에서 침입하여 백성의 힘을 다 빼앗고, 충언을 물리치고 스스로 잘난체하여 스스로 멸망에 이른 자'이고 둘째, 혼군이란 '치를 이룩하려는 뜻은 있으나, 간사한 자를 분별하는 총명이 없어, 믿는 자는 어진 이가 아니고 맡긴 자는 재능 있는 자가 아니어서 점점 패망하는 자'이고 셋째, 용군이란 '나약하여 뜻이 확립되지 못하고 우유부단하여 정치가 떨치지 못하여(政不振) 구태만 되풀이하면서 날로 쇠약해져가는 자'를 일컫는다.

폭군

하나라 걸桀, 상나라 주紂, 주나라 여厲 그리고 수나라 양煬 등의 무리를 율곡은 '재주는 부족하지 않았지만' 그 재주를 '불선不善한 데에 사용하였고', '지혜가 없는 것은 아니었지만' 그 지혜를 '간언을 막는 데 이용하여', '독부獨夫의 위엄만 뽐내고', 민력을 탕진하고, 끝내 죽음을 당한 임금들로, 이들의 특징은 '스스로 총명을 자부한 경우'라고 지적한다. 진나라 이세二世는 조고趙高의 간사함을 잘못 믿어 반란을 초래하고, 한나라 환제桓帝는 환관의 참소를 믿고 어진 이들을 감옥에 가둔 자로 이들은 '간사하고 아첨하는 자만을 믿었던' 폭군들이라고 율곡은 적고 있다.

혼군

당나라 덕종德宗은 '시기심과 의심이 많아 어진 이에게 정사를 맡기지 않고' '스스로 권력을 휘둘러 자기의 총명에 한도가 있음을 깨닫지 못하여', 위급해지면 충언을 받아들였다가도 평안해지면 다시 올바른 선비를 멀리함으로써 결국 소인들이 틈을 타서 그 욕구를 맞추게 한 임금으로 율곡은 이를 '총명을 스스로 자부한 혼군'이라고 지칭하였다. 송나라 신종神宗의 경우는 '해보려는〔有爲〕 뜻을 크게 분발하여 삼대의 정치〔三代之治〕를 회복하려고는' 했으나, 왕안석을 등용하여 '재리財利를 인의仁義로 알고 법률을 시서詩書로 앎으로써', 간사한 자들이 뜻을 얻고 어진 이들은 자취를 감추게 한 임금으로, 율곡은 이를 '간특하고 아첨하는 자를 외곬으로 신임한〔偏信〕' 혼군의 경우라고 보고 있다.[2]

---

2) 한편 여기서 당덕종과 송신종은 모두 '강단이 있고 자립한 임금인데 왜 혼군'으로 칭하는가 하는 반론이 있었다. 이에 대해서 율곡은 '임금이 현명하다는 것은 정견〔正見〕에 있는 것이지, 총찰〔聰察〕에 있는 것이 아니라면서', 이상의 두 임금은 암약

용군

주난왕周赧王, 한원제漢元帝, 당희종唐僖宗, 송영종宋寧宗 등은 '나약하고 나태하여' 그럭저럭 세월만 보내면서 '한 가지 폐정도 개혁하지 못하고' '한 가지 선책도 행하지 못한 채' '앉아서 나라 망하기만 기다린 자들'로 율곡은 이들을 용군이라 칭하고 있다.

이상에서 살펴본 율곡의 군도론은 첫째, 국가의 치란治亂은 임금의 행위의 결과에 따라 결정되는 것이며, 둘째, 치治에는 왕도와 패도 두 가지 양상이 존재한다는 것으로 정리할 수 있다. 그런데 왕도는 삼대까지만 존재하였고, 이후로 치를 이룬 경우는 패도뿐이었다. 그리고 신하의 도움 없이 자신의 재지才智로 왕도를 이룬 임금은 요·순·우·탕·문무 이후로는 존재하지 않았음을 밝히고 있다. 이들은 율곡에 의하면 천명에 의하여 임금과 스승[軍師]이 된 특출한 임금들이었다.

율곡은 상나라 태갑 이후로는 주나라의 문왕과 무왕을 제외하면 임금 혼자의 힘이 아닌 어진 자들의 도움을 얻을 때만이 왕도를 행할 수 있었다는 점을 지적하고 있다. 그리고 어진 자들의 도움을 얻어 왕도를 행한 임금들의 역사 역시 삼대를 끝으로 존재하지 않았다. 춘추시대 이후로는 패도에 의한 치만이 그나마 간헐적으로 존재하였다. 여기서 율곡은 삼대를 보면 왕도를 알 수 있다는 중요한 사실을 발견한다. 하지만 율곡은 요·순·우·탕·문무 등의 성인이 이룬 '치'보다는 태갑과 성왕 등 신하의 보필을 받아 왕도를 이룩한 임금들에 더 주목할 수밖에 없었다. 전자의 인물들은 하늘로부터 명을 받은 경우이기에 정치적 사고를 기대할 여

闇弱(어둡고 약함)하지는 않았지만, 사邪와 정正의 판단에는 밝지 못해[昧], 사람을 잘못 쓴 혼군이라고 응수하였다.

지가 별로 없었다. 당연히 후자의 임금들이 어떻게 어진 이의 보필을 받아 왕도를 이룩하였는지를 주목하게 되었던 것이다. 이에 따라 율곡은 군도론에 이어서 신하들의 도에 대하여 서술하고 있다.

2. 신도론

율곡은 신하의 경우 기본적으로 선비[士]를 상정하고, 선비가 취할 바를 겸선兼善(때를 만날 경우)과 자수自守(때를 못 만날 경우)로 설정한다. 겸선의 경우는 다시 대신大臣, 충신忠臣, 간신幹臣으로 나누고, 자수의 경우는 천민天民, 학자學者, 은자隱者로 나누고 있다. 이에 대해서 살펴보기로 하자.

1) 겸선의 선비

대신

율곡은 대신大臣을 '도덕을 몸에 지니고, 자기를 미루어 남에게 미치게 함으로써' '자기가 모시는 임금으로 하여금 요순과 같이 되게 하고, 자기의 백성으로 하여금 요순시대의 백성과 같이 되게 하려는 자'로, 항상 '바른 도리[正道]만 행하는 사람'이라고 하면서, 고요皐陶, 기夔, 직稷, 설契3) 등이 요와 순을 보좌하였고, 중훼仲虺, 주공, 소공召公 등이 상나라와 주나라를 보좌한 경우를 들고 있다.

---

3) 고요, 기, 직, 설 등은 모두 요순시대의 명신들이다.

충신

율곡은 충신忠臣에 대하여, '오직 나라만을 근심하고 자신을 돌보지 않으며', '임금을 높일 수 있고 백성을 보호할 수만 있다면 쉽고 어렵고를 가리지 않고 정성을 다하여 행하며', 비록 '정도正道에는 다소간의 넘나듦[出入]이 있지만 시종 사직을 편안케 하는 자들'이라고 정의하고 있다. 그리고 충신의 예로는 영무자甯武子(춘추시대 위衛나라의 대신으로 위험을 무릅쓰고 임금을 구한 자)가 임금을 보호하고, 제갈량이 역적을 토벌하고, 적인걸狄仁傑이 반정을 하고, 사마광이 폐정을 개혁[革弊]한 경우를 들고 있다.

한편 여기서 율곡은 충신이 정도에는 넘나듦이 있다고 한 것에 대하여, '도道라는 것은 이윤이나 태공 같은 사람만이 알 수 있는 것'으로, 제갈량이나 적인걸 같은 무리는 비록 '충성은 대단하여 사직에 도움이 되기는 하였지만', '성현의 도에 비추어보면 공功을 계산하고 이익[利]을 도모한 경우가 많은 자들이기에 도에 넘나듦이 있다.'고 말할 수밖에 없다고 설명한다.

간신

겸선하는 선비의 마지막 부류인 간신幹臣에 대하여 율곡은 '그 지위에 있을 때에는 그 직분을 지킬 것을 생각하고, 그 임무를 받았을 때에는 그 능력을 발휘하기를 생각하여 기국器局이 비록 나라를 경영하기에는 부족하지만 재간이 한 관직을 감당할만한 사람'으로, 조과趙過(미상)가 농정農政에 능하였고, 유안劉晏(당나라의 정치가)이 재정에 능하였고, 조충국趙充國(한나라의 무장)이 방어에 능하였고, 유이劉彝(송나라의 정치가)가 수리水利에 능한 경우를 예로 들고 있다.

한편 율곡은 '대신이 임금을 잘 만나면[得君] 삼대의 정치를 회복할 수 있으며', '충신이 국정을 맡으면〔當國〕위태롭거나 망하는 화가 없을 것이고', '간신은 한 부서의 유사有司로는 쓸 수 있지만 대임을 맡길 수는 없다.'고 말하고 있다.

이상에서 살펴본 율곡의 '때를 만난 선비 3가지 유형'을 다시 정리해보면, 결국 대신은 삼대까지만 존재했고, 그 이후로는 찾아볼 수가 없는 존재들이었다. 춘추시대 이후로는 충신과 간신들만이 존재할 뿐이었다.

2) 자수의 선비

율곡은 때를 만나지 못해 물러나 자수自守하는 경우 역시 세 가지로 나누어 설명하고 있다.

천민

율곡은 천민天民을 '불세출의 재주를 품고 한 시대를 구제할만한 능력을 가지고 있으면서도 홀로 도를 즐기어, 마치 보옥을 궤 속에 감추어두고 살 사람을 기다리는 사람'이라고 정리한다. 그리고 이들 천민은 '때를 만나면 천하의 온 백성이 모두 그 혜택을 받게 되는 사람들'로, 이들 '천민의 도는 바로 대신의 도'라고 말한다.

이어서 역사적으로 실존했던 천민의 예를, 이 세상에 뜻이 없는듯하였는데 나중에 성군을 만나 함께 천심을 누린 경우로 이윤, 부열, 태공을, 때를 만나지 못하여 천민으로서 그 도를 행하지 못한 경우로 주렴계周濂溪, 정명도程明道, 정이천程伊川, 소강절邵康節, 장횡거張橫渠, 주회암朱晦庵 등을 들고 있다.

학자와 은자

율곡은 학자에 대하여, 스스로 학력이 부족함을 헤아려 학문의 진취를 추구하고 스스로 재간이 넉넉지 못함을 알아서 재간의 향상을 추구하고 수양하면서 시기를 기다리고 경솔히 나가지 않는 사람이라고 말하고, 은자隱者에 대해서는 고결하고 청개淸介하여, 천하의 일을 탐탁하게 여기지 않고 초연하게 멀리 가 숨어 세상을 잊고 사는 사람들이라고 정의한다. 학자는 비록 때를 만나더라도 자신이 서지 않는 한 함부로 나가지 않는 자들이지만, 은자는 은둔에만 치우친 자들로 이들의 행위는 시중時中의 도가 될 수 없다고 하였다.

3. 임금과 신하 간 만남의 어려움

율곡은 삼대 이후로는 왕도가 존재하지 않았다고 서술하고 있다. 율곡은 삼대 이후에 왕도를 행한 자가 없는 이유를, '도학道學이 밝지 못하고 행해지지 못했기' 때문이라고 말한다. 그렇다면 율곡이 말하는 도학이란 무엇일까? 율곡은 도학을 설명하기를, '격치[格物致知]로써 선을 밝히고 성정[誠意正心]으로써 몸을 닦아, 그 학문을 몸에 지니고 있으면 천덕天德이 되고, 정치에 베풀면 왕도王道가 되는 것'이라고 하면서, 글만 읽고 실천이 없는 것은 '앵무새가 말 잘하는 것'과 같아서 도학[4]이 될 수 없다고 하였다.

한편 율곡은 삼대 이후로 도학을 한 군주는 없었지만 도학을 한 선비는 있었는데, 다만 윗사람이 그들을 현실에 동떨어진다고 의심하여 관직에 참여시키지 않았다는 점을 지적한다. 그리고 율곡은 도학을 하는 선

---

4) 율곡이 말하는 도학에 대해서는 후술한다.

비를 참된 유자(眞儒)라고 하면서 맹자 이후로는 진유가 없다가 천 년이 지난 후에 비로소 주렴계, 정자, 주자 등이 이를 계승하였는데, 송나라의 군주들이 도학을 알지 못하여 이들 대현들을 버려두어 백성들이 혜택을 입지 못하였음을 한스러워한다.

하지만 율곡의 이러한 주장은 '한나라, 당나라 이후로 영명한 군주가 없었던 것은 아니다. 다만 이들 영명한 군주가 진유들과 서로 만나지 못한 것뿐'이라는 반박을 불러일으킬 수 있었다. 이러한 반박에 대하여 율곡은 후세의 군주 가운데 진유를 등용할만한 사람은 하나도 없었다고 단언한다. 그리고 후세에 그런대로 이름을 남긴 군주들의 행적을 다음과 같이 서술하고 있다.

① 한고조는 본래 거만하고 무례하여, 그가 부리는 자들은 모두가 공명이나 부귀에 뜻을 둔 자들뿐이어서 진유가 한신韓信이나 영포英布 등의 무리에 끼어 몸을 더럽힐 이치가 없었다.

② 한문제는 '자포자기'한 임금이다. 삼대 이후 천하의 현군으로 문제만 한 분이 없지만, 그 지취志趣가 낮아 고도古道(선왕의 도)를 결코 회복할 수 없다고 여겨 조용히 지내는 것만 즐기고 겨우 양민만 주장하였으니 고도가 회복되지 못한 것은 문제로부터 시작된 것이며 자포자기한 임금이라고 할 수 있다. 결국 율곡은 한문제가 비록 여타의 임금에 비하여 뛰어난 현군이란 점은 인정하지만 고도를 포기하게 만든 장본인이란 점에서 비판하고 있다. 그런데 율곡이 한문제를 자포자기한 군주로 묘사한 점은 사실 선조를 염두에 두고 특히 강조한 것이었다. 이 점에 대해서는 본 절의 후반부에서 '한문제와 가의'라는 편을 따로 두어 살펴보기로 한다.

③ 한무제漢武帝는 속으로는 욕심이 많으면서 겉으로는 인의를 표방하였으니, 그가 말한 인의란 모두가 허문虛文을 숭상하여 보기만 아름답게 꾸민 것이었다. 한무제는 성심으로 도를 믿는 자가 아니었다. 동중서董仲

舒, 급암汲黯 같은 이가 있어도 등용하지 못했는데, 하물며 진유를 등용할 수 있었겠는가.

④ 당태종은 제 아버지를 협박하여 군사를 일으키고 형을 죽여 왕위를 빼앗고 아우의 아내를 간음하는 등 그 행위가 개돼지 같았다. 이런 태종이 비록 진유를 쓰려고 하였다 해도 진유는 결코 태종의 신하가 되지 않았을 것이다.

이 외에도 율곡은 광무제光武帝, 후한後漢의 명제明帝, 송태조 등도 모두 진유를 쓰지 못할 임금이라고 평하였다. 그렇다면 율곡의 이러한 주장은 결국 진유는 이 세상에서 받아들여질 수 없는 것이 아닌가 하는 질문을 불러올 수 있게 된다. 이러한 질문에 대하여 율곡은 진유가 만약 소열昭烈(유비)을 만났다면 아마도 조금은 그 뜻을 행할 수 있었을 것이라고 보고 있다. 유비가 제갈량을 대한 것을 상고해보면, 후세의 임금 중에는 유비만이 진유를 쓸 수 있었을 것이라고 율곡은 평가한다.[5]

율곡은 임금과 신하의 만남의 중요성을 다음과 같이 강조하고 있다.

> 큰일을 할 군주[有爲之主]는 반드시 존경하고 믿는 신하가 있어 서로 친근함[相親]이 부자와 같고, 서로 뜻이 맞기[相得]가 고기와 물과 같고, 서로 조화됨[相調]이 궁상宮商의 음률과 같고, 서로 합함[相合]이 계부契符와 같으니, 그런 뒤에는 말이 쓰이지 아니함이 없고, 도가 행해지지 아니함이 없고, 일이 이루어지지 아니함이 없는 것입니다.[6]

---

[5] 하지만 율곡은 제갈량이 진유라는 점은 인정하지 않는다. 결국 유비는 진유를 쓸 준비는 되어 있었지만 진유를 만나지는 못했고 겨우 제갈량만 만난 것이다.

[6] "大抵有爲之主, 必有所敬信之臣, 相親如父子, 相得如魚水, 相調如宮商, 相合如契符. 然後言無不用, 道無不行, 事無不成焉."(「東湖問答」 15-8ㄱ)

여기서 우리는 율곡이 강조하는 임금과 신하 간의 만남에는 모두 서로 〔相〕라는 개념이 들어가 있음에 주목할 필요가 있다. 다시 말하면 홀로 만날 수 없는 상대방을 서로 함께 만나야만 된다는 것을 알 수 있다. 그런데 더 중요한 점은 그 만남의 주체가 임금이라는 점을 율곡은 보여주고 있다. 이 점은 율곡이 군신 간의 서로 만남〔相得〕을 말하면서 한 번도 신하가 임금을 만난 것을 언급하지 않고 임금이 신하를 만난 것을 설명하고 있는 데서 알 수 있다.

율곡은 위에서 인용한 '유위지주'의 실례로 "요가 순을, 순이 우와 고요를, 탕이 이윤을, 무정이 부열을, 문왕이 태공을 대한" 태도를 말하고 있는데, 이를 보면 모두 임금이 주체가 되어 신하를 잘 만난 것으로 되어 있다. 그렇다면 율곡은 왜 신하보다는 임금에게 상득相得의 일차적 책임을 지우고 있는 것일까. 그 이유는 바로 임금은 임금만의 고유한 성격을 가지고 있다고 보기 때문이었다. 그 고유한 특징이란 임금은 신하와는 달리 완전한 공적 존재로 살 수 있는, 어쩌면 유일한 위치에 있기 때문이었다. 이 점에 대해서는 후술한다.

4. 우리나라에서 도학이 행해지지 않음

율곡은 우리나라에서 과연 왕도 정치의 경험이 있었느냐는 질문에 대해 회의적이었다. 그는 문헌이 부족하여 고증할 수는 없지만 짐작하건대 기자箕子가 시행한 정전제도井田制度와 팔조八條의 가르침은 순수하게 왕도에서 나왔을 것으로 상상할 수 있지만, 그후로 삼국시대와 고려시대의 임금들을 상고해보면 오직 '꾀와 힘'으로만 사업을 하였으므로 도학을 숭상할 줄 몰랐으며, 이는 비단 임금들만 그런 것이 아니라, 신하들도 마찬가지로 천 년 동안 뛰어난 이가 없었다고 평가한다. 고려 말의 정몽주가 약간 유자의 기상은 있었지만, 그 역시 학문을 성취하지는 못하였고, 그가 한 일을 보면 충신에 불과할 뿐이라고 말한다.

하지만 수천 년간의 우리 역사상 한 사람도 진유가 없었다는 율곡의 이러한 평가는 지나치다는 반발을 가져올 수 있다. 율곡은 이러한 반발에 대하여 다음과 같이 응답하고 있다.

> 진유란 세상에 나아가면 한 시대에 도를 행하여 이 백성들로 하여금 자유로운 즐거움을 누리게 하고, 물러나 숨어 있으면 만세에 가르침을 전하여 배우는 이로 하여금 큰 잠에서 깨어나게 하는 자입니다. 세상에 나가서는 행할만한 도술이 없고 물러난 뒤에는 전할만한 가르침이 없다면, 비록 진유라고 할지라도 저는 믿을 수 없습니다.[7]

이어서 율곡은 기자가 오랑캐의 풍속을 바꾼 이후에 다시는 본받을만한 선치가 없었으니 이는 벼슬에 나아간 사람 중에 도를 행한 자가 없었다는 것을 보여주는 것이고, 저술 중에 의리에 깊이 밝은 것을 보지 못했으므로 이는 은퇴한 사람 중에 가르침을 전한 자가 없었음을 보여주는 것이라고 자신의 평가를 뒷받침하고 있다.

5. 우리 조정에서 고도가 회복되지 못함

다음으로 율곡은 새 임금(선조)이 등극하고 선비〔賢人〕가 조정에 진출하여 바야흐로 태평을 기대한 지가 3년이 되었는데도, 민생은 여진이 궁

---

[7] "夫所謂眞儒者, 進則行道於一時, 使斯民有熙皥之樂, 退則垂敎於萬世, 使學者得大寐之醒. 進而無道可行, 退而無敎可垂, 則雖謂之眞儒, 吾不信也."(「東湖問答」15-9ㄱ~ㄴ)

핍하고, 풍속은 박악薄惡하고, 기강이 부진하고, 선비들의 행습[士習]이 바르지 못한 이유는 과연 무엇인가라는 질문을 제기한다.

율곡은 이 쉽지 않은 질문에 답하기 위하여 조선 건국 이후 200년의 역사를 분석하고 있다. 율곡에 의하면, 태조가 무용으로 새롭게 국운을 연 이후 그 통서統緖를 이은 세종이 나와서 우리나라 만년의 운이 기틀을 잡게 되었다. 세종의 성스러움은 전조前朝에는 찾아볼 수 없는 것으로, 국가를 안정시켰고, 유유를 숭상하고 도를 중하게 여겨 인재를 양육했으며, 예악을 제작하여 후손들이 잘 살 수 있는 길을 터놓아 우리나라의 치화[吾東之治]가 융성하였다. 단지 한스러운 점은 요순과 같은 세종이 직·설과 같은 신하를 만나지 못한 채, 유속 중에서 조금 뛰어난 인물에 지나지 않는 허조許稠나 황희黃喜 같은 신하들을 만났기 때문에, 백성들의 살림이 넉넉해지고 인구가 많아지는 정도에 그치고, 세도는 상나라, 주나라에 비하면 부끄러울 수밖에 없었던 점이다.

성종은 영특하고 슬기로운 뛰어난 성주였는데, 국사를 맡은 대신들이 용렬하고 무식하였다. 당시 태평한 날이 계속되어서 나라는 부하고 백성은 넉넉하니 대소의 신료가 국사는 생각하지 않고 온통 유희만 즐겨, 큰일을 할 임금을 만났는데도 치화의 융성함을 보지 못하고, 그 당시에 남긴 풍속이 아직까지 폐단으로 남아 있게 되었다.

중종은 잔악한 연산의 뒤를 이어 정신을 가다듬고 치평을 도모하여 어진 이를 구하니, 조광조가 임금의 각별한 사랑과 예우를 받아 자기 몸을 나라에 바쳐서 사방의 인재들을 불러들여 임금의 총명을 넓히고 세도를 만회하려는 뜻을 두어, 머지않아 요순의 업적을 기대할 수 있었는데, 안타깝게도 조광조의 출세가 너무 빨라 경세치용의 학문이 아직 이루어지지 않았고, 동료 가운데는 충현들도 많았지만 이름을 좋아하는 자도 섞여 있어 논의도 날카롭지 못하고 일도 점진적이지 못한 채, 임금의 마음을 바로잡는 것을 근본을 삼지 않고 한갓 형식을 앞세웠다. 이러자 간사한 무리가 기묘사화를 일으켜 모든 현인이 화를 당하였고, 이로부터 사기가 꺾이고 국맥이 끊어지는 개탄스러운 상황이 발생하게 되었다.

그러나 인심은 본래 착한 것이고, 공론은 없어지기 어려운 것이어서, 선비들의 맑은 논의가 조광조 등을 다시 높이게 되어 중종 말년에는 어진 선비가 다시 조정에 모이게 되었고 뒤를 이은 인종은 몸소 행한 덕화가 나라 안에 가득하여 머지않아 삼대의 정치를 회복할 것으로 기대하였는데, 하늘이 무심하여 인종이 일찍 세상을 떠나고 말았다.

인종의 단명과 그 직후 일어난 을사사화는 족히 나라를 망칠만한 것이었는데, 국운이 그런대로 유지될 수 있었던 것은 실로 조종이 덕을 쌓은 덕택이었다. 명종은 실덕한 일이 없었는데 윤원형, 이기 등의 무리가 총명을 가린 지 20년이 지나자, 다행히 하늘이 임금의 마음을 이끌어주어 시비를 분별하게 되어 윤원형 등이 죄를 얻고 사림이 흥기하여 엄동 뒤에 봄볕이 다시 돌아오는 듯하였는데 불행히도 명종이 서거하고 말았다.

지금의 국가 형세는 마치 기절을 했던 사람이 겨우 소생하여 아직 모든 맥이 안정되지 않고 원기도 회복하지 못한 것과 같아서, 서둘러 약을 써야 살아날 가망이 있는데, 혹자는 약을 쓰지 말고 가만히 앉아서 저절로 낫기를 기다리자 하고, 혹자는 좋은 약을 써야 하는데 무슨 약을 써야 할지 모르겠다고 하면서 팔짱을 끼고 보고만 있을 뿐 한 가지 계책도 써보지 않고 있으니, 장차 죽고야 말 형편이다. 윤원형 등이 나라를 그르친 유폐가 다 씻기지 못하였고, 백성을 괴롭힌 간혹한 법들이 아직 개혁되지 못하였는데, 안일만을 찾고 일을 싫어하여 무엇 하나 바로잡은 것이 없다.

6. 지금의 시세

비록 이런 상황이지만 율곡은 삼대의 정치를 실현할 수 있다고 역설하였다. 율곡에 의하면 왕도가 행해지지 못한 것은 오직 임금과 재상이 현명한 사람이 아니어서 그런 것뿐이지 시대가 다르기 때문에 회복하지 못하는 것이 아니라고 주장한다. 결국 시행하는 사람이 문제이지 시대 상황은 문제가 될 수 없다는 주장이었다.

그러나 그 가능성이 쉽지만은 않다고 율곡은 지적한다. 그는 가능성도 두 가지가 있으며 불가능성도 두 가지가 있다고 설명하고 있다. 가능성은 첫째는 선조가 가능성이 있는 임금이라는 점과 둘째는 권간들이 사라졌다는 점에서 찾고 있었다. 그리고 불가능성은 첫째는 인심이 너무나 함익陷溺되어 있다는 점과 둘째는 사기가 너무나 꺾여 있다는 점을 들고 있다.

7. 한문제와 가의

한편 율곡이 올린 「동호문답」을 본 선조의 반응은 기대 이하였다. 율곡은 이 「동호문답」을 글로 올리는 동시에 선조에게 이 글에서 자신이 주장한 내용을 경연장에서 말로 진언하였다. 선조 2년 9월에 있었던 경연장에서 율곡이 선조에게, "예로부터 큰일을 성취한 군주가 지극한 정치[至治]를 흥기시키려 했을" 때에는 반드시 "정성을 다하여 현자를 대하였는지라, 군신 간의 수작이 마치 메아리가 울리는듯하였으며 마음을 열고 받아들였기 때문에 위아래가 서로 미쁘게 되어 정치가 이루어졌던 것"이라면서 군신 간의 진정한 소통의 의미를 강조하였다.

이어서 율곡은 선조가 반드시 본받아야 할 '요순시대'에 대하여 그 시대는 "말하지 않아도 신실함이 있고 의도적으로 하지 않아도 교화가 이루어졌던" 시대였기에, 마치 "언어가 필요 없었던 것 같았지만", 고서古書를 상고해보면 요순이 정신廷臣들과 정사를 의논하면서 자신의 "찬성과 반대의 뜻을 분명히 답하지 않은 적이 없었다는 점", 다시 말하면 신하들과의 소통을 요순이 직접 주도하였다는 점을 강조하였다.[8]

그러나 당시의 선조는 율곡이 입시入侍할 때마다 매번 '신하들의 말에 조금도 응수하여 대답하지 않고' 있었다. 율곡은 이와 같이 신하들과의 소통을 철저히 단절하고 있던 선조에게 "대저 한 집안의 부자父子와 부부가 아무리 지친의 관계라 하더라도 만약 아비가 자식에게 답하지 않거나 지아비가 아내에게 답하지 않으면 그 정情도 오히려 막히게 되는데 하물며 명위名位가 현격한 군신君臣의 관계"는 말할 것도 없다면서, "신하가 상의 얼굴을 뵙게 되는 것은 경연經筵뿐이기 때문에 입시하는 신하들이 미리 아뢸 내용을 생각하여 밤낮으로 궁리하고 정리해놓았다가도 상의 앞에만 오게 되면 천위天威에 겁을 먹고는 하고 싶은 말을 다하지 못하여 10분의 2~3 정도에 그치고 마는 것"이 현실임을 아뢴다. 따라서 임금이 "아무리 마음을 비우고 응수를 해주신다 해도 오히려 아랫사람들의 뜻이 통하지 못할까 염려되는데 하물며 입을 꼭 다물고 말씀하지 않음으로써 저지하면" 어떻게 정치가 이루어질 수 있겠느냐고 묻고 있다.

하지만 선조는, "학문을 온축하여 덕행이 된 뒤에야 밖으로 사업을 일으킬 수 있는 법인데 덕행이 없는 몸으로 어떻게 사업이 있을 수 있겠는가. 또 삼대의 융성한 정치도 마땅히 점진적으로 시행해나가야 하는 것이지 갑자기 회복할 수는 없는 것"이라는 반응을 보인다. 율곡은 선조의

---

8) "自古, 有爲之主, 欲興至治, 則必推誠待賢, 酬酢如響, 開懷虛納, 故上下交孚, 而政治成焉. 堯, 舜 之時, 不言而信, 無爲而化. 若無待於言語, 而考之古書, 則 堯舜 與廷臣, 都兪吁咈, 無言不答."(『선조실록』 선조 2년 9월 25일)

이러한 태도가 원칙주의에 경도된 것이라며 다음과 같이 말하고 있다.

> 전하의 이 말씀은 진정 근본을 따르는 주장이십니다. 다만 덕행은 일조일석에 이룰 수 있는 것이 아니고 정사는 하루라도 폐할 수 없는 것입니다. 진실한 덕이 이루어지기 전에는 장차 정치를 방관한 채 그냥 문란한 대로 놔두시겠습니까. 이러한 까닭에 덕행과 사업을 동시에 서로 닦아나가면서 같이 발전시켜가야 합니다.
> 그리고 삼대의 정치야말로 본디 갑작스럽게 회복할 수 없겠습니다만 폐단을 제거하고 백성을 구제하는 것이야 어찌 행하기 어려운 일이겠습니까. 요순의 덕을 갑자기 이룰 수는 없다 하더라도 요순의 마음 씀을 추구해보고 요순의 선정善政을 본받는다면 거의 요순의 정치에 가깝게 될 것입니다.[9]

하지만 율곡의 이 말을 따를 자신이 없었던 선조는, "옛날에도 요순의 덕이 없고서도 요순의 정치를 행한 자가 있었는가?"를 묻게 되고 이에 대하여 율곡은, "옛사람 중에는 요순을 본받은 자가 없었기 때문에 그러한 정치가 나타나지 않았습니다."라고 대답하면서, 임금이 "덕은 비록 순임금과 우임금에 못 미치더라도 큰 뜻을 분발하여 몸소 실천하는 데 힘을 쓰고 어진 신하들을 신임하여 매사에 순임금과 우임금을 본받는다면 순임금과 우임금의 치적을 기대할 수 있습니다."라고 진언한다.[10]

---

9) "殿下此言, 固是循本之論. 但德行非一朝可辦, 而政事不可一日廢也. 允德未成之前, 將置政事於不問, 而任其紊亂乎? 是故, 德行事業, 當一時交修並進也. 且三代之治, 固不可猝復矣. 至於革弊救民, 則此豈難行之事乎! 堯舜之德, 雖不可猝成, 但求堯舜之用心, 法堯舜之善政, 則庶幾堯舜之治矣."(『經筵日記』선조 2년 9월, 28-40ㄱ~ㄴ)
10) "上曰: '古亦有無堯, 舜之德, 而有堯, 舜之治者乎?' 珥曰: '古人無法堯, 舜者, 故不見其

말이 여기에 이르자 선조는, 율곡이 「동호문답」에서 한문제를 자기自
棄했다고 지적한 것은 지나친 평가라고 말한다. 선조는 율곡이 한문제를
선조 자신과 비교하고 있음을 인식한 것이었다. 이에 대하여 율곡은,
"문제는 참으로 훌륭한 군주"임에는 틀림없지만, 자신이 그를 "자기自棄
했다."고 평가한 이유는 "문제는 자질이 훌륭한 군주로서 한나라의 도가
전성 시대였던 때를 맞이하여 옛 시대를 회복할 수 있었는데도 지취志趣
가 높지 못하여 잡패雜覇로 마치고 말았기" 때문임을 밝히고 있다. 하지
만 선조는, "문제가 옛 시대를 회복하지 못했던 것은 경적經籍이 불타 진
유眞儒가 나오지 않았기 때문이지" "문제의 허물"이 아니라고 대응하였
고, 이에 대하여 율곡은 다시, "문제는 큰 뜻이 없어서 매양 비루한 의논
을 좋아하였습니다. 문헌이 있었다 한들 또한 어떻게 했겠습니까. 임금
으로서 입지立志가 높지 않으면 대체로 모두가 자기自棄합니다."라고 말
한다.11)

한문제는 자포자기한 군주라는 율곡의 평가는 선조의 머릿속에 계속
하여 자리 잡고 있었다. 선조 7년 2월에 있었던 율곡과 선조의 대화 가운
데 다시 한문제가 등장한다(『선조실록』 선조 7년 2월 29일). 이 시기는 율곡
이 만언소를 올린 직후 선조에게 당시의 급무에 대한 건의를 많이 하던
시기였다. 율곡의 폐를 개혁하자는 계속되는 건의를 접한 선조에게 떠오

治. 誠能法堯, 舜而行之, 則豈無其治乎. …… 德雖不及於舜, 禹, 而奮發大志, 力於躬行,
信任賢臣, 每事取法舜, 禹, 則舜, 禹之治, 可庶幾也.'"(『經筵日記』 선조 2년 9월, 28-40ㄴ)
11) "上問珥曰: 「東湖問答」, 何以漢文常爲自棄乎. 其論似過矣.' 珥對曰: '文帝固是天下之
賢君也. …… 文帝以質美之君, 當漢道全盛之時, 可以復古, 而志趣不高, 終於雜覇, 故臣
以爲自棄耳.' 上曰: '文帝之不能復古, 以經籍遇火, 眞儒不作故耳, 豈是文帝之過乎.' 珥
曰: '文帝無大志, 每好卑論, 雖有文獻, 亦將如之何哉. 人君立志不高者, 大抵皆自棄
也.'"(『經筵日記』 선조 2년 9월, 28-40ㄴ~41ㄱ)

른 인물은 다시 한문제와 한문제 시대의 대표적 신하였던 가의賈誼[12]였다. 선조는 율곡에게 문제가 가의를 쓰지 않은 이유가 무엇인지를 묻는다. 율곡은, "한문제가 비록 현명하기는 했지만 지취志趣가 고매하지 못했기에", "가의의 말을 듣고서 큰 의심이 나서 쓰지 않은 것"이라면서, "무릇 사람이란 큰 뜻이 있은 다음에야 큰일을 해낼 수 있는데", 이를 비유하자면 "주인은 두어 칸의 작은 집을 지으려고 하는데 공사工師는 큰 집을 지으려고 한다면, 공사의 말을 들으려 하지 않는 것"과 마찬가지라고 말한다.[13]

선조는 율곡이 당시의 폐단들을 개혁할 것을 주문했을 때마다 가의라는 인물을 떠올린 것으로 보인다. 선조 9년 2월은 이 책의 제3장에서 살펴보았듯이 율곡이 낙향을 하는 시기였는데, 당시 선조는 율곡을 가의와 같은 인물로 평가해버린다. 그 내용을 보면 박순이 율곡이 물러가는 것을 윤허해서는 안 된다고 하자, 선조는 율곡을 가리켜, "이 사람은 과격하고 또 그가 나를 섬기려 하지 않는데 내가 어떻게 억지로 머물게 할 수 있는가. 옛날에 물러감을 허락하여 그 뜻을 이루게 한 사람도 많았다. 그리고 가의는 글을 읽어 말만 잘할 뿐이지 실지로 쓸만한 재주가 아니었으니, 한문제가 쓰지 않은 것은 진정 소견이 있었던 것"이라고 율곡과의 단절을 표한다.[14]

---

[12] BC 200~BC 168. 서한西漢의 정치가이며 문학가. 20세에 문제에게 발탁되어, 정삭正朔과 복색服色을 고치고 법률을 제정하며, 예악을 일으키려 하였으나, 보수적인 훈구 세력의 비방으로 좌천되었다가 33세에 요절하였다(『國譯 栗谷全書』 Ⅶ: 170 주 22).

[13] "上謂李珥曰: '漢文帝何以不用賈誼乎?' 珥對曰: '文帝雖賢, 志趣不高, 見賈誼言大, 疑而不用耳. 凡人有大志, 然後可以做大事, 譬如主人欲構數間小屋, 而工師乃欲構大廈, 則豈肯聽其言乎.'"(『經筵日記』 선조 7년 2월, 29-32ㄴ~41ㄱ)

[14] "李珥 辭免副提學, 歸鄕里. 先是, 朴淳 每於經席, 薦 珥 賢且才可用, 上曰: '此人矯激, 且渠不欲事予, 予何爲强留乎? 自古許退而俾遂其志者, 亦多矣. 且 賈誼 讀書能言而已, 實非可用之才, 漢文 之不用, 眞有所見也.'"(『선조수정실록』 선조 9년 2월)

제2절 『성학집요』를 중심으로 한 율곡의 군도론

『성학집요』는 율곡이 그의 나이 40세에 홍문관 부제학으로 있을 당시 선조에게 올린 책으로, 원래는 군왕의 학문적 수양과 정치적 치세에 중점을 두고서 그 교본으로 씌어진 것이다. 이 책의 구성은 제1편 총설, 제2편 수기, 제3편 정가, 제4편 위정, 제5편 성현도통 등 총 5편으로 되어 있다. 율곡은 위의 순서에 따라서 '사서 육경과 선유의 설과 역대의 역사까지 깊이 탐색하고 널리 찾아서, 그 정수만을 채집하는 데 2년이 걸렸다.'고 이 책의 서문에 밝히고 있다.

이 책의 편찬 방식에서 가장 두드러진 점은 율곡이 각각의 주제에 따라 중요한 자료들을 잘 분류하여 정리한 다음 각 주제의 끝부분을 자신의 언급으로 마무리하고 있다는 점이다. 따라서 나는 『성학집요』에서 율곡이 정리한 부분을 중심으로 분석하고자 한다. 그리고 분석의 순서는 먼저 이 책을 선조에게 바치면서 함께 올린 율곡의 상소문을 분석한 후에, 이 책의 순서를 거꾸로, 즉 제5편의 성현도통, 제4편의 위정을 살펴보고 마지막으로 제2편 수기와 제3편 정가를 하나로 합하여 살펴보고자 한다.

분석의 순서를 뒤에서부터 시작한 이유는 율곡이 이 책에서 밝히고자 한 의도가 임금의 수기로부터 시작하여 도학을 회복하자는 의도에 있다고 볼 때, 뒤에서부터 살펴보는 것이 율곡의 의도를 더욱 명확하게 고찰할 수 있다고 판단했기 때문이다. 한편 내가 이 책의 서론에서 밝혔듯이 율곡의 『성학집요』는 이론적인 성격이 강한 2차 자료적 성격을 지닌다. 나는 이 책의 제3장까지는 주로 율곡의 구체적인 정치 활동을 중심으로 살펴보았다. 본 장, 특히 본 절에서는 앞에서 살펴본 것과는 달리 율곡의 이론 중심적 측면을 살펴봄으로써 그의 성리학의 정치적 의미를 도출하고자 한다. 다시 말하면 율곡의 성리학을 정치적으로 해석하려는 의도를 갖는다.

1. 「진성학집요차 進聖學輯要箚」[15]

율곡은 임금의 도〔帝王之道〕에 대해서는 '성현이 대대로 일어나서 수시로 반복하였기 때문'에 '더 이상 미진한 말이 없을 것'이므로 임금은 이미 있는 '성인의 말로 이치를 살피고 이치를 밝혀서 실행에 옮기는 일'만 있을 뿐이라고 말한다. 그렇다면 더 이상 율곡이 덧붙일 말이 없을 것인데 왜 율곡은 『성학집요』를 저술하였을까. 그 이유를 율곡은 이 책의 목적을 새로운 이론을 말하는 것이 아니라 이미 있는 기존의 설들을 실제로 활용하는 방법론을 제시하려는 데 두고 있음을 다음과 같이 말하고 있다.

> 후세에 도학이 밝지 않고 이를 행하지 않는 것은 독서의 양이 적어서가 아니라, 이치를 살피는 것이 정밀하지 못하기 때문이고, 지식과 견문이 넓지 못해서가 아니라 실천이 독실하지 못하기 때문입니다. 살피는 데는 요령이 필요하고, 실천에는 정성이 필요합니다.[16]

이어서 율곡은 이 책에서 자신이 추구하는 내용은 바로 임금의 ① 학문하는 본말 本末 ② 정치하는 선후 先後 ③ 덕을 밝히는 실효 實效 ④ 백성을 새롭게 하는 실적 實跡 등이라는 점을 밝히고 있다. 그런데 덕을 밝히

---

[15] 『성학집요』를 바치면서 올린 상소문으로 『율곡전서』에는 소차 疏箚편에 실려 있지 않고 『성학집요』의 권두에 실려 있다.
[16] "後世之道學, 不明不行者, 不患讀書之不博, 而患察理之不精, 不患知見之不廣, 而患踐履之不篤. 察之不精者, 由乎不領其要, 踐之不篤者, 由乎不致其誠."(『聖學輯要』 19-2ㄴ)

는 실효는 학문의 결과이고, 백성을 새롭게 하는 실적은 정치의 결과이다. 다시 말하면 위의 네 가지는 결국 임금의 학문과 정치라는 두 가지를 풀어서 말한 것이다. 중요한 것은 역시 앞의 두 가지, 즉 '학문상의 본말'과 '정치상의 선후' 문제이므로 율곡은 이 두 가지에 대해서 다시 다음과 같이 거론하고 있다.

> 제왕의 학문은 기질을 변화시키는 것이 가장 절실하며, 제왕의 정치는 정성을 미루어 어진 이를 등용하는 것이 가장 우선입니다. 기질을 변화하는 데는 마땅히 병을 살펴 약을 쓰는 것으로 공功을 삼아야 하고, 어진 이를 쓰는 것은 마땅히 상하가 틈이 없는 것으로 실제를 삼아야 합니다.[17]

여기서 율곡은 임금의 기질을 변화시키는 것이 제왕지학의 근본이라 보았고, 인재 등용이라는 인사 문제가 제왕지치의 최우선임을 밝히고 있다. 그렇다면 '기질이란 무엇인가.'라는 질문을 던져야 마땅할 것이다. 율곡에 의하면 기질은 기와 질을 합하여 이른 것인데, 이를 설명하기 위해 등장하는 것이 그의 이기론, 인심도심설 등의 논의들이다.

다시 말하면 정치를 잘하기 위해서는 임금의 기질을 변화시키는 것이 필요한데, 율곡의 이기론 등의 성리학설은 바로 이 점을 설명하기 위해 도출한 것에 불과한 것이지, 그 자체가 정치적 삶과 동떨어져 있는 다른 세계를 논하는 것은 아니다. 이 점에 대해서는 후술하기로 한다.

한편 율곡이 어진 이를 등용한다는 인사 문제에서 임금과 신하 간의

---

[17] "帝王之學 莫切於變化氣質 帝王之治 莫先於推誠用賢 變化氣質 當以察病加藥爲功 推誠用賢 當以上下無間爲實."(『聖學輯要』19-3ㄴ)

간격이 없어야 한다고 언급한 것은 바로 군신 간의 진정한 소통에 그 핵심이 있음을 의미한다고 볼 수 있다. 그런데 율곡이 여기서 임금의 기질과 군신 간의 간격이 없는 소통의 세계를 같이 논한 것은 무엇보다도 선조라는 구체적 인물을 염두에 두고 한 말이었다. 율곡이 본 선조라는 인물은, 그 천성은 '총명예지聰明叡智하고 효우공검孝友恭儉'하는 임금이지만 '착한 것을 받아들이는 도량이 부족'하고, '노기怒氣를 쉽게 발하여 남을 이기기를 좋아하는 사사로움[私]을 버리지 못하는' 사람이었다.

여기서 율곡은 '도량이 넓지 못하고 사사로움을 극복하지 못한' 선조의 단점을 지적하고 있다. 그리고 바로 이러한 선조의 단점이 소통 장애의 원인이 되고 있음을 다음과 같이 지적하고 있다.

〔실제로 선조의 말과 처사處事를 보면〕 부시婦寺를 엄하게 대우를 하지만, 주위로부터 편파적이라는 말을 듣기만 하면 도리어 큰 목소리로 편파적이 되고, 국사國事가 잘못된 것을 보고 개혁의 뜻을 가지고 있다가도 〔주위에서 개혁을 하지 않고〕 고집스럽게 지키고만 있다고 하면 문득 강력하게 거절하여 도리어 고집스럽게 지키는 태도를 가지고 있습니다.[18]

율곡은 선조의 단점으로, 첫째 여러 신하가 잘못을 바로잡아 허물을 없게 하려고 하면, '서로 이해하지 못한다.'고 의심하고, 둘째 착한 말을 아뢰고 어려운 일을 권하여 요순의 길로 인도하려 하면 '감히 감당할 수

---

[18] "今以見諸事者言之. 殿下待婦寺素嚴, 無少係戀之念, 而言者斥以偏護, 則輒厲聲氣, 反示偏護之意, 見國事日頹, 非無矯革之志, 而言者詆以膠守, 則輒加牢拒, 反示膠守之旨." (『聖學輯要』 19-4ㄱ)

없다.'고 거절하는 등의 사례를 들었다. 자신의 아름다운 자질을 기르지 못하고 자신의 병통을 치료하지 못하는 선조의 모습을 율곡은 통탄하고 있었다.

이러한 단점을 가진 선조에게 율곡은, 먼저 큰 뜻을 세워 반드시 성현을 표준으로 삼고 삼대를 기약하여, 신하들의 말이 자신의 마음에 거슬리면 반드시 도리에 맞는지를 생각하고, 신하들의 말이 자신의 뜻에 맞는 것 같으면 반드시 도리가 아닐 수 있다고 생각할 것을 주문한다. 그리고 무엇보다도 다음과 같은 두 가지가 선조에게 절실함을 강조하고 있다. 첫째는 '착한 것을 받아들이는 도량을 넓히는 것'이고, 둘째는 '남을 이기려는 사사로움을 버리는 것'이 그것이었다.

한편 여기서 율곡이 주문한 도량을 넓히고 사사로움을 버린다는 점은 선조와 신하들 간의 소통을 가능케 하는 가장 큰 요소였다. 임금과 신하 간에 '정성스러운 믿음〔誠信〕'이 서로 부합하지 못하여, 신하의 마음이 임금에게 달하지 못하고〔下情有所不達〕, 임금의 뜻을 신하가 깨닫지 못하는〔上意有所未曉〕 당시 상황에서는 신하들에게 책임을 맡겨서 지극한 다스림〔至治〕을 이룩할 수 없다고 보았기 때문에, 다시 말하면 임금과 신하가 서로 마음을 알지 못하고 사공事功을 이룬 적은 역사상 한 번도 없었기에, 임금과 신하 간의 소통이 무엇보다도 중요한 것이며, 이를 위해서는 선조가 도량을 넓히고 사사로움을 버려야 한다고 주문하였던 것이다.

하지만 이렇게 중요한 소통의 자리를 소외疎外라는 요소가 자리 잡고 있었음을 율곡은 다음과 같이 지적하고 있다.

〔후세의 임금은〕 신하들을 소외疎外해서 착한 줄을 알고도 등용할 뜻을 보이지 않고, 악한 것을 보고도 추방하는 명을 내리지 않고, 스스로 이르기를, 중요한 비밀을 여러 신하가 감히 엿보아서는 안 된다

고 하는 것으로 체통을 얻은 것이라 하니, …… 사邪와 정正이 섞이고, 시是와 비非가 모호하게 되어 나라를 다스리지 못하게 되는 것입니다.[19]

율곡은 이와 같이 임금이 신하들을 소외하는 행위를 선조가 그대로 답습하고 있음을 다음과 같이 지적하고 있다.

전하께서는 착한 것을 좋아함이 지극하시지만 선비들이 꼭 옳은 것은 아닐 것이라고 의심하시며, 악한 것을 미워하심이 깊지마는 또 비부鄙夫가 꼭 그른 것은 아니라고 의심하시기 때문에, 곧은 선비와 간사한 소인이 같이 교격矯激〔성질이 굳세고 과격함〕의 이름을 얻어 어진 이가 능히 충성을 다하지 못하고, 아첨하는 이와 노성老成한 이가 같이 순후淳厚의 일컬음을 얻게 되고 …… 게다가 어진 이를 접견하는 일이 드물어 정의情意가 막혀서, 정령政令이 천심에 합함을 보지 못하고 출척이 나라 사람의 뜻에 기인함을 보지 못하게 되며 …… 이 때문에 착한 것을 좋아하면서도 어진 이를 등용하는 실상이 없고, 악한 이를 미워하면서도 간사한 이를 제거하는 유익함이 없어서 의논은 갈래가 많고 시비는 일정하지 아니합니다.[20]

---

19) "疎外臣鄰, 知其善而不示嚮用之意, 見其惡而不下屛黜之命, 自以爲樞機之密, 羣下莫敢窺測, 眞得人君之體, …… 邪正雜糅, 是非糢糊, 國不可爲矣."(『聖學輯要』19-5ㄴ)
20) "殿下好善非不至, 而又疑士類之未必眞是, 嫉惡非不深, 而又疑鄙夫之未必眞非, 故直士與色厲者, 同得矯激之名, 而賢者不能盡其忠, 諛佞與老成者, 同得淳厚之稱. …… 加之以接見稀罕, 情意阻隔, 政令未見合乎天心, 黜陟未見因乎國人. …… 是以, 好善而無用賢之實, 嫉惡而無去邪之益, 議論多岐, 是非靡定."(『聖學輯要』23-5ㄴ~6ㄱ)

마지막으로 율곡은 이 책을 통해서 선조가 '기질을 변화하는 공부'에 도움이 되고 나아가 '어진 이를 등용하는 실상'이 있게 되기를 간절히 바란다는 점을 진언한다. 결국 율곡이 『성학집요』를 저술하여 선조에게 바친 목적은 바로 선조의 기질을 변화시켜서 임금과 신하들 간의 진정한 소통을 이루려는 데 있었던 것이다.

2. 성현도통

율곡은 태초의 인간들은 '새처럼 거처하고 혈식血食하는' 등 '생활의 도리가 구비되지 못하였는데', 이러한 '소박한 생활'이 끝나고 '대란이 일어나려고 할 때'에, 성인이 '총명과 지혜로써 그 성품을 온전하게' 해주자, 백성들이 '다툼이 있으면 해결해주기를 구하고', '의문이 있으면 가르쳐주기를 구하여' 받들어 '자연스럽게 임금으로 삼았다.'고 말한다.

율곡에 의하면 이렇게 자연스럽게 나타난 성군은 ① 천시와 지리에 따라서 백성을 기르는 기구〔生養之具〕를 만들었고, ② 인심에 따르고 천리에 기초하여 교화의 기구〔教化之具〕를 만들었다. ③ 또 시대가 같지 않기 때문에 제도를 마땅히 하고, 현우가 같지 않기 때문에 교치하는 방법을 고려하여, 인정을 절제하고 시무를 촌탁해서〔節人情 度時務〕, 더하고 줄이는 규범〔損益之規〕을 만들었다.

율곡은 성인이 다스린 것은 앞의 세 가지, 즉 '생양지구', '교화지구', '손익지규' 등을 만들어 사용한 것에 불과하였다고 말하면서 여기서 '도통道統'이라는 명칭이 탄생하였다고 말한다. 그에 의하면 성인이 대군이 될 수 있었던 것은 바로 성인들의 '도덕이 능히 일세를 복종시킬 수 있었기' 때문이지, '세력을 빌렸던 것은 아니다.'

그리고 '성인이 이미 세상을 떠나면 또 다른 성인이 나와서' '수시로 변통하여'[21] '백성으로 하여금 궁하지 않게 하였는데', '시대가 점차 내려오면서 풍토가 옛날과 같지 않고 성인이 드물게 나서 성군으로 성군을 이을 수 없었다.' 이렇게 '대통이 정해지지 않아 도리어 간웅이 이를 엿보게 되자', 성인이 이를 근심하여 '아들에게 전하는 법을 세웠는데', 아들에게 전한 뒤에는 도통이 반드시 임금에게 있게 된 것은 아니라고 율곡은 설명한다.

그러자 이제는 '아래에 있는 성현들이 도와서 재결하고, 보필하는 도를 이루어서 사도斯道의 전통을 잃지 않음' '삼대까지는 임금이 반드시 성스럽지 않아도 천하가 치평' 될 수 있었다고 설명한다. 하지만 시대가 더욱 내려가자, '풍기가 혼란하고 백성들의 거짓이 날로 더하여 교화가 이루어지기 어려웠다.' 게다가 임금은 이미 '자기 수양의 덕'이 없으며 또한 아래에 있는 '성현을 좋아하는 성의가 결핍'되어, 천하를 자기의 오락으로 삼아서, 더 이상 천하를 근심하지 않았다. '임금이 사람을 덕으로써 쓰지 않고, 세상을 도로써 다스리지 않게 되자', 아래에 있는 성현은 스스로 조정에 설 수가 없어서 그 재능을 깊이 간직한 채 팔지를 아니하고, 보물을 쌓아두고 일생을 그냥 마치게 되어, 결국 '도학의 전통은 항간의 필부에게 돌아가게' 되는 불행한 시대가 되고 말았다는 것이 율곡이 보는 도통의 역사였다.

그렇다면 율곡이 말하는 도란 무엇일까? 위에서 성인이 대군이 될 수 있었던 이유를 율곡은 그들의 '도덕이 일세를 복종시킬 수 있었다.'는 점

---

21) 율곡은 여기서 "변치 않는 것은 천지의 상경이요, 변통하는 것은 고금의 통의이다 〔不變者 天地之常經, 變通者 古今之通誼〕."라는 말을 하고 있다. 하늘과 땅이라는 자연적인 공간의 세계는 변하지 않는 것으로, 고금古今이라는 시간성은 변하는 것으로 설명을 하는데, 율곡의 이 말을 다시 그가 말하는 정치적 용어로 설명한다면, 상경常經만 강조하고 통의通誼를 망각하는 존재들이 바로 유속流俗이라고 할 수 있겠다.

에서 찾고 있었다. 그런데 여기서 그가 말한 도덕은 하나의 의미가 아니라 도와 덕이라는 두 개의 의미를 합하여 말한 것이었다. 율곡은 이 점을 다음과 같이 말하고 있다.

> 아! 도는 고원한 것이 아니요, 다만 일상의 사이에 있을 뿐인데, 일상의 사이와 동정의 즈음에 사리를 정밀히 관찰하여 진실로 그 중을 체득한다면 이것이 바로 도에 어긋나지 않는 방법이다. 이것으로 덕을 이루는 것을 수기라 하고, 교를 베푸는 것을 치인이라 하며, 수기·치인의 실상을 다하는 것을 전도傳道라 한다.[22]

그러므로 도통이 '군상君相에게 있으면 도가 그 시대에 행해져서 혜택이 후세에 흐르고', 도통이 '필부에게 있으면 도가 그 세상에 행해질 수는 없고 다만 후학들에게 전하여질 뿐인데', 만약 '도학의 전통을 잃고 필부까지도 일어나지 않는다면 천하는 어두워 그 좇을 바를 모르게' 되는 것이므로 이제 선조 자신이 '도에 뜻을 두어', 멀리 요순을 본받아 '학으로 선을 밝히고' '덕으로 몸을 성실하게 하여', '수기의 공부를 다하고 치인의 교화를 베풀어' 끊어진 '도학의 전통을 이어주기'를 원하는 마음으로 이 책을 집필하였음을 율곡은 밝히고 있다.

---

22) "嗚呼! 道非高遠, 只在日用之間, 日用之間, 動靜之際, 精察事理, 允得其中, 斯乃不離之法也. 以此成德, 謂之修己, 以此設敎, 謂之治人, 盡修己治人之實者, 謂之傳道."(『聖學輯要』 26-37ㄴ)

3. 군주의 위정

율곡은 위정편을 위정 총론, 용현用賢, 취선取善, 식시무識時務, 법선왕法先王, 근천계謹天戒, 입기강立紀綱, 안민安民, 명교名教, 위정 공효爲政功效 등 총 10개의 장으로 나누어 정리하고 있다. 그리고 총론에서는 위정의 근본〔爲政之本〕을 논하고 있으며, 용현, 취선, 법선왕, 근천계 등에서는 위정의 도구〔爲政之具〕를 논하고 있고, 입기강, 안민, 명교에서는 위정의 일〔爲政之事〕에 대하여 그리고 마지막으로 위정의 공과 효과〔爲政功效〕에 대하여 설명을 하고 있다.

1) 위정지본

율곡은 위정편의 총론에서 '정치를 하는 데는 근본이 있으며', '임금이 덕을 닦는 것'이 바로 '위정지본爲政之本〔정치의 근본〕'이라고 말하고 있다. 그러면서 임금의 덕을 닦기 위해서는 '임금의 직분이 백성들의 부모'라는 점을 인식하는 것이 중요하다고 강조한다. 그 이유에 대하여 율곡은 '천지는 만물을 낳아도 작위함이 없고, 백성과 만물은 천명을 받았으나 자립할 수 없으니, 위로는 천공天工〔하늘이 백성을 다스리는 활동〕을 대신하고 아래로는 만물을 다스려서, 천지로 하여금 그 자리를 얻게 하고, 만물로 하여금 그 적소를 얻게 하는 것은 임금에게 있기' 때문이라고 설명하고 있다.

따라서 자식을 사랑하는 부모는 많지만, 백성에게 인仁을 행하는 임금이 적은 것은 임금이 자신에게 부여된 직책을 망각한 것이라고 말하고 있다. 그런데 여기서 율곡은 임금이 덕을 닦는 데 소홀하게 되는 원인을 아주 간단한 데서 찾아내고 있다. 그에 의하면 사람들은 일반적으로 자신이 '하지 못하는 것을 하라고 책하면 따르지만', 만일 '잘하고 있는 이에게 또 그렇게 하라고 책하면 반드시 자만심이 생겨 도리어 책하는 이를 잘 알지 못한다고 원망하는' 경향이 있다는 점을 지적한다.

그리고 율곡은 덕을 잘 닦은 임금으로 순임금의 경우를 본받을 것을 희망한다. 율곡에 의하면 순임금이 성인이 되어 나라를 다스린 것은 '아름다운 말이 숨어서 묻히지 않게 하고, 자기를 버리고 남의 중론을 좇는 데 있었다.'면서, 신하였던 우가 임금인 순이 잘한 것을 모르는 것은 아니되 오히려 거듭 경계하였고, 순도 역시 자기가 잘하는 것을 만족하게 여기지 않고 우의 경계를 수용한 것은 '우나라 조정의 군신이 서로 그 도를 극진히 한 것'으로 이러한 것은 '성인으로서 더욱더 성인이 된 것'이라고 말한다.

2) 위정지구

용현

율곡은 '위정지구 爲政之具〔정치를 함에 갖추어야 할 것〕'로 먼저 '용현用賢〔어진 이의 등용〕'을 말하고 있다. 그 이유는, '임금과 신하가 서로 잘 만나〔君臣相得〕야 정치를 잘할 수 있기' 때문이다. 따라서 율곡은 '임금의 직책은 오직 어진 이를 잘 알아 맡기는 것을 선무로 삼아야 한다.'고 한다. 율곡은 여기서 임금과 신하가 '서로' 잘 만나는 것, 즉 상득이라는 용어를 사용하고 있지만, 그 만남의 주체는 어디까지나 임금이라고 설명하고 있다. 율곡에게 정치의 주체는 무엇보다도 임금에게 있었던 것이다.

그러므로 율곡은 '임금이 경을 극진히 하고 예를 다하지 않으면 도덕의 선비를 구할 수 없으며', '간하는 것을 실행하거나 그 말을 받아들이지 않으면 신하로 삼을 수 없는데', 후세의 임금들은 '어진 이를 좋아할 줄은 알면서도 그 좋아하는 도리를 알지 못하는 데' 문제가 있음을 다음과 같이 말하고 있다.

> 후세의 임금들은 어진 이를 좋아할 줄은 알면서도 그 좋아하는 도리를 알지 못하여 작록爵祿으로 붙잡아놓기만 하고 그 말을 채용하지 않아 그로 하여금 진퇴를 곤란하게 하는 임금도 있고, 또 다만 그 이름만 좋아하고 그 실상은 구하지 아니하여 강제로 힘에 겨운 것을 맡겨서 그로 하여금 일을 저질러서 자기를 잃어버리게 하는 임금도 있으니, 다 참으로 어진 이를 좋아하는 임금이 아니다. 반드시 그 사람을 아는 데는 그 총명을 극진히 하여야 하고, 사람을 기용하는 데는 반드시 그 재능에 적합하게 하여야 하고, 신임하는 데는 반드시 그 정성을 극진히 하여야만 참으로 어진 이를 좋아한다고 할 수 있다.[23]

이어서 율곡은 군자와 소인을 구분하여 군자를 등용하고 소인을 내치는 것에 대하여 논하고 있다. 군자와 소인에 대한 논의의 핵심은 누가 과연 군자이고 누가 과연 소인인가 하는 구분을 쉽게 할 수 있는가에 있다. 군자와 소인에 대한 구분은 사실 그 실체를 말하기보다는 다분히 평가하는 사람의 주관에 의하여 감정적으로 진행될 여지가 많은 부분이다. 그래서 자신과 의견이 다르면 일단 소인이란 낙인부터 찍어놓는 것이 당시의 분위기였다.

하지만 율곡은 군자와 소인을 정치적 용어로 사용하고 있었다. 그는 군자란 공적 세계를 지향하는 인물들인 반면, 소인이란 사적 이익을 추구하

---

[23] "後之人君, 略知賢者之可好, 而不知所以好之之道, 或有縻以爵祿, 不用其言, 使之難於進退者, 或有徒好其名, 不求其實, 強委以所不能, 使之償事失己者, 皆非眞好賢者也. 必也知之極其明, 用之適其才, 信之盡其誠, 然後可謂眞好賢矣."(『聖學輯要』24-20ㄱ)

는 인물들이라고 하면서, 구체적으로 말하면 '군자는 임금을 사랑하는 자이고 소인은 작록을 사랑하는 자'라며 이를 다음과 같이 정리하고 있다.

> 임금을 바르게 하고 나라를 다스리게 하는 선비는 도道를 함께함으로써 벗을 삼는 자이라, 일심으로 임금을 사랑하고 일심으로 나라에 충성하여, 당이 성할수록 임금도 성하고 나라도 편안할 것이니, 임금은 오히려 그 당이 적을까 염려할지언정 어찌 그 휘정彙征〔같은 유가 모여드는 것〕을 근심할 것인가. 몸을 영달하게 하고 권세를 굳게 하는 선비는 이리를 함께함으로써 벗을 삼는 자이라, 이들은 사私를 도모하고 공公을 멸시하며, 임금을 뒤로하고 부모를 유기遺棄하니, 그 당은 비록 적더라도 족히 임금을 속이고 나라를 망하게 할 것이다. …… 그러나 소인의 마음은 다만 이리만 구할 뿐이요, 임금과 부모는 돌보지 않기 때문에 일시적으로 체결된 붕당은 이리가 다 되면 교제가 소원해지고, 형세가 궁박하여지면 서로 도모하기도 하니, 그 붕당이란 잠깐 합해진〔假合〕 것뿐이요, 군자의 도의에 입각한 붕당과 같이 시종여일하지 않다. …… 임금이 먼저 이理를 밝히지 않고 미리 짐작하여〔逆億〕 살핀다면 공을 사라 하고, 영佞을 충忠이라 하지 않을 자가 거의 없을 것이기 때문에 학문에서는 이理를 밝히는 것보다 앞서는 것이 없다.[24]

---

24) "正君治國之士, 以同道爲朋者, 一心愛君, 一心徇國, 黨益盛而君益聖, 國益安矣, 人君猶恐其少黨, 豈患其彙征乎. 榮身固權之士, 以同利爲朋者, 營私蔑公, 後君遺親, 其黨雖少, 亦足以罔上而亡國矣. …… 然小人之心, 惟利是求, 不顧君親, 故一時締結者, 或利盡而交疏, 或勢逼而相圖, 其所謂朋黨者, 亦俀合而已, 非若君子道義之朋, 終始如一. …… 人君不先明理, 而徒以逆億爲察, 則其不以公爲私, 以佞爲忠者, 鮮矣, 此所以學莫先於明理也."(『聖學輯要』24-25ㄴ~26ㄴ)

하지만 문제는 '신하들은 임금을 바르게 할 뜻이 없고, 임금 역시 사람들이 순종하는 것만 좋아하면서', 그 결과가 '작록을 탐내는 자를 오히려 임금을 아끼는 자라고 여기고, 임금을 아끼는 자를 오히려 임금을 원망하는 자라고 여기게' 된 것이었는데 그렇게 된 연유를 율곡은 '도학이 밝지 아니하여서'라고 탄식하고 있다. 그렇다면 율곡이 말하는 도학이라는 것은 과연 무엇인지를 살펴보아야 마땅하다. 이 점에 대해서는 후술한다.

한편 율곡은 모든 관직을 군자로만 채울 수는 없다는 현실적인 어려움을 인정한다. 그래서 그는 '여러 관리를 다 온전한 인재로 얻을 수 없는' 현실적 제약을 '마땅히 그 장점만을 취하는' 것으로 보완할 것을 주문하고, '어진 재상을 삼가 택하여 책임을 맡기면 이루어질 것'이라면서 재상의 중요성을 강조한다. 하지만 그 나머지 아래에 있는 '백관과 유사를 반드시 완비된 인재만으로 구하려면 사람을 채용하는 길이 좁아서 여러 직책에 공석이 있게 된다.'는 점을 지적한다.

취선

율곡은 '군신이 서로 맺어진 후에는 반드시 그 사람의 착한 점을 취하여, 모든 계책을 하나도 빠짐없이 모두 들어서 시행하여야만 정치를 온전히 할 수 있다.'면서 '취선' 장을 '용현'의 다음에 두고 있다. 그는 '천하는 지극히 광대하고 일의 기틀은 지극히 번다하므로', '임금이 묘연(眇然)[작은 모양]한 몸으로 고요하게 거처하고, 간략하게 살면서 상응하는 데 여유 있게 하는 것은' '다만 천하의 지혜를 모아서 천하의 일을 결단하는 데 있을 뿐'이라고 말한다.

율곡은 사람의 지혜는 똑같은 것이 아니며 '어리석은 이라도 한 가지 계책'은 가지고 있으니, '뭇 지혜를 다 취하여 하나의 지혜로 합하고 난 뒤 골고루 살피고 정밀하게 밝히어 중(中)을 얻는다면', 일이 비록 번다하다 하더라도 이것을 결단하는 것이 동이(㔶)를 세우는 것처럼 쉽다는 점을 다음과 같이 말한다.

> 대개 천하의 눈을 나의 눈으로 삼는다면 보이지 않는 것이 없고, 천하의 귀를 나의 귀로 삼는다면 들리지 않는 것이 없으며, 천하의 마음을 나의 마음으로 삼는다면 생각하지 못할 지혜가 없을 것이니, 이것이 성스러운 황제나 밝은 왕이 천하를 고무하면서도 심력을 수고롭게 하지 않아도 되는 소이이다.25)

식시무

율곡은 '지혜로운 이는 알지 못하는 것이 없지만, 마땅히 힘써야 할 것을 급히 하여야 하니, 여러 계책이 비록 모였다 해도 반드시 먼저 시무에 절실한 것을 취해야 하므로 '식시무' 장을 다음에 두고 있다. 여기서 율곡은 시무를 창업, 수성, 경장 세 가지로 나누어 설명하고 있다.

먼저 '창업'의 도에 대해서 율곡은 '요·순과 탕·무의 덕으로 개혁할 시대를 맞이하여야만 하는 것으로, 천리와 인사에 순응하지 않으면 안 되는 것'이라면서 더 이상 논의를 하지 않는다. 둘째, '수성'에 대해서는 '성스러운 임금과 어진 재상에 의하여 법을 창제하여, 정치기구를 다 구비하고 예악을 융성하게 하면, 후세의 어진 임금과 어진 이는 다만 그 이루어진 법규에 따라 가만히 팔짱을 끼고 이것을 준수할 뿐'이라고 율곡은 설명하고 있다.

셋째, 율곡이 강조하는 것은 바로 '경장'인데 이에 대해서 그는, '나라

---

25) "蓋以天下之目爲目, 則明無不見, 以天下之耳爲耳, 則聰無不聞, 以天下之心爲心, 則睿無不思, 此聖帝明王所以鼓舞天下, 而不勞心力者也."(『聖學輯要』 25-5ㄱ)

가 극성하면 다시 쇠약해지고, 법이 오래되면 폐가 생기고, 마음이 안일에 젖으면 고루한 인습에 젖게 되고, 백 가지 제도가 해이해지면 나날이 어긋나서 나라를 다스릴 수 없기 때문에, 여기서는 반드시 현명한 임금과 현철한 신하가 있어서 개연慨然히 일어나 근본을 붙들어, 미련함과 게으름(昏惰)을 깨우치고(喚醒) 묵은 인습을 깨끗이 씻어서 숙폐를 개혁하며, 선왕의 뜻을 잘 이어서 일대의 규모를 새롭게 하는 것'을 경장이라고 말한다.

율곡은 수성은 비교적 쉽지만, 경장은 '높은 견해나 영재가 없으면 할 수 없으므로 어렵다.'면서, 마땅히 수성을 해야 할 때에 경장에 힘쓴다면, 이는 병도 없는데 약을 먹는 것과 같아서 도리어 병을 얻게 되고, 마땅히 경장을 해야 하는데 수성에 힘쓴다면, 이는 병에 걸렸는데 약을 물리치는 것과 같아서 누워서 죽음을 기다리는 격이라고 설명하고 있다.

하지만 '경장을 하려는 데 사람이 없는 경우에 어찌하여야 하는가.'라는 질문이 제기될 수 있었다. 이러한 물음에 율곡은 '임금이 만일 성심으로 나라가 다스려지기를 원하여 누추한 곳에 있는 사람들 중에서 밝게 들추어낸다면 어찌 사람이 없겠는가.'라고 답하면서, '옛날부터 임금이 도를 배우고 어진 이를 좋아하며 창생을 구조할 뜻이 있으면서도 어진 이를 구하지 못해 정치를 할 수 없었던 때는 없었다.'고 말한다.

법선왕

율곡은 비록 시무를 잘 인식하고 있다 하더라도 '선왕의 정치를 회복하지 못한다면', 이는 마치 '자와 컴퍼스를 버려두고 맨손으로 선을 긋고 원을 그리는 것과 같은 경우'라면서 선왕의 정치(先王之政)를 본(法)받아야 '능히 세도를 만회하여 잘 다스릴 수 있다.'고 말한다.

율곡에 의하면 후대의 임금들은 삼대의 정치를 마음으로 사모는 하지만, 다만 '고금이 다르다.'는 이유로 그대로 시행하지는 않는다면서 '삼대의 도를 오늘날에도 시행할 수 있다.'고 강조한다. 여기서 율곡은 '삼대지정', '문무지정' 등을 고도古道라고 표현하고 있으며, 그러한 고도가 시행되지 못한 당시의 세태를 세도世道라는 표현으로 사용하고 있다. 그런데 율곡이 본 당시의 세도[26]는 유속들에게 가려져서 고도를 회복하지 못하고 있었다.

율곡은 '인정仁政을 꼭 시행할 수 있다고 하는 것은 성현의 말이고, 옛날의 도를 회복할 수 없다고 하는 것은 속된 무리의 말'인데, 임금이 성현의 말은 믿지 않고 이속俚俗의 말만 깊이 믿는 까닭은, '스스로 도를 향하려는 뜻이 없고, 어진 이를 좋아하는 정성이 없기 때문'이라면서 유속들의 문제점을 다음과 같이 말한다.

> 대개 속된 무리의 고질은 갑자기 고치기 어렵기 때문에 하루아침에 옛날의 도를 시행한다면, 백성들의 마음이 불안하여 처음에는 도리어 사리事理를 거슬리는 것으로 보는 것이 필연적이다. 그러나 여기에 구애되어 마침내 일할 수 없다면 떨어지기만 하는 세도를 어느 때에 만회할 수 있겠는가.[27]

율곡은 소위 후세의 선비라는 자들이 '읽은 것은 전典 · 모謨와 훈訓 · 고誥요 사모하는 것은 공맹과 정주이기 때문에 감히 성인을 비난하는 자는 없지만, 처신하거나[行身] 정치하는 데[爲政] 이르러서는 조금이라도

---

26) 율곡이 여기서 사용하는 세도는 당시의 분위기와 비슷한 의미이며, 개선될 여지가 많은 것이었다.
27) "蓋流俗之痼, 難於猝變, 一朝施以古道, 則羣情不安, 初開轉見橫逆, 乃事勢之必然也. 以此爲拘, 竟不能有爲, 則世道之降, 何時可回乎."(『聖學輯要』25-17ㄱ)

성인의 가르침을 국가에 시행하려고 하면 매번 좌로 견제하고 우로 억눌러서 예측할 수 없는 화가 머지않아 일어날 것이라고 하고, 안상수고安常守故[28])의 이론을 듣는다면 찬동하니', 과연 이와 같다면 '성현이 헛말을 만들어 후세를 속인' 셈이라고 소위 선비라는 인물들을 비판한다.

하지만 율곡은 '고도를 비난하고 훼방하는 것'은 바로 '소인의 진정'이므로 크게 이상하게 생각할 사안이 아니지만 문제는 '임금이 이를 깨닫지 못하는 것'에 있음을 경계한다. 왜냐하면 소인(鄙夫)이란 '좋아하는 것이 작록이요, 탐내는 것이 권세'이므로 '종사에 대한 근심'은 염두에 두지 않는 부류들인데, 임금이 진실로 '삼대의 다스림을 회복하는 데 뜻을 두고, 어진 신하를 구해서 정사를 맡기(求賢委任)'게 되면, 이들 소인들은 사라질 것이기 때문이었다.

근천계

율곡은 '임금이 하늘을 섬기는 것은 마치 아들이 아버지를 섬기는 것과 같다.'면서 '인사가 닦아졌다면 천계를 더욱 공경하고 두려워해야 한다.'는 의미에서 '근천계' 장을 두고 있다. 율곡이 하늘을 거론한 것은 사람이 바로 '천지의 마음(天地之心)'이라고 보았기 때문이다. 다시 말하면 '임금이 능히 선정을 행하여 화和한 기운이 위에 감응되면 아름다운 상서가 일어나고, 비도非道를 많이 행하여 괴이한 기운이 위에 감응되면 재앙이 일어나는 것'이니, 결국 휴상休祥(상서로운 징조)과 재이는 모두 '사람이 부른 것'이라는 점을 말한 것이다.

---

28) 제1장 주석 90을 참조하라.

3) 위정지사

율곡이 '위정지사爲政之事〔위정의 실제적인 일〕'로 지목하여 서술하는 내용은 ① 기강을 세우고, ② 백성을 편안하게 해주고, ③ 교화를 밝히는 것이었다.

입기강

율곡은 기강을 '국가의 원기'라고 하여 강조하였다. 사람에게 있어서 '원기가 튼튼하지 않으면 백해百骸〔몸 전체〕가 해이해지는 것'과 마찬가지로, 정치의 장에서 '기강이 서지 않으면 만사가 퇴폐하게 된다.'는 점을 율곡은 누누이 선조에게 강조하였는데 이 자리에서 다시 한 번 이를 반복하여 언급하고 있다. 그가 '위정지사'의 첫머리를 기강으로 설정한 의도는 '모든 사람이 기강을 세워야 한다.'는 말은 하고 있지만 기강을 세우는 '요령을 제대로 말하는 것을 듣지 못했기' 때문이라면서 다음과 같이 말하고 있다.

> 정치를 하는 데 기강을 세운다는 것은 마치 학자가 의義를 모아서 호연지기를 낳게 하는 것과 같아서, 영令이 한번 올바르고, 일이 한 번 적합했다고 갑자기 효과를 볼 수 있는 것은 아니다. ······
> 반드시 임금이 뜻을 먼저 정하여 학문을 바르게 하고 몸을 성실히 하며, 호령을 발하고 일을 거행함이 한결같이 공정한 도에서 나와서, 뭇 신하로 하여금 다 임금의 마음을 우러러보고 맑은 하늘과 같이 느끼게 함으로써 흥기하는 것이 있게 하여야 한다. 그런 뒤에 어진 이를 높이고 능한 이를 부리며, 망령된 이를 쫓아내고 간사한 이를 제거하며, 실적을 고람하여 상벌을 분명히 하고, 일을 시행하고

조처하는 것이 천리에 순하고, 인심에 합당하지 않은 것이 없어 크게 일세를 복종시킨다면 기강이 진작되고 영승이 행해져서 천하의 일이 모두 여의하게 될 것이다.[29]

율곡은 옛날 성왕들이 '인심을 열복시키고 세도를 유지하여, 수백 년을 전하고도 허물어지지 않았던 원인'은 바로 기강을 세움에 있었다면서 당시의 '법도가 행해지지 않고[法不行] 정사가 이루어지지 않는 것[治不成]은 다 기강이 서지 않기' 때문이라고 말하고 있다.

안민

율곡은 '기강이 서서 백료가 다 자기 직분을 받든[百僚奉職] 뒤에야', '정치기구가 펼쳐[治具乃張]져서', 비로소 '백성들이 혜택을 받을[澤被生民]' 수가 있다면서, 안민의 요령은 ① 세금을 줄여주고, ② 부역을 가볍게 해주고, ③ 형벌을 삼가는 것 등의 세 가지에 있다고 말한다. 그런데 여기서 율곡은 '의義와 이利를 분별'할 필요성을 역설하고 있다. 율곡은 '의'와 '이'에 의하여 치세와 난세가 결정된다는 순자荀子의 지적을 적극적으로 수용하고 있다.[30] 율곡이 순자의 이 말을 강조한 것은 특히 선조

---

29) "夫爲政而能立紀綱, 如學者集義以生浩然之氣也, 豈由一令之得正, 一事之合宜, 而遽見其效哉. …… 必也君志先定, 典學誠身, 發號擧事, 莫不粹然一出於大公至正之道, 使羣下咸得仰睹君心, 如靑天白日, 觀感興起. 然後尊賢使能, 黜憸去邪, 考績核實, 信賞必罰, 施爲注措, 無不順天理, 合人心, 大服一世, 則紀綱振肅, 令行禁止, 天下之事, 將無往而不如意矣."(『聖學輯要』 25-28ㄴ~29ㄴ)
30) 공자, 맹자, 정자, 주자로 이어지는 소위 도통道統을 전하는 이 책에서 율곡은 "의가 이를 이기면 치세가 되고, 이가 의를 이기면 난세가 된다[義勝利者爲治世, 利克義者爲亂世]."는 순자의 말을 인용하고 있다(『聖學輯要』 25-40ㄴ). 이뿐만 아니라 율곡이 그의 나이 42세에 이 구절을 큰 글씨로 써놓은 것이 지금까지 전해 내려오고 있다.

에게 이 점이 절실하다고 생각했기 때문이었다.

이것은 임금이 사적으로 부를 축적하게 되어 '이원利源이 한번 열리게' 되면, 모든 신하가 다투어 자신의 사욕을 추구하게 된다는 점을 선조에게 강조하기 위한 것이었다. 신하들은 임금에 비하여 사적 이익을 추구할 수밖에 없는 존재들이란 점을 감안할 때, 임금 자신이 이익을 추구한다면 신하들의 이익 추구는 막을 수가 없게 되고 만다. 마침내 율곡은 선조에게 '반드시 내탕고와 내수사를 호조에 부속시킴으로써' '공공재산으로 삼고 사재로 삼지 말 것'을 주문한다.

율곡은 '백성이 쉬지 못하거나 백성의 생산이 증식되지 않으면, 비록 진秦나라같이 강하고, 수隨나라같이 부유할지라도 뿌리 없는 나무와 같은 것'이라면서, 백성을 편안히 한다는 것은 그들을 위하여 '이利를 일으키고 해를 없애주어서', 그 삶을 즐겁게 하는 것(使樂其生)이란 점을 강조한다. 그러므로 만일 고루한 것을 그대로 따르고 그릇된 것을 그대로 지켜, 안일하게 세월이나 보내면서 '한 가지 폐단도 혁신하지 못하고(一弊未革)', '한 가지 정사도 거행하지 못하면서(一政不擧)', 입으로는 '나는 백성을 편안하게 하려 한다.'고 말하는 임금은 진정으로 백성을 사랑하는 임금이 될 수 없다면서, '백성은 지극히 어리석으면서도 지극히 신명하여(至愚而神) 속일 수 없다.'고 말한다.

명교

율곡은 먼저 '부유하게 한 다음에 교화하'는 것을 이치와 사세의 당연함으로 보고 있다. 여기서 율곡은 '하늘이 이 백성을 낳을 때에 그들에게 사목司牧(백성을 어루만져 기르는 벼슬아치)을 세웠는데', 이 사목은 '임금과 스승을 겸하였다.'고 보고 있다. '임금은 목자로서 백성들을 기르고, 임금으로서 백성들을 다스리며, 스승으로서 백성들을 가르쳐야만 그들이 삶을 편히 즐길 수 있고, 악을 개혁할 수 있으며, 선을 흥기시킬 수 있다.'면서 임금은 목자, 임금 그리고 스승의 역할을 모두 해야 하는 존재임을 설명한다.

율곡에 의하면 삼대 이전에는 이 '세 가지가 각각 그 도를 극진히 하였으므로, 정사가 이루어지고 덕화가 행해졌으며, 융성하게 다스려지고 풍속이 아름다웠는데', '후세에 와서는 도학이 행해지지 않아서 임금은 스스로 궁행의 실상이 없고, 사방을 바르게 밝히지 못하여, 다만 법령으로 일세를 지탱하였다.'는 것이다. 그 사이에 비록 '간혹 인자한 임금이 백성들을 넉넉하게 한 일은 있었지만', '가르침에 있어서는 들어볼만한 것이 없어서, 윤리가 질서를 잃고, 풍속이 퇴폐하게' 된 것을 당연하게 여기게 되었다고 율곡은 말한다.

율곡의 걱정은 고도古道가 행해진 지가 너무나 오래되어 일반 사람들이 그것의 존재 자체를 의심하는 데 있었다. 그러므로 율곡은 고도라는 것이 무슨 허무맹랑한 것을 말하는 것이 아니라 인간의 아주 자연스러운 행위일 뿐이란 점을 다음과 같이 말하고 있다.

> 옛 도[古道]라는 것은 산을 겨드랑이에 끼고 바다를 건넌다거나, 허공 위를 달리는 것과 같은 것을 말하는 것이 아니라, 부자간에는 인仁을 다하고, 군신 간에는 의義를 다하고, 부부간에는 별別을 다하는 것을 말한다. …… 이것은 다 천성에 근거하여 발해서 의덕懿德이 되는 것이지 본래 실행하기 어려운 것이 아니다.31)

---

31) "夫所謂古道者, 非若挾山超海, 陵空駕虛之謂也. 只是父子盡其仁, 君臣盡其義, 夫婦盡其別. …… 此皆根於天性, 發爲懿德, 本非難行者也."(『聖學輯要』 25-60ㄴ)

그렇다면 왜 실행하기 쉬운 고도가 행해지지 못하고 망각되어왔을까 하는 점을 설명해주어야 한다. 율곡은 일반 백성들은, '앞에서는 기품에 구애를 받고, 뒤에서는 물욕에 빠져', 또 '항산이 없어서 점점 갈 바를 잃고', '형벌의 무서운 것만 알고, 명의와 절개를 지키는 데 근심하지 아니하여, 간사〔邪〕를 더하고 거짓을 조장하여 교묘하게 법망을 피하는' 것만 생각하게 되었다는 점을 먼저 말한다.

한편 일반 백성들의 이러한 태도에 대하여 율곡은, 윗자리에 있는 사람〔上之人〕은 '교화의 도가 있는 것을 생각하지 않고', 다만 '형벌의 주밀하지 못한 것만 근심하여 과조科條를 첨가하여 속이는 것을 막으려 하였는데', 그 결과는 '법이 주밀할수록 간악한 것은 더욱 심해져 풍속이 날로 무너지고 세도가 날로 야비해져서' 결국은 '구할 수 없게' 되고 말았다고 설명한다.

물론 간혹 세상의 악습을 교정하려 생각하는 사람이 있었지만, 안타깝게도 이들은 '가르침을 베푸는 데는 근본이 있고', '백성을 덕화하는 데는 차례가 있는 것을 모른 채' '한갓 그 이름만 생각하여 그 실상을 얻지 못하여', 결국에는 그 효과를 볼 수가 없었는데, 이렇게 되자 오히려 '옛 도는 진실로 회복할 수 없다.'고 하는 절망감만 남게 되었다. 이러한 패배주의적 태도를 율곡은 '한 잔의 물로 수레에 붙은 불을 끄려 하다가 물이 불을 끄지 못한다고 하는 것'과 같다고 비유하고 있다.

그런데 다른 한편으로 '만약 임금이 몸소 실천하여 백성이 증가하고 부유하게 된 뒤에야 가르침을 베풀 수 있다면, 그 이전에는 가르침을 베풀 수 없는가?'라는 의혹이 또한 제기될 수 있었다. 이러한 의혹에 대하여 율곡은, '만일 임금이 몸소 실천하지 않고 백성을 기르는 데 힘쓰지 않으면, 이는 앉아서 망하기를 기다리는 것이니 구제할 방책이 없'지만, '만일 임금이 덕을 베풀고 백성이 부유하게 된 뒤에야 가르침을 베풀 수 있다고 한다면 이 또한 하나에만 집착한 이론'이라고 말하면서, '기르는 것과 가르치는 것은 병행'하는 것임을 말한다.

4) 위정공효

율곡은 임금이 '가르치고 기르는 도', 즉 위정의 공을 극진히 하면 반드시 '교화가 있어서, 그 영향이 만세에까지 미치게 된다.'는 점을 말하면서 위정의 효과[爲政之效]는 '인덕을 천하에 입히고 은택을 후세에 흐르게 하는 것'으로, '성인의 능사가 여기에 더할 것이 없으니, 참으로 고원하여 미치기 어렵다고 할 수 있지만', '순서에 따라 점진적으로 해나가면', 마치 '사람이 밥 먹기를 계속하면 반드시 배가 부르게 되는 것과 같은 것'이라면서 '임금이 이를 고원하다고만 여겨 시행하지 않음을 근심할 뿐'이라고 말하고 있다.

율곡은 임금의 병통 두 가지에 대하여 말하고 있다. 첫째는 '다욕多慾에 끌려 왕정을 행할 수 없는 것'이고, 둘째는 '유속에 빠져 왕정을 행할 수 없는 것'이다. 다욕에 끌린 임금은 '시비의 공정함이 항상 사사로운 이익에 가리어지고', '유속에 빠진 임금은 성현의 말보다는 항상 비루한 말에 굴하게' 되는데, '후세에 다스려진 날이 항상 적은 것은 오직 이 때문'이라고 율곡은 말한다.

여기서 중요한 것은 율곡이 치세를 이루지 못하는 원인으로 공사公私와 소통의 문제를 임금의 기질과 관련시켜 설명하고 있다는 점이다. 그는 시비의 영역을 공과 사의 문제로 정의하고 있으며, 성현보다는 유속들의 비루한 견해와 소통한다는 점을 지적하고 있다. 그렇다면 성현의 말과 유속의 견해는 어떠한 차이를 가지고 있는가를 논해보아야 할 것이다. 율곡은 이 점을 도와 덕으로 구분하여 논하고 있다.

율곡은 천덕天德과 왕도의 개념을 사용한다. 그에 의하면 천덕이란 '인의를 몸소 실천'하는 것이고, 왕도란 '생민을 교화하고 양육'하는 것이다. 다시 말하면 천덕이란 임금 스스로 실천한다는 수기의 측면이 되고, 불교적으로 말하면 소승의 차원이 되는 것이며, 왕도란 이를 밖의 세계로 펼쳐나가는 것으로 치인의 차원이며, 불교식으로 말하면 대승의 차원이 된다고 볼 수 있다.

그런데 문제는 후세의 임금들이 '천덕과 왕도에 대한 말은 옛 성현의 일'일 뿐이고, 자신과는 상관이 없는 일이며 나아가 자신 같은 부족한 사람은 결코 고도를 바랄 수 없다는 자포자기적인 태도를 보인다는 데 있다고 율곡은 말하고 있다. 이러한 임금의 패배주의적 태도는 신하들의 천덕과 왕도에 대한 건의를 '뜻만 높고 실상이 없는 것'이라고 단정해버리는 결과를 가져온다는 것이 율곡의 분석이었다. 그래서 율곡은 임금 '자신의 마음이 정대무사正大無邪한 것이 바로 천덕'이고, '처사를 의당하게 하여 인심에 순하는 것이 바로 왕도'라면서 천덕과 왕도가 결코 멀리 있는 것이 아님을 다음과 같이 부연하고 있다.

> 때에는 고금이 없고 도는 고원한 것이 아니라 바로 일상적인 상사常事에 있는 것이니, 다만 이것을 아직 생각하지 못하는 점을 근심할 뿐이다. 욕심 많은 임금은 자포자기하는 것을 즐기고 있으니, 이것은 본래 말할 것도 없지만, 선을 하는 임금도 흔히 유속에 빠지니 이 점이 더욱 애석한 일이다.[32]

---

[32] "時無古今, 道非高遠, 卽在於日用之常, 特患未之思耳. 多慾之主, 安於暴棄, 固不足道矣, 閒有爲善之君, 亦多不免爲流俗所移, 尤可痛惜."(『聖學輯要』 25-65ㄴ~66ㄱ)

그런데 이와 같은 천덕과 왕도의 문제를 율곡은 왜 신하들보다는 임금에게 강조하고 있었을까? 그것은 바로 임금의 자리는 신하들의 자리와는 차원이 다르기 때문이었다. 율곡은 이 점에 대하여, '예로부터 무도한 나라에서는 선인을 용납하지 않아서', '신하로서 선을 하다가 살육을 당하는 이가 있었지만', '임금이 도를 행하다가 화를 입은 경우'는 아직까지 없었다는 점을 말하고 있다. 이어서 율곡은 '임금이 위에서 명령을 세워 난亂을 치治로 회복하는 길은 다만 임금의 마음 하나에 있을 뿐'이라고 말한다. 그런데 이 임금의 마음은 위에서 본 바와 같이 바로 천덕이다. 율곡은 이 마음, 즉 천덕에서 왕도로 나가자는 말을 하고 있다. 다시 말하면 덕에서 도로 나가자는 것으로 이 점을 율곡은 다음과 같이 말하고 있다.

> 마음 하나가 도를 향하여 쉬지 않고 힘써나가면, 곧 정치에 베풀어져서 세도가 일변할 것이다. 어찌 기강을 세우고, 선비의 버릇을 교정하고, 재상에게 정치를 맡기며, 백공에게 일을 빛나게 하고, 서민들을 안락하게 하여, 선왕의 도를 따르는 데 도리어 화패禍敗를 당할 이치가 있겠는가.[33]

그런데 이때 천덕과 왕도, 수기와 치인의 순서가 문제가 될 수 있다. 왜냐하면 임금의 지극한 덕이 있기 전에는 정치 행위를 중지하여야 하는 문제가 나올 수 있기 때문이다. 이에 대하여 율곡은 '수신을 치국보다 먼저 한다는 것은 다만 그 당연한 순서를 말한 것일 뿐'이라고 말한다. 그래서

---

[33] "一心向道, 力行不已, 則施於有政, 世道一變矣. 安有立紀綱, 矯士習, 任宰相, 熙百工, 安庶民, 以追先王之道, 而反見禍敗之理哉."(『聖學輯要』 25-66ㄴ~67ㄱ)

율곡은 임금이 취사선택할 줄 알고 호오를 성실히 하며, 반드시 다스려지도록 하겠다는 뜻을 펼쳐서 어진 이를 구하여 신임한다면, '덕은 비록 이루어지지 아니하더라도 치도가 시작될 수 있다.'면서, '사람을 사랑하는 마음을 확충하여 사람을 사랑하는 정치를 시행'할 것을 주문하였다.

4. 군주의 수기와 정가

율곡은 『성학집요』의 수기편을 총론總論, 입지立志, 수렴收斂, 궁리窮理, 성실誠實, 교기질矯氣質, 양기養氣, 정심正心, 검신檢身, 회덕량恢德量, 보덕輔德, 돈독敦篤, 수기공효修己功效 등 13장으로 세분하여 정리하였고, 정가편은 총론, 효경孝敬, 형내刑內, 교자敎子, 친친親親, 근엄謹嚴, 절검節儉, 정가공효正家功效 등 8장으로 나누어 설명하고 있다. 본 절에서는 율곡의 주장 가운데서 특히 정치적으로 의미가 있다고 생각되는 부분을 중심으로 살펴보기로 한다.

1) 입지

율곡은 '뜻이 서지 않고 공부를 이룬 자는 없다.'면서 임금에게 무엇보다도 먼저 뜻을 세울 것을 강조하였다. 그가 뜻을 그토록 강조한 이유는 바로 '뜻이란 기氣의 장수(帥)'라고 여겼기 때문이었다. 그에 의하면 이 '뜻이 전일하면 기가 동하지 않을 수가 없다.' 그래서 율곡은 '종신토록 글을 읽어도 성공하지 못하는 것은 뜻이 없기 때문'인데, 뜻이 서지 않는 이유에 대하여 '믿음이 없고[不信], 지혜가 없고[不智], 용기가 없기[不勇]' 때문이라고 말한다.

그런데 뜻의 문제는 일반 사람들의 수양에도 물론 반드시 필요하지만 임금의 경우에 더욱 중요한 요소로 작용한다는 점을 율곡은 특히 강조한다. 그 이유는 '필부匹夫[은나라의 이윤 같은 사람]도 임금을 얻게' 되면, '오히려 혜택을 입지 못하는 백성이 한 명이라도 있지 않을까 걱정'하는데, '임금은 군사의 지위를 겸하여 교양의 책임을 지고 세상의 표준이 되었으니, 그 책임이 막중'하기 때문이었다. 결국 '임금의 마음 하나가 정사를 그르치기도 하고, 말 한마디 실수로 일을 패하게도 하니, 당우唐虞의 세상을 만드는 것도 임금에게 달려 있고, 말세가 되게 하는 것도 임금 자신에게 달려 있으니, 임금은 뜻의 향하는 바를 더욱 삼가야 한다.'고 말하고 있다.

2) 궁리

율곡은 궁리 장에서 그의 대표적인 성리학설이라고 할 수 있는 '이기론', '심성론', '인심도심론' 등을 말하고 있다. 그런데 이러한 내용은 율곡이 그의 나이 47세에 선조의 명으로 작성해 올린 「인심도심설」에 잘 정리되어 있다. 율곡에 대한 연구 논문의 대부분을 차지하고 있는 '이기론' 등의 성리학적 내용을 율곡이 선조에게 직접적이든 간접적이든 언급한 것은 『성학집요』의 이 부분과 「인심도심설」이 전부이다. 이와 같은 사실은 율곡이 선조에게 진언하였던 폐법과 폐정에 대한 수많은 사례에 비추어보면 매우 대조적이다.

여기서 나는 율곡의 이기론은 바로 좋은 정치를 하기 위해 필요한 임금의 수신을 논한 것이란 점을 지적하고자 한다. 한 가지 덧붙일 것은 이기론, 심성론 등을 논한 것은 바로 인심과 도심의 관계를 설명하기 위해서였다는 점이다. 그리고 이 인심과 도심의 관계 속에는 율곡의 정치에 대한 깊은 통찰이 숨어 있음도 지적할 수 있다. 본 절에서는 이러한 관점에서 율곡의 「인심도심설」을 정치적으로 해석하고자 한다. 이러한 접근은 기존에 율곡을 연구한 논문들, 특히 철학적 관점에서 율곡을 분석한 선행 연구들과 차이가 있을 것이다.

심·성·정의 관계

율곡은 「인심도심설」에서 성性은 '천리가 사람에게 부여된 것', 심心은 '성과 기氣를 합하여 일신을 주재하는 것', 정情은 '심이 사물에 응하여 밖에 발하는 것'이라고 심·성·정의 관계를 설명하고 있다. 그리고 다시 심의 체는 성이고, 용은 정이라면서 이 심은 성·정을 통한다고 하였다. 한편 성은 인의예지신仁義禮智信이라는 다섯 가지 조목으로 나누어지고, 정은 희노애구애오욕喜怒哀懼愛惡欲이라는 일곱 가지 조목으로 나뉜다고 설명하고 있다.

그렇다면 율곡의 이렇게 복잡한 이론이 실제 정치와 무슨 관련이 있기에 굳이 임금에게 이에 대하여 언급했는가를 따져보아야 할 것이다. 다시 『성학집요』의 궁리 장으로 돌아오면, 율곡은 '마음의 체는 성이고, 마음의 용은 정인데, 성정 밖에 또 다른 마음은 없다. 오성 밖에 다른 성은 없고, 칠정 밖에 다른 정은 없다.'는 말을 하고 있다. 이 점을 살펴보면 그의 심성론이 정치에서 갖는 의미를 찾아낼 수 있을 것이다.

율곡은 사람의 희노애락喜怒哀樂이라는 측면에서 이를 설명하고 있다. 그가 희노애락을 말하는 이유는 이 희노애락은 인간 모두가 가지고 있는, 그의 표현대로 하면 '성인이나 미치광이나 다 같이 가지고 있는' 보편적인 것이기 때문이었다. 그런데 사람은 이 희노애락을 직접 느껴 발하기도 하고, 그것이 희노애락인지 알 수도 있는 존재들이다. 율곡은 희노애락을 직접 느껴 발할 때 이를 정이라 하였고, 이것이 희노애락인지를 아는 것은 심이라고 설명하고 있다. 그렇다면 인간이 희노애락을 느끼거나 알기 이전의 희노애락은 어디에 있는가? 이 점을 말한 것이 바로 성이라는 점을 율곡은 '희노애락의 소이연의 이치는 성'이라고 표현한 것이다.

그런데 인간의 정은 일정한 공식이 있는 것이 아니라는 데 문제가 있다고 율곡은 보고 있다. 인간은 마땅히 기뻐할 것에 기뻐하기도 하고 마땅히 화낼 것에 화내기도 하지만, 마땅히 기뻐하지 않을 것에 기뻐하기도 하고 화내지 않을 것에 화내기도 하는 존재이다. 여기서 율곡은 선과 불선을 말한다. 마땅히 기뻐할 것에 기뻐하는 것은 선이 되고, 그렇지 못하고 마땅히 기뻐하지 않아야 될 것에 기뻐하는 것은 불선이라는 것이다.

율곡은 선한 정은 인의예지의 실마리로 이를 맹자가 4단으로 지목했다고 말한다. 한편 불선한 정은 '이미 더럽고 흐린 기에 은폐된 바 있어, 도리어 본성을 침해하므로 이를 인의예지의 실마리라고 볼 수 없다.' 그래서 이를 4단이라 말할 수 없지만, 그렇다고 이 불선이 '성에 근거하지 않는' 또 다른 근본에서 말미암는 것으로 볼 수 없다는 점을 강조한다. 그래서 율곡은 마침내 '선과 악은 모두 천리'이며, 이 '천리에 따라 인욕이 있다.'고 말한다.

하지만 여기서 문제가 생길 수 있다. 율곡은 선과 악은 모두 천리이며, 이 천리로 인하여 인욕이 생기는 것은 당연하지만, 그렇다고 인욕을 바로 천리라고 규정하면 이는 큰 오류가 된다는 점을 다음과 같은 비유로 설명하고 있다.

비유하면 여름철에 고기 즙이 변하여 구더기가 생기는 것과 같다. 구더기는 본래 고기 즙에서 생겼지만 그 구더기는 고기 즙을 도리어 해치기 때문에 그 구더기를 바로 고기 즙으로 생각해서는 안 되는 것과 마찬가지로, 인욕도 천리에서 나왔지만 도리어 천리를 해치는

것과 한 가지 이치이다.[34]

율곡이 임금의 수기장에서 주장하는 것은 바로 임금의 '마음[心]'이었다. 율곡은 '마음은 하나인데 왜 지志·의意·염念·여慮·사思라고 번다하게 부르는가?'라는 가상의 물음에 대하여 '정이라는 것은 마음에 느끼는 바가 있어 동하는 것'이지만, '평소에 함양·성찰의 공이 지극하면, 정이 발하는 것이 자연히 이理에 맞고 절節에 맞지만, 만일 마음을 다스리는 힘이 없으면 흔히 맞지 않는 것이 있다.'면서 마음의 여러 가지 내용을 다음과 같이 정리한다.

> 지志란 마음이 가는 바를 이른 것이니, 정이 이미 발하여 그 추향을 정한 것이다. 선으로도 가고 악으로도 가는 것은 모두 지이다. 의意란 마음에 계교가 있는 것을 말하는데, 정이 이미 발하여 생각도 하고 운용도 하는 것이다. …… 염念·여慮·사思 세 가지는 다 의意의 별명인데, 사는 비교적 중하고, 염과 여는 비교적 경하다.[35]

여기서 율곡은 심의 작용을 크게 지와 의로 나누고 있음을 알 수 있다. 그에 의하면 지는 정이 이미 발했을 때 그 방향을 정하는 것이고, 의란 정이 제대로 된 것인지 아닌지를 따져보는 것을 말한다. 그래서 율곡은 인간의 노력은 바로 이 심의 작용에 있다는 점을 다음과 같이 말하고 있다.

---

[34] "譬如夏月之醢, 變生蟲蛆, 蟲蛆固因醢而生也. 然遂以蟲蛆爲醢, 則不可也, 蟲蛆生於醢, 而反害醢, 人欲因乎天理, 而反害天理, 其理一也."(『聖學輯要』 20-57ㄱ)
[35] "志者, 心有所之之謂, 情旣發而定其趣向也. 之善之惡, 皆志也. 意者, 心有計較之謂也. 情旣發而商量運用者也. …… 念 慮 思 三者, 皆意之別名, 而思較重, 念慮較輕."(『聖學輯要』 20-59ㄱ)

의는 거짓으로 할 수 있지만, 정은 거짓으로 할 수 없다. 그러므로 성의라는 말은 있어도 성정이란 말은 없다.[36]

위의 말에 의한다면 율곡의 심·성·정에 대한 논의에서 중요한 것은 성보다는 심과 정이 되겠다. 그리고 심과 정 중에서는 역시 인간의 심이 중요하다는 것을 알 수 있다. 그 이유는 바로 이 심이야말로 인간의 자발적 행위와 맞물려 있기 때문이다. 인간은 정을 닦을 수도 없고, 성을 닦을 수도 없으며 오직 자신의 마음만을 닦을 수 있다. 성이란 자신의 마음을 닦아서 회복해야 할 대상일 뿐이다.

뜻[意]은 인간 스스로 닦는 것이기 때문에 율곡은 거짓으로 할 수도 있다고 위에서 말하면서 정은 거짓으로 할 수 없다고 하였는데, 나는 여기서 한 걸음 더 나아가 정은 참이든 거짓이든 인위적으로 할 수 있는 대상이 아니라는 점이 율곡의 의도에 가깝다고 생각한다. 그 이유는 바로 율곡이 성의誠意라는 말은 있어도 성정誠情이라는 말은 없다고 한 점을 생각해보면 알 수 있다.

정이란 자연스럽게 드러난 것이다. 이 점을 정치의 세계와 연결시켜보면, 민정民情이라는 대단히 중요한 개념이 도출된다. 율곡은 민정民情 또는 여정輿情을 중시하였다. 그가 선조에게 폐법과 폐정을 개혁하자고 주문하면서 근거로 삼은 것은 바로 '민정이 모두 원하는 바'였다. 위에서 말한 '성의라는 말은 있어도 성정이라는 말은 없다.'는 말을 다시 한 번 상기해보면, '민의는 잘못 갈 수도 있지만, 민정은 그 자체가 바로 현실정치가 가져온 그대로의 모습'이 된다고 말할 수 있겠다. 따라서 율곡은 민의보다도 더 중요한 그 민정을 그대로 정치의 장에서 느껴야 하는 것

---

36) "意可以僞爲, 情不可以僞爲, 故有曰誠意, 而無曰誠情."(『聖學輯要』 22-59ㄱ)

으로 보고 있었고, 그 민정을 직접 느낄 수 있는 존재로 재야의 현인을 등용할 것을 계속하여 선조에게 주문했다는 설명이 가능하다.

이기론과 심성론

우리 학계에서 '율곡'과 함께 떠오르는 대표적인 용어가 이기일원론일 정도로 율곡의 이기론은 실로 한 시대를 풍미하였다. 하지만 도대체 그 이기론이 과연 현실 문제와 구체적으로 무슨 관련이 있는지에 대하여는 분명한 설명이 부족한 것이 현실이었다. 아니 부족한 정도가 아니라 현실 세계와는 다른 차원의 이야기처럼 설명되었다는 것이 더 정확한 표현일 정도로 이기론은 그다지 현실과의 관련성을 맺고 있지 않았다.

하지만 율곡의 이기론은 앞서 말한 그의 군주의 위정을 위한 수기의 한 방편으로 심·성·정을 논하는 연장선에 자리 잡은 하나의 설명에 불과한 것이었다. 이와 기에 대하여 율곡은 「인심도심설」에서, '이와 기는 혼융되어 원래 서로 떨어지지 않는 것으로서, 발하는 것은 기요, 발하는 소이는 이입니다. 기가 아니면 능히 발하지 못할 것이요, 이가 아니면 발하는 소이가 없을 것이니, 어찌 이발·기발의 다름이 있겠습니까.'라고 말을 하고 있으며, 이 구절은 그동안 수없이 많은 율곡 연구에서 반복하여 인용되어왔다.

율곡이 여기서 이기론을 거론한 의도는 위에서 말한 인간의 정과 심을 말한 것의 연장이다. 다시 『성학집요』의 궁리 장을 보면 '사단은 다만 이만 말한 것이고, 칠정은 이와 기를 합하여 말한 것'이라면서, 사람들이 '정과 의를 두 갈래로 생각하는 것'과 '이기가 서로 발한다.'는 설은 분명히 구별해야 한다는 점을 다음과 같이 말하고 있다.

대개 심·성을 두 용으로 생각하고 4단과 7정을 두 정으로 생각하는 것은 다 이·기에 있어서 투철하지 못한 까닭이다. 대체로 정이 발할 때 발하는 것은 기요, 발하는 까닭은 이이다. 기가 아니면 발할 수 없고 이가 아니면 발한 까닭이 없으니, 이·기는 섞이어 원래부터 서로 떠나지 못한다. 만일 이·합離合이 있으면 동·정도 끝이 있고, 음·양도 처음이 있는 것이다. 이란 태극이고, 기란 음양인데, 태극과 음양이 서로 동한다고 하면 말이 되지 않는다.[37]

여기서 율곡의 이기론은 '하나이면서 둘이요, 둘이면서 하나[一而二 二而一]'라는 말이 나온다. 그리고 나아가 이통기국理通氣局과 기발이승氣發理乘이란 말이 나오고 있다.[38] 그런데 사실은 여기에 율곡의 중요한 정치적 의미가 있다고 볼 수 있다. 율곡은 '인심은 지각[覺]이 있고, 도체道體는 무위無爲'라고 말한다. 그러므로 율곡은 "사람은 도를 넓힐 수 있되, 도는 사람을 넓힐 수 없다."는 공자의 말을 이 자리에서 되살려내고 있는 것이다.

여기서 나는 율곡 당시의 정치를 방해했던 두 가지 원인을 첫째는 '준비론', 둘째는 '결정론'이라는 측면에서 정리하고자 한다. '준비론'이란 군주의 수신이 정치에 절대적으로 필요하다는 원칙이다. 그런데 이 원칙

---

[37] "夫以心性爲二用, 四端七情爲二情者, 皆於理氣有所未透故也. 凡情之發也, 發之者, 氣也, 所以發者, 理也. 非氣則不能發, 非理則無所發, 理氣混融, 元不相離. 若有離合, 則動靜有端, 陰陽有始矣. 理者, 太極也, 氣者, 陰陽也. 今日太極與陰陽互動, 則不成說話." (『聖學輯要』 33-34ㄱ)

[38] 율곡은 여기서 '이통理通이란 천지만물이 동일한 이理라는 것이고, 기국氣局이란 천지 만물이 각각 일기一氣라는 것'이라고 말하고, 또한 '이理는 무위無爲인데 기는 유위有爲하기 때문에 기발이승氣發理乘이라면서 '음陰과 양陽이 동動하고 정靜하는데, 태극이 이것을 올라타니 발하는 것은 기이며, 그 기를 올라타는 것은 이理'라고 부연하고 있다.

을 확대하면 군주의 수신이 완성될 때까지 정치는 공백 상태에 빠지게 되고 만다.

한편 '결정론'은 이와 기, 인심과 도심 등은 처음부터 다르게 출발한 것이라는 견해가 확대된 것이다. 이 결정론에 의하면 정치의 세계에서 인간이 할 일이 없어지게 되고 만다.

인심도심설

그렇다면 인심과 도심의 의미는 무엇일까? 율곡은 정이 발할 때 인심과 도심으로 나뉜다는 점을 다음과 같이 말하고 있다.

> 정이 발할 때 도의를 위해 발하는 것이 있으니, 이를테면 어버이에게 효도하고 싶으며, 임금에게 효도하고 싶으며, 어린아이가 우물에 빠지려는 것을 보고 측은히 여기며, 불의를 보고 부끄러워하거나 미워하며, 종묘에 지나갈 때 공경하는 것 등이 그것으로서 이는 도심이라 하는 것이요. 정이 발할 때 구체를 위하여 발하는 것이 있으니, 이를테면 배고프면 먹고 싶고, 추우면 입고 싶고, 피곤하면 쉬고 싶으며, 정력이 왕성하면 여자가 생각나는 것 등이 그것으로서 이는 인심이라 하는 것이다.[39]

그리고 여기서 한 걸음 더 나아가 율곡은 '도심을 발하는 것은 기이지만 성명이 아니면 도심이 나오지 못하고, 인심의 근원 되는 것은 이이지

---

39) "情之發也, 有爲道義而發者, 如欲孝其親, 欲忠其君, 見孺子入井而惻隱, 見非義而羞惡, 過宗廟而恭敬之類, 是也, 此則謂之道心. 有爲口體而發者, 如飢欲食, 寒欲衣, 勞欲休, 精盛思室之類, 是也, 此則謂之人心."(『聖學輯要』 34-23ㄴ)

만 형기가 아니면 인심이 나오지 못하는 것'이라면서 이것이 '혹은 성명에 근원하고 혹은 형기에서 발생하는 것으로서 공과 사로 달라지는 까닭'[40]이라고 공사의 개념[41]을 이와 연결시키고 있다.

여기서 율곡은 '도심은 순수한 천리이므로 선만 있고 악은 없지만, 인심은 천리도 있고 인욕도 있다는 점을 지적하면서, '먹어야 할 때 먹고 입어야 할 때 입는 것은 성현도 면하지 못한 것이니 이것은 천리요, 식색의 생각으로 인하여 흘러 악이 되는 것이 인욕'이라는 예를 들고 있다. 따라서 인간의 수기는 바로 '마음[心]공부를 하는 자가 일념이 발할 때에 도심인 줄 알게 되면 곧 이를 확충시키고, 인심인 줄 알게 되면 곧 정밀히 살펴 반드시 도심으로 절제할 것'을, 다시 말하면 '인심이 항상 도심의 명령을 듣게 할 것'을 주문하는 것이다.

그런데 문제는 사람들이 앞의 이기론의 경우와 마찬가지로 '사단은 도심, 칠정은 인심'이라는 이분법으로 인식하는 데 있다는 점을 율곡은 지적하고 있다. 그는 '사단은 참으로 도심'이지만, 칠정은 인심만을 가리킨 것이 아님을 말한다. 즉 칠정은 인심과 도심 모두를 합한 것이라는 점을 강조하면서 다음과 같이 말하고 있다.

> 지금 학자들은 선악이 기의 청탁에 말미암은 줄을 알지 못하고, 그 이론을 탐구하여도 해득하지 못하여, 이발을 가지고 선을 삼고 기발

---

[40] 이를 『國譯 栗谷全書』 III(307 주 21)에서는 주자의 중용(서)에 있는 '或生於形氣之私, 或原於性命之正.' '天理之公, 人欲之私'에서 인용한 것으로 설명해주고 있다.

[41] 김홍우는 '정치 세계의 특징'을 '사적으로 태어난 인간이 공적 영역을 수행해야 한다는 역설적인 세계'로 설명한다(김홍우, 2007: 1149). 한편 율곡은 공적 활동을 실현할 수 있는 유일한 존재로 임금을 생각하였다. 신하들은 태생적으로 완전한 공적 활동을 수행할 수 없다고 보고 있었다.

을 가지고 악을 삼아, 이와 기가 서로 떨어지게 하는 실수를 범하고 있으니, 이는 밝지 못한 논설이다.[42]

나는 율곡의 이러한 사고의 정치적 의미는 인간의 정치적 노력을 강조하기 위한 것이라고 판단한다. 다시 말하면 인심도심설, 이기론 등은 인간의 정치적 실천 방법에 대한 근거를 제시하기 위하여 그가 임금에게 진언한 것이었다. 즉 이와 기를 분리하고 인심과 도심을 다른 세계의 언어처럼 여기게 될 때 인간의 정치적 활동 자체가 무의미해지고, 나아가 소통이 안 되는 근본 이유가 될 수 있다는 점을 율곡의 성리학적 논의를 통하여 알 수 있다.

3) 교기질과 회덕량

율곡은 궁리에 이어 임금의 성실, 교기질, 정심, 검신, 회덕량, 보덕, 돈독 등의 장을 두고 있는데 이하에서는 그 가운데 중요하다고 생각되는 교기질과 회덕량에 대해서만 살펴보기로 한다.

교기질

임금의 기질을 바로잡아야 한다는 뜻의 교기질矯氣質의 의미는 앞의 이기론 등의 연장선에서 살펴볼 수 있다. 율곡은, 기의 근원은 청허한데 '그 양이 동하고 음이 정하여' '상승하기도 하고 하강하기도 하다가' '어지럽게 날아다니는 사이에 합하여' 질을 이룬다고 말한다. 그리고 '물이

---

[42] "今之學者, 不知善惡由於氣之淸濁, 求其說而不得, 故乃以理發者爲善, 氣發者爲惡, 使理氣有相離之失, 此是未瑩之論也."(『聖學輯要』 34-25ㄱ)

편색偏塞된 것은 다시 변화시킬 방법이 없으나, 오직 '사람'만은 '마음이 허명虛明하여 가히 변화시킬 수 있다.'고 말하면서, 맹자의 '사람마다 요순이 될 수 있다.'는 말은 허언이 아니라고 강조하였다.

이어서 율곡은 세상의 모든 기예를 나면서부터 가지고 나온 사람은 없다면서 음악을 예로 들고 있다. 즉 '어린아이가 처음으로 거문고 소리를 낼 때는 듣는 사람이 귀를 가리고 듣지 않으려 할 것이지만, 쉬지 않고 노력하여 지극한 경지에 도달하게 되면 그 소리의 아름다움이 말로는 다 표현할 수 없게 되는 것과 같이, 학문이 기질을 변화시키는 것도 이와 같다.'는 것이다. 그런데 율곡은 여기서 '기예가 뛰어난 자는 있어도 학문을 하는 이가 그 기질을 변화시킨 경우는 볼 수 없다.'는 점을 안타까워하고 있다. 다시 말하면 사람들이 기술적인 면에는 제법 성공한 사람도 있지만 참으로 자신의 기질을 변화시키는 학문이 없다는 점을 다음과 같이 비판하고 있다.

> 다만 그 지식의 광박함이나 언론의 풍부함만을 힘입으려 할 뿐이어서, 굳센 자는 마침내 유선하여질 수 없고, 부드러운 자는 마침내 굳세어질 수 없다. …… 사람의 실공은 다만 백공의 기예에만 있을 뿐, 학문에는 있지 않다는 것이니 한탄스럽다.[43]

회덕량

율곡은 특히 선조가 덕량을 넓힐 것을 주문하고 있는데 이는 앞에서 말한 기질을 바로잡는 것과 맞물려 있다. 율곡은 '도량이 넓지 못함은 기

---

[43] "只資其知識之博, 言論之篤而已, 剛者終不足於柔善, 柔者終不足於剛善. …… 人之實功, 只在百工伎藝而已, 不在於學問也, 可勝歎哉."(『聖學輯要』 21-14ㄱ)

질의 병'에 원인이 있다고 설명을 한다. 따라서 '덕량을 넓히는 데는 다른 공부가 있는 것이 아니라 다만 기질을 바로잡는 한 가지 일'일 뿐인데도, 별도로 한 장을 만들어 강조한 이유는 '임금의 덕은 더욱 그 도량을 크게 함에 있으므로 특별히 만든 것'이라는 점을 밝힌다.

그리고 여기서 율곡이 밝힌 임금의 덕량이라는 문제의 핵심은 바로 사를 극복하고 공의 세계를 지향하는 데 있었다. 율곡은 이 점을 다음과 같이 말하고 있다.

> 사람과 하늘은 원래 한가지로서 다시 분별이 없지만, 하늘과 땅(天地)은 사私가 없고 사람은 사가 있기 때문에 사람이 천지와 더불어 그 큼을 같이하지 못하는 것이다. 성인은 사가 없기 때문에 덕이 천지와 부합되며, 군자는 사를 버리기 때문에 행실이 성인과 부합되니, 공부하는 사람은 마땅히 그 사를 극복하고 도량을 넓혀서 군자와 성인에 미치기를 애써야 한다.[44]

율곡의 이 말에 의하면, 사람이 천지와 다른 점은 바로 사에 있다. 그렇다면 사람은 과연 천지와 같은 완전한 공公에 이를 수가 있을까? 율곡은 성인은 바로 사가 없는 존재라고 한다. 이를 보면 성인은 별로 논할 것이 못 된다. 왜냐하면 처음부터 사가 없기 때문이다. 그러므로 중요한 것은 사를 버릴 수 있는 존재인데, 율곡에 의하면 사를 버리는 사람이 바로 군자인 것이다. 그리고 율곡은 '사를 다스리는 방법은 학문하는 것'뿐

---

44) "天人, 一也, 更無分別 惟其天地無私, 而人有私, 故人不得與天地同其大焉. 聖人無私, 故德合乎天地焉, 君子去私, 故行合乎聖人焉, 學者當務克其私, 以恢其量, 以企及乎君子聖人焉."(『聖學輯要』 22-5ㄴ)

이라면서 학문의 진정한 목적은 바로 사를 버림으로써 도량을 키우는 것이라고 말한다.

4) 수기공효

율곡은 수기의 공효에 대하여 '공이 지극하면 반드시 효험이 있는 데' 이를 것이므로 '지행을 겸비하고 표리가 하나가 되면, 성인의 경지에 들어갈 수 있는 상태가 된다.'고 말한다. 그리고 '지와 행은 비록 선후로 나누었으나 실은 동시에 함께 진행되는 것이어서, 지를 거쳐 행에 도달하는 이도 있고 행을 거쳐 지에 도달하는 이도 있다.'고 말한다.

한편 율곡은 '성인의 덕은 천지와 함께 일체가 되어서 신묘함을 헤아릴 수 없는 것'으로, '요순, 주공, 공자 같은 이는 나면서부터 알아서 편안하게 행하여 점차로 조금씩 전진하는 공부가 없었고', '탕왕, 무왕 이하는 배워서 알고 힘써서 행하지 않은 이가 없었으니', 이때에 '이미 천성을 회복하는 공부가 있었다.'고 보고 있다. 그리고 '이들보다 아래에 있는 자들은 비록 괴롭게 애써 배워 알고 힘써 행했으나, 성공한 뒤에는 동일하다.'고 보고 있다.

한편 율곡은 사람들이 정자에 대하여 그의 '혼연한 천성만을 좋아하고' 그가 '죽도록 애써 공부에 종사한 것은 알지 못하며', 주자 또한 '바다같이 넓고 하늘같이 높음만 좋아할 뿐, 작은 것을 거듭 쌓아올리는 공부에 종사하였음은 모르고 있어서', '그들의 발자국을 밟으면서도' '문지방 안의 깊숙한 곳에 들어가지 못하고', 한갓 '앞사람의 교훈을 가져다 입에 올리고 있을 뿐'이어서 '법칙은 눈앞에 있건만 잘 배우는 자가 대마다 나오지 않'았다고 말한다.

5) 정가

정가편에서는 『효경』의 내용 중 장례와 제례만 살펴보기로 한다. 율곡은, 장례 시에 묘자리를 정할 때에 '지세가 좋다는 것'은 '오직 바람을 막을 수 있고', '양지바르며', '흙이 두터워서 물이 깊은 것'을 말하지, '풍수설과 관계되는 것'은 아니라는 점을 강조한다. 그래서 율곡은 당시 묘자리를 가리려는 자들이 '지세의 길흉을 보는 지서地書만을 편벽되게 믿는' 행태를 비판한다. 나아가 율곡은 임금의 장례에 대해서도 다음과 같은 의견을 제시한다.

> 임금의 현궁玄宮을 새로운 곳에만 정하려 한다면, 시대가 오래가면 기전畿甸 안의 땅은 장차 다 산림과 새 짐승의 소굴이 될 것이니, 특히 계승할만한 도리가 아니다.[45]

또한 제사에 대해서도 율곡은 다음과 같이 설명한다.

> 제사는 정성스럽고 공경스러운 것을 주로 하며 번거롭게 여러 번 지내는 것을 예로 삼지 말아야 한다. 그러므로 주나라의 제도에 천자가 종묘 제사를 지내는 일은 월제에 그치었고, 부열은 번거롭게 자주 제사를 지내는 것은 제사를 모독하는 것이지, 정성을 드리는 것이 아니라고 고종에게 경계하였다. 후세에 원묘를 다시 설치하는 것은 이미 예의에 벗어나게 되었고, 향사의 번거로움은 날마다 제사를

---

[45] "國家玄宮, 必卜新域, 曆數綿遠, 畿甸將盡爲山林鳥獸之窟, 殊非可繼之道."(『聖學輯要』 22-12ㄴ)

지내게까지 되어, 제사를 맡아보는 유사는 피로하고 싫증이 나서 정성 드리고 공경하는 태도가 모두 결여되었으니, 예가 번거롭고 어지럽다고 말할 수 있다. 그러므로 반드시 군주가 효도에 통달하여 힘써 고례를 회복하여야만 제사를 지내는 법도를 바로잡을 수 있다.[46]

제3절 율곡 군도론의 정치적 의미

본 절에서는 이상에서 살펴본 율곡의 군도론이 실제로 현실 정치에서는 과연 무슨 의미를 가지는가 하는 점을 살펴보기로 한다. 율곡은 선조가 좋은 정치를 하기 위해서는 먼저 역사상 그러한 정치가 존재했다는 사실을 확신할 필요가 있음을 주지시킨다. 또한 율곡은 군주로서의 도道를 제기하면서 이것이 결코 이상적이지 않고 현실적이며, 의지만 있으면 시행할 수 있는 것이라는 주장을 하고 있다. 이러한 율곡의 군도론은 당시 사림들의 군도론과 구별되며, 그 구별점의 대표자가 퇴계이다.

몇 차례의 사화가 끝나고 윤원형을 비롯한 권간들이 사라진 당시의 현실에서 두 사람의 삶에 대한 태도는 사뭇 다르게 나타난다. 퇴계가 경학적 자세에 자신의 삶을 맞추어갔다면, 이와 다르게 율곡은 경세적 삶에 자신을 던져버렸다. 퇴계가 황폐화한 당시의 정치 현실을 피해 주자의 학문 세계에 침잠하였다면, 율곡은 당시의 현실 문제에 정면으로 맞서기 위해 노력하였고, 그것을 위해서 퇴계와는 달리 지나간 역사 속에서 그

---

[46] "祭先以誠敬爲主, 不以煩數爲禮. 故周制, 完廟止於月祭, 傅說以黷祭弗欽戒高宗. 後世設原廟, 已乖禮意, 而享祀之煩, 至於日祭, 有司疲倦, 誠敬俱乏, 可謂禮煩而亂矣. 必有聖王深達孝道, 力復古禮, 然後祀典可正矣."(『聖學輯要』 22-12ㄴ)

해결책을 찾았으며, 이러한 그의 노력이 바로 율곡의 경세론이 된다.

따라서 율곡과 퇴계 두 인물을 새로운 관점에서 비교해볼 필요가 있다. 왜냐하면 퇴계와 율곡의 가장 큰 차이점이 두 사람 간의 이理와 기氣에 대한 이해의 거리에 있기보다는, 정치에 대한 이해의 차이에서 더욱 두드러지게 나타나고 있기 때문이다.[47] 여기서는 먼저 퇴계가 선조에게 올린 「무진육조소」의 내용과 그 시점의 정치에 대한 율곡의 견해를 소개함으로써 퇴계와 율곡의 '위정관'의 차이를 살펴보고자 한다. 이를 통해 율곡과 퇴계의 군도론의 특징과 차이를 명확하게 이해하고 구분함으로써 결국에는 율곡의 군도론과 정치론을 드러낼 수 있기 때문이다. 또한 둘 간의 위정관의 차이를 살펴본 뒤, 퇴계의 성학聖學을 율곡의 성학과 비교하고, 이어서 율곡 성학의 경세적 특징을 정리하고자 한다.

---

[47] 퇴계의 정치관에 대한 기존 연구들로는 다음과 같은 것들이 있다. 전세영은 퇴계가 이해한 정치를 '위기지학으로 자기 수양된 군주의 지공무사한 통치 아래 신민이 자신의 위치를 지켜나가는 것'으로 정리하고 있다. 전세영은 퇴계의 사상에서 발견되는 '덕德'의 문제에 초점을 맞추고 있다(전세영, 2003). 최병덕은 퇴계가 정치를 '이미 도덕적 존재인 인간이 그 도덕성을 완전하게 실현할 수 있도록 도와주는 가장 유효한 수단으로 인식'하고 있었으며, 그러한 '인간의 내면적 도덕성을 확충시켜나가는 것이 보다 근본'적이라고 보았다고 설명한다(최병덕, 2004). 배병삼은 퇴계가 지속적으로 사퇴하면서 정치로부터 물러나는 행위를 현실 정치에 대한 비판이라는 적극적 행위로 해석했다(배병삼, 2001). 손문호는 퇴계가 훈척 정치를 비판하고 사림 정치를 옹호하였다는 점에서 퇴계의 정치가 개혁적 성향을 갖고 있다고 주장했다(손문호, 1997). 전세영과 최병덕은 퇴계의 정치를 '도덕적' 측면에서 접근하였다는 점에서 주장하는 바가 같고, 배병삼과 손문호는 퇴계의 정치에서 '개혁적 정향'을 발견하고자 노력하였다는 점에서 같다. 그러나 이들 모두가 자신들의 주장을 뒷받침하기 위해 인용하는 퇴계의 텍스트는 '군주'와 '남송대의 도학적 전통'에 중심을 둔 '교과서적 정치'의 성격을 가진 글들과 행위라는 점이 동일하다. 퇴계는 엄격한 도덕성과 순수성을 정치와 연결시켜 이해했기 때문에 군주의 수신 문제를 가장 강조했으며, 정치 또한 수신된 군주의 '덕스러운 시혜성'이라고 결론짓고 있다.

1. 퇴계의 군도론

1) 『성학십도』와 경

『성학십도』는 1568년 68세의 퇴계가 당시 17세 소년 왕 선조에게 올린 차자箚子 형식의 저술이다. 이때는 퇴계가 세상을 떠나기 불과 2년 전으로 가장 원숙한 시기에 완성된 저술이다(황준연, 1995: 197).[48] 『성학십도』는 크게 두 범주로 구분할 수 있다. 첫 번째 범주는 하늘의 질서를 다룬다. 이는 제1도의 '태극도'인데, 여기서는 천지, 음양, 오행의 기본적인 자연 질서가 기술되고 있다. 두 번째 범주는 인간의 위치이다. 구체적으로 말하자면, 제2도의 '서명도'에 기술된 바와 같이 천지(자연) 사이에 놓인 인간의 위치이다. 그리고 이 범주 내에 인간의 일들이 기술되어 있다. 제3도인 '소학도', 제4도인 '대학도'와 제5도인 '백록동규도'는 오륜을 바탕으로 한 인간의 교육을 기술하고 있다. '소학도'에서는 입교, 명륜, 경신의 문제를 다루면서 인간의 윤리가 기술되고 있으며, '대학도'에서는 격물치지부터 치국·평천하에 이르는 효과가 기술되고 있고, '백록동규도'에서는 오륜이 기술되고 있다. 이 두 번째 범주 내에서 또한 인간이 가져야 할 단서가 설명되고 있다. 제6도 '심통성정도'에서 심·성·정의 관계가 분석되고 있고, 제7도 '인설도'에서는, 다소 장황하게 인仁과 사단의 관계를 설명하고 있지만, 퇴계의 인에 대한 관심의 정도가 확인될 수 있고, 제8도에서 10도는 마음의 주재로서 '경敬'의 중요성이 강조

---

[48] 그러나 나는 연치상으로 원숙한 시기라서 중요하다기보다는, 이 시기에 바로 퇴계가 당시 정치의 중심에 있었다는 점이 더욱 중요하다고 생각한다. 다시 말하면 정치 현장의 한복판에 있었던 시기에 저술한 것이기 때문에 의미가 더 깊다고 생각한다.

되면서 포괄적으로 설명되고 있다(황준연, 1995: 200).

전체 10개의 도해 형태로 기술된 『성학십도』에서 가장 주목되는 용어는 바로 '경'이라는 말이다. 퇴계는 '경을 지킨다는 것은, 생각하고 배우는 것을 겸하고, 동動과 정靜을 일관一貫하며, 마음과 행동을 합일合一하고 드러난 곳과 은미한 곳을 한결같이 하는 도道'라고 규정한다. 그리고 퇴계는 이 '경'을 하는 방법으로 '반드시 삼가고 엄숙하고 고요한 가운데 이 마음을 두어, 배우고 묻고 생각하고 분별하는 사이에 이 이理를 궁리하여, 보이지 않고 들리지 않는 곳에서 경계하고 두려워함이 더욱 엄숙하고 더욱 공경할 것이요, 은미한 곳과 혼자 있는 곳에서 성찰함이 더욱 더 정밀할 것'을 제시한다.[49]

퇴계가 '경'을 강조하고 있는 모습은 제9도와 제10도의 '경'에 대한 기술에서도 확인할 수 있다. 퇴계는 제9도를 아예 '경재잠도'라고 하여 주제를 경으로 삼았고, 중앙에 심장을 상징하는 마음 '심心' 자를 크게 배치하고 좌우로 주일主一과 무적無適을 나누어 배치하였다. 이른바 '주일'이란 '전일'의 의미와 통하는데, 마음을 흐트러뜨리지 않고 집중·통일시키는 것을 말하며, 무적이란 마음이 다른 데로 흐트러지지 않는다는 뜻으로 또한 경을 표현하고 있음은 물론이다. 그러므로 퇴계는 제9도에서 '그렇다면 경이 성학을 하는 데 있어서 시작과 끝이 됨을 어찌 의심하겠는가?'라고 반복함으로써 다시 한 번 경이 성학의 처음이자 마지막임을 강조하고 있다. 마지막 제10도에서는 '경' 자를 그림의 중앙에 배치하여, 사실상 『성학십도』의 마지막을 '경'으로 장식하고 있다(황준연, 1995: 203~204).

---

[49] "持敬者, 又所以兼思學貫動靜, 合內外一顯微之道也. 其爲之之法, 必也存此心於齋莊靜一之中, 窮此理於學問思辨之際, 不睹不聞之前, 所以戒懼者愈嚴愈敬, 隱微幽獨之處, 所以省察者愈精愈密."(『국역 퇴계집』 I「진성학집요차」: 134)

2) 군도론

이러한 퇴계의 사유를 어떻게 볼 것인가? 그리고 이러한 퇴계의 사유를 정치에 대한 퇴계의 사유와 행동의 관계에서 어떤 의미로 읽을 수 있을까? 황준연은 퇴계의 도덕에 관한 학설이 지나친 엄숙주의로 기울어진 점을 지적한다(황준연, 1995: 204). 한편 이상익은 퇴계가 경을 강조한 이유에 대하여, 퇴계가 생각한 "정치적 성패의 관건은 '사'를 극복하느냐 못하느냐에 있는 것"이었기 때문이라면서, 퇴계는 "인간에 대한 근원적 신뢰보다는 인간의 타락 가능성에 대한 우려가 컸다."(李相益, 2001: 388)고 주장하면서, 이것이 『성학십도』에서 '경'의 강조로 나타났다고 설명한다.

이상익은 퇴계는 성왕들이 왕위를 서로 수수授受함에, 그 당부한 말이 정치에 대한 언급은 없고 '심법心法'에 관한 언급만 있다는 사실을 강조하면서, 결국 퇴계가 도덕적 결단, 즉 '심법'을 핵심으로 정치적 사유를 전개한 것은 비유하면 '도덕의 모노드라마'였다고 설명한다(李相益, 2001: 423).

2. 율곡의 군도론

1) 조광조와 도학

율곡의 군도론은 경세라는 실천의 문제가 중심이었다. 율곡은 그 실천을 바로 도道라고 인식하였다. 그래서 율곡은 실천의 학문을 도학道學[50]

---

[50] 여기서 도학이란 아리스토텔레스의 정치학, 즉 '다양한 주제들에 관한 단순한 이론적 지식의 획득이 아닌, 이론을 실천으로 옮기는 데 목적을 두고 있는 실천적 학문'이라는 측면과 유사하다(김홍우, 1999: 622).

이라고 명명하였고 그 도학으로 추존할 사람으로 정암 조광조를 발굴해낸다. 그런데 유념할 점은 율곡이 도학을 말한 이유는 도학이라는 용어가 중요해서가 아니다. 사실 율곡에게 도학이란 어쩔 수 없이 달리 부를 만한 명칭이 마땅히 없어서 그렇게 부른 것에 불과한 것이었다. 율곡이 보기에는 '학문'이나 '도학'이라는 용어 자체는 중요한 것이 아니다. 더구나 율곡은 '경학'이라는 용어를 한 번도 사용한 적이 없다. 오직 일상생활에서의 실천만이 있을 뿐이었는데, 이에 굳이 이런 이름이 붙은 것은 어쩔 수 없는 최소한의 이유에서였던 것이다. 그런데 문제는 이런 이름이 붙은 이후로는 본래의 의도인 실천은 없어지고 그 이름만이 남게 되었다고 율곡은 보고 있었다.

도학에 대한 언급과 정암 조광조의 발굴 간의 상호 관련성은 바로 '실천'이라는 문제의식에서 찾아진다. 사실 『율곡전서』에 등장하는 수많은 유학자(정몽주로부터 황희, 허조, 김굉필, 이황, 조식, 기대승, 유희춘, 노수신 등) 가운데 경세를 아는 인물로 율곡이 평가한 사람은 조광조가 유일하다. 그런데 율곡은 조광조를, '경세제민의 재주가 있었으나 학문이 채 대성되기도 전에 갑작스레 요로에 올라 위로는 임금의 마음의 잘못됨을 바로잡지 못하고 아래로는 권력 대가들의 비방을 막지 못하여서' 실패한 인물로 보고 있다. 게다가 조광조의 실패는 오히려 '뒷사람들로 하여금 일을 해보지 못하게' 하는 결과까지 양산하였다고 평가한다.[51] 이러한 율곡의 평가에 의하면 조광조는 자신이 세운 업적은 하나도 없을 뿐더러 오히려 사기까지 꺾어버린 결과를 가져온 자이다.

---

51) "趙文正以賢哲之質, 經濟之才, 學未大成, 遽升當路, 上不能格君心之非, 下不能止巨室之謗. 忠懇方輸, 讒口已開, 身死國亂, 反使後人, 懲此不敢有爲."(『經筵日記』 선조 즉위년 10월. 28-22ㄴ)

그런데도 율곡은 조광조를 우리나라 도학의 창시자로 부활시킨다. 퇴계는 조광조보다는 이언적을 높이 평가하였다. 하지만 율곡은 이언적이 '단지 충효의 인물로 옛 책을 많이 읽고 저술을 잘한' 인물일 뿐, 가정생활과 정치 활동에 있어서는 하자가 있기에 '도학으로 추존할 수 없다.'고 평가하였다.52) 조광조를 율곡이 부각시킨 의도는 바로 이언적과 비교할 때, 학문적으로는 미진하였지만 실천에 힘썼다는 점을 강조하기 위해서였다.

율곡에게 정치 세계는 바로 삶의 세계이다. 따라서 정치는 당연히 현실과의 소통을 필요로 하게 된다. 이러한 이유에서 '경세론'은 단순히 제도의 극복과 마련이라는 제도론적 성격만을 갖는 것도 아니며, 경제적 생산의 극대화 등과 같은 정치경제학적 성격만을 갖고 있는 것도 아니며, 실용과 같은 공리주의적 성격만을 갖고 있는 것도 아니다. 경세론의 핵심은 정치적 문제의식의 출발지로서 정치 현실이며, 그 정치 현실은 당시 조선 백성들의 삶의 세계 그 자체이다.

앞에서 살펴본 바와 같이 율곡은 백성들의 삶[민생] 속에서 그들을 가장 어렵게 만들고 있는 문제들로 '폐弊'를 찾아 조선의 정치 현실과 결부시켰고, 그것이 갖는 정치적 의미를 재조명하여 조선 정치를 개혁하고자 하였다. 이러한 그의 견해는 특히 황해도 관찰사와 같은 지방 관직의 수행을 통해 조선 백성들의 삶의 세계를 목도한 뒤부터 더욱 구체화되기 시작한다. 단적인 예로 수기와 치인의 문제에서 율곡의 태도 변화를 확인할 수 있다.

---

52) "李文元則只是忠孝之人, 多讀古書, 善於著述耳. 觀其居家, 不能遠不正之色, 立朝不能任行道之責, 乙巳之難, 不能直言抗節, 乃至累作推官, 參錄僞勳. 雖竟得罪, 顙亦泚矣, 烏可以道學推之耶."(『經筵日記』선조 즉위년 10월, 28-24ㄱ)

2) 「책문」에서 발견한 행도行道

퇴계가 선조에게 요구한 것은 주로 '수신修身'의 문제였다. 율곡은 군주의 수신을 개인의 차원에서, 그리고 경세는 공동체의 차원에서 인식하고 있었다. 율곡은 초기에 수기가 바로 치인으로 연결될 것이라는 다소 교과서적인 인식을 보인다. 이러한 그의 견해는 중기와 후기에 가면서 수기가 바로 치인으로 연결될 수 없음을 인정하고, 수기와 치인은 다른 차원임을 은연중 암시하게 된다. 그리하여 후기에 오면 율곡은 수기의 측면을 포기하지는 않았지만 치인의 독립적 측면을 인정하고 이 부분의 활성화에 노력을 기울이게 된다.[53]

율곡의 이러한 생각은 「책문」을 통해서 다시 한 번 확인할 수 있다. 율곡의 관심은 도를 행한 사람, 즉 행도자行道者에 그 초점이 있었다. 율곡은 1581년 11월 그의 나이 46세에 양관 대제학에 취임하였을 때, '쓸데없이 문사文詞를 숭상하는 폐단을 탄식하여 이 습관을 과감히 개혁하여 모든 시험에서 사람을 뽑는 데 반드시 이승理勝[문장보다 이치를 더 중시하는 것]을 위주'로 하였다.[54]

율곡의 「책문」[55]은 '조종이 창업하여 법통을 드리워 금과옥조가 지극

---

53) 율곡이 초기에 올린 「시무삼사時務三事」에서의 '淸朝廷而施仁政'이라는 표현이 후기에 올린 「진시사소」에서는 '和朝廷而革弊政'이라는 표현으로 바뀌어 있음을 볼 수 있다.
54) "先生每嘆浮文之弊, 及典文衡, 痛革此習, 凡試取, 必以理勝爲主."(「行狀」35-37ㄴ)
55) 『율곡전서』에는 율곡의 「책문」 6편이 실려 있는데 그 요지는 다음과 같다.
① 요순, 탕왕, 문왕, 주공 등은 도를 행했고, 공자, 증자, 자사, 맹자, 주자 등은 도를 후세에 전했는데, 왜 도를 행한 사람과 전한 사람이 일치하지 않을까? 만약 공자부터 주자까지 도를 전한 사람들이 시세를 만나 도를 행했더라면, 그들도 역시 후세에 도를 전하지 못했을까? 그리고 제나라의 관중, 정나라의 자산, 촉나라의

히 상세하고 정밀하나, 법이 오래됨에 폐단이 생기어 백성이 그 편안한 바를 잃으니, 이에 고치고자 하면 옛것을 따라 말미암는 법칙에 어그러질까 두렵고, 인습하자니 변통하는 도리를 잃을까 두렵다. 이 두 가지의 득실을 분별해보자. 시무를 아는 것이 뛰어난 재주를 가진 호걸스런 이에게 있으리니 시의에 적합한 방책을 말하라.'56)라는 질문으로 정리된다.

제갈량이 인금의 신임을 얻었고 국정의 책임을 오래 맡았는데, 왕도를 행하지 못한 까닭은 무엇인가?
② 천도는 순환 반복하니 평치와 혼란이 반복되는 것이 당연한 이치이다. 그런데 왜 과거 역사에서는 치일治日이 항상 적고 난일亂日이 항상 많았으며, 성할 때는 쉽게 쇠망하는데 쇠한 것은 얼른 성하지 않으니, 그 까닭이 무엇인가? 당우삼대唐虞三代가 한번 가고 오지 않으니, 그 까닭이 무엇인가? 그렇다면 천운이 순환 반복한다는 이치는 옳은 것이 아니지 않는가?
③ 송나라의 주자, 정자, 장자, 주자[周程張朱]가 도학을 일으켰으면 그대로 내성외왕이 잘 되어야 할 텐데, 실제로 점점 내성외왕과 거리가 멀어진 이유는 무엇인가?
④ 상나라 무정은 수성을 잘하여 나라가 흥하였고, 송나라 철종, 휘종은 선왕의 법을 잘 수성하고도 남쪽으로 천도하였다. 조종의 법을 본받기는 마찬가지인데, 왜 다른 결과가 나왔는가. 정나라 자산은 정치 개혁을 잘하여 흥했으나, 송나라 신종은 왜 개혁하고도 나라를 절반이나 오랑캐에게 먹혔는가?
⑤ 당나라 문종은 어의를 세 번씩이나 빨아 입을 만큼 절약하고 검소한 임금이었으나 인자하기만 하고 과단성이 없어서 환관들의 모함으로 수많은 대신을 죽이는 참화를 일으켰고, 송나라 이종은 도학을 숭상하였지만 나라를 망치는 화를 자초하였으며, 노나라 목공은 자사를 신하로 두고서도 국력이 약화되었음을 상기하고, 어진 사람을 존중해도 이익이 없는 이유는 무엇인가?
⑥ 남방의 묘족은 백성의 신임이 없었는데도 하우를 방어했으며, 주문왕의 조부인 태왕은 인정仁政으로 백성의 신임이 두터웠는데도 오랑캐를 막지 못한 이유는 무엇인가?(『國譯 栗谷全書』 IV 「책문 4」: 46~51; 「책문 2」: 342~345)

56) "祖宗, 創業垂統, 金科玉條, 極其詳密, 而法久弊生, 民失其所, 欲改則恐乖率由止典, 欲因則恐失變通之道, 二者得失, 其可辨歟, 識時務在俊傑, 願聞適宜之策."(「策問」 14-46ㄴ~47ㄱ)

3) 정치에서 예의 문제

앞에서 본 바와 같이 퇴계는 인종을 문소전에 모시자는 주장을 하였다가 받아들여지지 않자 사퇴하고 낙향을 하였다.[57] 율곡은 이 당시에 퇴계의 주장에 동조하였지만 이를 조정의 논의 전면으로 끌어가지는 않았다. 율곡이 이 시기에 조정에서 강하게 주장하였던 내용은 윤원형 등 권간들이 남겨놓은 폐단을 고칠 것과 이들에게 잘못 수여된 공훈, 즉 위훈을 삭제하여 국시를 정하자는 것이었다. 이 두 가지 내용을 통해서 율곡과 퇴계의 정치관을 다시 한 번 비교할 수 있다.

『율곡전서』에는 예禮에 대한 율곡의 언급이 여러 번 등장한다. 하지만 율곡은 조정의 논의와 경연장에서는 예에 대해서 논쟁을 벌이지 않았다. 다시 말하면 율곡은 정치의 장에는 예의 문제를 끌어들이지 않고 있었다. 율곡에게 예란 가정의 차원이지 국가 차원의 문제는 아니었다. 율곡은 '예'를 앞세우고 '수기'를 강조하다 보면 정치가 실종될 수도 있다는 점을 인식하였던 것이다. 다음의 사례를 통해 율곡의 정치에서의 예에 대한 관점을 분명히 알 수 있다.

1581년 3월에 조정에서는 일본 사신을 근정전에서 접견할 때 '여악女樂'의 사용 여부를 놓고 며칠 동안 논쟁을 하였다. 여악을 사용하는 것이 관례였지만 삼사에서는 여악을 쓰지 말 것을 건의하였고, 이것이 받아들여지지 않았던 것이다. 그러자 당시 대사간이었던 율곡이 먼저 논쟁을 중지하였다. 이를 비난하는 동료들에게 율곡은, "나라를 다스림에는 순서가 있는 것이니 먼저 백성들의 거꾸로 매달린듯한 곤경을 풀어놓고 난 뒤에야 예악을 바룰 수 있다."면서, "예악부터 먼저 일삼는" 일이 잘못되

---

[57] 제1장 제3절을 참조하라.

었음을 비판하였다.[58]

제4절 사람과 정치

공자는 "정치는 사람에게 달려 있다."고 말했다. 즉 "문왕과 무왕 같은 사람이 있으면 문왕과 무왕의 정치가 거행되지만, 그러한 사람이 없으면 그러한 정치가 종식된다."는 것이다.[59] 맹자는 이러한 공자의 말을 정치적으로 조금 발전시켜서 "착한 마음만 있〔고 법과 제도가 없〕으면 정치를 하는 데 부족하고, 형식적인 법과 제도만 있〔고 착한 마음이 없〕다면 그 법은 행할 수 없다."고 말했다.[60]

율곡은 공자와 맹자를 정치적으로 구체화시킨다. 그는 정치는 사람이 하는 일이라는 공자의 말을 계승한다. 그런데 역사에는 그러한 사람이 있었음〔其人存〕에도 불구하고, 그러한 정치는 사라지는〔其政息〕 때가 많았다. 그 원인은 바로 법을 소홀히 하거나 무시했기 때문이라는 맹자의 말을 또한 계승한다. 그런데 맹자는 도법徒法이라는 말만 했을 뿐, 그 구체적 설명이 없다. 율곡은 맹자가 근본적인 것만 말하고, 그 구체적이고 실질적인 것을 말하지 못했다고, 다시 말하면 그 '무엇what'만 언급했을 뿐 그 '어떻게how'를 말하지 못했기에 고자告子를 굴복시키지 못했다고 비판한다.[61]

58) "上將接見日本使臣于勤政殿, 而故事當用女樂. 三司交章, 請勿用女樂, 以禮示遠人, 爭之累日, 不能得. 諫院先止, 人或尤之. 李珥曰: '爲國有漸, 必先解斯民之倒懸, 然後乃可正禮樂. 豈可先事禮樂乎.'"(『經筵日記』 선조 14년 3월, 30-57ㄱ~ㄴ)
59) "其人存則其政擧, 其人亡則其政息."(『中庸』 20장)
60) "徒善不足以爲政, 徒法不能以自行."(『孟子』「離婁上」)

율곡이 생각하기에 임금이란 지위는 봉공을 할 수 있는 유일무이한 자리이다.[62] 신하들이란 하나의 인간으로서 사적인 욕망으로부터 완전히 자유로울 수 없는 존재들이지만, 왕은 자신의 일이 바로 공적인 일이 되는 것이다. 하지만 불행하게도 선조는 자신을 공적인 임금보다는 사적인 한 인간으로 인식하고 있었다.

치도를 이루려면 잘못된 규례[謬規]를 고쳐야 한다. 대표적인 잘못된 규례는 인사 문제이다. 이때 임금의 수신이 없으면 어진 사람을 쓸 수가 없다. 정치가의 수신은 봉공을 내면화하는 것이다. 여기서 왕의 임무와 정치적 위치가 드러난다. 하지만 선조는 자신의 임금 자리 유지에 필요한 인사를 하고 있었다. 즉 선조는 전형적인 코드 인사를 하는, 다시 말해서 능력만 있었지 봉공은 없는 임금이었다.

율곡은 철학적으로는 '심·성·정·의'를 말했지만, 정치적으로는 '민정民情'이라는 말을 가장 많이 사용한다. 즉 민정은 가장 구체적인 정치적 용어가 된다. 여기에 상대적인 말은 '인심人心'이 된다. '인심'이란 일반적인 용어이다. 또한 율곡은 '민심'이란 용어를 거의 사용하지 않는다. 민을 정치적이고 실질적인 측면에서 볼 때는 당연히 민정이 중요하다는 것이다.

나라의 근본인 '민'을 철학적이고 일반적인 관점이 아닌, 정치적이고 구체적인 관점에서 바라보기 위해 '민생'에 주목한 율곡이 그의 심성론

---

61) "孟子只擧本體, 而不及乘氣之說, 故不能折服告子."(「答成浩原」 10-33ㄴ)
62) 율곡은 선조에게 다음과 같이 말한다. "필부는 집에 있으므로 아무리 학문의 공이 있다 해도 그 효과가 세상에 나타나지 않지만, 임금은 그렇지 않아 마음과 뜻에 온축된 것이 정사政事에 발휘되는 까닭에 그 효과가 곧바로 나타나는 것입니다[匹夫在家, 雖有學問之工, 其效不見於世(缺), 人君則不然, 蘊之心意者, 發爲政事, 故其效立見也]."(『經筵日記』 선조 2년 8월, 28-37ㄴ)

에서 말하는 것은 바로 '민정'이었다. 따라서 정치에서 가장 중요한 것은 '민정'을 파악하는 것이다. 하지만 민정을 파악하기 위해서 모든 백성의 소리를 직접 다 들을 수는 없다. 따라서 백성의 소리를 듣기 위한 매개자가 필요하다. 그 매개자의 일은 '민정'을 잘 파악한 후 그 민정을 중앙에 전달하는 것이다.

그런데 백성은 자기들 스스로 정치에 참여하기에는 한계가 있다. 민의 정치적 영역은 민정에 국한된다. 율곡은 나라의 근본은 백성이지만 정치의 근본은 임금으로 보고 있다. 민정조차도 민들이 직접 정치의 장으로 끌어들이기는 한계가 있다. 그러므로 민정을 정치의 장으로 끌어들이는 사람들이 필요하다. 이러한 측면에서 정치적으로 중요한 것이 인사이다.

한편 민정에 상대되는 정치적 의미를 율곡에게서 발견한다면 그것은 바로 인심이다. 그런데 이 인심을 율곡은 한 번도 정치적으로 사용하지 않는다. 즉 인심이란 율곡에게 일반적이고 철학적인 측면인 것이다. 오히려 반정치적 의미가 될 수도 있다. 그 이유는 바로 인심을 강조하면 민정을 소홀히 할 수 있기 때문이다. 실제로 조선조의 붕당은 민정을 외면하고 인심에 경도된 결과이다. 정치의 장에서 가장 상위의 단계라고 할 수 있는 '공론'이란 영역이 민정을 외면하고 인심이라는 일반론에 경도될 때 공론公論은 공론空論이 되면서 조선조의 붕당이 시작된다.

정치의 근본인 민이 정치적으로 목적이 되지 못하고 도구로 전락된 상태가 바로 율곡의 시기였다. 즉 민이 다른 목적을 위한 기능으로만 작용하는 것이다. 이러한 문제는 백성이 나라의 근본이라는 말만 했지, '민정'과 '민생'을 주목하지 않은 것과 같은 맥락이다. 그렇다면 이 문제를 어떻게 해결할 수 있을까? 율곡에 의하면 바로 '만남'이다. 즉 나라의 근본인 백성과 나라의 주인인 임금과의 만남이다.

그런데 백성과 임금이 직접 만나기는 어렵다기보다는 오히려 불가능하다. 따라서 임금과 백성을 만나게 해줄 매개자가 필요하다. 그 매개자 집단이 바로 신료라고 할 수 있다. 신료들이 '민정'을 잘 매개하면 정치의 장이 활성화된다. 하지만 이들 신료들은 이처럼 중요한 매개자의 기능을 제대로 잘 수행하기에는 한계가 있다. 그 이유는 이들 신료들은 자신들의 사적 이익을 버릴 수 없기 때문이다. 여기서 율곡은 관과 작의 구분을 하게 된다.

백성을 민정에 기반을 두고 접근하지 못하고 도구로 인식하는 신료들이 바라보는 대민관이 바로 '애민'이다. 즉 '애민'의 관점에서는 백성의 실체를 볼 수 없다. 따라서 민생 문제에 대한 소통이 필요 없게 되고, 그 결과 백성이 정치의 근본으로 인식되지 못하고 도구화되어버린다. 하지만 '안민'을 말하게 되면 백성을 실체로 볼 수밖에 없다. 결국 '애민'이란, 말로는 화려할 수 있지만 정치적으로 공허하게 될 여지를 갖는다. 반면에 '안민'에서 출발하면 소통이 가능하고, 그 결과로 정치적 실효가 있을 수 있다.

한편 율곡의 군도론은 수기와 치인의 병행이란 점에서 퇴계와 차이를 보인다. 퇴계는 철저하게 군주의 수신이란 측면에 경도되어 있었다. 즉 퇴계와 율곡에게 군주의 수신이란 측면은 공통적이다. 하지만 율곡은 한 걸음 더 나아가 공동체를 지향하였다. 즉 율곡의 군도론의 특징은 바로 위정을 위한 수신이란 점이다. 율곡은 항상 학문의 본말과 위정의 선후를 강조하였다. 하지만 퇴계는 학문의 본말에 대해서만 언급하였지 위정의 선후는 등한시하였다. 『성학십도』의 그 어디에도 위정의 선후에 대한 언급이 없다는 사실은 우리를 당혹하게 만든다.

더 나아가 퇴계와 율곡 모두 공과 사의 문제를 주목하였다. 그런데 퇴계는 철저히 사를 극복하는 데에 초점을 두고 있었다면, 율곡은 공을 이루는 데에 초점을 두고 있었다는 점이 큰 차이점이다. 즉 공적 세계를 바라보는 데에 있어서 퇴계는 소극적이었던 반면, 율곡은 적극적이었다고 말할 수 있다. 이 둘의 입장은 서로 비슷한 것 같지만 중요한 차이점이 있다. 전자, 즉 퇴계의 입장은 군주의 수신이 완성될 때까지 기다려야 된다는 '준비론'으로 흐를 수 있다.

결론: 율곡과 정·치

 이 책에서 나는 율곡의 경세론을 정치와 법 그리고 양자 간의 소통 또는 상호작용의 문제로 해석하고자 시도하였다. 이를 위해 나는 율곡의 정치사상political thought이 아닌 정치적 사고political thinking에 초점을 맞추었다. 정치적 사고는 정치사상에 비해 원자료의 성격을 갖고 있기 때문에 정치에 대한 살아 있는 생각들이 정치사상보다 풍부하다는 장점을 갖고 있다. 정치적 사고의 이러한 특징은 율곡이 실제 관직 생활을 시작하면서 정치적 사고를 민생으로부터 시작하는 이유에서 보다 더 잘 드러나 있다.

 이러한 관점에서 나는 율곡의 정치적 사고를 그의 관직 생활에서 실제로 보고 느끼고 고민하였던 내용에서 찾아 재구성하고자 하였다. 이 책이 율곡의 정치적 사고를 경세론적 입장에서 연구한다는 것은 율곡이 갖고 있던 당시 제 문제에 대한 고민이 바로 정치적 성찰로부터 전개되었음을 의미한다. 이는 정치 현실과 율곡의 정치적 사고 간의 정합성에 주목한다는 것이다. 내가 이 책에서 살펴본 율곡의 정치관을 정리하면 다음과 같다.

1

율곡의 경세론을 다루면서 내가 가장 주목한 용어는 폐弊였다. 율곡의 초기 관직 생활은 전前 시대의 권간들이 남긴 유폐遺弊를 어떻게 극복할 것인가 하는 문제로 시작되었다. 이 시기를 그와 함께 살았던 대선배인 퇴계와 남명 등이 정치를 근본적인 측면에서 접근하는 모습을 율곡은 비판한다. 이후 율곡은 정치는 근본적인 영역뿐만이 아니라 실질적인 요소도 함께 고려해야만 한다는 사실을 인식하게 된다.

율곡은 자신의 주장을 '종본이언'과 '종사이언'으로 구분하여 자신의 정치적 주장을 전개한다. 현실 정치에서 '종본이언'을 군주의 수신과 연결시켜, 정치의 근본으로서 군주인 선조를 압박하였던 율곡의 논리는 여기에 기반을 두고 있다. 또한 '종본이언'은 '종사이언'과 순환적 고리로 연결되어 있다. 정치의 속성에 대한 율곡의 이러한 이해는 도道와 술術에 대한 구분에서도 확인된다. 정치에서는 구체적인 일로서의 술術과 이념적인 것으로서의 도道라는 두 가지 요소가 모두 필요하다. 문제는 도가 술을 대체할 때, 논의가 없어지고 정치는 실종된다는 점이다.

2

율곡의 유폐에 대한 관심은 이후 폐법弊法이라는 구체적인 문제로 옮겨간다. 율곡은 '백성[民]'이라는 추상적인 개념이 아니라, '민생民生'이라는 구체적인 문제에 관심을 가지면서, 당시 처참한 민생의 원인이 바로 '폐법'에 있음을 인식하고, 폐법을 개혁하기 위한 다양한 시도를 벌인다. 이러한 율곡의 모습은 백성을 사랑하는 애민愛民의 차원이 아닌, 백성이 편안한 안민安民이라는 측면에 초점을 두게 된다.

이러한 율곡의 인식은 법에 대한 율곡의 새로운 이해를 보여주고 있다. 율곡은 민생의 문제를 민생을 저해하는 요소들에 대한 사법적 사유 방식이나 경제적 사유 방식만으로 접근하거나 해결할 수 있다는 믿음을 부인한다. 율곡은 민생의 문제는 정치적 문제였음을 지적하였다. 그렇기 때문에 정치적 해법을 찾아야만 하는 것이었다.

율곡은 역사적으로 '과거에 잘된 정치'를 과정과 방법의 측면에서 접근하여 그들의 행위를 본받는 '법法'과의 소통에 주목한다. 달리 표현하면 정치와 역사 간의 소통이며, 그래서 현재와 과거 간의 소통이다. 이 점이 바로 율곡이 최종적으로 말하고자 하는 법의 개념이며, 이것이 곧 정치와 궁극적으로 소통되어야 할 지점이 된다. 율곡의 법 개념은 진정 올바른 정치의 방향을 제시하는 것이다. 선대에 실제적으로 경험한 잘된 정치를 그대로 따라 지금의 시대에 변통하는 것이니만큼 현실에서 성공할 수 있는 확률 또한 그 어느 것보다 높을 수 있기 때문이다.

3

폐에서 폐법으로 옮겨갔던 율곡의 현실 정치에 대한 관심은 후기에 이르러서는 '폐정弊政'이라는 문제로 옮겨가게 된다. 율곡은 폐법이 개혁되지 못하는 이유를 폐정에서 찾고 있었다. 율곡이 지목한 폐정은 첫째는 잘못된 인사 문제였고, 둘째는 왜곡된 공론 문제였다. 율곡은 인사 문제와 공론 문제는 모두 '소통의 부재'라는 요소에 그 기원을 두고 있음을 인식한다. 율곡은 여기서 논론論보다 의의議의 중요성을 인식하고, 의를 살려냄으로써 정치의 장에서 소통의 기반을 마련하려는 시도를 한다.

나는 이 책에서 율곡이 말하는 정치란 '정政을 행함으로써 치治를 이룩하는 것'으로서, '정政'은 현실 세계의 제 문제를 해결하기 위한 인간의 행위를 가리키는 반면, '치治'는 그 행위가 바람직한 상태로 나타난 결과를 가리킴을 밝혔다. 율곡에게 있어 '정政'은 그 실행[行政] 여부에 따라 '정치政治', '정천政擅', '정산政散'이라는 세 가지 결과로 나눠진다. 그리고 이 세 가지 결과가 우리의 실제 삶 속에서는 다시 '안安, 위危, 난亂'의 모습으로 나타난다. 결국 율곡에게 정치란 '위험과 혼란이 아닌 편안한 세계를 만들기 위한 것으로서, 인간의 행위가 천단[政擅]되거나, 사라지지[政散] 않고 제대로 다스려진[政治] 상태'를 가리킨다.

율곡은 정치가 두 가지의 딜레마적 속성을 갖고 있음을 지적한다. 그것은 정치 영역이 시비의 차원과 이해의 차원으로 구분된다는 것이다. 또한 정치가 가치의 문제와 가격의 문제를 동시에 갖고 있다는 것이다. 이러한 이유로 정치는 순수한 도덕적 차원으로 나아가려는 경향과 극단적인 권력정치의 차원으로 나아가려는 경향이 있다. 시비의 문제는 이미 결론에 도달한 사항, 즉 모든 사람이 동의하는 문제이다. 당연히 여기서는 타협과 거래가 필요 없게 된다. 반면 이해의 문제는 시비를 명확하게 내릴 수 없는 영역으로 타협과 조정, 그리고 중재 등이 필요하다. 시비의 문제는 근본적인 가치인 반면, 이해의 문제는 선후가 필요하며 득실을 계산해야 하는 가격인 셈이다. 만약 가치의 문제가 중요하다고 가격의 문제를 무시하면 순수한 도덕 원칙만 남게 되는 반면, 가치의 문제를 도외시하고 가격의 문제로만 정치를 바라보게 되면 나침반을 잃고 항해하는 결과가 나온다. 정치의 불행은 양자를 혼동하거나 심지어 반대로 이해하는 경우에서 비롯된다.

조선의 '폐정'의 핵심은 '소통'의 단절에 있었다. 율곡은 인사 문제의 폐, 공론정치의 폐, 붕당정치의 폐를 '소통의 단절'과 직접적인 관련이 있는 것으로 보았다. 소통은 단순히 제도상의 소통만을 의미하는 것이 아니다. '역할과 기능 간의 원활한 소통'이 정치가 잘 돌아갈 수 있는 소통이며, 이는 요순시대, 가까이로는 세종시대와 같이 '가치 있는 관례의 준수, 그리고 이를 준수하려는 의지'를 배경으로 할 때 가능한 것이다.

이러한 소통의 문제에서 율곡은 '공론'의 문제를 제기하였다. 율곡은 당시의 잘못된 공론정치를 비판한다. 즉 당시 언로를 독점하고 있었던 삼사와 피혐이라는 관례가 가져온 폐단을 비판하기 위함이었다. 율곡에게 공론은 '나라 사람에게서 나오는 것으로 막을 수 없는' 여정으로, '인심이 함께 옳다 하는 것'을 의미한다. 율곡의 삼사 비판의 핵심은 '논論'만 있지 '의議'가 없다는 것이었다. '논'은 결론에 가까운 의미가 되며, '의'라는 말은 그 과정에 가까운 의미다. '논'은 혼자서 하는 것이고, '의'는 더불어 함께하는 것이다. '논'을 강조하다 보면 '시비'의 문제를 우선할 수밖에 없다. 반면 '의'는 여럿이 함께한 사안을 따져보는 의미가 있다. 의정부議政府의 '의정議政'은 '논정論政'의 의미가 아니었는데, 이 기능이 상실됨으로써 결과적으로 '무의미한 정쟁적 시비론'의 결정체인 정치의 붕당화를 양산하였다.

정치의 속성에 대한 율곡의 이해에서 확인할 수 있듯이 논은 논대로, 의는 의대로 필요한 것이다. 때[時]를 알기 위해서는 의가 필요하고, 실효를 얻기 위해서는 논이 필요한 것인데, 문제는 양자 간의 묘합妙合이다. 그리고 소통의 핵심은 논의 우월성으로부터 의의 우선성을 지키려는 인간의 노력이다. 의를 해야 현실 인식이 가능하고, 시의를 파악하기 위해서 의가 필요하고, 그다음에 나오는 대책 자체가 바로 논이 된다. 따라서 율곡은 정치에 있어서는 결과론적 논의가 아닌 과정으로서의 의논이 되어야 함을 인식하게 되었다. 율곡의 경제사 설치 주장의 정치적 의도를 한마디로 말하면 바로 '관료들을 한자리에 모아서 함께 의논하자.' 다시 말하면 바로 '함께 모여 의議를 하자.'는 취지였다.

　율곡이 정치적 경험에서 확인한 것은 민정民情이었다. 위정爲政에 있어서는 그 무엇보다도 민정을 파악하는 일이 가장 시급함을 율곡은 강조한다. 하지만 율곡은 백성들(民) 스스로가 자신들의 현실(民情)을 정치의 장에 전달하고, 나아가 스스로 해결하는 데에는 한계가 있음을 발견하였다. 여기서 민정을 전달할 진정한 매개자의 역할이 요구된다. 이는 민정을 제대로 전달해야만 임금과 백성들 간의 소통이 있을 수 있음을 의미한다.

　매개자를 통한 진정한 소통을 위해 율곡이 주목한 것이 바로 인사 정책이었다. 율곡의 인사 정책은, 관官과 작爵의 적절한 활용으로 모아진다. 여기서 관이란 능력 있는 사람을 부리는 것을 의미하고, 작이란 덕德을 가진 자를 얻는 것을 의미한다. 율곡은 이와 같은 관과 작을 인사 문제에 적절하게 활용하여서 민생을 좀먹는 폐법弊法의 문제를 해결하고자 하였고, 나아가 정치에서 실무자와 조언자 간의 원활한 소통을 지향하였다.

4

　율곡에게는 두 개의 근본이 있었다. 나라의 근본은 백성이지만 정치의 근본은 임금이라는 인식이 그것이다. 율곡이 주목한 군주론은 바로 이러한 정치의 속성이었다. 그러나 선조 자신은 이러한 요구들이 갖는 중요성을 스스로 거부하려는 모습을 보였다. 선조는 정치의 근본으로서의 자신을 인식하지 못하고 있었다. 율곡은 여기서 두 가지 중요한 실천 안을 제기한다. 하나는 당시의 왜곡된 공론 문제를 비판하고 인사 정책의 혁신을 제시하면서 소통의 문제를 정치의 중심 주제로 삼은 것이고, 다른 하나는 이 소통의 정치를 위하여 군주의 수신을 강조한 것이다.

　그가 선조에게 올린 『성학집요』는 정치의 근본인 임금에게 필요한 정치학 교과서였다. 『성학집요』를 분석해보면 율곡의 이기론, 심성론 등은 모두 율곡 자신의 위정관爲政觀을 설명하기 위한 하나의 방편이었을 뿐이지, 결코 관념적인 철학 이론을 세운 것이 아님을 알 수 있다.

율곡에게 중요한 것은 나라(國) 그 자체가 아니라 '나라가 되는 것(爲國)', 달리 말하면 '과정'이었다. 그러한 율곡의 사고는 '공동체 그 자체'보다는 '공동체 되기'를 더욱 중요하게 여기게 한다. 그러므로 중요한 것은 삼대나 요순시대와 같은 '무엇what'의 차원이 아니라, '삼대 되기, 요순시대 되기'라는 '방법how'의 차원이었다. 나는 율곡이 '당시의 지금'을 인식하고 행동한 바가 '지금'의 정치를 인식하고 행동하는 하나의 지침이 되기를 간절히 기대한다.

참고 문헌

1. 1차 자료

『栗谷全書』1~2, 成均館大學校 大東文化硏究院, 1971.
『國譯 栗谷全書』I~VII, 韓國精神文化硏究院, 1984~1988.
『국역 율곡집』I~II, 민족문화추진회, 1966.
『국역 퇴계집』I~II, 민족문화추진회, 1977.
『趙憲全書』, 중봉집번역발간추진회, 探求堂, 1974.
『국역 서애집』I~II, 민족문화추진회, 1977.
『高峰集』, 高峰學術院, 2002.
『남명집』, 경상대학교 남명학연구소, 한길사, 2001.
『국역 명종실록』, 민족문화추진회, 1985~1989.
『국역 선조실록』, 민족문화추진회, 1987~1988.
『국역 선조수정실록』, 민족문화추진회, 1989.
『經書』, 成均館大學校 大東文化硏究院, 1965.

2. 연구서

김만규, 1982, 『조선조의 정치사상연구』, 인하대 출판부.
金雲泰, 1981, 『朝鮮王朝行政史』, 博英社.
김홍우, 1999, 『현상학과 정치철학』, 문학과지성사.
김홍우, 2007, 『한국정치의 현상학적 이해』, 인간사랑.
柳承國, 1983, 『東洋哲學硏究』, 槿域書齊.
박병호, 1996, 『근세의 법과 법사상』, 진원.
박충석·유근호, 1980, 『조선조의 정치사상』, 평화출판사.
成樂熏, 1979, 『韓國思想論稿』, 放隱記念事業會.
蕭公權, 1998, 『중국정치사상사』, 최명·손문호 역, 서울대학교출판부.
吳二煥, 2000, 『南冥學派硏究』(上)(下), 남명학연구원출판부.
율곡학회, 2007, 『율곡학연구총서 논문편 8(경세)』, 원영출판사.
이동인, 2002, 『율곡의 사회개혁사상』, 백산서당.
李丙燾, 1973, 『栗谷의 生涯와 思想』, 서문당.
李相殷, 1976, 『儒學과 東洋文化』, 汎學圖書.
이성무 외, 1992, 『조선후기 당쟁의 종합적 검토』, 한국정신문화연구원.
이승환, 2001, 『유가사상의 사회철학적 재조명』, 고려대학교출판부.
李章雨, 1998, 『朝鮮初期 田稅制度와 國家財政』, 일조각.
이종호, 1994, 『율곡: 인간과 사상』, 지식산업사.
任敏赫, 2002, 『朝鮮時代 蔭官硏究』, 한성대학교출판부.
전세영, 2005, 『율곡의 군주론』, 집문당.
최종고 외, 2006, 『법치주의의 기초』, 서울대학교출판부.
黃義東, 1987, 『栗谷哲學硏究』, 經文社.
黃義東, 1998, 『율곡사상의 체계적 이해』 1·2, 서광사.
황준연, 1995, 『율곡 철학의 이해』, 서광사.
황준연, 2000, 『이율곡, 그 삶의 모습』, 서울대출판부.

3. 연구 논문

강광식, 2007, 「율곡 이이의 정치·행정사상」, 율곡학회, 『율곡학연구총서 논문편 8(경세)』, 원영출판사〔「율곡 이이의 정치·행정사상」, 『추계학술대회논문집』 1-6, 2005〕.

權文奉, 2005, 「栗谷 社會改革論의 實學的 照明」, 『漢文學報』 제13집, 우리한문학회.

金敎斌, 1987, 「栗谷哲學에서의 必然性과 可變性에 대한 연구」, 『유교사상연구』 2.

金武鎭, 1983, 「율곡 향약의 사회적 성격」, 『學林』 5, 연세대.

김성준, 1997, 「동고 이준경과 그 가계」, 『동고학논총』 1집.

金永壽, 2005, 「정치와 진리: 李珥의 '공론정치론'과 Arendt의 '정치적인 것(the political)'을 중심으로」, 『유교문화연구』 제9집, 성균관대학교 동아시아학술원 유교문화연구소.

김영수, 2005, 「조선 공론정치의 이상과 현실(1): 당쟁발생기 율곡 이이의 공론정치론을 중심으로」, 『한국정치학회보』 제39집 5호.

김용환, 1998, 「栗谷의 行政改革」, 『韓國行政學誌』 6, 韓國行政史學會.

김재문, 1985, 「栗谷의 改正法思想」, 『현암 신국주 박사 화갑기념 논문집』, 동국대출판부.

김한식, 2007, 「민본주의의 현대적 이해」, 율곡학회, 『율곡학연구총서 논문편 8(경세)』, 원영출판사〔「민본주의의 현대적 이해」, 『정신문화연구』 22, 한국정신문화연구원, 1984〕.

金漢植, 1996, 「行狀을 통해 본 율곡의 사상체계」, 『한국정치학회보』 30-4.

盧相浯, 1991, 「栗谷의 經世論」, 『인간과 사상』 3, 영남대.

남달우, 1993, 「선조초기(1567-1851)의 정국과 사림: 이이의 『경연일기』를 중심으로」, 『仁荷史學』 1, 인하역사학회.

南達祐, 1998, 『朝鮮 宣祖代의 政局運營에 관한 연구』, 인하대 박사논문.

默明哲, 1990, 「栗谷의 經世思想에 대한 試論」, 『이우성교수 정년기념 논문집』.

박덕배, 2007, 「율곡의 법사상에 대한 관견」, 율곡학회, 『율곡학연구총서 논문편 8(경세)』, 원영출판사〔「율곡의 법사상에 대한 관견」, 『법학논총』 5, 단국대학교 법률학회, 1965〕.

朴秉濠, 1997,「栗谷의 法制改革論」,『栗谷의 改革思想(下)』, 율곡사상연구원.
배병삼, 2007,「율곡의 정치철학과 21세기 정치문화」, 율곡학회,『율곡학연구총서 논문편 8(경세)』, 원영출판사〔「율곡의 정치철학과 21세기 정치문화」,『율곡학보』15, 2000〕.
배병삼, 2001,「전통한국의 정치의 의미변화에 대한 연구」,『21세기정치학회보』, 11집 2호.
손문호, 2007,「퇴계 이황의 정치사상」, 김형효 외,『퇴계의 사상과 그 현대적 의미』, 한국정신문화연구원.
安在淳, 1995,「栗谷 經世思想의 實學的 性格」,『栗谷學 제9집 ― 栗谷의 經世思想에 關한 研究』, 栗谷思想研究院.
오문환, 1996,「율곡의 '군자'관과 그 정치철학적 의미」,『한국정치학회보』30-2.
오환일, 2001,「율곡 이이의 향약관」,『율곡사상연구』제4집, 율곡학회.
윤사순, 1996,「휴암 백인걸의 도학사상」,『퇴계학보』92집.
이동인, 2007,「율곡의 사회개혁사상」, 율곡학회,『율곡학연구총서 논문편 8(경세)』, 원영출판사〔「율곡의 사회개혁사상」,『한국사상사학』7, 한국사상사학회, 1995〕.
이병도, 1966,「율곡집 해제」,『국역 율곡집』, 민족문화추진회.
李相益, 2001,「퇴계와 율곡의 정치에 대한 인식」,『퇴계학보』11집.
이상익, 2007,「율곡의 공론론과 그 현대적 의의」, 율곡학회,『율곡학연구총서 논문편 8(경세)』, 원영출판사〔「율곡의 공론론과 그 현대적 의의」,『율곡사상연구』5, 율곡학회, 2002〕.
이종건, 2002,「남명 조식과 동고 이준경 비교 고찰」,『남명학연구』13집.
이한수, 2005,『世宗時代 '家'와 '國家'에 관한 論爭』, 한국학중앙연구원 박사논문.
임혜련, 2003,「조선 시대 수렴청정의 정비과정」,『조선시대사학보』27집.
전세영, 2003,「퇴계의 군주론 연구」,『한국정치학회보』37집 1호.
정만조, 1992,「조선 시대 붕당론의 전개와 그 성격」,『조선 후기 당쟁의 종합적 검토』, 한국정신문화연구원.
정연구, 2007,「동양의 언론사상과 언론방식에 관한 연구」, 율곡학회,『율곡학연구총서 논문편 8(경세)』, 원영출판사〔「동양의 언론사상과 언론방식에 관한 연구」, 『사회과학연구』 2, 연세대 사회과학연구소, 1990].
정원재, 2001, 「지각설에 입각한 이이 철학의 해석」, 서울대학교 박사논문.
鄭彌容, 1990, 「栗谷의 經世思想에 대한 一考察」, 『민족문화』 13.
최병덕, 2004, 「퇴계의 정치 인식과 정치론」, 『한국정치학회보』 38집 1호.
崔弘基, 1884, 「栗谷의 經世論에 나타난 民사상」, 『정신문화연구원, 제3회 국제학술대회논문집』.
황의동, 2007, 「율곡의 경세사상」, 율곡학회, 『율곡학연구총서 논문편 8(경세)』, 원영출판사〔「율곡의 경세사상」, 『월간 한국문화』 7·8·9월호, 주일한국문화원, 1988〕.
黃義東, 1995, 「栗谷의 經世思想의 哲學的 背景」, 『栗谷學 제9집—栗谷의 經世思想에 關한 硏究』, 栗谷思想硏究院.
黃俊淵, 1883, 「栗谷의 經世哲學에 대한 考察—『聖學輯要』를 중심으로」, 『유승국 화갑기념 논문집』.
황준연, 2007, 「율곡사상에 나타난 우환의식」, 율곡학회, 『율곡학연구총서 논문편 8(경세)』, 원영출판사〔「율곡사상에 나타난 우환의식」, 『정신문화연구』 25, 한국정신문화연구원, 1985〕.

4. 기타

서울大學校 東亞文化硏究所 編, 1976, 『韓國政治經濟學事典』, 新丘文化社.
율곡학회, 2000, 『조선왕조실록에서 찾아 본 율곡 이이』.
율곡학회, 2007, 『栗谷學硏究叢書』, 자료편 1~10, 논문편 1~10.

찾아보기

[ㄱ]

가의 256, 262, 266
가포 141, 148
간관 23, 39, 58~59, 213~214
간신 49, 54, 85, 131, 227, 252~254
감선 102
강광식 15~16
『격몽요결』 20, 165
겸선 95, 252
경敬 69, 310
『경국대전』 145
경세 12, 312~313, 315
경세가 15, 17, 24
경세론 7, 11, 14~16, 309, 314, 323
경연 13, 176~177, 179~180, 205, 232, 263
경장 21~22, 75, 178, 281~282

경제사 167, 170~171, 182, 223, 241, 327
『경제육전』 129, 145
경차관 58, 214
경학 12~13, 16, 313
경학론 7
고봉(기대승) 21, 75, 313
공국 19, 161~162, 175
공도 59~60, 156, 191, 225
공론 7, 21~22, 42~43, 45~46, 57, 59~60, 62, 73, 77~78, 86~87, 109, 189~191, 198, 200, 212~214, 216, 220~221, 226, 230~233, 235~241, 261, 320, 325, 327~328
공물 65, 103, 105, 119~120, 144, 146~148
공물방납 119

공안 138, 168, 176, 180, 182~183
공자 56, 185, 286, 300, 306, 315, 318
공천 103, 139, 146~148, 164
과거 청산 28~30, 33, 49~51, 91, 93~94, 155
과거제 192~193, 199~200
관군 111, 141~142
관례 7, 23, 37, 62, 77, 83, 91~92, 102, 187, 220, 317, 327
관습 7, 23, 70, 77, 85, 89, 92, 161, 187, 193, 197
관작 40, 48, 54, 78~79, 193, 211, 240~241
관중 249, 315
교기질 293, 303
국시 43, 50, 52, 56~57, 77, 92~94, 213, 235~238, 241~242, 317
군도론 246~247, 251~252, 267, 308~310, 312, 321
군자 18, 56~57, 83, 103, 107, 139, 224~225, 231, 237, 278~280, 305
군정 22, 108, 110, 112~114, 139, 156
권간 7, 22~23, 28, 33, 39, 41, 43~46, 48, 50, 57, 59~62, 74~75, 77, 82~83, 88, 92, 109~110, 130, 145, 155, 159, 161, 164, 207~208, 220, 224, 228, 245, 262, 308, 317, 324
권도 19, 33, 39, 43, 60~62, 77, 81, 83~84, 158

권철 121
궐방 110~111, 141
근본주의자 154
급암 257
기강 16, 49~50, 52, 61, 65~66, 77, 79, 81, 87, 92, 94, 99, 155~157, 172, 196, 212~213, 241~242, 260, 285~286, 292
기묘제현 130
기자 129, 258~259
김계휘 228, 232~233
김난상 48
김우옹 167, 204
김응남 228
김종서 187
김한식 15
김홍우 13, 17~18, 211, 302
김효원 228, 230~232, 235, 238

[ㄴ]
남곤 227
남지 187
낭천제 201, 206~208, 240
내수사 31, 44~45, 195, 287
노수신 48~49, 121, 169, 178, 229, 313
논論 7, 19, 74, 221, 325
논정論政 327

[ㄷ]
당론 189, 236

당태종 186, 249, 257
대간 99, 138, 174, 188, 197~198, 213~216, 233
덕종 70, 250
도道 19, 69, 76, 80, 134~135, 154, 202, 253, 279, 308, 311~312, 324
도학 51, 81, 85, 127, 247, 255~256, 258, 267~268, 274~275, 280, 288, 312~314, 316
동중서 256
「동호문답」 25, 56, 80, 112, 127, 133~134, 153, 247, 262, 265
득인론 162

[ㅁ]
「만언봉사」 66, 96~97, 127, 133, 153, 220
맹자 256, 286, 296, 304, 315, 318
명종 20, 25, 27~28, 30, 32~34, 37~39, 41~44, 46, 48~49, 54, 57~61, 68~70, 73, 84~85, 87~88, 91, 224, 261
무실 127, 155
무이정사 165
문소전 69~71, 317
문음 187, 205
문정왕후 27~28, 30~33, 38, 40~41, 44~47, 57, 73, 88, 92
미출신자 96, 138, 200, 204~205
민막 108

민본사상 15
민생 6~7, 16, 22, 26, 29, 38, 56, 59~60, 63~64, 72, 92~94, 103~104, 110, 112, 114, 120, 123~128, 135~136, 141, 143, 155~157, 159~160, 165, 171, 239~240, 245, 259, 314, 319~321, 323~325, 328
민정 19, 117, 141, 298~299, 319~321, 328
민폐 26, 81, 104~108, 114, 118, 183

[ㅂ]
박근원 207
박순 40, 121, 168~169, 180, 227~228, 266
방납 103, 119~120, 143
배병삼 15~16, 309
백인걸 51
변법 21
보우 25, 32~39, 43~44, 57~58, 60, 77, 92
본말 19, 73, 125, 181, 268~269, 321
봉공 37, 100, 179, 319
부역 103, 146, 286
부열 186, 254, 258, 307
부의 175
부필 203
불문법 62
붕당 22, 74, 78, 95, 162, 190, 213,

찾아보기 339

223~229, 231~234, 239~242,
279, 320
붕당론 212, 234

[ㅅ]
사단칠정 95
사림 30~31, 39~40, 46, 86~87, 130,
155, 159, 164, 191, 208, 211, 225,
227, 234, 242, 261, 308~309
사마광 203, 253
사섬시 147
사옹원 118~119
사화 30, 49~50, 54, 78, 155, 159,
190, 217, 225, 227, 241, 308
삼강 76, 134
삼대지치 13
삼사 23, 34, 49, 168, 193, 207~208,
213, 219~220, 223, 240~241, 317,
327
삼지재상 173
상도 19
상소 25~26, 32~35, 37, 41, 49, 51,
53, 55, 57~59, 64, 67~68, 74, 81,
95, 170, 174~175, 177, 183, 189,
212, 226~227, 229, 234
석담구곡 95
선상 103, 139, 146~147
『선조수정실록』 20~21, 49, 68, 164
성리학 6, 14, 16~17, 21, 267~268
성종 44, 69, 260

성학 63, 137, 309, 311
『성학집요』 7, 20~21, 80, 97, 152~
153, 247, 267~268, 273, 293~295,
299, 328~329
성헌 175~176, 242
성혼 26, 51, 95~96, 111, 113, 120,
150, 204~205, 217, 231
세도 27, 99, 119, 121, 124, 172, 174,
177, 211, 233, 260, 282~283, 286,
289, 292
세종 12~13, 44, 127, 129, 145, 186,
193, 210, 240, 260
소강절 254
소공 252
소외 77, 245, 271
소인 18, 57, 139, 160, 204, 224~225,
230~231, 233, 237, 250, 272,
278~279, 284
소통 7, 11, 16~17, 22~23, 33~34,
37, 41~43, 58~61, 67, 69, 72, 75,
77, 83~84, 92, 98, 128, 155, 157,
161~162, 165, 191, 200~202,
212~213, 221, 223, 239~241,
243, 245~246, 262~263, 270~
271, 273, 290, 303, 314, 321, 323,
325~328
소하 186
『소학집주』 165
『속록』 129
속포 90

송태조 186, 257
수기안민 133, 153
수기애민 152
수기치인 152~153, 224
수렴청정 28, 30, 48, 68
순수 도덕 179
시론 189~190, 220, 228, 231, 238~239
시무 56, 75, 170~171, 273, 281~282, 316
시배 88, 217, 222, 232.
시비 19, 42~43, 56~57, 73~74, 77~80, 83, 120, 150, 173, 213, 220, 222~223, 231, 236, 238~239, 241, 261, 272, 290, 326~327
시비의 차원 60, 78~79, 326
시사 26, 137, 165, 208
시의 22, 32, 97~98, 125, 128~129, 133, 157, 167, 178, 221, 316, 327
시의성 32, 157
신도론 252
신숙주 36
실공 22, 97~98, 133, 157, 304
실정법 7, 60~61, 77, 92, 128, 133, 156~157
심성론 7, 16, 294~295, 299, 319, 329
심의겸 97, 214~219, 228, 231, 235, 238~239

[ㅇ]

안민 7, 57, 75, 127, 135~136, 138, 152~154, 276, 286, 321, 324
안민지술 19, 127, 135, 153~154
애민 7, 135~136, 152, 154, 321, 324
애민지도 19, 154
애민지심 19, 154
여론 172, 212
여상 186
여정 興情 19, 212, 298, 327
연산군 129~131
연은전 69~70
영무자 253
예禮 69, 317
옥당 45, 138, 206
옥송 61, 88
왕안석 135, 203, 250
요순 13, 129, 143~144, 167, 197, 252, 260, 263~264, 270, 275, 304, 306, 315
용군 249, 251
우열 19, 78, 222, 231, 238
위정 爲政 67~68, 80, 97, 267, 276, 285, 290, 299, 321, 328
위징 186
위치 爲治 67, 71, 80
유교 17, 38
유성룡 168~169, 178~179, 185
유속 23, 48, 57, 61, 71, 82, 88, 109, 116, 128, 143, 157, 161, 220, 222, 260, 274, 283, 290~291
유폐 7, 33, 48, 57, 60~62, 77, 81,

83~84, 87~89, 91~94, 128, 155~157, 240, 261, 324
유학 11, 17, 152, 223
유희춘 48, 228, 313
윤원형 22, 25, 28, 30~34, 40~43, 46~49, 53~55, 57~61, 74, 77, 81, 92, 155, 159, 164, 224~225, 241, 245, 261, 308, 317
『율곡전서』 12, 19~20, 26, 49, 152, 162, 268, 313, 315, 317
을사사화 28~31, 35, 39, 48~50, 53~56, 69, 74, 78, 91, 130~131, 261
은병정사 165
의성왕대비 97, 163, 165
의議 7, 19, 74, 220, 223, 232, 325, 327~328
의정 327
의정부 13, 74, 94, 174, 220, 223~224, 327
의창 107
이기론 7, 14~16, 269, 294, 299~300, 302~303, 329
이동인 16
이발 217, 230, 232~233, 238~239
이상익 15~16, 312
이서주구 108~109, 151
이시애 36
이윤 186, 248, 253~254, 258, 294
이준경 48, 50~52, 68, 95, 155, 224~227, 229, 233
이탕개 179
이통기국 15~16, 300
이해의 차원 60, 78, 326
인사 7, 16, 22~23, 59~60, 87~88, 96, 162, 164, 175, 186, 191~194, 196, 199, 210, 240, 269, 319~320, 325~326, 328
인순왕후 28, 48, 68
인심도심 95
인심도심설 11, 269, 294~295, 299, 301, 303
인정 74, 134, 283, 316
일족절린 114, 116, 142, 152

[ㅈ]
장횡거 254
재이災異 61, 96, 284
적의 32~33
전세영 12~13, 309
정관의 치세 186
정명도 254
정산 19, 326
정순붕 30, 53~54
정암(조광조) 15, 51, 53, 80, 95, 130, 165, 200, 260~261, 312~314
정원재 14
정이천 254
정인홍 217~219
정천 19, 32, 326

정철 216, 218~219, 230, 233
정치사상 12, 17~18, 56, 323
정치적 도덕 154, 179
정치적 사고 7, 12, 14~15, 17~18, 20~22, 25~27, 29, 33, 57~58, 63, 68, 72, 77, 91~94, 151, 180, 212, 251, 323
제갈량 186, 249, 253, 257, 316
제사 89, 307~308
제환공 249
조강 165, 167, 206
조헌 26, 106~107
종본이언 76~77, 93, 181, 324
종사이언 76, 93, 181, 324
주공 132, 248, 252, 306, 315
주렴계 254, 256
주자사 165
주회암 254
중론衆論 91, 237, 277
중종 30, 46, 53, 88, 127, 130, 260~261
중종반정 130
진도공 249
진문공 249
진상번중 116, 119, 143

[ㅊ]
채수 112
「책문」 315
천거제 193, 199~202, 206, 212, 240

청론 172, 207, 225, 237
청의 172
초천 187, 192~193
초천구임 192~193
치본治本 80, 181
칭병 193~195

[ㅌ]
태갑 248, 251
태공 132, 253~254, 258
태극도설 15
태조 70, 129, 145, 260
퇴계(이황) 14~15, 21, 51, 63~64, 67~73, 75, 80~81, 92, 95, 153, 165~166, 224, 246, 308~310, 313~315, 317, 321~322, 324

[ㅍ]
파주 94, 159, 163, 165
패도 188, 249, 251
폐弊 7, 22, 29, 41, 57, 239, 314, 324
폐론 27
폐법 7, 16, 22, 56~57, 60, 63, 74, 92~94, 98, 102, 114, 126~128, 130, 133, 155~156, 159~160, 168, 181, 220~221, 239~240, 245~247, 294, 298, 324~325, 328
폐정 7, 22~23, 29, 41, 51, 57~58, 72~74, 81~82, 127~128, 157,

160~162, 166, 170, 181~182, 184~185, 191, 212, 220, 239~242, 245, 251, 253, 294, 298, 325~326
폐정론 29
폭군 249~250
폴리테이아니스트 68
폴리티아니스트 69
피혐 180, 193~194, 196~198, 214, 216, 219~220, 241, 327

황희 260, 313
회덕량 293, 303~304
회의주의자 154

[ㅎ]
한고조 186, 249, 256
한명회 36
한무제 256
한문제 249, 256, 262, 265~266
한소열 249
한신 256
해주 19, 27, 94~95, 144, 159, 165
향약 22, 26, 94~95, 104, 120~126, 136, 156
허엽 121, 124~125, 228
허조 260, 313
호오好惡 167, 218, 222, 293
혼군 164, 249~251
홍담 227~228
화조정 161~162, 182, 184
환관 44, 64, 131, 226, 250, 316
황장목 58
황준연 14, 312